Die Außenbeziehungen der Europäischen Union

Franz Kernic

Die Außenbeziehungen der Europäischen Union

Eine Einführung

PETER LANG

Frankfurt am Main · Berlin · Bern · Bruxelles · New York · Oxford · Wien

Bibliografische Information der Deutschen Nationalbibliothek
Die Deutsche Nationalbibliothek verzeichnet diese Publikation
in der Deutschen Nationalbibliografie; detaillierte bibliografische
Daten sind im Internet über <http://www.d-nb.de> abrufbar.

Gedruckt mit Unterstützung des
Bundesministeriums für Wissenschaft und Forschung in Wien.

Gedruckt auf alterungsbeständigem,
säurefreiem Papier.

ISBN 978-3-631-54952-0
© Peter Lang GmbH
Internationaler Verlag der Wissenschaften
Frankfurt am Main 2007
Alle Rechte vorbehalten.

Printed in Germany 1 2   4 5 6 7
www.peterlang.de

Inhaltsverzeichnis

Vorwort

Das vorliegende Buch entstand auf Anregung meiner Studenten, die im Frühjahrsemester 2006 die von mir an der Fakultät für Politikwissenschaften und Soziologie der Universität Innsbruck abgehaltene Vorlesung „Weltmacht Europa: Die EU in den internationalen Beziehungen" besuchten. In zahlreichen Gesprächen bekundeten sie mir immer wieder, dass es im Dschungel unzähliger Bücher, Webpages und Artikel zur Thematik der Außenbeziehungen der Europäischen Union besonders schwer sei sich zu orientieren. Es mangle, so ihr Argument, durchwegs nicht an Material und Schriften, sondern an in die Thematik einführenden Übersichten, die einerseits auf dem Stand der Zeit seien und andererseits zugleich zu weiteren Detailstudien ermuntern würden.

Mit dieser Veröffentlichung versuche ich, dem Wunsch meiner Studenten Rechnung zu tragen und eine *kleine Einführung in die politischen Außenbeziehungen der Europäischen Union* zu liefern. Das vorrangige Ziel ist es, *Orientierungshilfe* zu sein, nicht jedoch eine eigene neue Theorie oder umfassende empirische Arbeit vorzulegen. Aus diesem Grund wurden im Vergleich zur Vorlesung verschiedene theoretische Abschnitte und Erörterungen weggelassen und durch mehr praktische Aspekte außenpolitischen Handelns ersetzt. Dies impliziert zugleich, dass mit dieser Arbeit lediglich ein erster Schritt in das Forschungsfeld unternommen wird, dem in der Folge weitere detaillierte wissenschaftliche Forschungen folgen müssen. Ein *Studienbuch* zur Einführung, lesbar auch für Personen, die ohne akademische Ausbildung am politischen Alltagsgeschehen im Hinblick auf die Politik der Union besonderes Interesse habe, kann dabei gute Dienste leisten.

Mein besonderer Dank im Zusammenhang mit dem Zustandekommen dieses Buches gilt meinen Kolleginnen und Kollegen, denen ich wichtige Hinweise und Einsichten verdanke. Ganz besonderer Dank gilt dem *Centre for European Studies* der Carleton University in Ottawa (Kanada), jüngst seitens der EU zum „EU Centre of Excellence" erkoren, sowie der *Österreichischen Gesellschaft für Europapolitik*, die in den letzten Jahren meine Arbeiten zu diesem Themengebiet unterstützt haben.

Ottawa und Wien, im März 2007

Hinweis zu den Internet-Quellenangaben

Die in diesem Buch angeführten Internet-Quellenverweise (Links) wurden alle im März 2007 abgefragt. Es wird aus diesem Grund im Text auf einen weiteren Verweis auf das Datum des letzten Zugriffs verzichtet.

Danksagung

Die Erarbeitung und Drucklegung dieser Publikation wurde durch folgende Institutionen gefördert:

- Bundesministerium für Bildung, Wissenschaft und Kultur
- Bundesministerium für Landesverteidigung
- Centre for European Studies, Carleton University
- Österreichische Gesellschaft für Europapolitik

1 Die Europäische Union als Weltmacht

Theorieansätze und Versuche einer nähren Bestimmung des Akteurscharakters der Union bzw. ihrer Stellung und Rolle in den internationalen Beziehungen

1.1 Einleitung

Unterschiedlichste Vorstellungen von der Europäischen Gemeinschaft (EG) als einer wie immer gearteten neuen Weltmacht durchziehen die Geschichte des europäischen Integrationsprozesses seit den 50er-Jahren. Die Rede von *„Europa als Weltmacht"* weist dabei in der Regel sowohl deskriptive wie normative Elemente auf. Niemand bestreitet heute ernsthaft, dass die Europäische Union (EU) im Verlauf der letzten Jahrzehnte immer mehr zu einem wichtigen *Akteur* oder *global player* in den internationalen Beziehungen geworden ist. Gleichzeitig aber zeigen sich auf theoretischer Ebene enorme Schwierigkeiten wenn es darum geht, eine präzise sozial- und politikwissenschaftliche Bestimmung der Stellung und Rolle der Union im internationalen System bzw. in der Weltpolitik vorzunehmen.

Zahlreiche Autoren bemühen sich seit Jahren um die Beantwortung von zentralen Fragen betreffend die Position und Funktion der EU im internationalen System, insbesondere in welcher Weise sich die EU als neue globale Macht bzw. als globaler Akteur konstituiert und um was für einen Akteur es sich dabei eigentlich konkret handelt. Noch schwieriger wird es, wenn die vielfältigen und komplexen politischen Entscheidungsprozesse und Handlungen der Union im Feld ihrer Außenbeziehungen in einer einheitlichen und kohärenten Theorie dargestellt und erklärt werden sollen. Die Antworten und Erklärungsmodelle, die von den Sozialwissenschaften in dieser Hinsicht geliefert werden, sind vielfältig und weisen insgesamt ein enorm breites Spektrum an divergierenden Begriffsbestimmungen bzw. Versuchen theoretischer Analyse auf.

Hinzu kommt noch, dass sich häufig *normative* Elemente in die verschiedenen Theorieansätze und Beschreibungen der Außenbeziehungen der Union mischen. Vor allem der öffentliche Diskurs über Europa ist gespickt mit Forderungen, Europa müsse wieder zu einer wirklichen *Weltmacht* werden und zunehmend *globale politische Verantwortung* übernehmen. Dabei hat es den Anschein, als würden ganz bestimmte Vorstellungen über die gegenwärtige wie zukünftige Rolle und Funktion der Europäischen Union auf der Weltbühne zutiefst im Bewusstsein der Europäer verankert sein. In der Rede von einem geeinten und zusammenwachsenden Europa schwingen nicht selten Klänge mit, die an vergangene Zeiten erinnern, als der Kontinent in vielfältiger Weise noch die Geschicke und Politik in der ganzen Welt bestimmte. Die Idee eines starken und global dominanten Europa fungiert gegenwärtig vielerorts als *Leitbild europäischer Integration* und vertiefter Zusammenarbeit, auch im Hinblick auf den Bereich der Außenpolitik. Sie erweist sich bis heute zugleich als eine wichtige Triebfeder für sämtliche Entwicklungen im Rahmen der *Gemeinsamen Außen- und Sicherheitspolitik* (GASP) der Europäischen Union.

Die Rede von Europa als einer neuen Weltmacht in den internationalen Beziehungen - im öffentlichen wie im wissenschaftlichen Diskurs - verbindet sich oftmals mit einer spezifisch *ergebnisorientierten Perspektive* auf das EU-Außenhandeln (Rhein 1998). Das gegenwärtige wie zukünftige weltpolitische Handeln der Union und ihr Status als Weltmacht werden dabei daran gemessen, in welcher Weise die Union bestimmte politische Ziele auf globaler Bühne zu definieren und zu erreichen imstande ist. Die Durchsetzung (gemeinsamer) *europäischer Interessen* in der Welt erscheint in diesem Zusammenhang als der eigentliche Maßstab, von dem aus ein Urteil über Europa als Weltmacht gefällt wird. Als eine wesentliche Voraussetzung dafür, dass Europa in der Tat eine politische Macht mit globaler Wirkung darstellt, wird in der Regel die tatsächliche Zusammenarbeit der einzelnen Mitgliedstaaten in außenpolitischen Belangen angesehen, und zwar einer Kooperation, die weit über eine bloße Einheits- und Solidaritätsrhetorik hinausgeht und in der praktischen Politik die tatsächliche Überwindung nationalstaatlicher Perspektiven und einzelstaatlicher Außenpolitiken zugunsten einer gemeinsamen Außen- und Sicherheitspolitik der Union bedeutet. Gerade in dieser Hinsicht wird jedoch in nahezu allen Studien und Analysen davon ausgegangen, dass eine solche Überwindung national-staatlicher Orientierungen in Fragen der Außenpolitik innerhalb der EU bis dato nur in marginalen Ansätzen verwirklicht werden konnte.

Dem Verhältnis von *einzelstaatlichen Außenpolitiken* und *gemeinsamer Außen- und Sicherheitspolitik der EU* wird aus diesem Grund seit jeher besonderes Augenmerk zuteil (Smith M.E. 2004; Hill 2004; Smith M.E. 2003). Die zentralen Fragen liegen auf der Hand: Gibt es in der Tat eine *gemeinsame Außenpolitik* der Europäischen Union, die diesen Namen mit Recht trägt und die nicht bloß den verlängerten Arm einer oder mehrerer einzelstaatlicher Außenpolitiken darstellt – etwa der stärksten Mächte innerhalb der Union? Wo verläuft die Grenzziehung zwischen gemeinsamer europäischer Außenpolitik und den jeweiligen nationalstaatlichen Außenpolitiken der einzelnen Mitgliedstaaten? Ist die europäische Außenpolitik in der Tat eine gemeinsame Politik oder nicht viel eher bestenfalls die Verschmelzung paralleler einzelstaatlicher Außenpolitiken (Musu 2003)? In welcher Weise sind die europäische Ebene und die nationalstaatliche Ebene miteinander verzahnt? Ist die Europäische Union nicht vielleicht nur deshalb Weltmacht, weil einige ihrer Mitgliedstaaten als Weltmächte agieren?

Bemühungen einer sozialwissenschaftlichen Analyse, die sich nicht in einer rein analytisch-deskriptiven Herangehensweise an diese Fragen erschöpft, sondern sich um systematisch erarbeitete theoretische Erklärungsmodelle bemüht, gibt es seit Jahren in großer Zahl. Dennoch vermittelt die Politikwissenschaft - insbesondere die Teildisziplin der Internationalen Beziehungen - in dieser Hinsicht das Bild von Zerrissenheit und einer allgemeinen Heterogenität unterschiedlichster Ansätze und Begriffsverwendungen, ohne dass bestimmte Theorien den wissenschaftlichen Diskurs eindeutig dominieren. Die vielfältigen Vorstellungen über die EG/EU als einem internationalen Akteur reichen von Konzepten einer Super- oder Weltmacht und handlungstheoretisch oder konstruktivistisch inspirierten Modellen bis hin zu postmodernen Erklärungsversuchen, die die „großen Erzählungen" oder Metanarrative, die in den internationalen Beziehungen wirksam sind, in den Mittelpunkt der Analyse rücken.

Gemeinsam ist allen Ansätzen zu einer umfassenden Theoriebildung, dass sie sich stets dazu gezwungen sehen, verschiedenste Ebenen der Betrachtung miteinander zu verbinden. Sandhoff spricht in diesem Zusammenhang - unter Verweis auf eine Arbeit von Christopher Hill - von vier zentralen *Ebenen der Analyse* im Hinblick auf die Außenbeziehungen und die Gemeinsame Außen- und Sicherheitspolitik der Union, auf die sich die aktuellen Diskurse im Wesentlichen beziehen: erstens eine *rechtliche Ebene*; zweitens die *tatsächliche Ebene*, bei der die Wirksamkeit politischen Handelns und politischer Prozesse in den Mittelpunkt des Erkenntnisinteresses tritt; drittens die *denkbare Ebene*, auf der verschiedene Szenarien entwickelt werden; sowie schlussendlich die *angemessene Ebene*, auf der wünschenswerte Entwicklungen zum Ausdruck gebracht werden (Saadhoff 2000; Hill 1993). Im Grunde ist dieser Versuch einer Schematisierung der Analyseebenen in der Außenpolitik der EU lediglich erneut als ein Ausdruck für die enorme Komplexität und Vielschichtigkeit des Untersuchungsgegenstandes zu werten. Vermutlich fehlt gerade deshalb bis heute eine wirklich umfassende und allgemein akzeptierte Theorie, der es in der Tat gelingt, diese unterschiedlichen Ebenen miteinander zu einer *leistungsfähigen* und *kohärenten Gesamtschau* der Außenbeziehungen der Europäischen Union zu verknüpfen. In dieser Hinsicht steht die Politikwissenschaft, insbesondere die Disziplin der Internationalen Beziehungen, vor einer großen Herausforderung. Bis zur

Stunde bewegt sich die Debatte zum größten Teil noch im Rahmen jener Theorieansätze, die in den 8oer- und frühen 9oer-Jahren entwickelt wurden.

1.2 Theorieansätze im Überblick

1.2.1 Ausgangspunkte der Analyse

Die *sozialwissenschaftlich-analytische Beschäftigung* mit dem Status und der Rolle der Europäischen Union in den internationalen Beziehungen hat bis heute mit einer Reihe von Schwierigkeiten und theoretischen Problemen zu kämpfen. Eine der größten Herausforderungen für die politikwissenschaftliche Analyse besteht darin, die Union in ihrem umfassenden und komplexen Beziehungsgeflecht zu anderen Staaten, regionalen Integrationssystemen und internationalen Organisationen in adäquater und wissenschaftlicher Weise zu bestimmen.

Dabei zeigt sich sehr rasch das Problem, dass sich die EU weder als *Staat* im klassischen Sinne, noch als *internationale Organisation* kategorisieren lässt, und zudem zahlreiche Begriffe, mit denen die Disziplin der Internationalen Beziehungen bzw. Internationalen Politik zu arbeiten gewöhnt ist, auf sie nur schwer anwendbar sind. Dazu muss vor allem der Begriff der *Außenpolitik* gezählt werden, der in seiner klassischen Bestimmung ein eindeutig erkennbares staatliches Gebilde - basierend primär auf den drei zentralen Faktoren von Staatsterritorium, Staatsvolk und Staatsgewalt - voraussetzt. Umgekehrt steht aber zugleich außer Streit, dass dieses eigenartige gesellschaftlich-politische Konglomerat der Europäischen Union in zahlreichen Politikfeldern und in zunehmendem Ausmaß als ein eingeständig handelndes *Subjekt* im internationalen System auftritt und zu Staaten wie internationalen Organisationen enge politische, wirtschaftliche, soziale und kulturelle Beziehungen unterhält, die insgesamt die weltpolitische Entwicklung in entscheidender Weise mitbestimmen. Dieser Entwicklung wurde in der Literatur zumeist durch eine verstärkte Verwendung des Begriffs der *EU-Außenbeziehungen* Rechnung getragen. Im Vergleich mit dem traditionellen Begriff der Außenpolitik (*foreign policy*) hat die Verwendung des Begriffs Außenbeziehungen (*external relations*), die sich im Verlauf der letzten Jahre zunehmend im Sprachgebrauch durchzusetzen scheint, ihrerseits wiederum den Nachteil besonderer Weite und damit mangelnder Begriffsschärfe.

John McCormick (2002) spricht in diesem Zusammenhang davon, dass sich die Union in der Form von „*multiple personalities*" gegenüber dem Rest der Welt präsentiert, wodurch eine äußerst differenzierte Schau auf jenes komplexe Beziehungsgeflecht notwendig wird, das Stellung und Rolle der EU im

System der internationalen Beziehungen prägt. Eine genauere Bestimmung dieser mannigfachen Personalitäten ist jedoch keineswegs leicht zu bewerkstelligen, gilt es doch nicht nur verschiedene Politikfelder *außenorientierten Handelns* - von der Außenhandelspolitik bis hin zur Einwanderungs- oder Sicherheitspolitik - miteinander zu verknüpfen, sondern jeweils auch die gesellschaftlich wirksamen *Leitbilder* sowie die entsprechenden *politischen Entscheidungsprozesse* mit in den Blick zu nehmen.

Jegliche theoretische Bemühung um Verortung der EU im *System internationaler Beziehungen* hat mit dieser Problematik zu kämpfen. Abhängig von der Wahl des jeweiligen Ausgangspunktes der Analyse ergeben sich sodann naturgemäß auch unterschiedliche Theorieansätze, Begriffsbestimmungen und Erklärungsmodelle (Smith K.E. 2004: 1-21). Die wichtigsten davon sollen im Folgenden näher betrachtet werden.

1.2.2 Die EU als internationaler Akteur

Der bis heute wohl am häufigsten gewählte Ausgangspunkt für eine politikwissenschaftliche Analyse der EU-Außenbeziehungen ist der Versuch, zunächst einmal den *Akteurscharakters* der Union näher zu bestimmen. Dieser Ansatz ist für zahlreiche Theorien der Internationalen Beziehungen wie auch für verschiedene Erklärungsbemühungen im integrationstheoretischen Rahmen nahe liegend, folgen sie doch primär einer *handlungsorientierten* Perspektive.

Jede in die Tiefe zielende Analyse des *internationalen Akteurs* EU hat jedoch andererseits unausweichlich mit dem Problem zu kämpfen, dass in der politikwissenschaftlichen Theorie und Ideengeschichte der Begriff *Akteur* eng mit den Konzepten von *Staat, Nation* und *Souveränität* verknüpft ist und sich die EG/EU von Anfang an eben nicht in einer Weise konstituierte, die diesen Begriffen und Konzeptionen vollinhaltlich entsprochen hätte. Die Realität von Struktur und Verfahren der EG/EU war stets eine andere als jene der Begriffe und Konzepte der Internationalen Politik als wissenschaftlicher Teildisziplin (Holland 1996). Cosgrove und Twitchett (1970) sprachen deshalb bereits 1970 von der Europäischen Gemeinschaft als einem *neuen internationalen Akteur*, der dadurch gekennzeichnet sei, dass er nicht nur über ein supranationales Entscheidungssystem verfüge, sondern ebenso diplomatische Aktivitäten entfalte und ein vielmaschiges Netz bi- und multilateraler Assoziierungsabkommen aufbaue.

Die genuin eigene Struktur der Europäischen Union im Spannungsfeld von *Supranationalität* und *Intergouvernementalität* lässt zweifellos jede dominante oder sogar ausschließliche Bezugnahme auf das „*Inter*-nationale", also das Zusammenspiel *zwischen* Staaten und Nationen, problematisch erscheinen. In diesem Sinne könnte von der EG/EU bestenfalls als einem *trans- wie internationalen Akteur* gesprochen werden, der jedoch mit der traditionellen juristisch-konstitutionellen Staatskonzeption nur ganz vage verbunden werden kann. Trotzdem haben verschiedene Autoren gerade im Ausgang von einer solchen *Staatskonzeption* - im Sinne eines Idealtyps verstanden – versucht, sich der Realität europäischer Einigung zu nähern (Wessels 1992, Jorgensen 1993). In Summe ergaben sich in der Folge dadurch zahlreiche begriffliche wie konzeptionelle *Vermischungen*, bei denen immer wieder einzelne Elemente und Begriffe der traditionellen Staatswissenschaft und Staatsrechtslehre zum Tragen kamen (Schubert 2000).

Eine gewisse Anziehungskraft entfaltete in diesem Zusammenhang zeitweise auch der Begriff der *Rolle*, der ansonsten viel eher in der Soziologie als in der Politikwissenschaft beheimatet ist. Die EG/EU erscheint aus dieser Perspektive als ein *handelndes Subjekt*, das bestimmte Rollen wahrnimmt, die sich in Summe zu einem „umfassenden Handlungsgefüge" zusammensetzen lassen, das gleichsam auf globaler Bühne zur Schau gebracht wird (kritisch dazu: Hill 1993: 307). Das handelnde und sprechende Subjekt EU ist dabei Akteur, dessen Handlungen wie Sprechakte systematisch erfasst werden können.

Versuche, die Europäische Gemeinschaft als Akteur zu begreifen und sozialwissenschaftlich-analytisch zu ergründen, reichen bis in die 60er- und 70er-Jahre zurück. Im Mittelpunkt des Erkenntnisinteresses stand lange Zeit die Frage, welche *Kriterien* erfüllt sein müssen, damit die EG/EU als ein eigenständiges Subjekt der internationalen Beziehungen mit eindeutigem *Akteurscharakter* angesehen werden kann. Selbst wenn das Hauptaugenmerk auf die *Handlungen* gerichtet wird, die vollzogen werden, stellt sich dennoch im Blick auf die analytischen Bemühungen stets die Grundfrage nach der Verflechtung dieser Handlungen mit den *Strukturen*, in die sie eingebettet sind oder die sie selbst hervorbringen. Damit werden natürlich Grundfragen sozialwissenschaftlicher Theoriebildung berührt, die vielfach unterschiedlich beantwortet werden und bis heute die Gemüter der Sozialwissenschaftler bewegen (z.B. Giddens). Diese Fragen erweisen sich selbstverständlich auch für die Analyse der Europäischen Union als eines Akteurs *im* System internationaler Beziehungen von höchster Bedeutung: In welcher Weise und inwieweit ist das nach außen gerichtete Handeln der EG/EU in die strukturellen Rahmenbedingungen des internationalen Systems eingebettet und davon bestimmt? In welcher Weise und inwieweit ist das politische Handeln von Organen und Einrichtungen der Europäischen Union von den internen Strukturen der Union selbst abhängig oder aber werden diese Strukturen erst in der Folge von bestimmten Handlungen und Akten konstituiert? In welchem Verhältnis stehen innere und äußere Faktoren? etc.

Die Disziplin der Internationalen Beziehungen bleibt in dieser Hinsicht bis heute überzeugende Antworten schuldig. Sie kämpft bis zur Stunde noch mit einer Vielzahl theoretischer Probleme und Aporien und nimmt nicht selten Zuflucht bei einem theoretischen Korsett, dessen epistemologische Grundlagen nicht weiter hinterfragt werden. Dies ist zum Beispiel dort der Fall, wo das klassische Konzept staatlicher *Außenpolitik* in unveränderter Weise auf die EU angewendet wird. Es zeigt sich nämlich sehr rasch, dass dieser Ansatz für die Beantwortung zahlreicher wichtiger Fragen im Hinblick auf das Handeln der EU im System der internationalen Beziehungen unzureichend ist. Prozesse der Entscheidungsfindung wie der Umsetzung einmal formulierter Politikziele verlaufen nämlich innerhalb der EU anders als in den einzelnen Mitgliedstaaten. Modifizierte Formen einer klassischen *Außenpolitikanalyse* (foreign policy analysis) bemühen sich gerade deshalb darum, die wichtigsten Unterschiede auf einzelstaatlicher Ebene und jener der EU herauszuarbeiten (Hillebrand 1999; Czempiel 1999; Voigt 1998).

Doch damit bleiben einige weitere Probleme ungelöst. Außenpolitik als *Interaktionsprozess* zu verstehen (etwa im Sinne von Helga Haftendorn), in dem ein politisches System seine grundlegenden Ziele oder Werte in Konkurrenz zu denen anderer Systeme zu realisieren sucht, setzt einen bestimmten *Autonomiegrad* des Akteurs voraus, d.h. ein jederzeit aktualisierbares Handlungspotential. Wie aber lässt sich dieser Autonomiegrad im Hinblick auf die EU präzise bestimmen? Die klassische Außenpolitik-Analyse der realistischen Schule gibt im Blick auf die einzelnen Staaten zwar eine Reihe von Antworten (etwa den Verweis auf Ressourcen), tut sich gleichzeitig aber enorm schwer damit, andere, nicht-staatliche Akteure in den Blick zu nehmen und in ihrer Bedeutung und Wirkung auf das internationale System genauer zu bestimmen. Das eigentliche Dilemma dieser Bemühungen liegt zumeist darin, dass eine Anerkennung der Europäischen Union als eines eigenständigen Akteurs auf internationaler Bühne - mit einem hohen Autonomiegrad - gleichzeitig den Akteurscharakter der Mitgliedstaaten auf einzelstaatlicher Ebene in Frage stellt, der ja zunächst den eigentlich zentralen Fokus bildet und in den realistischen Theorien als primärer Ausgangspunkt für die Theoriebildung fungiert. Umgekehrt muss angemerkt werden, dass, wenn eine Theorie die EU als einen eigenständigen Akteur auf internationaler Ebene mit hohem Autonomiegrad anerkennt, dann durchwegs auch die Begriffe der *Außenpolitik* oder *Foreign Policy* herangezogen werden können. Vor allem die neorealistische Schule innerhalb der Disziplin der Internationalen Beziehungen folgt dieser Idee. Dies ermöglicht dann ebenso, dass etwa von spezifischen

Interessen dieses Akteurs EU gesprochen werden kann, die dieser in seinem Handeln verfolgt – vom bloßen Überleben des eigenen Systems bis hin zur Machtentfaltung oder Herrschaftssicherung.

1.2.3 Die EU als werdende Supermacht

Oftmals jedoch zeigt sich bei den verschiedensten Autoren eine gewisse Vorsicht, die sie an den Tag legen, wenn der Akteurscharakter der EG/EU zur Sprache gebracht werden soll. Häufig wird Zuflucht gesucht bei einer Formel in dem Sinne eines *„Akteurs im Werden"*. Bereits 1973 prägte der norwegische Friedensforscher Johan Galtung (1973) die Rede von der Europäischen Gemeinschaft als einer neuen *„Superpower in the making"*. Die von ihm gewählte Begrifflichkeit weist dabei zwei interessante Elemente auf, die beide zweifellos im Kontext ihrer Entstehungszeit - dem Kalten Krieg - zu sehen und folglich auch aus dieser Perspektive heraus zu interpretieren sind: Einmal den Verweis auf einen evolutionären *Prozess*, der in Gang gekommen sei; zum anderen ein (gedankliches) *Endziel*, auf das dieser Prozess hinsteuere und das durchwegs ins Auge gefasst werden müsse.

Galtungs Analyse eröffnet den Blick auf eine im Entstehen begriffene Ordnung, durchwegs im Sinne eines Szenarios, aber mit einer hohen Wahrscheinlichkeit einer Realisierung, in dem von der europäischen Gemeinschaft im wahrsten Sinne des Wortes als einer *Weltmacht* gesprochen werden kann. Galtung zeichnet dabei die Grundzüge einer neuen politischen Ordnung, die neo-imperiale Züge aufweist und in der Europa zu einem neuen Pol und Machtzentrum im internationalen System erstarkt (Galtung 1973; Jørgensen 1997c; Schumacher 2005: 28). Natürlich muss an dieser Stelle angemerkt werden, dass sich zum Zeitpunkt der Veröffentlichung dieses Beitrags im Rahmen des Schemas bipolarer Konfrontation die Frage nach der politischen Gewichtung Europas anders stellte als dies heute der Fall ist. Einzelne Motive, einschließlich der Rede von einer werdenden *Supermacht*, konnten sich jedoch bis in unsere Tage weiter am Leben erhalten – für einige Autoren mehr im Sinne einer Warnung vor neuen *Polarisierung*, für andere wiederum eher als Leitbild erstarkten (macht-)*politischen Selbstbewusstseins* (Smith M.E. 1998).

Die aktuelle Debatte zum Thema „EU als Supermacht" verläuft zwar insgesamt leise, aber nicht selten verlockt gerade der Blick auf die aktuelle Außenpolitik der USA zu dieser Begrifflichkeit und Rhetorik. Giovanni Jannuzzi (1991: 130), sprach von der EG als *„eigentlicher und potentieller Supermacht"*; David Buchan (1993) von einer *„strange superpower"*, weil es sich um eine neue Weltmacht handle, die über kein militärisches Instrument verfüge, aber trotzdem eine weltweite Einflusskraft entfalte; Curt Gasteyger

(1996: 126) von einem *unvollendeten* internationalen Akteur; und schluss-endlich Werner Weidenfeld und Franco Algieri (1999: 889) von einer *„Welt-macht im Wartestand"* Den letzteren Autoren zufolge müssten sechs Kriterien erfüllt sein, um von einer echten *Weltmacht* zu sprechen, wobei die EU aber bis dato nicht alle genannten Kriterien erfülle (ebenda: 890).

Die meisten derartiger Ansätze zu einer Bestimmung der Europäischen Union als einer neuen oder im Entstehen begriffenen *Welt- oder Supermacht* münden in eine Auflistung bestimmter Kriterien oder Minimalerfordernisse, die ein politisches Gebilde erfüllen muss, um als wirkliche globale Macht anerkannt zu werden. Ihr theoretischer Erklärungsgehalt bleibt in Summe eher minimal, da die Antworten stets von den gewählten Kriterien abhängig sind und nur äußerst wenig über die im internationalen System bestehenden Machtbeziehungen und Prozesse einer Macht- und Herrschaftsbildung ausgesagt wird. Besonders unbefriedigend bleiben zumeist jene Analysen, die sich ausschließlich den so genannten materiellen Fundamenten einer Macht-entfaltung zuwenden, also primär militärische und ökonomische Faktoren in den Blick rücken, aber andere Dimension von Macht und Herrschaft - etwa im Sinne der Arbeiten von Foucault - vollkommen ausblenden.

1.2.4 EU als Militärmacht/Zivilmacht

Über viele Jahre wurden zwei zentrale Argumente vorgebracht, warum die Europäische Union sich als Super- oder Weltmacht noch „im Werden" befinde: einmal das Fehlen einer *klaren Führung bzw. zentralisierter Strukturen* in Fragen der Außenpolitik mit klar geregelten Kompetenzen; zum anderen das Fehlen *militärischer Macht* innerhalb des Rahmens der Union (als des wohl wichtigsten Instruments für Machtdurchsetzung und -erhaltung) (Wolf 2000; Jopp 1996). In beiden Bereichen wurden in den letzten Jahren politische Veränderungen vorgenommen, die es rechtfertigen, von einer anwachsenden Militärkomponente der EU und einer zunehmenden Zentralisierung und Kompetenzakkumulierung in Brüssel - wenn auch noch im bescheidenen Ausmaß - zu sprechen. Ist damit der EU der Sprung zur Weltmacht bereits geglückt?

Die Frage sollte in dieser Form überhaupt nicht gestellt werden. Sie geht nämlich bereits von der Annahme aus, dass die *militärische Gewalt* das zentrale Moment in Machtbeziehungen innerhalb der internationalen Be-ziehungen darstellt. Ein solches Denken basiert zwar zweifellos auf einem eingeschränkten Begriffsverständnis von Macht, ist aber nichtsdestotrotz in der politischen Alltagsdiskussion häufig anzutreffen. Innerhalb der realistischen Schule der Internationalen Beziehungen findet es sich ebenso, insbesondere dort, wo die militärische Gewalt gemeinsam mit ökonomischen Kräften und Ressourcen die zentralen Elemente für die Machtentfaltung eines Staates darstellen.

Im Hinblick auf die *militärische Kapazität* der Europäischen Union steht zwar seit Jahren fest, dass eine rein numerische Addition sämtlicher nationaler Streitkräfte der Mitgliedstaaten die größte Militärmacht der Welt ergeben würde, eine solche Zusammenfassung aber als reines Gedankenspiel oder bloße Utopie betrachtet werden muss. In der politischen Realität stellt die EU eben keine ernstzunehmende Militärmacht dar. Eine umfassende Vergemeinschaftung der Verteidigungs- und Militärpolitik aller EU-Staaten ist nicht wirklich in Sicht, auch wenn der Vertrag über die Europäische Union erstmals ein solches Ziel ins Auge fasst. Genau diese geringe militärische Handlungskapazität ist für zahlreiche Autoren das Hauptargument dafür, von der EU bestenfalls als einem *eingeschränkten Akteur* der internationalen Beziehungen oder als einer *Weltmacht ohne die erforderlichen Instrumente zur Machtentfaltung* zu sprechen (Laursen 1991).

Die unterschiedlichen Möglichkeiten einer Bestimmung von Macht führen naturgemäß zu völlig unterschiedlichen Sichtweisen. Einige Autoren erblickten genau in diesem *nicht-militärischen* Charakter der Europäischen Union ihre eigentliche Stärke und Macht. Die Entfaltung von Macht und von politischem Einfluss gründe eben nicht ausschließlich auf militärischen Fähigkeiten und der Androhung oder Anwendung militärischer Gewalt. Bereits 1972-73 prägte François Duchêne den Begriff der *Zivilmacht* und propagierte ein völlig neues Leitbild für die Europäische Gemeinschaft (Duchêne 1972 und 1973a und 1973b; Schumacher 2005: 25f.; Kohnstamm/Hager 1973). Duchêne erblickte in der EG eine ausschließlich *zivile Macht*, die der NATO (als militärische Macht) in Europa zur Seite gestellt werde. Die Europäische Gemeinschaft als ein neuer Akteur der internationalen Beziehungen beschränke sich explizit auf *nicht-militärische Formen von Politik* in einem internationalen System, das stark von einer ideologisch-militärischen Konfrontation geprägt ist. Für ihn spielten zunehmend ökonomische Aspekte eine entscheidende Rolle im globalen Machtgefüge, da seiner Auffassung nach die militärische Konfrontation zwischen Ost und West zu einer Pattstellung geführt habe und sich deshalb ein wirklicher Machtgewinn lediglich durch die Erzielung von Stärke in anderen Politikfeldern erwirken lasse. Die Verlagerung auf das Feld der Ökonomie - und damit eindeutig weg vom Bereich militärischer Stärke - eröffnet, so diese Perspektive, der EG ein neues „window of opportunity" für politisches Agieren auf der Weltbühne und für eine intensive politische Einflussnahme im Rahmen der internationalen Beziehungen.

Der Ansatz einer Zivilmacht gewann im Verlauf der folgenden Jahre zunehmend an Attraktivität, zunächst zu einem wesentlichen Teil im Rahmen der europäischen Friedensbewegungen der 80er-Jahre und dann unmittelbar nach dem Ende der Ost-West-Konfrontation sogar noch stärker im Hinblick auf die Entwicklung der EG zu einer gemeinsamen Union (Blauberger 2005; Bull 1982). Mancherorts erschien der Zivilmachtsansatz geradezu als ideales Leitbild *postmodernen politischen Handelns*. Der Rückgriff auf Interdependenzgedanken stärkte zudem das theoretische Profil dieses Ansatzes (Lofthouse/Long 1996). Im Hinblick auf den der Theorie zugrunde liegenden Machtbegriff muss mit Recht darauf verwiesen werden, dass zivile (also nicht-militärische) Formen von Macht durchwegs Wirkungen auf das gesamte Feld der internationalen Beziehungen haben können, die jenen einer militärischen Drohung oder Gewaltanwendung um nichts nachstehen. Einige Grundgedanken der Zivilmachtdebatte finden sich heute bei den sozialwissenschaftlichen Analysen um das Verhältnis zwischen *soft power* und *hard power* wieder (Nye 1990; Nye 2004).

Noch ein weiterer Aspekt verdient in diesem Zusammenhang Beachtung. Bei Duchêne zeigt sich ein starkes *normatives Element*, das die Vorstellung von der *Zivilmacht Europa* prägt und das auf ein partnerschaftliches Handeln auf der Basis von Kompromiss und Verhandlung zum Wohle aller abzielt. Hier wird eine besondere Nähe zu demokratie- und friedenspolitischen Ansätzen sichtbar, insbesondere wenn es gleichzeitig um das Ziel der Überwindung militärischer Konfrontationen in den internationalen Beziehungen geht (Hasenclever 2001; Ferdowski 2004). Von dieser Stelle aus lässt sich leicht eine Linie zu den normativen Ansätzen verfolgen, die die Europäische Union als einen „pazifistischen Akteur" zu etablieren trachten. Einige Autoren erblicken in einem solchen Leitbild sogar ein friedenspolitisches Potential dahingehend, dass die EU durch ihren Verzicht auf ein militärisches Element zum Modellcharakter für andere Regionen der Welt werden und solcherart die nicht-militärischen Formen in den bi- und multilateralen Beziehungen an Attraktivität gewinnen könnten.

Über die Problematik dieses Ansatzes wurde in den letzten Jahren viel geschrieben und diskutiert (z.B. Hill 1990; Jørgensen 1997c; Zielonka 1998a; Whitman 1998 und 2002; Smith K.E. 1999 und 2000, Jünemann/Schörnig 2002; Tewes 1997; Tsakaloyannis 1989). Die Annahme selbst erscheint in mehrfacher Hinsicht fragwürdig. Die Probleme reichen von der Schwierigkeit, eine scharfe Trennlinie zwischen zivil und militärisch ziehen zu können, bis hin zu den völlig unterschiedlichen Bewertungen der aktuellen Rahmenbedingungen des internationalen Systems und deren Bedeutung für die Möglichkeiten einer Realisierung eines solchen Programms. Mit Sicherheit kann heute gesagt werden, dass seit den 70er- und 80er-Jahren keineswegs eine allgemeine evolutionäre Abkehr vom Prinzip militärischer Gewalt vollzogen wurde, sondern sich lediglich ein genereller Wandel in den *Formen der Gewaltanwendung* abzeichnet. Eine der ungelösten Fragen ist bis heute, ob rein zivile Instrumente für eine Zivilmacht Europa ausreichen, um Konflikten innerhalb wie außerhalb der EU erfolgreich vorzubeugen bzw. diese im Falle eines Ausbruchs zu regulieren (Hill 1990: 54).

Die Debatte um die Zivilmacht Europa erhielt zur Jahrtausendwende nochmals einen unerwarteten Aufschwung (Stavridis 2001; Blauberger 2005; Manners 2002 und 2006; Whitman 1998 und 2002; Ehrhart 2002 und 2004b). Dies mag darauf zurückgeführt werden, dass zur selben Zeit das Projekt der *Europäischen Sicherheits- und Verteidigungspolitik* (ESVP) erste Konturen anzunehmen begann (Dembinski 2002, Jünemann/Schörnig 2002; Meyer T. 2004: 196-203). Im Jahre 2002 präsentierte Hans-Georg Ehrhart (2002; siehe auch 2004) ein neues Leitbild für Europa, demzufolge sich die EU als eine *„globale Friedensmacht"* konstituieren sollte. Sein Friedensmacht-Konzept sieht neben einer normativen Ausrichtung auf kooperative Sicherheit und Frieden auch die Schwergewichtsetzung auf präventive Strategien vor, wobei er aber keineswegs radikal-pazifistisch argumentiert, sondern vielmehr vor einer engen notwendigen Verflechtung von zivilen und militärischen Instrumenten zur Konfliktbearbeitung und einer engen Kooperation mit gesellschaftlichen Akteuren (NGOs) sowie einer intensiven kooperativen Beziehung zu UNO und OSZE spricht. Knut Kirste und Hans W. Maull (1996) präsentierten ihrerseits einen Katalog von *Kriterien*, um den Zivilmacht-Status positiv zu definieren. Ihrer Auffassung nach handle es sich bei der Zivilmachtkonzeption um einen *Idealtypus*, dem man sich annähern solle, nicht jedoch um eine adäquate Beschreibung des Ist-Zustands der Union. Jünemann und Schörnig (2002) wiederum entwickelten folgende Kriterien für eine Zivilmacht: a) bewusster Verzicht auf die Methoden klassischer Machtpolitik (d.h. Diplomatie statt Militär); b) aktive Förderung der Zivilisierung der zwischenstaatlichen Beziehungen (gewaltlose Konfliktregulierung); c) Förderung von Demokratie und Menschenrechten (Theorie des demokratischen Friedens).

In Summe zeigt sich bei allen Autoren ein starkes normatives Element, dessen besonders intensive Betonung gleichzeitig wesentlich dazu betrug, dass die Zivilmachtsdebatte immer mehr in Richtung *Leitbilddebatte um die zukünftige Politik der Europäischen Union* lenkte und damit zugleich ihres analytischen Charakters mit Blick auf die Außenbeziehungen der Union beraubte. Nach diesem letzten Aufflammen der Debatte um das Leitbild droht die Diskussion um dieses Konzept zu verstummen. Die faktisch bereits vollzogene Entwicklung in Richtung „*begrenzte Militärmacht*" scheint das eigentliche Schlusswort gesprochen zu haben. Als Leitbild alternativer Sicherheitspolitik oder als Gegenentwurf bzw. Korrektiv zur GASP/ESVP wird es aber weiter diskutiert. Heute werden mit diesem Ansatz häufig ebenso theoretische Überlegungen dahingehend verknüpft, wie die EU als „*normative Kraft*" gesehen werden kann, die Werte und Normen in andere Regionen im Wege einer Art von „soft power" oder „soft diplomacy" exportiert (Petiteville 2003; Hettne, Björn/Söderbaum 2005; Hyde-Price 2006; Sjursen 2006a; Treacher 2004;).

Vehemente Gegenentwürfe zur Zivilmachtskonzeption gibt es ebenfalls schon seit Jahrzehnten. 1982/83 forderte beispielsweise Hedley Bull ein neues Europa als *Militärmacht*, um die Sicherheit Europas unabhängig von den USA gewährleisten zu können. Seine Forderung scheint gerade heute unter völlig geänderten Rahmenbedingungen erneut an Aktualität zu gewinnen. Trotzdem muss in diesem Zusammenhang daran erinnert werden, dass das Projekt der europäischen Integration von den Anfängen an eine starke friedenspolitische Komponente in sich trug. Zumindest in dem Sinne, dass die Androhung und Anwendung von militärischer Gewalt zwischen den Mitgliedstaaten ein undenkbares Instrument ist, ist das Unionsprojekt immer noch wesentlich *friedensorientiert*. Dies aber ist primär eine *Innenorientierung*, d.h. sie sagt nichts darüber aus, wie die Gemeinschaft in ihrem *Außenhandeln* gegenüber Drittländern agiert (Hill 1990). Heute wird genau diese Komponente immer deutlicher, nämlich dass der Unvereinbarkeitscharakter von ziviler und militärischer Dimension sich ausschließlich auf den *inneren* Beziehungszusammenhang der Mitgliedsländer der Europäischen Union richtet, nach *außen* aber ein militärisches Eingreifen immer mehr in den Bereich des Möglichen und Denkbaren rückt.

Natürlich erfüllt die EU gegenwärtig im Rahmen internationaler Einsätze wichtige internationale Stabilisierungsaufgaben und friedenserhaltende Funktion, kann also durchwegs als ein Lieferant von „*soft security*" (Cameron 1998: 42) in den internationalen Beziehungen gewertet werden. Noch schränkt das bestehende Ungleichgewicht zwischen vergemeinschaftetem wirtschafts- und handelspolitischem Agieren und intergouvernemental geregeltem außen- und sicherheitspolitischen Handeln den Aktions- und Handlungsspielraum der Union ein (Cameron 1998), doch vermag durchwegs schon in naher Zukunft auch die Komponente einer *hard security* zur Anwendung gebracht werden. Die dafür notwendigen Strukturen und Instrumente befinden sich im Aufbau. Wenngleich damit noch lange nicht der Weg zu einer echten Militärmacht - etwa ähnlich gelagert wie heute die USA - eingeschlagen ist, so muss aber doch in zunehmendem Maße von der EU als einer Macht gesprochen werden, die über begrenzte militärische Mittel verfügt und diese auch global zum Einsatz bringen kann (Larsen 2002).

1.2.5 Der Akteurscharakter der Union – Neuere Bemühungen um eine präzisere Bestimmung

Akteur sui generis

Wie aus der bisherigen Darstellung sichtbar geworden, kämpft die sozial- und politikwissenschaftliche Forschung mit der besonderen Schwierigkeit, dass die EG/EU als politische Einheit im Grunde nicht wirklich nahtlos in die entsprechenden Theorien sowie die allgemein akzeptierten Kategorien von Regieren und Regierungssystemen integrierbar ist. Kurzum: Der internationale bzw. weltgesellschaftliche Status der EU und ihr politisches Handeln nach außen sind äußerst schwierig zu erfassen und die bisherigen Theorien und Erklärungsmodelle vermögen in dieser Hinsicht nicht restlos zu überzeugen (Sbragia 1993; Wessels 1992, Whitman 1998; Ginsberg 1989 und 1999). Vor allem der ganz spezifische *Akteurscharakter*, den die Union aufweist, scheint sich jeder herkömmlichen Kategorisierung zu entziehen (Ginsberg 1989; Evers 1994). Trotzdem konzentriert sich eine Reihe von Bestimmungsversuchen jüngster Zeit erneut ausgerechnet auf diese Frage. Die einzige Bestimmung, auf die man sich allgemein in der Forschung einigen konnte, nämlich dass die EU einen gänzlich *neuen Typus* internationalen Akteurs darstellt (Rosecrance 1997; White 1999), wird solcherart zum Ausgangspunkt für neue Untersuchungen zu einer alten Frage, wobei die zentrale Aufgabe nun darin besteht, dieses völlig *Neue* oder *Andersartige* an der EU zu erklären (Hill 1993; Regelsberger/ Schoutheete de Tervarent/Wessels 1997).

Erneut wird darauf Bezug genommen, dass in den traditionellen Theorien der Internationalen Beziehungen vorrangig Staaten und internationale Organisationen als Akteure angesehen werden, die Union im Grunde aber weder ein Staat noch eine internationale Organisation ist, wenngleich sie von beiden zentrale Elemente und Wesensmerkmale vereint (McCormick 2002: 193-219). Die Idee, die EU als „*Akteur sui generis*" zu betrachten (Wessels 1992) und im Rahmen der herkömmlichen wissenschaftlichen Instrumentarien das spezifisch Neue oder Andersartige an der EU und ihrer Außenpolitik herauszuarbeiten, ist im Grunde nur eine Notlösung aus dem Dilemma, in dem sich die Forschung befindet. Der Gedanke selbst hat sich im Hinblick auf die Außenbeziehungen schon relativ früh herauskristallisiert, nachdem die ab den 70er-Jahren etablierte Europäische Politische Zusammenarbeit (EPZ) und später die Gemeinsame Außen- und Sicherheitspolitik (GASP) der Union die herkömmlichen Theorierahmen aufsprengten und damit die Forschung in ein Dilemma führten (Sjöstedt 1977; Allen/Smith 1990; Soetendorp 1994). Michael E. Smith brachte dieses Dilemma wie folgt zum Ausdruck:

> „The expansion of European Union (EU) foreign policy cooperation since 1970 presents a number of puzzles for theorists of regional integration and International Relations. It is not directed by supranational organizations, does not involve bargaining over policy alternatives, and is not dominated by the largest EU states. Nor do the EU's common foreign policy decisions reflect 'lowest common denominator' preferences. Instead, cooperation has been achieved through decentralized institutional mechanisms, involving processes associated with both intergovernmental and social constructivist theories" (Smith M.E. 2004b: 95).

Akteur als handelndes Subjekt mit eigenen Instrumenten

Wird die vorrangigste Aufgabe einer Theoriebildung darin gesehen, ein funktionierendes Erklärungsmodell für das spezifische *Handeln* der EG/EU im System der Internationalen Beziehungen zu liefern, dann scheint es am einfachsten, einen Akteurcharakter einfach zu postulieren. Ein entscheidender theoretischer Vorteil der Akteursperspektive ist nämlich, dass jedem Akteur bestimmte Handlungsinstrumente zugeordnet werden können. Dies erleichtert die sozialwissenschaftliche Operationalisierung und macht die Erstellung eines Schemas möglich, das die klassischen Instrumente auf staatlicher Ebene auf die Unionsebene überträgt. Das wohl am weitesten entwickelte Schema dieser Art findet sich bei Karen E. Smith. Sie spricht auf nationaler Ebene von vier zentralen *Instrumenten* der Politik (*policy instruments*): Propaganda, Diplomatie (Verhandlungen), ökonomische sowie militärische Instrumente (Smith K.E. 1998: 68). Auf der Ebene der EU sieht sie vor allem die diplomatischen und wirtschaftlichen Instrumente gut ausgebaut, während die Propaganda und die militärische Dimension nur marginal ausgeprägt sind. In ihrem Aufsatz präsentiert sie zugleich eine Liste der ihrer Ansicht nach wichtigsten *policy instruments*.

Box 1.1. *Policy Instruments* der EU (nach *Karen E. Smith*)

Propaganda	*in der EU kaum entwickelt*
Militärische Instrumente	*in der EU nur schwach entwickelt*
Diplomatische Instrumente	*in der EU stark entwickelt*

(beinhalten unter anderem: *Deklarationen und Erklärungen; diplomatische Missionen, diplomatische Sanktionen; diplomatische Anerkennung; politischer Dialog (bilateral/regional); Angebot der Mitgliedschaft; Friedensvorschläge, Sonderbeauftragte; Konferenzen, Beobachter*)

Wirtschaftliche Instrumente in der EU <u>stark</u> entwickelt

(beinhalten unter anderem: a) positive Instrumente wie *Handelsüber-einkünfte; Kooperations- und Partnerschaftsverträge; Assoziierung; Tarifvorteile; handelspolitische Privilegien; Hilfsleistungen; Dar-lehen;* b) negative Instrumente wie *Embargo, Boykott, Sanktionen, Verzögerungen bei Vertragsverhandlungen; Suspendierung von Verträgen bzw. Teilen davon; Reduzierung von Hilfsleistungen*)

Quelle: Zusammenschau auf der Basis von Smith K.E. 1998: 70-72.

Akteur ähnlich einem Staat

Die EU als eine Art „*internationaler Staat*" oder „*supranationaler Staat*" eigenen Typus zu betrachten und gleichzeitig die Anwendung der klassischen Außenpolitik-Analyse erneut aufzunehmen und auf eben diesen spezifischen Staatstypus anzuwenden, erschien einigen Autoren jüngst plötzlich wiederum verlockend. Immerhin hat sich der institutionelle Rahmen in den letzten Jahren merklich verändert und verstärkt Züge von Staatlichkeit angenommen. Als Beispiele seien genannt: die Einführung des Amtes eines Hohen Repräsen-tanten für die Gemeinsame Außen- und Sicherheitspolitik, die Konzeption eines Amts eines eigenen Außenministers der Union entsprechend der Verfassung, die Befassung einer Abteilung der Europäischen Kommission mit Fragen der auswärtigen Beziehungen (*external relations* portfolio).

Zweifellos treten in der aktuellen Debatte Vorstellungen von Staatlichkeit sowie die dazu gehörende Begrifflichkeit erneut wiederum stärker in den Vordergrund. Häufig ist auch die Rede von einem „*state-like actor*" oder eines „*would-be-state*" (Soetendorps 1994: 104), wobei von der Annahme ausge-gangen wird, die Union befinde sich auf dem Weg zu einer Staatlichkeit, insofern sich die einzelnen EU-Mitgliedsländer in zunehmendem Maße auch zu einem Souveränitätstransfer im Bereich der GASP bereit zeigen bzw. weil in die Grundstruktur der Union im wachsenden Ausmaß Momente bisher schon bekannter Formen von Staatlichkeit integriert werden (Caporaso 1996; Ruggie 1993). Kurzum: Die Idee, *Staatlichkeit* als Bezugsrahmen für die Analyse der Außenbeziehungen der EU zu verwenden, erlebt seit einigen Jahren einen neuen Aufschwung (Schubert 2000: 9-14).

In diesem Zusammenhang ist weiters auf jene Annäherungsversuche an die EU als internationalen Akteur zu verweisen, die im Grunde eine *legalistische Herangehensweise* verfolgen, die die internationale Identität der Union von den *rechtlichen Vertragsgrundlagen* ableitet und den internationalen Akteurscharakter der Union ausschließlich im Kontext internationalen Rechts sowie den relevanten Vertragsbestimmungen aus analysiert. Marise Cremona (1998) beispielsweise sieht die EU dabei als ein eigenes *Völkerrechtssubjekt*, auch wenn der Union insgesamt formell bis dato keine eigene Rechtspersönlichkeit zugesprochen wurde. Diese Ansätze spiegeln zugleich die Bestrebungen der politischen Aktualität wider, wo nach Wegen gesucht wird, die EU als eine eigene Rechtspersönlichkeit im Rahmen der internationalen Beziehungen zu konstituieren („Verfassungsvertrag").

Das Konzept von „actorness"

Einen ganz anderen Versuch einer Bestimmung unternahmen Charlotte Bretherton und John Vogler (1999) – in gewisser Weise in Fortführung des Ansatzes von Allen und Smith (Allen/Smith 1990; Schumacher 2005: 37-42). Im Zentrum ihrer Überlegungen steht das Konzept von „*actorness*", nämlich die Frage, was mit der Kategorie „*Akteur*" eigentlich wirklich ausgesagt werden soll. Die Kernfrage ist keineswegs neu: Ist nur ein Subjekt nationalstaatlichen Charakters ein Akteur oder können auch andere Einheiten im System der internationalen Beziehungen als solche angesehen werden? Der von ihnen gewählte Ausgangspunkt zur Beantwortung dieser Frage ist jedoch ein anderer als in der klassischen realistischen Theorie, nämlich die Annahme eines *Systems verschiedener Akteure* („*mixed actor system*"), d.h. nicht alle Teileinheiten eines Systems haben die gleiche Bedeutung oder Struktur bzw. den gleichen Aktionsradius; in Summe gibt es stets eine Pluralität von Akteuren. Bretherton und Vogler richten ihren Blick auf die Möglichkeiten und Einschränkungen von Handlungen in ihrer Beziehung zu den politischen und ökonomischen Strukturen der Union. Es geht ihnen dabei um die Verbindung von endogenen und exogenen Determinanten und deren Bedeutung für die Konstruktion intersubjektiver Strukturen. Die Nähe zum *Konstruktivismus* wird hier sichtbar, wobei der Akteurscharakter von ihnen wie folgt bestimmt wird:

> „the capacity to act, or actorness, is a function both of external opportunities, including those associated with the international legal and institutional framework; and internal capabilities, which include the

availability of policy instruments and the capacity and legitimacy of decision making processes" (Bretherton/Vogler 1999: 29).

Für Bretherton und Vogler müssen insgesamt fünf zentrale Kriterien erfüllt sein, um wirklich von einem *Akteurscharakter* sprechen zu können (1. geteilte Verpflichtung bzw. das Bekenntnis zu einem Set von übergreifenden Werten und Prinzipien; 2. Fähigkeit inhaltliche Prioritäten zu identifizieren und kohärente Politiken zu formulieren; 3. Fähigkeit effektiv mit anderen Akteuren im internationalen System zu verhandeln; 4. Verfügbarkeit von policy-Instrumenten, einschließlich der Fähigkeit von diesen Gebrauch zu machen; 5. innere Legitimation von Entscheidungsprozessen sowie die Existenz von Prioritäten in Bezug auf nach außen gerichtete Politiken). Diese fünf Kriterien sind ihrer Auffassung nach in ein dreigliedriges Kategorien-Set einzubinden: Präsenz, Gelegenheit und Fähigkeit/Kompetenz (siehe dazu auch die Ausführungen bei Schuhmann 2005).

Die Idee der Actor Capability

Zweifellos ist dies von Bretherton und Vogler entwickelte Modell das am weitesten ausgearbeitete Schema zur Kategorisierung eines internationalen Akteurs. Es lehnt sich in seinen Grundzügen an das 1977 von Gunnar Sjöstedt entwickelte Konzept der *Actor Capability* an (Sjöstedt 1977; ausführlich dazu Schumann 2005: 43-55), das davon ausgeht, dass die *Abgrenzbarkeit einer Handlungseinheit von einer anderen* und somit von seiner externen Umwelt eine zentrale Voraussetzung für die Zuerkennung von Akteurspersonalität darstellt (Schumacher 2005: 44), ergänzt noch durch das Kriterium eines *„minimalen Vorhandenseins interner Kohäsion"*. Jede Handlungseinheit braucht ein Maß an Unabhängigkeit (Autonomie) und Interaktion. Mit Blick auf das politische Gebilde EU bedeutet dies: Es muss erstens als Einheit wahrnehmbar sein und zugleich ein Mindestmaß an interner Kohäsion aufweisen, um als klar identifizierbares Subjekt von seiner Umwelt abgrenzbar zu sein. Es muss aber zugleich auch zweitens seine grundsätzliche Akteurs-fähigkeit konkret *aktivieren*, d.h. es muss Handlungen setzen. Sjöstedt bemüht sich, mit anderen Worten, um eine Bestimmung des konkreten Akteurs-handelns im Rahmen bestimmter struktureller Vorgaben (Sjöstedt 1977: 20).

Die Annahme, dass etwa das internationale System den Akteursstatus der Union zu einem wesentlichen Teil mitprägt, ist keineswegs neu. Neuartig ist aber die von verschiedenen Autoren eingeführte Koppelung der Akteursannahme an die *Perzeption anderer* außerhalb des eigenen Systems (Chaban/Elgström/Holland 2006). Die Betonung des Aspekts, dass konkrete Erwartungen und

Perzeptionen anderer Akteure ebenso wie allgemeine Prozesse im internationalen System den eigenen Akteurscharakter bestimmen, beruht auf einigen guten Argumenten. Zum einen sind Handlungen stets eingebettet in Kommunikationsprozesse, die es ebenso zu berücksichtigen gilt. Zum zweiten gibt es einen engen Zusammenhang zwischen Perzeptionen und Handlungen sowie Strukturen. Einige Autoren betrachten deshalb die Perzeption Dritter als einen wichtigen Indikator dafür, wie die EU als internationaler Akteur beurteilt wird, ja sie nehmen manchmal diese Perzeption, die empirisch relativ einfach zu bestimmen ist, sogar zum eigentlichen Analyserahmen (Rhodes 1998). Unbestreitbar nehmen etwa Drittländer die EU als einen jeweils ganz spezifischen Akteur wahr, auf dessen komplexe Akteursstruktur sie sich in ihrem eigenen Agieren einstellen müssen (Schubert/Müller-Brandeck-Bocquet 2000: 283), ebenso wie sich die EU umgekehrt auch auf die spezifischen Charakteristika anderer Akteure einstellt. Trotzdem aber wurde dieser Ansatz in der bisherigen Forschung nur marginal entwickelt, zum Teil sicherlich wegen seiner starken sozialpsychologischen Ausrichtung und seiner vorrangig empirischen Ausrichtung.

Die Dimension der Perzeption bzw. Erwartung findet noch in einem weiteren Theorieansatz besondere Berücksichtigung. Es handelt sich um das so genannte Konzept einer Kluft zwischen Erwartung und Fähigkeit (*Capability-Expectations Gap*) im Hinblick auf das Außenhandeln der Europäischen Union. 1993 veröffentlichte Christopher Hill einen Aufsatz, in dem er sich mit dem Thema der Akteursfrage beschäftigt und vier Funktionen auflistet, die die EU im internationalen System bereits erfülle (es sind dies: Beitrag zur Stabilisierung Westeuropas; Manager des Welthandels; bedeutendster Akteur der internationalen Entwicklungszusammenarbeit; neben den USA zweiter zentraler Akteur in den internationalen Beziehungen). Hinzu treten, so seine Analyse (Hill 1993), noch sechs weitere Funktionen, die die Union möglicherweise zukünftig erfüllen könne: EU als zweiter Pol der Weltpolitik; die EU als regionaler Friedensstifter; die EU als globale Interventionsmacht; die EU als Konfliktschlichter; die EU als Bindeglied zwischen der industrialisierten und unterentwickelten Welt; die EU als Co-Wächter der Weltwirtschaft (Hill 1993: 315). Hill folgt hier zweifellos einem *funktionalen* Ansatz, der sein Fundament in konkreten *Funktionszuschreibungen* findet, die empirisch in der Weltgesellschaft vorfindbar sind, also im Grunde Erwartungshaltungen darstellen. Sie dienen ihm als Ausgangspunkt für die Analyse, insbesondere weil sie gleichsam an die EU herangetragen werden und auf *Funktionserfüllung* durch diese abzielen (zur Weiterentwicklung bzw. Anwendung des Ansatzes siehe u.a.: Ginsberg 1999; Holland 1995).

Die Kluft von Erwartungshaltung und Fähigkeiten

Diese Annahme veranlasst Hill dazu, von einer wachsenden Kluft zwischen den Fähigkeiten und den Erwartungen zu sprechen. Dies führe ebenso zu der Gefahr, dass die EU zu Handlungen in Politikfeldern ermuntert werde (konkret durch bestimmte Erwartungen, die an sie herangetragen werden), in denen sie jedoch nicht über die erforderlichen Ressourcen, Instrumente und Fähigkeiten zur Funktionserfüllung verfüge. Sein Schema erscheint für die Analyse und Erklärung zahlreicher Prozesse innerhalb der EU als durchwegs hilfreich, beruht aber natürlich auf einer starken Akzentuierung des sozial-psychologischen Aspekts wandelbarer subjektiver Wahrnehmungen und Perzeptionen. Natürlich lässt sich im Ausgang von diesem Fundament auch eine Scheidung zwischen Eliten und Massen treffen, deren jeweilige Perzeptionen verschieden sein können. Dann stellt sich natürlich die Frage, wie unterschiedliche Gewichtungen und Prioritätensetzungen in den Erwartungshaltungen und Funktionszuschreibungen gesellschaftlich ausgehandelt werden und in welcher Weise sie auf die politischen Entwicklungen und Entscheidungsprozesse einwirken.

Die Konzeption politischer Präzenz („presence")

Die Idee, die Union als eine variable und multi-dimensionale Präsenz (*presence*) zu sehen, die je nach Politikfeld und Sachgebiet eine mehr oder minder aktive Rolle spielt (Allen/Smith 1990), aber allein durch ihre Präsenz politische Wirkung entfaltet, folgt einem ähnlichen Grundgedanken. Für Allen und Smith steht nicht der Akteurscharakter im Zentrum der Analyse, sondern allein die Gegenwart oder *Präsenz* der Union (Allen/Smith 1990: 21). Der Gedanke fußt auf der Vorstellung, dass Perzeptionen und Erwartungshaltungen stets durch Entscheidungsträger und Institutionen geformt werden, ihrerseits also wiederum abhängig sind von jenen politischen Gebilden, an die die Erwartungen oder Funktionszuschreibungen dann herangetragen werden. Deshalb kann beispielsweise im Rahmen dieses Ansatzes die EU gleichsam verselbständigt als eigene Realität angesehen werden. Eine Reihe von Faktoren bestimmt dann über die konkrete „Präsenz": etwa die Legitimität der politischen Ordnung, die Möglichkeit zu handeln und Ressourcen zu mobilisieren, Perzeptionen mitzuprägen und Erwartungen zu nähren etc. (vgl. Allen/Smith 1990: 21).

Das Konzept der Präsenz ist umfassend angelegt und schließt Ideen, Leitbilder, Normen ebenso ein wie Erwartungen und Wahrnehmungen. Allen und Smith bemühten sich auf diesem theoretischen Boden ein eigenes Konzept zu entwickeln, das in seiner Grundstruktur von vier Formen von Präsenz ausgeht: Initiator, Gestalter, Barriere und Filter. Wenige Jahre später (1998) modifizierten sie ihr Konzept und fügten noch die Präsenzformen des Managers und Förderers hinzu. Es geht ihnen dabei um die Berücksichtigung von Prozessen, bei denen Anreize für bestimmte Aktivitäten (Initiator, Förderer) gesetzt werden (Allen/Smith 1998). Das Hauptproblem dieses Ansatzes liegt zweifellos in den geringen Möglichkeiten zu einer sozialwissenschaftlichen Operationalisierung. Trotzdem mag es als ein interessanter Analyseansatz gewertet werden, der darauf abzielt, jene politische Wirkung auf das internationale System aufzuspüren, die sich allein dadurch ergibt, dass ein bestimmter politischer Ordnungsrahmen geschaffen und institutionalisiert wurde.

1.2.6 Kurzzusammenfassung

Im Wesentlichen bestimmen zwei unterschiedliche Tendenzen die bisherigen Bemühungen um eine politikwissenschaftliche Analyse der politischen Außenbeziehungen der Europäischen Union: einmal, die EU als *Akteur* der internationalen Beziehungen im Analyserahmen von Staatlichkeit oder einer staatsähnlichen Struktur zu betrachten; zum anderen, sich gerade von einer solchen Fixierung auf die klassische *Außenpolitik* und ihre Koppelung an die Begriffe von Nation, Staat oder Souveränität zu lösen und nach neuen Fundamenten und Ausgangspunkten für eine Analyse zu suchen.

Die *staatsnahe* Betrachtungsweise ermöglicht zwar im Allgemeinen eine Weiterführung der *Tradition klassischer Außenpolitikanalyse* und ihre Anwendung auf die EU, doch führt sie zugleich zu einer Reihe von neuen theoretischen Problemen, die sich dadurch ergeben, dass die Begriffe Staat und Akteur im heutigen internationalen System nicht problemlos gleichgesetzt werden können (White 1999; Schumacher 2005: 31f.). Es mag durchwegs einleuchten, dass die EU weder als ein *staatsähnlicher Akteur* noch als ein vollständig vom internationalen System *abhängiges politisches Gebilde mit begrenzten Handlungsmöglichkeiten* im heutigen System der internationalen Beziehungen angesehen werden kann.

Zweifellos ist die Union ein komplexes und vielschichtiges Phänomen, dessen nähere sozialwissenschaftliche Bestimmung nicht leicht fällt. Die Rede vom neuen „*global actor*" (De Vries 1991: 159) bedarf einer genauen Prüfung und Bestimmung dessen, was mit dem Akteursbegriff zum Ausdruck gebracht werden soll. Im Allgemeinen beinhaltet das Konzept vier wichtige Elemente: die Anerkennung als Akteur durch andere (*external recognition*); (legale) Autorität (*[legal] authority*); Autonomie (*autonomy*); und ein Minimum an

Zusammenhalt zwischen den beteiligten Staaten (*cohesion among colla-borating states*). Vor allem aber die genaue Bestimmung des Zusammen-hangs von Struktur und Handlung in den EU-Außenbeziehungen macht der Forschung bis heute zu schaffen. Erschwert wird dies vor allem noch dort, wo konstruktivistische und postmoderne Ansätze in die Diskussion eingebracht werden und sozialpsychologischen Momenten besonderes Augenmerk zuteil wird.

Die meisten Ansätze sprechen der EU einen zumindest teilweisen *Akteurs-charakter* zu, auch wenn die konkrete Bestimmung des Begriffs Akteur unterschiedlich ausfällt. Das Spektrum reicht dabei von Bemühungen, unterschiedliche Elemente institutionellen, intergouvernementalen und gesellschaftlichen Akteurshandeln in ein gemeinsames Konzept zu integrieren, bis hin zur Konzentration auf zwei dominante Formen von Akteurshandeln, den sogenannten Tausch-Interaktionen und Diplomatie-Interaktionen (Sjöstedt, ausführlich dazu: Schumacher 2005: 43-55). Das Konzept einer *Multi-Level Governance* wiederum versucht eine Bestimmung dadurch, dass der Akteurscharakter an verschiedene Ebenen gebunden wird. Es betrachtet die EU als eine Art Mehrebenensystem mit einer ganz spezifischen Aus-prägung politischer Entscheidungsfindung und politischen Regierens, wobei auf jeder einzelnen Ebene eine Vielzahl von unterschiedlichen gouverne-mentalen wie nicht-gouvernementalen Akteuren politische Handlungen setzen, deren Gewichtung und politische Bedeutung von verschiedenen Komponenten (wie etwa dem jeweiligen Politikfeld) abhängt und sich in einem ständigen Wandel befindet (König/Rieger/Schmitt 1996; Morass 1997).

Wenn Schubert und Müller-Brandeck-Bocquet von der EU als einem fragmentierten *postmodernen Akteur par excellence* (Schubert/Müller-Brandeck-Bocquet 2000: 282-288; Schubert 2000: 17-19; siehe in diesem Zusammenhang auch Smith M. 2003) sprechen, so treffen sie zwar den Nagel auf den Kopf, indem sie die theoretischen Schwierigkeiten einer näheren Bestimmung gleichsam auf den Punkt bringen, liefern jedoch damit keineswegs einen wirklichen Beitrag zur Lösung dieses Dilemmas, sondern wandeln bestenfalls die Not der Vielschichtigkeit und Komplexität in eine Tugend. Die Suche nach neuen Wegen und Möglichkeiten einer näheren theoretischen Bestimmung der politischen Außenbeziehungen der Euro-päischen Union und ihrer Verortung in den internationalen Beziehungen wird allein deshalb schon mit höchster Intensität weitergeführt werden müssen. Interne Transformationsprozesse ebenso wie Erweiterungsaspekte der Union (Edwards 2006) sind dabei ebenso zu berücksichtigen wie Wandlungen im internationalen System.

1.3 Zeitgeschichtliche und institutionell-formale Annäherung an das Thema

Der radikale Umbruch im System der internationalen Beziehungen mit dem Ende des Kalten Krieges und die zur gleichen Zeit eingeleitete Transformation des etablierten Systems der Europäischen Gemeinschaft hin zu einer umfassenden Union forderte die Forschung regelrecht dazu heraus, die Stellung und Funktion der sich neu konstituierenden Europäischen Union neu zu überdenken (Soetendorp 1994, Hill 1996, Smith K.E. 2003). Zusätzlichen Auftrieb erhielten die diesbezüglichen Bemühungen noch durch die schrittweise Expansion der Europäischen Union, die im Zeitraum von etwas mehr als einer Dekade von 12 Mitgliedsländern auf insgesamt 27 anwuchs und nahezu flächendeckend den europäischen Raum zu dominieren begann.

1.3.1 Ökonomische Integration als Grundlage

Die EG wies während der Zeit des Kalten Krieges eindeutig dahingehend eine asymmetrische Struktur auf, dass sie sich voll auf die wirtschaftliche Integration konzentrierte und die außenpolitische Komponente sowie jene der Sicherheits- und Verteidigungspolitik nahezu vollkommen vernachlässigte. Es war dies sicherlich auch zugleich eine Konzentration Westeuropas auf den Aspekt *ökonomischer Macht* angesichts einer gewissen militärischen Pattstellung zwischen Ost und West. An die Einbeziehung der militärischen Dimension in westeuropäische Integrationsbemühungen hatte man zwar Anfang der 50er-Jahre durchwegs gedacht, doch mit dem Scheitern dieser Bestrebungen wurde sehr bald klar, dass dieser Bereich für längere Zeit aus den Integrationsbemühungen ausgeklammert bleiben wird. Die WEU fungierte zwar weiterhin als ein gewisser institutioneller Rahmen für eine sicherheits- und militärischpolitische Integration Westeuropas, doch ihre politische Bedeutung für Europa blieb marginal.

Aus heutiger Sicht erscheint es durchwegs berechtigt zu fragen, in welcher Weise die *ökonomische Machtkonzentration* und *wirtschaftliche Integration* der EG letztlich auch andere Politikfelder mit in ihren Bann zog. Die Frage nach der der Logik eines „*spillover*" beschäftigt die Forschung bis heute. Hinzu kann natürlich immer auch die Annahme treten, dass man mehr globale Macht entfalten könne, wenn auf europäischer Ebene in der Frage der Außenpolitik eng zusammengearbeitet wird. Umgekehrt wurde und wird bis heute diese Überzeugung gleichzeitig dadurch in ihrer Kraft geschwächt, dass sie sich häufig mit einer Angst dahingehend verbindet, dass eine derartige Zusammenarbeit ihrerseits nationale Interessen der einzelnen Mitgliedstaaten gefährden und eventuell sogar zum alleinigen Vorteil einiger weniger in der Gemeinschaft genützt werden könnte.

Im Allgemeinen tendiert eine zeitgeschichtlich-realistische Perspektive auf die Stellung der EG/EU im internationalen System dazu, den Zuwachs an politischer Macht der EG anhand von ausgewählten Zahlen und Fakten darzustellen (Reichold 2000). In diesem Zusammenhang sind besonders Größenvergleiche nahe liegend (wie etwa Bevölkerungszahl oder die Zahl der Mitgliedstaaten). Hier im Überblick einige Beispiele, wie derartiges statistisches Zahlenmaterial für die Bestimmung der globalen Stellung der Union verwendet wird (Stand 2006):

- „Die Europäische Union hat rund 457 Millionen Einwohner - die drittgrößte Bevölkerung der Welt nach China und Indien. Der Anteil der Industriestaaten an der gesamten Weltbevölkerung sinkt stetig - von 30 % im Jahre 1960 auf 19 % im Jahre 2002. Vier Fünftel der Weltbevölkerung leben in den Entwicklungsländern. Dies gibt Anlass zur Sorge und ist einer der Gründe, weshalb sich die EU aktiv für die Förderung der weltweiten Entwicklung einsetzt. Sie ist bereits jetzt der weltweit größte Geber von Entwicklungshilfe".[1]
- „Obwohl in der EU nur 7 % der Weltbevölkerung leben, erwirtschaftet sie rund ein Fünftel der weltweiten Ein- und Ausfuhren. Sie ist daher eine bedeutende Handelsmacht, die eine wichtige Rolle auf der Welt- bühne spielt. (...)
- Wie die Tabelle unten zeigt, ist die EU einer der größten Waren- exporteure. Die USA sind der größte Ausfuhrmarkt der EU, und die meisten Waren, die in die EU importiert werden, kommen aus den USA. Allerdings hat sich zwischen 1999 und 2003 der Handel der EU mit China mehr als verdoppelt, und China ist mittlerweile der zweitgrößte Lieferant von Einfuhren in die EU.
- Die EU ist auch ein wichtiger Handelspartner für die weniger entwickelten Länder. Durch diesen Handel wird ihr Wirtschafts- wachstum gefördert. Die EU ist einer der größten Importeure landwirtschaftlicher Erzeugnisse aus den Entwicklungsländern.
- Als wichtige Handelsmacht hat die EU eine große Verantwortung bei der Bekämpfung der Armut in der Welt und der Förderung einer globalen Entwicklung. Sie macht ihren Einfluss innerhalb der Welt-

---

1   Europäische Gemeinschaften, 1995-2007, Europa – Zahlen und Fakten über Europa und die Europäer.
http://europa.eu/abc/keyfigures/sizeandpopulation/index_de.htm

handelsorganisation (WTO) geltend, damit faire Regeln für den Welthandel bestehen, und die Globalisierung allen Nationen - auch den ärmsten - zugute kommt. Die EU ist weltweit auch der größte Geber von offizieller Entwicklungshilfe."[2]

Box 1.2. Internationaler Warenhandel, in Mrd. Euro (2002)

	Mrd. €
China	
Ausfuhren	463
Einfuhren	436
Handelsbilanz	27
Europäische Union	
Ausfuhren	883
Einfuhren	941
Handelsbilanz	-58
Japan	
Ausfuhren	499
Einfuhren	405
Handelsbilanz	94
Vereinigte Staaten	
Ausfuhren	765
Einfuhren	1380
Handelsbilanz	-615

Quelle: Eurostat (zitiert nach: Europäische Gemeinschaften, *1995-2007, Europa – Zahlen und Fakten über Europa und die Europäer. Siehe:* http://europa.eu/abc/keyfigures/tradeandeconomy/index_de.htm

Es kann keinen Zweifel daran geben, dass die EWG/EG bzw. später die EU in der Tat rasch zu einer *globalen Wirtschaftsmacht* erstarkte (Van Oudenaren 2000: 229-271; Reichold: 240-243). Mit ihrer ersten Erweiterung schaffte die EG den Sprung zur weltweit größten Handelsmacht mit einem Anteil von rund

---

2   Europäische Gemeinschaften, 1995-2007, Europa – Zahlen und Fakten über Europa und die Europäer.
     http://europa.eu/abc/keyfigures/tradeandeconomy/index_de.htm

20 Prozent aller weltweiten Ein- und Ausfuhren (Twitchett 1976: 4). Heute liegt dieser Anteil noch höher und die Union spielt nicht nur in den weltweiten Handelsverhandlungen eine dominante Rolle, sondern sie ist auch der weltweit größte und reichste gemeinsame Markt, mit mehr als 28 % des globalen Bruttoinlandsprodukts (2002). Die gemeinsame Währung verstärkte zudem die wirtschaftliche Position der Union in der Welt. Rund ein Drittel der größten und gewichtigsten Unternehmen der Welt sind europäische Konzerne.

1.3.2 Die Außenwirtschaftsbeziehungen

Den *Außenwirtschaftsbeziehungen* kam zweifellos seit den 70er-Jahren eine immer größere Bedeutung im Hinblick auf die Stellung und Rolle der EG innerhalb der internationalen Beziehungen zu. Ab den 60er-Jahren entwickelte sich schrittweise eine gemeinsame Handelspolitik der Mitgliedstaaten, wobei die Kompetenz für diese ab den 70er-Jahren auf die Gemeinschaft übertragen wurde, wodurch Handelsabkommen mit Drittstaaten von nun an für alle einheitlich geregelt und verbindlich gemacht wurden (Griller/Weidel 2002). Auf diese Weise entwickelte sich gleichzeitig mit dem Erstarken der wirtschaftlichen Position der Gemeinschaft ein komplexes und vielmaschiges Netzwerk von bi- und multilateralen Handelsübereinkommen und Verträgen und institutionalisierten Verhandlungen (Elgstrom/Jonsson 2005). Bretherton und Vogler (1999: 49) sehen aus diesem Grund in der gemeinsamen Handelspolitik der Europäischen Gemeinschaft die früheste und deutlichste Manifestation der EG als eines Akteurs auf internationalem Parkett.

Es ist vor allem auf die *Kolonialgeschichte* der einzelnen Mitgliedstaaten zurückzuführen, dass die EWG schon Ende der 50er- und in den 60er-Jahren eine rege internationale wirtschafts- und handelspolitische Aktivität entfalten konnte und daran schritt, die bereits bestehenden bilateralen Beziehungen der Mitgliedsländer zu einer Reihe von Staaten und Regionen außerhalb Europas (einschließlich noch bestehender Kolonialgebiete) auf eine neue übernationale bzw. gemeinsame institutionelle und rechtliche Basis zu stellen. Das *Prinzip der Assoziierung* - zunächst primär für die überseeischen Länder und Hoheitsgebiete gedacht und später ausgeweitet auf alle möglichen Kooperationspartner - wurde zu diesem Zwecke bereits in die Römischen Verträge aufgenommen. Eine ganze Reihe von *Assoziierungs- und Kooperationsabkommen* führte in den folgenden Jahrzehnten zu einem dichten Netzwerk von institutionalisierten Beziehungen der EG zu Ländern und Regionen auf der ganzen Welt.

Zu nennen sind in diesem Zusammenhang insbesondere die Jaundé-Abkommen von 1964 und 1969, die Lomé-Abkommen von 1975, 1980, 1985 und 1990 mit den Afrika/Karibik/Pazifik-Staaten (AKP) (nach dem Beitritt von Großbritannien), die Assoziierungsabkommen mit anderen europäischen und nicht-europäischen Staaten (z.b. Griechenland 1961; Türkei 1963; Malta 1970; Zypern 1972) gemäß Artikel 310 EGV, die Assoziationsabkommen mit den Mittelmeerstaaten sowie eine Reihe von Kooperationsabkommen gemäß Artikel 133 (3) EGV zur Stärkung der regionalen Zusammenarbeit (1980 mit den ASEAN-Staaten, 1983 mit dem Andenpakt und 1985 mit den Mitgliedern des San-José-Dialogs).

In diesem Zusammenhang ist auch darauf zu verweisen, dass seitens der EG-Staaten schon sehr früh auf eine stärkere *regionale Kooperation* gesetzt wurde, die eindeutig über die rein bilateralen Beziehungen der EG oder einzelner Mitgliedstaaten hinausging. Die Abkommen selbst folgten einer spezifischen *Systematik*. Zu unterscheiden sind dabei insbesondere (1) Assoziierungsabkommen nach Artikel 310 EGV; (2) Kooperationsabkommen nach Artikel 133 Abs. 3 EGV und (3) konkrete Verträge (z.B. Handelsabkommen etc.). In der politischen Alltagspraxis entwickelte sich im Verlauf der Jahre eine Vielzahl unterschiedlicher *Vertragstypen*, wobei im Hinblick auf die zur Anwendung gebrachten Grundmuster für bestimmte Kooperations- und Assoziierungsabkommen heute von unterschiedlichen *Generationen an Vertragstypen* gesprochen wird.

Natürlich sind nicht alle Verträge und Übereinkünfte für eine Identifizierung von EU-Akteurshandeln im Feld der Außenbeziehungen - wirtschaftlicher wie politischer - maßgebend, sondern vielmehr jenes vielschichtige und komplexe Netzwerk von Transaktionen mit hohem Interdependenzgrad, das diesen Verträgen zugrunde liegt. Die enorme Verflechtung der politischen Dimension mit jener der wirtschaftlichen steht heute völlig außer Zweifel. Aus diesem Grund überlappen und ergänzen sich die politischen und wirtschaftlichen Netzwerke in einem besonderen Maße. Das Spektrum des *EU-Außenhandelns* integriert heute in weit stärkerem Ausmaß als in der Vergangenheit die Bereiche Politik, Wirtschaft, Handel, und Kultur. Es reicht von einfachen Briefwechseln bis hin zur Einsetzung von akkreditieren Botschaftern und den Abschlüssen von völkerrechtlich verbindlichen Verträgen und Assoziierungsabkommen mit Drittländern.

1.3.3 Außenbeziehungen

Der Begriff *Außenbeziehungen* (*external relations*), der sich auch zunehmend im offiziellen EU-Jargon durchzusetzen vermag, umfasst grundsätzlich sämtliche Bereiche des Verhältnisses der Union mit Drittstaaten, also sowohl das Feld der *intergouvernemental* strukturierten Gemeinsamen Außen- und Sicherheitspolitik (GASP), als auch die *vergemeinschafteten* außenorientierten Bereiche, die unter die ausschließliche Kompetenz der Gemeinschaft fallen, insbesondere die Außenhandelspolitik. Die Kompetenzzuweisungen an die einzelnen Kommissare der Europäischen Kommission lässt natürlich eine derartige Begriffsbestimmung nicht zu, wird hier doch weiterhin der Begriff „Außenbeziehungen" (external relations) eng gefasst und etwa von den Bereichen „Außenhandel" oder „Erweiterung" getrennt. Von den General-direktoraten der Europäischen Kommission befassen sich in der Tat gleich mehrere mit Bereichen und Themen europäischer Außenbeziehungen, insbesondere jene für Außenbeziehungen, Entwicklung, Erweiterung, Handel sowie EuropeAid, das Amt für Zusammenarbeit.

Die institutionelle Struktur der Europäischen Union und die dabei vorge-nommene Zuweisung von Politik- und Kompetenzbereichen bildet natürlich nicht den eigentlichen Maßstab für eine inhaltliche Begriffsbestimmung - dies würde letztlich wahrscheinlich bloß zu einem höheren Grad an Desorien-tierung führen, da die einzelnen Strukturen viel eher praktisch vollzogenen Kompromissen und historischen Entwicklungen entsprechen als einem kohärenten und systematisch entwickelten Verständnis politischer Außen-beziehungen -, sondern mit diesem Verweis soll lediglich aufgezeigt werden, mit welchen Schwierigkeiten die Forschung auf diesem Gebiet konfrontiert ist. Verschiedene im EU-Jargon für die Außenbeziehungen wichtige Begriffe, wie etwa jener der *„strategischen Partnerschaft"* bleiben äußerst diffus und zeichnen sich durch begriffliche Unschärfe aus, die oftmals Anlass zu heftig geführten Kontroversen um die jeweiligen Interpretationsbemühungen geben (Meier 2000: 103f.; Alexandrova 1997).

Eine scharfe Grenzziehung zwischen diesen unterschiedlich strukturierten Politikfeldern innerhalb der Europäischen Union ist oftmals nur sehr schwer möglich, sind doch sämtliche Bereiche in der Praxis politischen Handelns eng miteinander verflochten. Dennoch kommt vor allem der Trennung von inter-gouvernementaler und vergemeinschafteter Politik insofern eine besondere Bedeutung zu, da hier die entsprechenden Rechtsgrundlagen und politischen Entscheidungsverfahren bzw. -mechanismen unterschiedlich ausfallen und den Organen der Union ebenso völlig unterschiedliche Kompetenzen zufallen.

Die für die Außenbeziehung wichtigsten vergemeinschafteten Bereiche sind die *gemeinsame Handelspolitik*, die *Entwicklungszusammenarbeit* und die *humanitäre Hilfe*. Die Europäische Kommission führt die meisten globalen, regionalen und bilateralen Verhandlungen im Auftrag und Namen der EU-Mitgliedstaaten. Den *Handels-* und (wirtschaftlichen) *Kooperations-*

abkommen der EG/EU kommt dabei seit jeher höchste Bedeutung zu. Die Union unterhält, worauf bereits verwiesen wurde, seit Jahren auf globaler Ebene ein komplexes und verwobenes Netz von durch unterschiedlichste *multi- und bilaterale Abkommen* strukturierten Beziehungen mit Drittstaaten in aller Welt. Das Schwergewicht bildet dabei seit jeher der Bereich der Außenwirtschafts- bzw. Handelsbeziehungen. Mit dem beginnenden Ausbau der intergouvernemental angelegten zweiten Säule, der GASP, gewannen aber zugleich auch die klassisch außenpolitische, sicherheitspolitische sowie sozial-kulturelle Dimension an Bedeutung, so dass in den Abkommen der Europäischen Union jüngeren Datums mit Drittstaaten zunehmend wirtschaftliche, politische (vornehmlich die Etablierung eines regelmäßigen politischen Dialogs auf hoher Ebene) und sozial-kulturelle Inhalte eng miteinander verknüpft sind. Auch in den *Country-Strategy Papers* der Union, sozusagen niedergeschriebenen strategischen Planungen und Überlegungen der Europäischen Union im Hinblick auf ihre Beziehungen zu Drittstaaten, internationalen Organisation oder regionalen Zusammenschlüssen, findet sind in zunehmendem Maße die Verschmelzung von politischen wie wirtschaftlichen Anliegen und Zielen.

Ein weiterer Trend, der in diesem Zusammenhang Erwähnung verdient, ist jener der Koppelung von wirtschaftlichen Leistungen und Vereinbarungen an bestimmte *politische Bedingungen*. In den meisten Abkommen mit Drittstaaten finden sich zunehmend Klauseln, wonach Verstöße gegen bestimmte politische Auflagen - die als wesentliche Vertragsbestandteile angesehen werden - die Aussetzung von vertraglichen Beziehungen zur Folge haben können. Solche Auflagen betreffen vor allem die Achtung von Demokratie, Menschenrechten und Rechtstaatlichkeit (Smith K.E. 1998; Nowak 1999; Pippan 2004; Stokke 1995). In manchen Fällen nehmen die Klauseln aber auch Bezug auf Fragen der Migration bzw. Rückführung von illegal in die EU eingereisten Personen, der Bekämpfung des Terrorismus oder der Verbreitung von Massenvernichtungswaffen. In der politischen Praxis wird seitens der Union von dieser Möglichkeit aber bis zur Stunde nur in geringem Maße gebrauch gemacht.

1.3.4 Erweiterungsprozess als „außenpolitische Maßnahme"

Obwohl die einzelnen Erweiterungsrunden der EG/EU niemals im klassischen Sinne als *außenpolitische Maßnahmen* gewertet wurden, so stellen sie letztlich doch ebenso eine ganz konkrete Form von politischem Außenhandeln dar, die zumindest in kurzer Form eine nähere Betrachtung verdient. Ein Blick auf die Aufteilung der Sachgebiete innerhalb der Europäischen Kommission zeigt, dass die politischen Aufgaben im Zusammenhang mit Erweiterungen der Union interessanterweise einem eigenen Kommissar zugewiesen sind und nicht unter das Portfolio der „Außenbeziehungen und europäische Nachbarschaftspolitik" fallen. Die bilateralen Beziehungen zu potentiellen Mitgliedern der Union weisen in der Tat einen ganz eigenen Charakter auf, in dem sich die Elemente klassischer Außen- wie Innenpolitik in einer ganz eigentümlichen Weise vermischen.

Die grundsätzliche Bereitschaft der jeweiligen zukünftigen Mitgliedstaaten, den *acquis communautaire* der Gemeinschaft zu übernehmen, verändert von Anfang an die Struktur der politischen Beziehungen in entscheidender Weise. Hinzu treten noch weitere Elemente entsprechend den so genannten *Kopenhagen-Kriterien*, durch die sich eine besondere Nähe zur EU schon vor Beginn konkreter Beitrittsverhandlungen ergibt. Mit anderen Worten: Für einen Beitritt zur Union sind die vom Europäischen Rat in Kopenhagen im Juni 1993 festgelegten *Beitrittskriterien* zu erfüllen. Dazu zählen eine institutionelle Stabilität als Garantie für demokratische und rechtsstaatliche Ordnung, die Wahrung der Menschenrechte sowie Achtung und Schutz von Minderheiten; die Übernahme der aus einer Mitgliedschaft erwachsenden Verpflichtungen und Übernahme der Ziele der Politischen Union sowie der Wirtschafts- und Währungsunion (*acquis communautaire*). Sind diese Kriterien erfüllt, so kann grundsätzlich bereits vor Aufnahme eines Landes von dessen intensiver struktureller Annäherung an die Union gesprochen werden.

In der der Phase der Beitrittsverhandlungen werden die Beitrittskandidaten dann zudem durch Assoziierungsabkommen, spezielle Partnerschaften und andere finanzielle Hilfsprogramme bei ihren politischen wie wirtschaftlichen Reformen in Richtung weitere Annäherung an die EU unterstützt. Diese Abkommen sehen unter anderem einen regelmäßigen politischen Dialog, die schrittweise Errichtung einer Freihandelszone, EU-Finanzhilfen und die Zusammenarbeit in den Bereichen Wirtschaft und Kultur vor.

Die Perspektive eines EG/EU-Beitritts erlangte als *außenpolitisches Instrument* im Grunde erst nach 1990 wirkliche Bedeutung, und zwar im Kontext der schrittweisen Heranführung der ost- und mitteleuropäischen Länder an die Union. Heute liegt das Hauptaugenmerk auf der Frage des Beitritts der Türkei zur Union. Gleichzeitig legt natürlich jeder Erweiterungsschritt aus einer rein machtpolitischen Perspektive nahe, die Ausdehnung und Vergrößerung grundsätzlich als eine Zunahme von Machtressourcen zu werten, die die politische und wirtschaftliche Stellung der Union in den internationalen Beziehungen festigt und mit einer höheren politischen Gewichtung ausstattet.

Die Europäische Union kennt ebenso eine Reihe von so genannten *„potentiellen Beitrittskandidaten"*, mit denen besondere nachbarschaftliche Beziehungen gepflegt werden (dazu ausführlicher in den folgenden Kapiteln). Im Fall des Westbalkans wurde 1999 ein *Stabilisierungs- und Assoziierungsprozess* eingeleitet, der die regionale Zusammenarbeit mit dem Ziel fördert, eine Perspektive für eine Integration der Staaten in die EU-Strukturen zu eröffnen

Die Einbeziehung der Erweiterungsperspektive in den weiteren Rahmen außenpolitischen Handelns verweist schlussendlich noch auf die Diskussion, inwieweit die EU als *„soft power"* allein aufgrund ihres Modellcharakters hohe Anziehungskraft und politische Wirkung auf andere Staaten und Gesellschaften innerhalb der internationalen Beziehungen zu entfalten vermag. Verschiedene Autoren fügen dem noch den Gedanken hinzu, dass durch eine *„Soft diplomacy"* diese Machtkomponente der Union zudem verstärkt werden könne (Petiteville 2003). Solcherart wäre weltweit eine bedeutende politische Einflussnahme der EU auf das internationale System möglich, allein durch eine Demonstration erfolgreichen politischen Agierens.

Wenngleich hier nicht die Möglichkeit einer intensiven Beeinflussung der Umwelt durch die EU prinzipiell in Abrede gestellt wird, so muss dennoch die konkrete politische Wirkung der EU sorgfältig und nüchtern dahingehend analysiert werden, wo sich tatsächlich Elemente im Integrationsprozess finden, die auf andere Akteure starke Wirkung - von einer Sehnsucht nach möglichst raschem Beitritt bis hin zu mimetischem Verhalten oder einer bewussten Distanzierung und Ablehnung – ausüben (Wallace 2002). Eine solche Analyse wird wahrscheinlich sehr rasch ebenso aufzeigen, dass die *„Macht der Bilder"*, die offenkundig manchmal ungemeine Attraktivität auf andere zu entfalten vermag, enormen Schwankungen unterworfen ist und ihrerseits wiederum von ungemein vielen komplexen Faktoren im Umfeld der EU abhängen (Chaban/ Elgström/Holland 2006). Einfache Formeln, wie beispielsweise jene von der *„Attraktivität westlicher Werte"* oder dem *„Erfolgsmodell europäischer wirtschaftlicher Integration"*, die gleichsam als neue politische Leitbilder zunehmend auch andere Länder, Kulturen und Völker in ihren Bann ziehen, deuten viel eher auf das Erwachen eines neuen eurozentrischen Selbstverständnis und Weltbildes hin als dass sie in angemessener Weise politische Realitäten zum Ausdruck bringen. Das Projekt der europäischen Integration wird in seiner Außenwirkung und Perzeption in anderen Gesellschaften immer beiderlei Momente miteinander vereinen – Bewunderung ebenso wie radikaler Ablehnung.

1.4 Weitere Informationen und Literaturverweise

Weiterführende Literatur (Auswahl):
- ➤ *Zur Einführung (Theorie):* Smith K.E. 2003; Smith K.E. 2003; Jørgensen, K.-E. 2004; Peterson/Smith 2003; Sjursen 2003; Hill 1993.
- ➤ *Allgemein:* Weidenfeld 2004; Carlsnaes/Sjursen/White 2004; Smith K.E. (alle Werke); McCormick 2002; Griller 2002; Ginsberg 2001; Schubert/Müller-Brandeck-Bocquet 2000; Nuttall 2000; Hill/ Smith 2000; Bretherton/Vogler 1999; Soetendorp 1999; Hill 1996; Hill 1993; Sjursen 2006a und 2006b; Sjöstedt 1997.
- ➤ *Für einen raschen Überblick zu den wichtigsten Inhalten dieses Buches bzw. einen ersten Einstieg in die Thematik „Außenbeziehungen der Europäischen Union":*
  - Weidenfeld, Werner/Wessels, Wolfgang (Hg.), *Europa von A bis Z. Taschenbuch der europäischen Integration.* 9. Aufl., Baden-Baden: Nomos 2006 (Stichworte: Afrikapolitik, Asienpolitik, Europäisch-amerikanische Beziehungen, Europäische Nachbarschaftspolitik, Europäische Sicherheits- und Verteidigungspolitik, Gemeinsame Außen- und Sicherheitspolitik, Lateinamerikapolitik, Mittelmeerpolitik).

Internet:
- ➤ Europäische Kommission, External Relations Webpage: http://ec.europa.eu/comm/external_relations

2 Die Gemeinsame Außen- und Sicherheits- politik (GASP)

Rechtliche Grundlagen, Ziele, Mechanismen und Entwicklungslinien

2.1 Einleitung und Überblick

Die *Außen- und Sicherheitspolitik* zählt in den modernen Staatswissenschaften von jeher zu den Kernbereichen staatlicher Souveränität und gilt deshalb als ein Feld, in dem die Entwicklung einer echten gemeinschaftlichen Politik äußerst schwierig zu erreichen ist. Im Gegensatz zur „ersten Säule" und den Außenwirtschaftsbeziehungen der Union - entsprechend der *Architektur der Europäischen Union* seit dem Vertrag von Maastricht 1992 bzw. 1993 - ist die „zweite Säule", die Gemeinsame Außen- und Sicherheitspolitik (GASP), bis heute nicht *gemeinschaftlich* oder *supranational*, sondern *intergouvernemental* angelegt (Müller-Brandeck-Bocquet 2000: 29-44).

Mit dem Begriffspaar *„intergouvernemental"/„supranational"* werden innerhalb der Disziplin der Internationalen Beziehungen zwei völlig unterschiedliche Formen der Zusammenarbeit zum Ausdruck gebracht. Die beiden Begriffe dienen zugleich zur Kennzeichnung eines den europäischen Integrationsprozess durchziehenden Spannungsverhältnisses zwischen einer Zusammenarbeit zwischen den einzelnen Regierungen der Mitgliedstaaten ohne die Aufgabe nationaler Souveränität einerseits und einer Kooperationsform, die wesentlich auf der substantiellen Abtretung von Hoheitsrechten durch die einzelnen Staaten basiert, andererseits.

Die GASP kennt deshalb weder dieselben (bindenden) Instrumente wie der *Vertrag über die Gründung der Europäischen Gemeinschaft* (EGV) in Artikel 249 (Verordnungen, Richtlinien und Entscheidungen), noch verfügen die einzelnen Organe der Union in diesem Politikfeld über dieselben Handlungsmöglichkeiten wie in der ersten Säule. Kurzum: Die rechtlichen Grundlagen, Entscheidungsprozesse und Politikinstrumente der GASP unterscheiden sich in entscheidender Weise von jenen in anderen Politikfeldern, etwa der gemeinsamen Handelspolitik. Unbeschadet dieser formalen Trennung sind die einzelnen Bereiche *außenorientierten politischen Handels* stets intensiv miteinander verflochten. Für die Sicherstellung der *Kohärenz* von politischen Maßnahmen in sämtlichen Bereichen sowie für die Vermeidung von Inkonsistenzen zwischen der supranationalen und intergouvernementalen

Politik haben nach Artikel 3 des *Vertrags über die Europäische Union* (EUV) Rat und Kommission zu sorgen.

Die GASP entwickelte sich aus der seit 1970 existierenden *Europäischen Politischen Zusammenarbeit* (EPZ), die zunächst informell angelegt war und erst später durch die *Einheitliche Europäische Akte* institutionalisiert wurde (Loinger 2006; Regelsberger 2004). Ihre Institutionalisierung und rechtliche Verankerung als so genannte „zweite Säule" erfolgte erst durch den *Vertrag über die Europäische Union* (EUV), dem so genannten „Maastricht-Vertrag", der am 7. Februar 1992 unterzeichnet wurde und am 1. November 1993 in Kraft trat. Sie enthält ebenso eine verteidigungspolitische Komponente. Seit ihrer Verankerung im EUV wurde die GASP mehrfach reformiert, insbesondere mit der Absicht, zum einen ihre Verbindlichkeit für die Mitgliedstaaten festzuschreiben, zum anderen ihr Profil auf globaler Ebene zu schärfen und die Effizienz ihrer Entscheidungsstrukturen zu erhöhen. Seit dem Ende der 90er-Jahre wird die GASP durch verstärkte Bemühungen auf dem Gebiet der *Europäischen Sicherheits- und Verteidigungspolitik* (ESVP) ergänzt bzw. vertieft. Im Dezember 2003 verabschiedete der Europäische Rat eine *Europäische Sicherheitsstrategie* (ESS), in der die Veränderungen in der internationalen Politik und der globalen Sicherheit sowie die sich dadurch ergebenden neuen Bedrohungen und Herausforderungen für die Europäische Union analysiert und zugleich die Prioritäten für die europäische Sicherheits- und Verteidigungspolitik festgelegt wurden.

Trotz zahlreicher Verbesserungen zeigen sich bis zur Stunde immer wieder Unstimmigkeiten zwischen den Mitgliedstaaten - besonders deutlich im Zuge der Irak-Krise 2003 zum Vorschein getreten - sowie Hindernisse bei den Prozessen und Verfahren außenpolitischer Entscheidungsfindung, die einem einheitlichen und geschlossenen Auftreten der Union im Bereich der GASP auf internationaler Bühne zweifellos hinderlich sind. Obwohl es der Union im Verlauf der letzten Jahre gelungen ist, eigene militärische und zivile Instrumente zur Krisenbewältigung auf globaler Ebene aufzubauen, so ist sie vor allem im Hinblick auf die notwendigen militärischen Mittel zur Bewältigung derartiger Aufgaben weiterhin auf eine enge Kooperation mit der NATO angewiesen.

Das große Projekt einer umfassenden Reform der Europäischen Union - und damit eingeschlossen auch der Gemeinsamen Außen- und Sicherheitspolitik - , das mit der Ausarbeitung des *Vertrags über eine Verfassung für Europa* (VVE) in Angriff genommen wurde, muss durch zwei negative Volksentscheide im Zuge des erforderlichen Ratifizierungsprozesses vorerst einmal als gescheitert oder zumindest auf Eis gelegt angesehen werden. Die darin vorgesehenen Neuerungen für den Bereich der Außenbeziehungen der Union, wie etwa die Schaffung des Amtes eines *Außenministers der Europäischen Union*, müssen erneut überdacht und möglicherweise völlig neu verhandelt werden, sobald die zur Zeit laufende „gemeinsame Nachdenkpause" über die nächsten konkreten Schritte und Vorhaben im Rahmen des europäischen Integrationsprozesses beendet ist.

Box 2.1. Meilensteine in der Entwicklung der GASP

----

ab 1970	Europäische Politische Zusammenarbeit (EPZ)
1986	Einheitliche Europäische Akte
1992/1993	Vertrag über die Europäische Union (EUV), insbesondere Titel V
1997/1999	Vertrag von Amsterdam
ab 1998	schrittweise Entwicklung und Ausbau der ESVP
2001/2003	Vertrag von Nizza
2003	Europäische Verteidigungsstrategie

2.2 Rechtsgrundlagen

Die wichtigste rechtliche Grundlage für die gemeinsame Außenpolitik der Europäischen Union ist der *Titel V des Vertrags über die Europäische Union* (EUV) betreffend die Gemeinsame Außen- und Sicherheitspolitik (GASP) [Artikel 11 bis 28 (J.1 bis J.18)]. Hinzu treten noch andere Bestimmungen im EUV (insbesondere Artikel 2 und 3 der gemeinsamen Bestimmungen in Titel I, die Schlussbestimmungen des Titels VIII) einschließlich des durch den Vertrag von Amsterdam beigefügten Protokolls zu Artikel 17 (J.7) und der Erklärungen 27 bis 30 der Regierungskonferenz von 1990 sowie die fünf Erklärungen der Regierungskonferenz von 1996. Weiters ist noch auf die Artikel 296, 297, 300 und 301 (223, 224, 228 und 228a) im EG-Vertrag zu verweisen.

2.3 Ziele der GASP

Neben den in Artikel 2 (B) EUV aufgeführten *allgemeinen Zielen der Union* verfolgt die Union gemäß Titel V, Artikel 11 Absatz 1 (J.1 Absatz 2) EUV folgende fünf eigentlichen Ziele der GASP:

- „Wahrung der gemeinsamen Werte, der grundlegenden Interessen und der Unabhängigkeit der Union, wozu durch den Vertrag von Amsterdam noch die Unversehrtheit der Union sowie die Festlegung hinzukam, dass dies alles im Einklang mit den Grundsätzen der Charta der Vereinten Nationen geschehen sollte;
- die Stärkung der Sicherheit der Union und ihrer Mitgliedstaaten in allen ihren Formen;
- die Wahrung des Friedens und die Stärkung der internationalen Sicherheit entsprechend den Grundsätzen der Charta der Vereinten Nationen sowie den Prinzipien der Schlussakte von Helsinki und den Zielen der Charta von Paris, was der Vertrag von Amsterdam durch den ausdrücklichen Hinweis ergänzt, dass dazu auch diejenigen Prinzipien und Ziele gehören, die die Außengrenzen betreffen;
- die Förderung der internationalen Zusammenarbeit;
- die Entwicklung und Stärkung von Demokratie und Rechtsstaatlichkeit sowie die Achtung der Menschenrechte und Grundfreiheiten."[3]

Artikel 11 Absatz 2 EUV verlangt zudem von den Mitgliedstaaten, a) die GASP aktiv und vorbehaltlos zu unterstützen; b) sich jeder Handlung zu enthalten, die den Interessen der Union zuwiderläuft oder ihrer Wirksamkeit in den internationalen Beziehungen schaden könnte; und c) zusammenzuarbeiten, um ihre politische Solidarität weiterzuentwickeln (Zusatz des Vertrags von Amsterdam).

2.4 Instrumente und Mechanismen

Mit dem *Vertrag von Amsterdam* 1997 (in Kraft seit 1999) wurde eine neue Hierarchie der Instrumente der Gemeinsamen Außen- und Sicherheitspolitik der Union geschaffen. Der neue Artikel 12 (J.2) EUV sieht insgesamt folgende fünf Instrumente vor:

1. *Grundsätze und allgemeine Leitlinien* [Artikel 13 (J.3) EUV]. Sie werden vom *Europäischen Rat* festgelegt und betreffen alle Fragen

---

3   Vertrag über die Europäische Union (konsolidierte Fassung), Amtsblatt Nr. C 325 vom 24. Dezember 2002, http://europa.eu.int/eur-lex/de/treaties/dat/EU_consol.html

der Außen- und Sicherheitspolitik, aber ebenso Fragen mit verteidigungspolitischen Bezügen. Der Rat trifft die für die Implementierung der Grundsätze und Leitlinien erforderlichen politischen Entscheidungen.

2. *Gemeinsame Strategien* [Artikel 13 (J.3) EUV]. Diese werden für Bereiche, in denen wichtige gemeinsame Interessen der Mitgliedstaaten bestehen, vom *Europäischen Rat* auf Empfehlung des Rates beschlossen. Bei jeder „Gemeinsamen Strategie" sind Zielsetzung und Dauer sowie die von der Union und den Mitgliedstaaten bereitzustellenden Mittel anzugeben. Zur Umsetzung kann der Rat auch diesbezügliche gemeinsame Aktionen und gemeinsame Standpunkte annehmen.

3. *Gemeinsame Aktionen* [Artikel 14 (J.4) EUV]. Sie werden vom *Rat* zur Festlegung der Position der Union in bestimmten Fragen angenommen. Gemeinsame Aktionen sind operative Maßnahmen im Rahmen der GASP.

4. *Gemeinsame Standpunkte* [Artikel 15 EUV]. Sie zielen darauf ab, dass die einzelstaatliche Politik der Mitgliedstaaten zu einem bestimmten Thema im Einklang mit dem gemeinsamen Standpunkt der Union steht. Die Mitgliedstaaten sind dazu angehalten, ihre einzelstaatliche (nationale) Politik nach den gemeinsamen Standpunkten auszurichten. Der Rat beschließt mit qualifizierter Mehrheit.

5. *Die regelmäßige Zusammenarbeit.* Bei jeder außen- und sicherheitspolitischen Frage von allgemeiner Bedeutung sind die Mitgliedstaaten zur gegenseitigen Unterrichtung und Abstimmung im Rat verpflichtet.

Den einzelnen *Organen bzw. Institutionen der Union* kommen in der GASP unterschiedliche Aufgaben und Kompetenzen zu (Buch 2006: 141-154; Hüwelmeier 2002).

- Der *Europäische Rat* (Staats- und Regierungschefs und Präsident der Kommission) formuliert die Richtlinien für die GASP (Grundsätze und allgemeine Leitlinien sowie gemeinsame Strategien). Der Europäische Rat bildet zugleich die Spitze und höchste Autorität der GASP. Aufgabe des Ratsvorsitzenden ist es, die EU in Fragen der Außen- und Sicherheitspolitik auf internationaler Ebene zu vertreten und die beschlossenen Maßnahmen umzusetzen (zumeist im Zusammenwirken mit Troika und dem Hohen Vertreter für die GASP).

- Der *Rat* (Ministerrat) formuliert gemeinsame Standpunkte und beschließt Gemeinsame Aktionen. Er entscheidet mit qualifizierter Mehrheit, wenn er Gemeinsame Aktionen, Gemeinsame Standpunkte und sonstige Beschlüsse im Rahmen des Titels V des EUV auf der Grundlage einer Gemeinsamen Strategie annimmt. Der Rat selbst ist kein homogenes Organ, sondern tritt in unterschiedlichen Formationen zusammen. Die für die Außenpolitik wichtigste Zusammensetzung ist jene der *Außenminister* der Mitgliedstaaten. Insgesamt ist der Rat das wichtigste Rechtssetzungsorgan der Union, dem auch wichtige Koordinations- und Kontrollaufgaben zukommen. Im Hinblick auf die wirtschaftspolitischen Außenbeziehungen ist anzumerken, dass der Rat die gemeinsame Handelspolitik konzipiert und der Kommission die Ermächtigung erteilt, über Handelsabkommen mit Staaten und internationalen Organisationen oder über Assoziierungsabkommen zu verhandeln. Der Rat beschließt weiters auch die Aufnahme neuer Mitglieder in die EU. In administrativer Hinsicht stehen dem Rat der *Ausschuss der Ständigen Vertreter* (Comité des Représentants Permanents – Coreper; gemäß Artikel 207 EGV) sowie das *Generalsekretariat* unterstützend zur Seite. An der Spitze des Generalsekretariats steht der *Generalsekretär*, der zugleich *Hoher Vertreter für die gemeinsame Außen- und Sicherheitspolitik ist.*
- Die *Europäische Kommission* ist das zentrale Organ bei der Vorbereitung, Durchführung und Kontrolle der politischen Entscheidungen der Union. In der „ersten Säule" führt sie die Verhandlungen um internationale Abkommen nach Ermächtigung des Rates und erlässt Verordnungen und Durchführungsbestimmungen. In der „zweiten Säule", der GASP, ist ihre Rolle und Kompetenz eindeutig schwächer. Sie verfügt dort über kein Initiativmonopol, kann aber Fragen und Vorschläge an den Rat richten. Hinzu kommt noch, dass die Kommission über die Mitgliedschaft ihres Präsidenten sowie noch eines weiteren Mitglieds im Europäischen Rat direkt an Entscheidungen mitwirkt. Weiters ist jeweils auch ein Kommissionsmitglied in der Troika vertreten ist.
- Das *Europäische Parlament* wird in Fragen der Außen- und Sicherheitspolitik unterrichtet und angehört, hat aber nur beschränkte Möglichkeiten einer Mitwirkung (wie etwa bei der Finanzierung von gemeinsamen Aktionen), die jedoch durchwegs in der Praxis intensiv genützt werden (Kietz/Maurer/Völkel 2005). Parlamentarische Alltagsarbeit leisten die ständigen Ausschüsse. Im Feld der Außenbeziehungen ist eine Zustimmung des Parlaments (nach dem Vertrag von Nizza) für

den Beitritt neuer Mitglieder und für Assoziationsabkommen erforderlich; bei der Zollzusammenarbeit und der Entwicklungspolitik unterliegt die Gesetzgebung der Mitentscheidung durch das Europäische Parlament.

Die *Mechanismen der GASP* können in groben Zügen wie folgt beschrieben werden (gemäß dem EUV; Literatur dazu u.a.: Van Oudenaren 2000: 273-312, als Übersicht insbesondere Box 9.1): Die grundsätzlichen Richtlinien der gemeinsamen Außen- und Sicherheitspolitik werden vom *Europäischen Rat* formuliert und festgelegt. Konkrete Anliegen und politische Vorhaben der Union gründen auf den vom *Rat* formulierten und beschlossenen gemeinsamen Standpunkte und Aktionen. Der Rat selbst wird zum Teil in seiner Arbeit vom *Ausschuss der Ständigen Vertreter* und dem *Politischen und Sicherheitspolitischen Komitee* (PSK) (früher nur *Politisches Komitee*) unterstützt. Die einzelnen Mitgliedstaaten haben im Falle von Unstimmigkeiten die Möglichkeit der „konstruktiven Enthaltung". Das bedeutet, dass sie Solidarität zeigen sollen, aber an den Entscheidungen selbst nicht mitwirken müssen. Grundsätzlich können strittige Entscheidungen auch an den Europäischen Rat übertragen werden. Bei den drei Instrumenten der Gemeinsamen Strategien, der Gemeinsamen Aktionen und der Gemeinsamen Standpunkte sind qualifizierte Mehrheiten möglich.

Das GASP-Generalsekretariat, das mit dem Vertrag von Amsterdam geschaffen wurde, leistet primär administrative Hilfestellungen. Der *Hohe Repräsentant für die GASP* gewährleistet primär eine personelle Kontinuität in der Außendarstellung der gemeinsamen Außen- und Sicherheitspolitik der Union.

Box 2.2. Gemeinsame Strategien der Europäischen Union:

----

* *Gemeinsame Strategie für den Mittelmeerraum* (2000/458/GASP) vom 19. Juni 2000 (für vier Jahre, danach um weitere zwei Jahre verlängert).
* *Gemeinsame Strategie für die Ukraine* (1999/877/GASP) vom 11. Dezember 1999.
* *Gemeinsame Strategie zur Russischen Föderation* (1999/414/GASP) vom 4. Juni 1999.

2.5 Entwicklungslinien der GASP seit den Römischen Verträgen

2.5.1 Die Anfänge

Bei der *Gründung der EWG 1957* („Römische Verträge") spielten klassische außenpolitische Erwägungen und Zielsetzungen bestenfalls eine untergeordnete Nebenrolle (Twitchett 1976: 14). Das Hauptaugenmerk der sechs Gründungsländer Belgien, Niederlande, Luxemburg, Deutschland, Frankreich und Italien lag zweifellos an auf dem Gebiet der Wirtschaftspolitik, was sich u.a. aus den in der EWG-Präambel festgeschriebenen Zielsetzungen belegen lässt: *durch gemeinsames Handeln den wirtschaftlichen und sozialen Fortschritt ihrer Länder zu sichern* und *durch diesen Zusammenschluss ihrer Wirtschaftskräfte, Frieden und Freiheit zu wahren und zu festigen* (EWG-Vertrag 1957).

Box 2.3. Artikel 2 des EWG-Vertrags (1957):

„Aufgabe der Gemeinschaft ist es, durch die Errichtung eines Gemeinsamen Marktes und die schrittweise Annäherung der Wirtschaftspolitik der Mitgliedstaaten eine harmonische Entwicklung des Wirtschaftslebens innerhalb der Gemeinschaft, eine beständige und ausgewogene Wirtschaftsausweitung, eine größere Stabilität, eine beschleunigte Hebung der Lebenshaltung und engere Beziehungen zwischen den Staaten zu fördern, die in dieser Gemeinschaft zusammengeschlossen sind."

Quelle: Vertrag zur Gründung der Europäischen Wirtschaftsgemeinschaft vom 25. März 1957.[4]

Im Zuge der Gründung der EWG konzentrierte man sich vorrangig auf die Beziehungen der Mitgliedsstaaten zueinander und nur ganz am Rande wurden auch Fragen betreffend die Beziehung dieser Länder zu Drittstaaten berücksichtigt. Trotzdem trug schon in den Anfängen die EWG insofern den Keim einer gewissen weltpolitischen Ausrichtung in sich, als die Absicht bestand, die Assoziierung der überseeischen Länder und Hoheitsgebiete zu

----

4   Vertrag zur Gründung der Europäischen Wirtschaftsgemeinschaft vom 25. März 1957, http://www.dhm.de/lemo/html/dokumente/DieZuspitzungDes KaltenKrieges_vertragEWGVertrag/index.html

betreiben, um dadurch den Handelsverkehr zu steigern und die wirtschaftliche und soziale Entwicklung durch gemeinsame Bemühungen zu fördern (Artikel 3 EWG-Vertrag). In diesem Sinne darf berechtigterweise davon die Rede sein, dass sich die „europäische Dimension" dieses Vertragswerkes nicht ausschließlich auf den geographischen Begriff von Europa reduzieren lässt, sondern bereits die Dimension politischer und wirtschaftlicher Beziehungen zu Regionen, Gebieten und Ländern außerhalb Europas mit einschloss.

2.5.2 Die Europäische Politische Zusammenarbeit (EPZ)

Die Idee einer gemeinsamen Außenpolitik der Europäischen Gemeinschaft bzw. einer Koordinierung der nationalen Außenpolitiken nahm nach anfänglich eher erfolglosen Bemühungen erstmals in den 70er-Jahren Gestalt an. Auf dem Gipfel von Den Haag vom 2. Dezember 1969 beauftragten die Staats- und Regierungschefs der damaligen sechs Mitgliedstaaten der EG ihre Außenminister, die Möglichkeiten einer solchen Zusammenarbeit zu prüfen. Der 1970 vorgelegte *Davignon-Bericht* empfahl die Begründung einer *Europäischen Politischen Zusammenarbeit* (EPZ) als einer zwischenstaatlichen Zusammenarbeit in Form von gegenseitiger Information und Konsultation (Nuttall 1992; Saadhoff 2000; Glöckler-Fuchs 1997). Der Kerngedanke bestand darin, dass durch eine derartig ins Leben gerufene informelle Zusammenarbeit zukünftig außenpolitische Standpunkte abgeglichen und ein diplomatisches Vorgehen in bestimmten Fragen von gemeinsamem Interesse konzertiert werden könnte. Die EPZ zielte nicht auf die Begründung einer supranationalen gemeinsamen Außenpolitik, sondern bildete lediglich einen Konsultationsrahmen für eine zwischenstaatliche Abstimmung außenpolitischer Interessen aller EG-Mitgliedsländer.

Die EPZ verblieb bis zu ihrer Formalisierung und Institutionalisierung durch die Einheitliche Akte von 1986 völlig informell. Sie trat niemals in den Gemeinschaftsrahmen der EG. Eine Umsetzung erfolgte im Grunde lediglich durch den Europäischen Rat, der 1974 unter anderem genau zu dem Zwecke geschaffen wurde, insbesondere um gemeinsame Positionen der EG-Mitgliedstaaten zu ermöglichen – vor allem auch in Hinblick auf die Arbeit in verschiedenen internationalen Gremien. Seit dem *Londoner Bericht* wurden auch „politische Aspekte der Sicherheit" im Rahmen der EPZ diskutiert. Vorschläge zu einer Ausweitung der EPZ auf Fragen der Verteidigung (etwa im Zuge des *Tindemans-Berichts* oder der Genscher-Colombo-Initiative) fielen auf fruchtlosen Boden. Mit kleinen Schritten verhalf die EPZ aber letztlich doch der Idee einer gemeinsamen europäischen Außenpolitik zum Durchbruch

(Regelsberger/Schoutheete de Tervarent/Wessels 1997; Pijpers 1990 und 1991; Regelsberger 1988).

Die *Stuttgarter Erklärung* von 1983 verwies auf die „politischen und wirtschaftlichen Aspekte der Sicherheit" und die *Rhodos-Erklärung* von 1988 thematisierte erstmals die wachsende internationale Rolle der EG (Erklärung des Europäischen Rats zur internationalen Rolle der EG vom 2./3. Dezember 1988), wobei davon ausgegangen wird, dass das „Europa 1992" ein offener Partner für die Welt und nicht eine geschlossene Festung Europa sein soll (Hill/Smith 2000: 149).

In Summe kann die EPZ in den 70er- und 80er-Jahren als eine ganz bestimmte Form intergouvernementaler Kooperation in der Außenpolitik gesehen werden, die sicherheitspolitische und insbesondere militärpolitische Aspekte fast gänzlich ausklammerte. Der eindeutig zivile Charakter der Kooperation liegt unter anderem darin begründet, dass nach dem Scheitern der Projekte einer *Europäischen Verteidigungsgemeinschaft* (EVG) und *Europäischen Politischen Gemeinschaft* (EPG) in den 50er-Jahren keine weiteren Versuche zu einer Einbindung des militärischen Bereichs in die Integrationsprozesse im Rahmen der EG unternommen wurden, und dies bis zum Ende des Kalten Krieges so blieb. Die einzigen wirklichen Instrumente zur Durchsetzung von bestimmten außenpolitischen Interessen lagen lediglich in der Wirtschaftskraft der Europäischen Gemeinschaft begründet; zu einem Einsatz kam dabei vor allem das Instrument der Sanktionen. Insgesamt überwog während der gesamten Zeit des Kalten Krieges ein multilateral ausgerichteter Politikstil mit einem steigenden Bedürfnis nach Koordinierung der nationalen Außenpolitiken und nach Etablierung von „strukturierten Dialogen" (Dembinski 2002: 28; Smith M.E. 2004a und 2004b).

Ihre eigentliche institutionelle Verankerung fand die EPZ durch die *Einheitliche Europäische Akte* (1986), die im Titel III erstmals Vertragsbestimmungen über die europäische Zusammenarbeit in der Außenpolitik in den Rahmen der EG einführte und verankerte (Box 2.4.). Artikel 30 der Einheitlichen Europäischen Akte nennt als vorrangige Zielsetzung, *gemeinsam eine europäische Außenpolitik auszuarbeiten und zu verwirklichen.* Dabei geht es zwar weiterhin vorrangig um gegenseitige *Information* und *Konsultation*, aber Artikel 30 (2) c. legt erstmals ebenso fest, dass jeder Mitgliedstaat bei seinen Stellungnahmen und einzelstaatlichen Maßnahmen *den Standpunkten der übrigen Partner in vollem Umfang Rechnung* trägt und *in gebührendem Maße die Wichtigkeit der Festlegung und Verwirklichung gemeinsamer europäischer Standpunkte* berücksichtigt. Auch wenn diese Formulierungen noch äußerst vage gehalten sind, so zeigt sich doch zum ersten Mal in der Geschichte der Europäischen Gemeinschaft ganz deutlich die

Absicht der Mitgliedstaaten, zukünftig den Weg in Richtung einer umfassenden Union einzuschlagen, bei der Fragen einer gemeinsamen Außen- und Sicherheitspolitik eine weit bedeutendere Rolle spielen werden als dies in der Vergangenheit der Fall war.

Box 2.4. Einheitliche Europäische Akte, Artikel 30 (Auszug)

„Für die Europäische Zusammenarbeit in der Außenpolitik gelten folgende Bestimmungen:

(1) Die Hohen Vertragsparteien, die Mitglieder der Europäischen Gemeinschaften sind, bemühen sich, gemeinsam eine europäische Außenpolitik auszuarbeiten und zu verwirklichen.

(2) a) Die Hohen Vertragsparteien verpflichten sich, einander in allen außenpolitischen Fragen von allgemeinem Interesse zu unterrichten und zu konsultieren, damit sichergestellt ist, daß sie durch Abstimmung, Angleichung ihrer Standpunkte und Durchführung gemeinsamer Maßnahmen ihren gemeinsamen Einfluß so wirkungsvoll wie möglich ausüben.

b) Die Konsultationen finden statt, ehe die Hohen Vertragsparteien ihre endgültige Haltung festlegen.

c) Jede Hohe Vertragspartei trägt bei ihren Stellungnahmen und einzelstaatlichen Maßnahmen den Standpunkten der übrigen Partner in vollem Umfang Rechnung und berücksichtigt in gebührendem Maße die Wichtigkeit der Festlegung und Verwirklichung gemeinsamer europäischer Standpunkte.

Um ihre Fähigkeit zum gemeinsamen Handeln im Bereich der Außenpolitik zu erweitern, stellen die Hohen Vertragsparteien die schrittweise Entwicklung und die Festlegung gemeinsamer Grundsätze und Ziele sicher.

Die Festlegung gemeinsamer Standpunkte bildet einen Bezugspunkt für die Politiken der Hohen Vertragsparteien.

d) Die Hohen Vertragsparteien bemühen sich, Maßnahmen oder Stellungnahmen zu vermeiden, die ihre Wirksamkeit als kohärente Kraft in den internationalen Beziehungen oder in internationalen Organisationen schaden würden."

Quelle: Einheitliche Europäische Akte vom 17./28. Februar 1986 (in Kraft getreten am 1. Juli 1987); *Artikel 30 wurde durch den Vertrag über die Europäische Union aufgehoben.*
http://www.politische-union.de/eea.htm

2.5.3 Die GASP und der Verträge von Maastricht, Amsterdam und Nizza

Die GASP entsprechend der Konzeption des Unionsvertrages von Maastricht (1992, in Kraft getreten am 1. November 1993) steht eindeutig in der Tradition der EPZ insofern sie deren *intergouvernementalen Charakter* weiter fortschreibt (zum Wandel der Europäischen Sicherheitsarchitektur insgesamt siehe: Kernic/Hauser 2006; Hauser/Kernic 2006; Hauser 2004; Smith M.E 2004a und 2004b). Die Außen- und Sicherheitspolitik verbleibt mit dem Vertrag über eine Europäische Union weiterhin *außerhalb der Gemeinschaftspolitik.* Das eigentlich Neue der GASP liegt einerseits in der Etablierung eines umfassenden institutionellen Rahmens, insbesondere der Festlegung eines neuen *Instrumentariums* (die Gemeinsamen Standpunkte gemäß Artikel 12 und die Gemeinsamen Aktionen gemäß Artikel 13), andererseits in der grundsätzlichen *Hereinnahme der sicherheits- und verteidigungspolitischen Dimension* in die zukünftige Politik der Europäischen Union (Regelsberger/Wessels 1996: 29-54; Regelsberger/Schoutheete de Tervarent/ Wessels 1997).

Der *Vertrag von Amsterdam* (1997, in Kraft getreten am 1. Mai 1999) wird vielfach als ein fehlgeschlagener Versuch bewertet, der GASP mehr Kohärenz zu verleihen. Im Grunde aber wurde durch die mit diesem Vertrag erfolgte Änderung des zweiten Absatzes des Artikels 3 EUV lediglich eine relativ unverbindliche und weit auslegbare Zielvorstellung verankert, nämlich dass der Rat und die Kommission zur Zusammenarbeit verpflichtet werden, um die Kohärenz aller außenpolitischen Maßnahmen der Union sicherzustellen. In institutioneller Hinsicht brachte der Amsterdamer Vertrag auch noch die Einrichtung einer *Strategie- und Frühwarneinheit* im Rahmen des Generalsekretariats zur permanenten Analyse von außen- und sicherheitspolitischen Fragen und Problemfeldern (Monar 1997; Pippan 1997; Regelsberger/Jopp 1997; Rupp 1999; Schmalz 1998a und 1998b).

Im Hinblick auf die Beschlussfassung wurde weiterhin am Prinzip der Einstimmigkeit festgehalten, wobei die Möglichkeit einer so genannten *„konstruktiven Enthaltung"* im neuen Artikel 23 (J 13) eröffnet wurde, d.h. einer Stimmenthaltung von Mitgliedern. Absatz 2 dieses Artikels sah weiters eine Beschlussfassung auf der Basis qualifizierter Mehrheit für auf einer Gemeinsamen Strategie beruhende Gemeinsame Aktionen, Gemeinsame Standpunkte oder Beschlüsse sowie für einen Beschluss zur Durchführung einer Gemeinsamen Aktion oder eines Gemeinsamen Standpunkts vor, es sei denn, dass ein Mitgliedstaat aus wichtigen Gründen der nationalen Politik vorher erklärt, dass er einen dieser Beschlüsse abzulehnen beabsichtige. In einem solchen Fall kann der Rat mit qualifizierter Mehrheit verlangen, dass die Frage zur einstimmigen Beschlussfassung an den Europäischen Rat verwiesen wird (Regelsberger/Jopp 1997; Schmalz 1998a und 1998b).

Der Amsterdamer Vertrag änderte nichts an dem zwischenstaatlichen Charakter der GASP. Eine wichtige Schärfung des *außenpolitischen Profils* der Union wurde jedoch mit der Schaffung des Amtes eines *Hohen Vertreters für die Gemeinsame Außen- und Sicherheitspolitik* (häufig informell als „Mr. GASP" tituliert) erwirkt. Mit dem Inkrafttreten des Vertrags übernahm Javier Solana 1999 erstmals dieses Amt, das er bis heute innehat. Weiters wurden durch den Vertrag die so genannten Petersberg-Aufgaben und die rüstungspolitische Zusammenarbeit in den EU-Vertrag integriert. Die Beziehungen zur Westeuropäischen Union (WEU) wurden insofern intensiviert, als sie zu einem integralen Bestandteil der Entwicklung der Union wurden und gleichzeitig die Option der Integration der WEU in die EU in Aussicht gestellt wurde (Rupp 1999; Teunissen 1999; Wyn Rees 1998). Gleichzeitig wurde eine Klärung des zukünftigen Beziehungsgeflechts zwischen der sich herausbildenden ESVP und der NATO zu einem wichtigen Thema (Hunter 2002; Shearman/Sussex 2004; Kernic/Hauser 2006; Hauser/Kernic 2006).

Die wichtigste Aufgabe der *Regierungskonferenz 2000* bestand darin, die recht schwerfällig funktionierenden Institutionen und Entscheidungsverfahren der Union erweiterungstauglich zu machen. Der *Vertrag von Nizza* (2001, in Kraft getreten am 1. Februar 2003) machte den Weg frei zur beabsichtigten EU-Erweiterung, brachte aber in Summe nur äußerst zaghafte Reformansätze. Der Vertrag brachte vor allem eine Neuregelung in der Zusammensetzung der Organe und der Gewichtung der Stimmen, ebenso die Verankerung des Grundsatzes der „*verstärkten Zusammenarbeit*", wonach eine solche vollzogen werden kann, wenn sie von mindestens acht Mitgliedstaaten als Schrittmacher innerhalb der Union gewünscht wird (Artikel 27a-27e EUV). Die Möglichkeit einer derartigen verstärkten Zusammenarbeit spielt jedoch bis dato in der Praxis der Außen- und Sicherheitspolitik der Union noch keine Rolle. Zudem ist sie derart limitiert, dass sie nur die Durchführung einer Gemeinsamen Aktion oder die Umsetzung eines Gemeinsamen Standpunktes vorsieht, aber militärische oder verteidigungspolitische Fragen nicht betreffen darf. In Summe schärft dennoch der Vertrag von Nizza das Profil der sicherheitspolitisch-militärischen Strukturen der Union; insbesondere durch die 2001 vollzogene Übernahme der operativen militärischen Kapazitäten der WEU in den Rahmen der EU (Adam 2002; Algieri 2004; Dassu/Missiroli 2002; Ehrhart/Schmitt 2004; Regelsberger 2004; Duke 2003).

2.5.4 Die Europäische Sicherheitsstrategie und der Vertrag über eine Verfassung für Europa (VVE)

Die Irak-Krise des Jahres 2003 brachte nicht nur unterschiedliche außenpolitische Leitbilder globalen Handelns (insbesondere im Hinblick auf ein globales militärisches Krisenmanagement) zwischen den einzelnen EU-Mitgliedstaaten zum Vorschein, sondern zeigte ebenso eine anwachsende Kluft in den transatlantischen Beziehungen zwischen den USA und der EU. Die amerikanische Regierung und George W. Bush störte die zögerliche und gespaltene Haltung der EU und sie nützte deshalb auch nahezu jegliche sich bietende Gelegenheit, um auf eine - wie es US-Verteidigungsminister Donald Rumsfeld einmal pointiert zum Ausdruck brachte - offensichtlich bestehende Trennlinie zwischen einem *„alten und neuen Europa"* hinzuweisen. Doch nicht nur ein darauf folgendes neu anwachsendes Bedürfnis, in wichtigen politischen Fragen globaler Bedeutung mit einer gemeinsamen Stimme zu sprechen, gaben für die EU den Anlass dazu, an die Ausarbeitung einer eigenen *Sicherheitsstrategie* zu schreiten und eine gewisse Neuorientierung im Zuge der Erarbeitung des Textes einer Verfassung für die Europäischen Union für den Bereich der GASP/ESVP vorzunehmen. Weitere wichtige Triebfedern für diese Entwicklung waren sicherlich einmal ein gewisses Bedürfnis, sich von den in der *National Security Strategy* der USA wirksamen sicherheitspolitischen Leitbildern klar zu distanzieren und eine eigene prononcierte Position darzulegen, zum anderen aber ebenso eine allgemeine Sehnsucht, das außen- und sicherheitspolitische Profil der Union in der Weltpolitik zu schärfen (Hauser 2006; Biscop 2006, 2005 und 2004; Toje 2005; Reiter 2004; Bildt 2003).

Die Europäische Sicherheitsstrategie (ESS) vom 12. Dezember 2003 trägt den Titel *„Ein sicheres Europa in einer besseren Welt"* und liefert auf rund 15 Druckseiten einerseits eine Analyse der globalen Herausforderungen und Bedrohungen, andererseits benennt sie die vorrangigen strategischen bzw. sicherheitspolitischen Ziele der Europäischen Union. Als Hauptbedrohungen für die EU werden Terrorismus, die Verbreitung von Massenvernichtungswaffen, regionale Konflikte, das Scheitern von Staaten und organisierte Kriminalität genannt und deren Auswirkungen auf die europäische Union analysiert. Als wichtige strategische Ziele nennt die ESS die Abwehr dieser Bedrohungen, die Stärkung der Sicherheit in der Nachbarschaft und die Etablierung einer Weltordnung auf der Grundlage eines wirksamen Multilateralismus. Mit ihrem Bekenntnis zum Multilateralismus in den internationalen Beziehungen und zu präventivem Konfliktmanagement unterscheidet sich die Union in ihrem außen- und sicherheitspolitischen Profil deutlich von jenem der USA unter der Regierung von Präsident George W. Bush.

Box 2.5. Auszug aus der Europäischen Sicherheitsstrategie (ESS)

„Wir müssen eine Strategiekultur entwickeln, die ein frühzeitiges, rasches und wenn nötig robustes Eingreifen fördert. (...) Dies gilt für die gesamte Palette der uns zur Verfügung stehenden Instrumente der Krisenbewältigung und Konfliktverhütung, einschließlich unserer Maßnahmen im politischen, diplomatischen und zivilen, handels- und entwicklungspolitischen Bereich. Es bedarf einer aktiveren Politik, um den neuen, ständig wechselnden Bedrohungen entgegenzuwirken. Wir müssen eine Strategie-Kultur entwickeln, die ein frühzeitiges, rasches und wenn nötig robustes Eingreifen fördert. (...) Die Union könnte einen besonderen Mehrwert erzielen, indem sie Operationen durchführt, bei denen sowohl militärische als auch zivile Fähigkeiten zum Einsatz gelangen."

Quelle: Europäische Sicherheitsstrategie 2003; http://www.consilium.europa.eu/uedocs/cmsUpload/031208ESSIIDE.pdf

Der *Vertrag über eine Verfassung der Europäischen Union* (EVV) wurde am 29. Oktober 2004 von den Staat- und Regierungschefs der damals 25 Mitgliedstaaten der Union unterzeichnet, trat jedoch bis dato nicht in Kraft, weil seine Ratifizierung durch die negativen Volksentscheide in Frankreich und den Niederlanden scheiterte. Der EVV widmet sich im Teil III, Titel V dem Bereich des *Auswärtiges Handeln der Unions*, in dem sich das Kapitel II der Gemeinsame Außen- und Sicherheitspolitik (GASP) widmet. Die näheren Ausführungen zu diesen Politikbereichen finden sich sodann in den Artikeln III-294 bis 329. Wichtig ist vor allem, dass die Europäische Union mit dem Inkrafttreten des EVV eine eigene *Rechtspersönlichkeit* erlangen würde und die *Säulenstruktur* gemäß dem Maastricht-Vertrag abgeschafft wäre.

Der EVV würde einige beachtenswerte *Neuerungen* in die GASP bringen, die hier jedoch aufgrund der gescheiterten Ratifizierung nur kurz skizziert werden (Kernic/Hauser 2006; Töro 2005). Von diesen Änderungen wurden wichtige Impulse für die Weiterentwicklung der GASP erwartet (Hacke 2004). Im Hinblick auf die Außenpolitik und GASP/ESVP sieht der EVV insbesondere vor:

- Das Amt eines *EU-Außenministers* wird eingerichtet (Teil I, Titel IV, Kapitel I, Artikel I-28 und Teil III, Titel V, Kapitel II, Abschnitt 1, Artikel III-299). Es ist vorgesehen, dass der Außenminister nicht nur die GASP, sondern auch die *Gemeinsame Sicherheits- und Verteidigungspolitik* leitet und den Vorsitz im „Rat Auswärtige Angelegenheiten" führt (Grevi/Manca/Quille 2005).

- Teil I, Titel III, Artikel I-16 legt die Zuständigkeit der Union in der GASP fest und zielt dabei unter anderem auch auf *„die schrittweise Festlegung einer gemeinsamen Verteidigungspolitik, die zu einer gemeinsamen Verteidigung führen kann"*, ab.

- Im Teil I, Titel V, Kapitel II, Artikel I-40 und 41 finden sich die besonderen Bestimmungen über die Durchführung der Gemeinsamen Außen- und Sicherheitspolitik und der als integraler Bestandteil der GASP bezeichneten "*Gemeinsamen Sicherheits- und Verteidigungspolitik*" (GSVP).

- Eine explizite (militärische) Beistandsverpflichtung gemäß Teil I, Titel V, Kapitel II, Artikel I-41 Abs. 7 wird eingeführt. Dabei wird jedoch *„auf den besonderen Charakter der Sicherheits- und Verteidigungspolitik bestimmter Mitgliedstaaten"* Bezug genommen (mit Blick auf neutrale bzw. bündnisfreie Mitglieder).

- Im Abs. 3 des Artikel I-41 wird eine *Europäische Verteidigungsagentur* zur Entwicklung der (militärischen) Verteidigungsfähigkeiten sowie der diesbezüglichen Forschung, Beschaffung und Rüstung eingerichtet.

- Die strukturierte Zusammenarbeit wird umgewandelt in eine *ständige strukturierte Zusammenarbeit* gemäß Artikel I-41 Abs. 6. Dies ermöglicht eine intensivere militärische Zusammenarbeit einzelner Mitgliedstaaten im Bereich der Gemeinsamen Sicherheits- und Verteidigungspolitik (Teil III, Titel V, Kapitel II, Abschnitt 2, Artikel III-311 und 312).

- Teil I, Titel V, Kapitel II, Artikel I-43 sieht die Anwendung der so genannten *Solidaritätsklausel* in Fällen eines Terroranschlages, einer Naturkatastrophe oder einer von Menschen verursachten Katastrophe vor. Dies mag den Einsatz *„der von den Mitgliedstaaten bereitgestellten militärischen Mittel"* einschließen (weitere Details dazu finden sich im Teil III, Titel V, Kapitel VIII, Artikel III-329).

- Die Möglichkeit einer *verstärkten Zusammenarbeit* wird im Teil I, Titel V, Kapitel III, Art. I-44 verankert. Eine derartige verstärkte Zusammenarbeit kann ebenso Fragen mit militärischen oder verteidigungspolitischen Bezügen beinhalten (nähere Angaben dazu finden im Teil III, Titel VI, Artikel III-416 bis 423).

2.6 Die Europäische Sicherheits- und Verteidigungspolitik (ESVP) als integraler Bestandteil der GASP

Die *Europäische Sicherheits- und Verteidigungspolitik* (ESVP) ist ein integraler Bestandteil der Gemeinsamen Außen- und Sicherheitspolitik (GASP) der Europäischen Union (Hauser 2006c). Die Möglichkeit verteidigungspolitischer Kooperation im Rahmen der GASP wurde durch den Vertrag von Maastricht geschaffen, wobei im Hinblick auf die praktische Verwirklichung die EU-Mitgliedstaaten zunächst große Zurückhaltung an den Tag legten.

Box 2.6. EUV Titel V, Artikel17, Absatz 1 und 2.

„(1) Die Gemeinsame Außen- und Sicherheitspolitik umfasst sämtliche Fragen, welche die Sicherheit der Union betreffen, wozu auch die schrittweise Festlegung einer gemeinsamen Verteidigungspolitik gehört, die zu einer gemeinsamen Verteidigung führen könnte, falls der Europäische Rat dies beschließt. Er empfiehlt in diesem Fall den Mitgliedstaaten, einen solchen Beschluss gemäß ihren verfassungsrechtlichen Vorschriften anzunehmen.

Die Politik der Union nach diesem Artikel berührt nicht den besonderen Charakter der Sicherheits- und Verteidigungspolitik bestimmter Mitgliedstaaten; sie achtet die Verpflichtungen einiger Mitgliedstaaten, die ihre gemeinsame Verteidigung in der Nordatlantikvertrags-Organisation (NATO) verwirklicht sehen, aus dem Nordatlantikvertrag und ist vereinbar mit der in jenem Rahmen festgelegten gemeinsamen Sicherheits- und Verteidigungspolitik.

Die schrittweise Festlegung einer gemeinsamen Verteidigungspolitik wird in einer von den Mitgliedstaaten als angemessen erachteten Weise durch eine rüstungspolitische Zusammenarbeit zwischen ihnen unterstützt.

(2) Die Fragen, auf die in diesem Artikel Bezug genommen wird, schließen humanitäre Aufgaben und Rettungseinsätze, friedenserhaltende Aufgaben sowie Kampfeinsätze bei der Krisenbewältigung einschließlich friedensschaffender Maßnahmen ein. (...)"

Quelle: EUV, konsolidierte Fassung;
http://europa.eu.int/eurlex/de/treaties/dat/C_2002325DE.000501.html

Der Weg zur praktischen Umsetzung der ESVP wurde erst durch die *Erklärung von St. Malo* eröffnet, als beim britisch-französischen Gipfeltreffen erstmals Einigkeit dahingehend erzielt werden konnte, dass das europäische

Verteidigungsprojekt tatsächlich in Angriff genommen werden sollte (Rutten 2001 und 2002; Haine 2003). Die konkreten Weichenstellungen für die Entwicklung der ESVP erfolgten dann im Zuge der *EU-Gipfeltreffen in Köln und Helsinki* im Jahre 1999. Die grundsätzliche Zielsetzung der ESVP besteht darin, Möglichkeiten operativen Eingreifens der EU auf der internationalen Bühne zu schaffen, dies vor allem zur internationalen Krisenbewältigung und Konfliktverhütung. Ein solches Engagement der Union, so kam man überein, müsse ein militärisches Eingreifen der EU mit einschließen (prinzipiell abgestützt auf ein vorliegendes UN- oder OSZE-Mandat). Dabei sollte die Union zunehmend in die Lage versetzt werden, das gesamte Spektrum der so genannten *Petersberg-Aufgaben* zu erfüllen (humanitäre Aufgaben und Rettungseinsätze, friedenserhaltende Aufgaben, Kampfeinsätze zur Krisenbewältigung).[5]

Beim konkreten Aufbau der Strukturen und Instrumente der ESVP greifen seither militärische wie zivile Komponenten zur Krisenbewältigung ineinander. Bei den nicht-militärischen Aufgaben legte die Union ihren Schwerpunkt bislang auf den Einsatz von Polizeikräften. Im Hinblick auf militärische Aufgaben einigten sich die Mitgliedsländer 1999 in Helsinki auf den Aufbau einer 60.000 Mann starken *Eingreiftruppe* zur Bewältigung von Krisenaufgaben („Helsinki Headline Goal"), die spätestens 2003 für Operationen zur Verfügung stehen sollte. Weiters konstituierten sich drei Gremien, die seither beratende, koordinierende und administrative Aufgaben im Hinblick auf militärische Operationen der EU erfüllen: das *Politische und Sicherheitspolitische Komitee* (PSK); der *EU-Militärausschuss* (EUMC) *und* der *EU-Militärstab* (EUMS). Im Hinblick auf zivile Missionen obliegen dem Ausschuss für zivile Aspekte des Krisenmanagements Beratungs- und Koordinierungsaufgaben.

Die ESVP erzielte in den letzten Jahren beachtliche Fortschritte in ihrer Entwicklung und praktischen Umsetzung: Ende 2000 wurden die Petersberg-Aufgaben von der Westeuropäischen Union auf die Europäische Union übertragen und dann im Vertrag von Nizza verankert (Hauser 2006c). Die Konzeption der *Helsinki Headline Goal* wurde durch einen *European Capabilities Action Plan* ergänzt, mit dem Versuch unternommen wurde, bestimmte für die EU notwendige militärische Kapazitäten und Fähigkeiten

---

5   Diese Bezeichnung entstammt der „Petersberg-Erklärung" des Gipfeltreffens des Ministerrats der Westeuropäischen Union im Jahre 1992, die damals das Aufgabenspektrum für militärische Einsätze der WEU dahingehend festlegte: humanitäre Aufgaben und Rettungseinsätze, friedenserhaltende Aufgaben und Kampfeinsätze bei der Krisenbewältigung inklusive Frieden schaffender Maßnahmen.

näher zu definieren und die bestehenden signifikanten Defizite in diesen Bereichen zu beheben. 2003 unterzeichneten EU und NATO eine Übereinkunft („*Berlin Plus Abkommen*"), um eine enge Kooperation zu gewährleisten, Duplizierungen zu vermeiden und die operationale Einsatzfähigkeit der EU zu garantieren. Mit der *Helsinki Headline Goal 2010* und dem so genannten „*Battle Group Concept*" wurde jüngst noch ein weiterer Schritt in Richtung Optimierung und Zusammenfassung militärischer Fähigkeiten und Kapazitäten im EU-Rahmen gesetzt (Lindstrom 2007). Seit 2003 ist die Union zur Durchführung operativer militärischer wie ziviler Aufgaben in der Lage und führt seither in der Tat auch verschiedene Operationen im Rahmen der ESVP durch. Hinzu kommt noch der Aufbau von zivilen Kräften im Rahmen der GASP/ESVP zum internationalen Krisenmanagement.

Box 2.7. EU-Operationen im Rahmen der ESVP:

----

  a. Bosnien und Herzegowina – Militärische Mission /EUFOR Althea, seit Dezember 2004.
  b. Bosnien und Herzegowina – Polizeimission /EUPM, seit Januar 2003.
  c. Mazedonien – Polizeimission /EUPOL Proxima, Dezember 2003 bis Dezember 2005; danach: EU Police Advisory Team (EUPAT) bis Mai 2006.
  d. Mazedonien – Militärische Mission/CONCORDIA, März-Dezember 2003.
  e. Demokratische Republik Kongo – Militäroperation/ARTEMIS, Juni-September 2003.
  f. Demokratische Republik Kongo – Polizeimission /EUPOL Kinshasa, seit April 2003.
  g. Demokratische Republik Kongo – Beratungs- und Unterstützungsmission der EU für die Reform des Sicherheitssektors /EUSEC RD Congo, seit Juni 2005.
  h. Georgien – Mission zur Stützung der Rechtsstaatlichkeit /Eujust Themis, Juli 2004 bis Juli 2005.
  i. Irak – Integrierte Mission zur Stützung der Rechtsstaatlichkeit /Eujust Lex, seit März 2005.
  j. Sudan – Militärische und Polizeiliche Unerstützung der Afrikanischen Union, AMIS II, im Juli 2005 beschlossen.
  k. Aceh (Nordsumatra) – Beobachtermission, seit September 2005.
  l. Israel/Palästine – Beobachtermission, seit November 2005.
  m. Ukraine/Moldawien – Beobachtermission, seit Dezember 2005.

n. Palästinensische Gebiete – Polizeimission (EUPOL COPPS), seit Januar 2006.

Quelle: Auflistung der österreichischen Ratspräsidentschaft (2006); http://www.eu2006.at/de/Policy_Areas/General_Affairs_and_External_Relations/ESDP/ESDP_Operations.html

2.7 Problemfelder und Konflikte

Das zentrale Problem der GASP in ihrer heutigen konzeptionellen und rechtlichen Grundlegung liegt in ihrem intergouvernementalen Charakter und der Drei-Pfeiler-Architektur des EUV. Die Aufteilung in Pfeiler, so wird häufig argumentiert, beeinträchtige enorm die Wirksamkeit und Kohärenz sämtlicher Handlungen der Union im außen- und sicherheitspolitischen Bereich. Zudem erweise sich die politische Entscheidungsfindung als besonders schwierig, weil in der politischen Praxis die Orientierung am Konsensprinzip noch immer dominiere.

In der erweiterten und auf 27 Mitgliedstaaten angewachsenen Union stellt sich die Frage der Einheit und Geschlossenheit in Fragen der Außen- und Sicherheitspolitik noch weit dringlicher als dies in den späten Jahren des 20. Jahrhunderts der Fall war. Ein „geschlossenes Auftreten" der Union hängt zweifellos weiterhin entscheidend vom Willen sämtlicher Mitgliedstaaten ab, wobei sich naturgemäß schon allein aufgrund von Faktoren wie Größe des Territoriums, Bevölkerungszahl und Wirtschaftskraft der einzelnen Länder unterschiedliche Interessenslagen bzw. Interessenskonflikte ergeben.

Die Schlussfolgerungen, die allgemein aus dieser Situation gezogen werden, zielen insgesamt auf eine schrittweise Eingliederung der GASP in die *Gemeinschaftsstruktur* ab. Im Wesentlichen weisen die diskutierten *Reformvorschläge* in folgende Richtung: Erstens soll die Europäische Union mit internationaler Rechtspersönlichkeit ausgestattet werden, damit sie in allen politischen Bereichen als juristische Person agieren kann. Zweitens sollten Beschlussfassungen mit qualifizierter Mehrheit die Regel werden. Drittens müssen die Instrumente und militärischen wie zivilen Fähigkeiten der GASP/ESVP derart ausgebaut werden, dass die EU tatsächlich in die Lage versetzt werde, starken politischen Einfluss in den internationalen Beziehungen auszuüben.

Mit der zunehmenden Übertragung von ursprünglich nationalstaatlichen Politikfeldern und Kompetenzen an die EU verlagern sich zugleich politische Spannungen und Konflikte auf die europäische Ebene, die nun innerhalb der

Institutionen der EU ausgetragen werden. Die Idee einer supranationalen Konfliktaustragung im institutionellen Rahmen der Union und eines allgemeinen Interessensausgleichs auf *europäischer Ebene* ist der Grundkonzeption der Union eingeschrieben und wird aus diesem Grund zukünftig auch zunehmend für den außen- und sicherheitspolitischen Bereich bedeutsam werden.

Zweifellos verlangen allgemeine Zielformulierungen der Union wie Solidarität, Friedenserhaltung, Völkerverständigung, Kooperation gegenwärtig im verstärkten Maße ein Zurückstellen einzelstaatlicher (nationaler) Interessen, andererseits aber spielen genau diese nationalen wie regionalen Interessen eine wichtige Rolle im politischen Verhandlungsprozess und der damit verbundenen Verteilungspolitik der Union (Beichelt 2004). Das *Schmieden von Koalitionen* ebenso wie das *Lobbying* allgemein zur Durchsetzung bestimmter Politiken auf Unionsebene gründet gerade auf bestimmten Interessenslagen, die ihren Ausgang viel eher von regionalen und nationalen Bedürfnissen nehmen als von einer gesamteuropäischen Gemeinwohlperspektive.

Die politischen Konflikte und Spannungen innerhalb der EU im Hinblick auf eine *gemeinsame Außenpolitik* beinhalten immer Gefahrenmomente einer Marginalisierung von kleineren Mitgliedstaaten und deren unmittelbaren Interessen. Größere Staaten und insbesondere Koalitionen zwischen diesen haben zudem dadurch ein stärkeres Gewicht, dass sie die Hauptlast außenpolitischen Agierens - insbesondere wenn eine Untermauerung in militärischwirtschaftspolitischer Hinsicht im Sinne von „hard power" erforderlich wird - tragen würden.

Interne Interessenskonflikte in außen- und sicherheitspolitischen Fragen werden deshalb zukünftig in erhöhtem Maße die politischen Geschicke der EU mitprägen. Sie sind gewissermaßen vorprogrammiert und werden mit Sicherheit zu einer hohe Belastungs- und Bewährungsprobe für die demokratische Grundstruktur der Union. Das zurzeit noch bestehende Missverhältnis zwischen den außenhandelspolitischen Aktivitäten der Union und ihrem außen- und sicherheitspolitischen Agieren auf internationaler Bühne scheint sich zwar schrittweise aufzulösen, stellt die Union aber gleichzeitig auch vor völlig neue Herausforderungen.

Am leichtesten scheinen Fortschritte dort zu erzielen, wo es um den Auf- und *Ausbau spezifischer politischer Instrumente* geht. Dies erklärt unter anderem die zügigen Fortschritte beim Aufbau der militärischen und zivilen Fähigkeiten und Strukturen. Es verweist weiters auf die erfolgreich gestarteten Bemühungen um Schaffung einer gemeinsamen *europäischen Diplomatie* und Ausbau des von der EU betriebenen Netzwerkes an diplomatischen

Aktivitäten. Heute unterhält die Europäische Kommission diplomatische Beziehungen mit mehr als 130 Ländern (Delegationen und Vertretung) und auch der Rat und das Europäische Parlament haben eigene Außenstellen eingerichtet. Die EU betreibt weiters Schritte dahingehend, die Vertretungen der Kommission in den Ländern, in denen die Mehrheit der Mitgliedstaaten keine eigene Vertretung hat, in echte diplomatische Vertretungen der Union umzuwandeln.

Aufgrund der unterschiedlichen Netzwerke, die von den einzelnen Organen der Europäischen Union ausgebaut wurden, tendierten einige Autoren in den 90er-Jahren dazu, von der Union in ihrem Außenverhalten als einem *„zusammengesetzten Akteur"* (Scharpf 1997: 52) zu sprechen. In der Tat verdient das Zusammenspiel der einzelnen Organe und Institutionen der EU besondere Beachtung. Interessant ist in diesem Zusammenhang insbesondere zu sehen, dass es vor allem der Europäischen Kommission seit den frühen 90er-Jahren gelang, ihren Aktivitätsradius in außenpolitischen Belangen stark auszuweiten. Dieser Prozess wurde unter anderem dadurch begünstigt, dass eine ihrer wichtigen Aufgabe gerade in der Umsetzung der vom Rat beschlossenen Programme liegt. Auf diese Weise entwickelte sich die Kommission - teilweise mit tatkräftiger Unstützung einzelner Mitgliedstaaten - zu einem wichtigen politischen Akteur innerhalb der Union im Hinblick auf die Implementierung der einzelnen Programme außenpolitischen Handelns. Mit den Worten von Cini kann aber ebenso gesagt werden, dass die Kommission immer mehr danach trachtete, *„to get its fingers in the foreign policy pie, as much for the sake of policy consistency as a means of extending its own institutional competence"* (Cini 1996: 84).

2.8   Weitere Informationen und Literatur

Verträge:
> EurLex Webpage:
  http://europa.eu.int/eur-lex/lex/de/treaties/index.htm
  • **Vertrag über die Europäische Union** (konsolidierte Fassung), *Amtsblatt Nr. C 321E vom 29. Dezember 2006*
  • **Vertrag von Nizza**, *Amtsblatt Nr. C 80 vom 10. März 2001*
  • **Vertrag über eine Verfassung für Europa**, *Amtsblatt Nr. C 310 vom 16. Dezember 2004*

Weiterführende Literatur (Auswahl):
> *Allgemein:* Hauser/Kernic 2006; Kernic/Hauser 2006; Algieri 2004; Hauser 2004; Regelsberger 2004; Ehrhart/Schmitt 2004.

3 Die Beziehungen der Europäischen Union zu den Ländern der Nachbarschaft

Kooperationen und Partnerschaften zwischen der EU und dem „Ring befreundeter Länder" in der näheren geographischen Umgebung

Das Beziehungsgeflecht zwischen der EU und den Ländern der unmittelbaren geographischen Nachbarschaft ist geprägt durch *unterschiedlichste Formen der Zusammenarbeit und Integration.* Das Spektrum reicht von einer de facto bereits bestehenden äußerst engen politischen und wirtschaftlichen Verflechtung mit den Mitgliedstaaten der EFTA (Schweiz, Norwegen, Island und Lichtenstein) über Formen intensivierter Partnerschaft, zum Teil mit konkreter Beitrittsperspektive (Kroatien und Türkei) oder mit langfristig in Aussicht gestellter Beitrittsoption (Westbalkanstaaten), bis hin zu einer Reihe von unterschiedlichsten bilateralen Assoziationsformen bzw. Partnerschafts- und Kooperationsabkommen mit Ländern einer geographisch weit gefassten europäischen Nachbarschaft. Hinzu treten noch die spezifischen bilateralen Beziehungen zu den europäischen Kleinststaaten wie Andorra, Monaco, San Marino und Vatikan.

In den folgenden Abschnitten werden zunächst die mannigfachen Kooperations- und Assoziationsformen im Hinblick auf den *europäischen Kontinent* selbst kurz skizziert (einschließlich der Türkei). Danach wird die neue „*Europäische Nachbarschaftspolitik*" (ENP) der EU vorgestellt und ihre bisherige Entwicklung in groben Zügen dargestellt. Zum Schluss folgt eine Betrachtung der „*Euro-Mediterranen Partnerschaft*" (EMP) sowie der historischen Entwicklung des politisch-wirtschaftlichen Beziehungsgefüges der Union mit den Anrainerstaaten des Mittelmeeres.

3.1 Die mannigfachen Beziehungsgeflechte im europäischen Raum

3.1.1 EU-EFTA

Besonders enge Beziehungen unterhält die Europäische Union seit Jahren mit den Ländern der 1960 gegründeten *European Free Trade Association* (EFTA), die ursprünglich als ein Gegengewicht zu den Europäischen Gemeinschaften ins Leben gerufen wurde. Heute umfasst diese Gemeinschaft nur mehr vier Mitgliedsländer (Schweiz, Norwegen, Island und Lichtenstein), nachdem zahlreiche ehemalige Mitglieder dieser Organisation im Zuge ihres EG-Beitritts aus dem Verband ausgetreten sind (Dänemark, Österreich, Portugal, Schweden, Finnland und Großbritannien). Gemeinsam mit den Staaten der EU bilden die drei EFTA-Mitglieder Island, Norwegen und Lichtenstein (die Schweiz ist davon ausgenommen) heute den *Europäischen Wirtschaftsraum* (EWR), wodurch sich automatisch für diese Länder eine ganz enge wirtschaftliche Verflechtung mit der EU ergibt.

Die Schweizer Sonderstellung ist zu einem wesentlichen Teil auf den Ausgang des Referendums von 1992 zurückzuführen, bei dem sich die Schweizer Bevölkerung gegen den Beitritt zum Europäischen Wirtschaftsraum aussprach (Hürlimann 1993). Seither beschreitet die Schweiz einen *bilateralen Weg der Zusammenarbeit und Integration* (Cottier/Liechti 2006; Freiburghaus 2003; Kaufmann/Kreis/Gross 2005; Kux 1998). Der rechtliche Rahmen der Beziehungen zwischen der EU und der Schweiz wird zum ersten durch sieben bilaterale Abkommen vorgegeben, die im Jahr 1999 unterzeichnet wurden (seit 2002 in Kraft) und die nur gemeinsam aufkündbar sind (Dupont/Sciarini/Eggli 2001; Oberer 2001). Zum zweiten führen die im Sommer 2002 erneut aufgenommenen Verhandlungen mit der EU ebenso zu einer Reihe neuer Vereinbarungen, und zwar konkret zu insgesamt acht bilateralen Abkommen (u.a. zu den Bereichen Schengen/Dublin, Betrugsbekämpfung, Besteuerung, Personenverkehr) (Möckli 2001; Nufer 2006). Die Option eines neuerlichen Anlaufs zu einem EU-Beitritt der Schweiz wird zwar weiterhin offen gehalten, scheint jedoch zunächst einmal auf Eis gelegt.

Gescheiterte Bemühungen um einen EU-Beitritt kennzeichnen ebenso die Beziehungen zu Norwegen, das bereits 1962 erstmals und dann 1967 ein zweites Mal um Aufnahme in die EWG bzw. EG ersuchte. Im September 1972 sprachen sich jedoch rund 53,5 Prozent der Norweger gegen den Beitritt ihres Landes aus. Zwei Dekaden später wurde ein erneuter Anlauf in dieser politischen Angelegenheit genommen. So begannen 1993 Verhandlungen über einen Beitritt Norwegens, doch auch dieser Versuch endete mit einer Abstimmungsniederlage im Referendum von 1994 (Hille 2000). Norwegen beschreitet seither einen ähnlichen *Sonderweg* in den bilateralen Beziehungen wie die Schweiz (Archer 2005), jedoch mit dem Unterschied, dass die Übereinkunft über den gemeinsamen Europäischen Wirtschaftsraum (EWR) das Land wirtschaftlich stärker an die EU bindet als dies bei der Schweiz der Fall ist. Dadurch wird ebenso eine aktive Mitwirkung Norwegens an verschiedenen Programmen und bei diversen Agenturen der EU ermöglicht. Verschiedenste Übereinkünfte zwischen der EU und Norwegen festigen die bilateralen Beziehungen (insbesondere in den Bereichen Handel, Schengen/ Dublin, Europol).

3.1.2 Südosteuropa und der Westbalkan

Die Heranführung *Südosteuropas* an die EU ist seit einigen Jahren ein erklärtes außenpolitisches Ziel der Europäischen Union. Jüngst wurden in dieser Frage einige bemerkenswerte Fortschritte erzielt: Erstens die Unterzeichnung von *Stabilisierungs- und Assoziierungsabkommen* mit Albanien (unterzeichnet im Juni 2006, Ratifizierungsprozess in Gang), Kroatien (unterzeichnet im Oktober 2001; in Kraft seit Februar 2005) und Mazedonien (unterzeichnet im April 2001, in Kraft seit April 2004); zweitens der Start der *Beitrittsverhandlungen* mit Kroatien und der Türkei; drittens die Abhaltung des *Montenegro-Referendums.*

Der gesamte südosteuropäische Raum gilt seit den frühen 90er-Jahren als jener zentrale Krisenherd auf dem europäischen Kontinent selbst, der die Europäische Union vor allem in ihrer außen- und sicherheitspolitischen Kompetenz vor große, bisher kaum bekannte Herausforderungen stellt (Gallagher 2005; Welfens 2001; Kolbow/Quaden 2001). Der Westbalkan ist solcherart zugleich als eine Art Belastungstest für die EU dahingehend anzusehen, wie sehr sie nun tatsächlich zu praktischem *Konflikt- und Krisenmanagement* außerhalb ihres eigenen Territoriums in der Lage ist. Mit dem ins Leben gerufenen *Stabilitätspakt für Südosteuropa* bemüht sich die EU seit einigen Jahren um ein diesbezügliches Krisenmanagement in Verbindung mit konkreten politischen und wirtschaftlichen Integrations- bzw. Annäherungsschritten an die EU (Busek 2004). Der Stabilitätspakt gehört zu den wohl wichtigsten außen- und sicherheitspolitischen Initiativen der Union in ihrer unmittelbaren Nachbarschaft (Welfens 2001). Das Hauptziel des Paktes besteht darin, der Region Frieden, Wohlstand und Stabilität zu sichern, wobei man sich vorwiegend auf folgende drei Arbeitsbereiche des Stabilitätspaktes konzentriert: 1: Demokratie und Menschenrechte, 2. Wirtschaft, 3. Militärische und innere Sicherheit.

Insgesamt zielt der im Verlauf der späten 90er-Jahre in Gang gekommene *Stabilisierungs- und Assoziierungsprozess* (SAP) in der Region auf die schrittweise Heranführung der Länder des Westbalkans an die EU. Konkret sind im SAP Verhandlungen der EU mit jedem einzelnen Land der Region vorgesehen, die zum Abschluss von so genannten *Stabilisierungs- und Assoziierungsabkommen* führen sollen. Der dabei verfolgte grundsätzliche außenpolitische Ansatz der EU sieht in seinem Kernbestand die zukünftige Integration der

Westbalkanländer[6] in die politische, wirtschaftliche und rechtliche Struktur der EU vor. Die Option der Erweitung wird solcherart zugleich als ein geeignetes Mittel zur Überwindung der politischen und wirtschaftlichen Instabilität in dieser Region gesehen (Hajrullahu 2004: 8). Im Rahmen dieses Vorhabens stellt die EU Mittel zur Förderung der Zivilgesellschaft und Festigung von Rechtsstaatlichkeit ebenso zur Verfügung wie für wirtschaftliche Reformen und die Schaffung neuer Formen regionaler Kooperation. Dadurch, sowie durch das neu geschaffene Instrument der *„Heranführungshilfe"* (*„Pre Accession Assistance"*, PAA), sollen alle Länder des Westbalkans schrittweise an die EU bzw. den *acquis communautaire* herangeführt werden. Die Bereitstellung von Fördermitteln und Hilfen durch die EU folgt dabei in weiten Zügen dem Prinzip der Konditionalität und orientiert sich an einem Regionalisierungsansatz, der sich politisch auf das Friedensabkommen von Dayton abstützt. Gelingt die schrittweise Annäherung und Stabilisierung der Region, so sieht die Strategie der EU vor, dass dann in einem zweiten Schritt Beitrittsverhandlungen eingeleitet werden.

Box 3.1. Südosteuropa und die EU-Beitrittsperspektive

Neue EU-Mitglieder (seit 1. Januar 2007):
- Rumänien.
- Bulgarien.

EU-Beitrittskandidaten:
- Kroatien (Beitrittsverhandlungen seit Oktober 2005).
- Mazedonien (Status als Beitrittskandidat seit Dezember 2005).
- Türkei (Beitrittsverhandlungen seit Oktober 2005).

EU-Beitrittsperspektive („Potentielle Bewerber"):
- Albanien.
- Bosnien-Herzegowina.
- Montenegro.
- Serbien (einschließlich des Kosovo im Sinne der UN-Sicherheitsrat-Resolution 1244).

Wenngleich die Debatte um die *„Aufnahmefähigkeit"* der EU immer mehr zu einem „politischen Schlagwort" einer öffentlichen Debatte in ganz Europa zu

---

6   Der Begriff „Westbalkan" ist eine Schöpfung der EU. Er umfasst die Länder Kroatien, Serbien, Montenegro, Bosnien-Herzegowina, Mazedonien, Albanien und das Kosovo (politischer Status noch offen).

werden droht, so muss im Blick auf Südosteuropa klar gesagt werden, dass die Option eines Beitritts von der EU selbst den Ländern dieser Region in Aussicht gestellt wurde und die Perspektive „Erweitung" fest in der außenpolitischen Strategie der EU im Blick auf diese Region verankert ist. In ihrer Mitteilung „Der Westbalkan und die europäische Integration" (KOM [2003] 285 endg.) vom 21. Mai 2003 schlug die Kommission unmissverständlich vor, die EU-Politik gegenüber dieser Region um Elemente des Erweiterungsprozesses zu ergänzen und somit die langfristige Perspektive einer Aufnahme dieser Länder in die EU zu stärken. Der Westbalkan-Gipfel von Thessaloniki (21. Juni 2003) und die dabei festgelegte Agenda sahen die Beitrittsperspektive als eine Chance, dauerhaft politische Stabilität und wirtschaftliche Prosperität in dieser Region durchzusetzen. Die Mittelung der Kommission „Der westliche Balkan auf dem Weg in die EU: Konsolidierung der Stabilität und Steigerung des Wohlstands" vom 27. Januar 2006 (KOM [2006] 27 endg.) bekräftigt erneut diesen Kurs: „Der durch die Agenda von Thessaloniki angereicherte SAP hat sich als wirksamer politischer Rahmen für die Aktionen der EU im westlichen Balkan erwiesen. Als Teil des Erweiterungsprozesses wird der SAP bis zum künftigen Beitritt dieser Länder den Rahmen für ihre Annäherung an die EU bilden" (ebenda).

3.1.3. Die Beziehungen EU-Türkei

Bis zur Stunde ist die Europäische Union in der Frage eines Beitritts der Türkei zutiefst gespalten. In der öffentlichen Debatte finden sich unterschiedliche Argumentationsstränge. Während die einen in einem Beitritt des Landes zur Union die Möglichkeit erblicken, für Europa das Tor zum Nahen Osten und Zentralasien zu öffnen und wichtige geostrategische Vorteile zu erlangen, warnen andere wiederum eindringlich vor den Gefahren einer Überdehnung und kulturellen, wirtschaftlichen wie politischen Aufweichung der EU (Gerhards 2007; Reiter 2005; Rühl 2004). Die Pro- und Contra-Argumente prallen dabei in der öffentlichen Diskussion in einer ungemein heftigen Weise aufeinander, so dass sich die EU gegenwärtig mit einem fundamentalen politischen Problem konfrontiert sieht: Wie lässt sich angesichts der gegenwärtigen gespaltenen Meinungen ein breiter gesellschaftlicher Konsens in dieser Frage erwirken, ohne dass ausschließlich auf Zeit gesetzt wird und die bereits eingeleiteten Verhandlungen mit dem Beitrittskandidaten Türkei auf die lange Bank geschoben werden? Möglicherweise, so warnen einige, könne die Türkeifrage zu einem der größten Prüfsteine für die Union im Hinblick auf ihre Zukunft werden.

Die Fakten in diesem Zusammenhang lassen sich relativ rasch in Erinnerung rufen: Die Türkei stellte bereits vor rund vier Jahrzehnten ihren *Beitrittsantrag* zur Europäischen Gemeinschaft. Die EWG entschied sich damals für die Begründung einer *Assoziation* zwischen ihr und der Türkei. Das Abkommen wurde 1963 unterzeichnet und zielte auf die schrittweise Einrichtung einer Zollunion. Seit 1995 besteht eine solche Zollunion zwischen der Türkei und EU. 1999 akzeptierte die EU die Türkei als einen offiziellen *Beitrittskandidaten* und begründete wenig später eine so genannte *Beitrittspartnerschaft.* Im Oktober 2005 wurden die Beitrittsverhandlungen der EU mit der Türkei eingeleitet. Seither tagen die Verhandlungen zu den einzelnen Kapiteln des Beitrittsvertrages (Arikan 2006; Akçapar 2006; Lake 2005; Griffiths/Özdemir 2004; Çarkoglu/Rubin 2003; Zippel 2003).

Die öffentliche Stimmung in Europa ist geprägt durch den Aufeinanderprall der Argumente und eine allgemeine Skepsis im Hinblick auf den zukünftige Kurs der Union. Die Überzeugungskraft von Argumenten, die in der Türkei eine Speerspitze der *„EU Soft Power Politik"* sehen (Emmerson/Tocci 2004) oder in ihrem Beitritt einen wichtigen Hebel für die europäische Politik erblicken, um in dieser Übergangsregion zu Zentralasien und dem Nahen bzw. Mittleren Osten politisch und wirtschaftlich wirklich Fuß zu fassen, ist gering. Die Contra-Argumente vermögen zumindest die Skepsis in der europäischen Bevölkerung weiter zu nähren, treffen sie doch häufig einen empfindlichen Nerv in den politischen Denkweisen der Menschen. Die Möglichkeit einer geopolitischen Brückenfunktion, die die Türkei für die EU erfüllen könnte (Steinbach 2004a: 5), wird vor allem in sicherheitspolitischen Debatten um den Beitritt des Landes zur Sprache gebracht. Dabei erscheint die Türkei als ein *potentieller Sicherheitspartner* (Baumann 2006: 39-86) für die EU in politisch äußerst wichtigen Feldern (z.B. Energieversorgungssicherheit, Bekämpfung des Terrorismus), mit dem schon heute wichtige gemeinsame strategische und sicherheitspolitische Interessen bestehen.

Florian Baumann (2006) zeigte in diesem Zusammenhang auf, dass sich die außenpolitischen Positionen von EU und Türkei schon heute größtenteils überschneiden, wenngleich nicht vollständig decken. Aufgrund einiger klarer Differenzen kann selbst dieser Prozess der *Europäisierung der türkischen Außenpolitik* mit einer gewissen Skepsis verfolgt werden, auch wenn im Prinzip eine noch weitere Annäherung der Türkei an die EU durchwegs möglich erscheint: *„Negativ hebt sich dabei allerdings die Nahost-Thematik – ein Kernbereich in den Überlegungen zur Türkei – ab. Auch bei Fragen zu Menschenrechten und Minderheiten schließt sich die Türkei nur bedingt den EU-Mitgliedstaaten an. Die Betrachtung zum Abstimmungsverhalten in der UN-Vollversammlung sowie die steigende Zahl der Zustimmung zu GASP-*

Erklärungen lassen dennoch einen Trend erkennen, der möglicherweise in Zukunft zu einer größeren Übereinstimmung führen kann. (...) Somit liegt eine weitgehende Europäisierung der türkischen Außenpolitik durchaus im Bereich des Möglichen" (Baumann 2006: 85).

Zweifellos stellt die Türkei für Europa einen Sonderfall dar, nicht nur aufgrund ihrer geographischen und geopolitischen Lage und politisch-kulturellen Beschaffenheit, sondern auch durch ihre bisher schon vollzogene starke Einbeziehung in pan-europäische politische Institutionen und politische wie wirtschaftliche Prozesse. In diesem Zusammenhang muss unter anderem ebenso auf die bedeutsame Rolle verwiesen werden, die die Türkei seit Jahrzehnten innerhalb der europäischen Sicherheitsarchitektur - vor allem der NATO - spielt. In Summe muss die außenpolitische Stoßrichtung der EU in der Türkeifrage bis zur Stunde als eher „unklar" und „weitgehend offen" interpretiert werden. Wirkliche Festlegungen in die eine oder andere Richtung werden gegenwärtig vermieden.

Im Wesentlichen steuert man einen pragmatischen *Kurs eines sanften Kompromisses*: Durch die schrittweise Heranführung der Türkei an Europa, d.h. insbesondere durch die graduelle Übertragung des *acquis communautaire* auf den Beitrittskandidaten, soll zunächst einmal das Land selbst politisch, wirtschaftlich und sozial gefestigt werden. Kurzum, der Prozess einer „Euro-päisierung" der Türkei soll unter allen Umständen weiter vorangetrieben werden, weil er auf diese Weise einen strategisch wichtigen „Vorposten" der Union absichert. Ob man im Hinblick auf die laufenden Beitrittsverhand-lungen in der Tat zu einer raschen Einigung - zudem getragen durch einen breiten politischen Konsens innerhalb der gesamten Union - gelangen kann, sei aufgrund der jüngsten Entwicklungen bezweifelt. Aus diesem Grund scheint die EU zur Stunde eher mit dem Faktor *„Auf-Zeit-setzen"* zu spielen als auf eine klare außenpolitische bzw. Erweiterungs-Strategie zu setzen. Mit Sicherheit spiegelt sich in den zahlreichen Debatten um die *„Aufnahme-fähigkeit"* der Union im Grunde auch eine *politische Perspektivlosigkeit* wider, mit der die EU gegenwärtig zu kämpfen hat.

3.2 Die Europäische Nachbarschaftspolitik

3.2.1 Einleitung und Überblick

Mit der Erweiterung der Europäischen Union um zehn neue Mitgliedsländer im Jahre 2004 änderten sich zugleich die außenpolitischen Prioritäten der Union in einem entscheidenden Ausmaß. Die Verschiebung der EU-Außengrenze in Richtung Osteuropa markiert den Beginn einer verstärkten außenpolitischen Hinwendung zur Region des Ostens und Südostens – und damit zugleich auch in Richtung Zentralasien und den Mittleren Osten. Sehr bald wurde die Idee eines neuen „*Großraums Europa*" geboren, dessen Kern von den Mitgliedsländern der EU gebildet wird und an dessen Peripherie ein Ring befreundeter Länder entstehen könnte, wobei alle Länder der größeren Nachbarschaft in einer ganz spezifischer Weise und durch unterschiedliche Formen von Assoziations- und Partnerschaftsabkommen mit der EU verbunden werden.

Die Idee der Schaffung eines „*Rings befreundeter Länder*" an den neuen Außengrenzen stieß auf große Resonanz innerhalb wie außerhalb der Union. Einige der Nachbarländer zur Union (Rumänien, Bulgarien, Türkei und Kroatien) verfolgten zwar weiterhin eine klare *Beitrittsperspektive*, die im Falle von Rumänien und Bulgarien mit Wirkung vom 1. Januar 2007 Realität wurde, wodurch sie außerhalb des von der EU ins Leben gerufenen Projekts der „*Europäischen Nachbarschaftspolitik*" (ENP) verblieben. Dieses Projekt richtet sich nämlich genau an jene Nachbarn im Osten, Südosten und Mittelmeerraum, für die in der näheren Zukunft keine realistische Chance auf einen Beitritt zur Union besteht. Der Begriff des „*Nachbarn*" weist dabei eine ganz eigenartige Bestimmung auf, die sich nicht an geographischen Gegebenheiten orientiert. Zahlreiche Nachbarländer der EU, in einem geographischen Sinne, sind in diesem außenpolitischen Vorhaben nicht erfasst - von den Beitrittskandidaten und potentiellen Beitrittskandidaten über die Kleinststaaten Europas bis hin zu den EFTA-Ländern oder dem größten Nachbarn der Union, nämlich Russland -, während andererseits Staaten inkludiert sind, die in keiner unmittelbaren Nachbarschaft zur EU stehen. Wer zudem unter diesem politischen Projekt eine wirklich kohärente und systematisch entwickelte Strategie erwartet, wird rasch enttäuscht.

Im Wesentlichen entwickelte die Union ihr Projekt der ENP im Zuge der radikalen politischen Veränderungen Europas im Zusammenhang mit der EU-Erweiterung des Jahres 2004. Das Hauptanliegen der ENP lag dabei darin, die Gruppe an Staaten ohne jegliche Beitrittsperspektive zukünftig ebenfalls enger an die EU zu binden. Solcherart zielt die ENP auf den Aufbau einer engen politischen und wirtschaftlichen Partnerschaft ab, die eindeutig über bereits bestehende bilaterale Verträge hinausgeht, jedoch den Ländern keinerlei Beitrittsperspektive eröffnet. Ihr wichtigstes Ziel besteht darin, die Nachbarstaaten im Osten und Süden der Union an Stabilität, Sicherheit und Wohlstand in einem *größeren Europa* teilhaben zu lassen (Dodini/Fantini 2006; Kelley 2006; Beurdeley 2005; Kempe 2005; Hummer 2005;n Gabanyi 2005; Tocci 2005; Lynch 2005; Comelli 2004).

Box 3.2. Die EU und ihre Nachbarn

„Die gegenseitige – politische und wirtschaftliche – Abhängigkeit zwischen der Union und ihren Nachbarstaaten ist bereits Realität. Die Einführung des Euro als wichtige internationale Währung hat neue Möglichkeiten für intensivere wirtschaftliche Beziehungen geschaffen. Der größeren geografischen Nähe wegen müssen die erweiterte EU und ihre neuen Nachbarstaaten gleichermaßen interessiert sein, weitere Anstrengungen zur Förderung der grenzüberschreitenden Handels- und Investitionsströme zu unternehmen, und ein noch größeres Interesse haben, bei der Bekämpfung länderübergreifender Bedrohungen – vom Terrorismus bis zur atmosphärischen Verschmutzung – zusammenzuarbeiten. Die Nachbarstaaten der EU sind ihre wichtigsten Partner, wenn es darum geht, auf beiden Seiten Produktion, Wirtschaftswachstum und Außenhandel zu steigern, einen erweiterten Raum politischer Stabilität und funktionierender Rechtsstaatlichkeit zu schaffen und den Austausch von Humankapital, Ideen, Wissen und Kultur zu fördern."

Quelle: KOM (2003) 104 endg.

Die ENP - entsprechend ihrer aktuellen Konzeption - richtet sich auf folgende *Zielländer*: (1) die Nachbarländer Nordafrikas bzw. des östlichen Mittelmeerraums (insgesamt 10 - Algerien, Ägypten, Israel, Jordanien, Libanon, Libyen, Marokko, Palästinensische Autonomiebehörde, Syrien und Tunesien); (2) die Nachbarstaaten im Osten der Union (insgesamt 6 - Armenien, Aserbaidschan, Weißrussland, Georgien, Moldawien [Republik Moldau] und Ukraine), wobei Russland als größtes Nachbarland der Union einen Sonderstatus genießt und nicht in den Rahmen der ENP einbezogen ist. Von den insgesamt 16 Nachbarländern sind neun Teilnehmer am der *Euro-Mediterranen Partnerschaft* (EMP), dem 1995 eingeleiteten multilateralen „Barcelona-Prozess". Offiziell ergänzt die ENP den Barcelonaprozess, der jedoch in den letzten Jahren eindeutig viel von seiner ursprünglichen politischen Gewichtung und Dynamik eingebüßt hat.

3.2.2 Grundlagen und Entwicklung der ENP

In ihrer Mitteilung vom 11. März 2003 an den Rat und das Europäische Parlament spricht die Kommission von einem im Entstehen begriffenen neuen Großraum Europa, der zugleich einen neuen Rahmen für die Beziehungen der EU zu ihren östlichen und südlichen Nachbarn erforderlich mache (KOM

[2003] 104 endg.). Die Kommission schlägt dabei eine „*klare Vision für die mittel- und langfristige Entwicklung engerer und kohärenter Beziehungen zu den Nachbarstaaten der Union vor*", die sich an zwei übergeordneten Zielsetzungen orientieren soll: (1) die „*Zusammenarbeit mit den Partnern zur Eindämmung der Armut und zur Schaffung eines Raumes gemeinsamen Wohlstands und gemeinsamer Werte auf der Grundlage vertiefter wirtschaftlicher Integration, intensiverer politischer und kultureller Beziehungen, enger grenzübergreifender Zusammenarbeit und gemeinsamer Verantwortung der EU und ihrer Nachbarstaaten für die Konfliktprävention*"; (2) die „*Verankerung der von der EU angebotenen konkreten Vorteile und Präferenzbeziehungen in einem differenzierten Rahmen, der den von den Partnerländern erzielten Fortschritten bei den politischen und wirtschaftlichen Reformen Rechnung trägt*" (KOM [2003] 104 endg.: 9).

In seiner Grundkonzeption folgt dieses außenpolitische Kooperationskonzept der EU einem *flexiblen „Anreiz-für-Reformen"*-Modell, demzufolge zunächst einmal bestimmte Anreize für politische wie wirtschaftliche Reformen von der EU gegeben werden und dann die weiteren Schritte einer Kooperation sowie Integration von den tatsächlich erzielten Reformerfolgen abhängig gemacht werden. Insbesondere soll dabei - entsprechend der Mitteilung der Kommission - „*allen Nachbarstaaten die Aussicht auf Teilnahme am Binnenmarkt der EU und auf weitere Integration und Liberalisierung zur Förderung der Freizügigkeit und des freien Waren-, Dienstleistungs- und Kapitalverkehrs (vier Freiheiten) geboten werden*" (KOM [2003] 104 endg.: 10). An möglichen Anreizen werden im Dokument aufgelistet: Ausdehnung des Binnenmarktes und der Regelungsstrukturen; Präferenzhandel und Marktöffnung; Perspektiven für die legale Migration und die Freizügigkeit; intensivere Zusammenarbeit zur Prävention und Bekämpfung der Bedrohung der gemeinsamen Sicherheit; stärkere Beteiligung der EU an Konfliktprävention und Krisenmanagement; größere Anstrengungen zur Förderung der Menschenrechte und zur Verbesserung der Verständigung; Integration der Verkehrs-, Energie- und Telekommunikationsnetze und europäischer Forschungsraum; neue Instrumente der Investitionsförderung und Investitionsschutz; Unterstützung der Integration in das globale Handelssystem; verbesserte und mehr am Bedarf orientierte Hilfe, neue Finanzierungsmöglichkeiten.

Der Europäische Rat sowie der Rat begrüßten im Sommer und Herbst 2003 diese Mitteilung und die Initiative zur Schaffung eines neuen Rahmens für die Nachbarschaftspolitik der Union. In der Folge wurden *Aktionspläne* ausgearbeitet, in die zum Teil ebenso Elemente einer vertieften politischen Zusammenarbeit sowie der GASP einflossen, und *Sondierungsgespräche* mit den

Nachbarstaaten geführt, insbesondere zum Zwecke der Abklärung politischer Prioritäten. Die Aktionspläne selbst beinhalten neben einer Festlegung gemeinsamer Grundsätze und Prioritäten der Zusammenarbeit auch die Grundlagen zur Etablierung von Gremien zum Zwecke der Evaluierung der politischen Fortschritte sowie konkrete Angaben über einzelne Hilfsprogramme. Die Hilfsleistungen der Union werden auch durch Unterstützungen aus dem *Europäischen Nachbarschaftsinstrument* geleistet (ausführlich dazu das *Strategiepaper* der Kommission vom 12. Mai 2004, KOM [2004] 373 endg.).

Der Rat genehmigte am 21. Februar 2005 die ersten länderspezifischen *ENP-Aktionspläne* mit fünf Ländern des Mittelmeerraumes (Israel, Jordanien, Marokko, Palästinensische Autonomiebehörde und Tunesien). Ebenfalls 2005 wurden die Aktionspläne mit Moldawien und der Ukraine beschlossen. In ihnen werden die Prioritäten der Zusammenarbeit festgelegt. 2006 kam es zum Abschluss der Arbeiten an den Aktionsplänen für Ägypten, Armenien, Aserbaidschan, Georgien und den Libanon. Bei einigen Ländern zeichnet sich zudem eine zukünftige Einbindung in ESVP-Missionen ab. Bei den heiklen Fragen, wie etwa im Blick auf den Nahost-Friedensprozess, verblieben sämtliche Aktionspläne jedoch äußerst vage.[7]

Gleichzeitig wurde beschlossen, die finanzielle Unterstützung der Partnerländer durch die EU ab 2007 deutlich zu erhöhen. Die Mitteilung der Kommission an den Rat und das Europäischer Parlament vom 4. Dezember 2006 (KOM [2006] 726 endg.) zielt auf eine weitere Intensivierung und Stärkung der ENP. Seit Beginn 2007 wird die Zusammenarbeit mit den Nachbarländern aus dem *Europäischen Nachbarschafts- und Partnerschaftsinstrument* (ENPI) finanziert.

Box 3.3. Stärkung der ENP – Kommissionsvorschlag 2006

„Um unsere Nachbarn bei der Umsetzung anspruchsvoller und kostspieliger Reformen zu unterstützen, müssen wir ihnen ein attraktives Angebot machen. Dazu stehen uns weitere Möglichkeiten zur Verfügung: in Wirtschaft und Handel, bei der Visumerleichterung und Migrationsteuerung, den direkten persönlichen Kontakten (people-to-people) und den Kontakten zwischen Verwaltungs- und Regulierungsbehörden, in der politischen, der regionalen und der finanziellen Zusammenarbeit. Einige

---

7   Eine Übersicht über den Stand der Arbeiten an den ENP-Länderberichten und Aktionsplänen findet sich auf der Webpage der EU: http://ec.europa.eu/world/enp/documents_de.htm#3

dieser Maßnahmen haben ihren Preis, der aber nicht unzumutbar und in jedem Fall viel geringer als der Preis der Untätigkeit ist."

Quelle: KOM (2006) 726 endg.: 16.

3.2.3 Strategische Interessen und Ausblick

Die ENP muss im Zusammenhang mit der *Europäischen Sicherheitsstrategie* gesehen werden, die ein *multilaterales Vorgehen* der Europäischen Union auf globaler Ebene zu einem zentralen Grundsatz ihrer Außen- und Sicherheitspolitik erhebt. Dabei wird gleichzeitig die enorme sicherheitspolitische Bedeutung eines stabilen Umfelds der EU zum Ausdruck gebracht, liegen doch die größten Bedrohungen in der aktuellen Weltpolitik entsprechend der Analyse der Sicherheitsstrategie in gescheiterten Versuchen zur Staatsbildung, Durchsetzung von Rechtsstaatlichkeit und guter politischer Führung. Den neuen Bedrohungen und Gefahren kann deshalb, so die Schlussfolgerung, nur in einem engen Zusammenwirken mit den Nachbarn der EU auf Dauer wirksam begegnet werden.

Die strategische Zielsetzung der ENP liegt aus diesem Grund in einer *aktiven Nachbarschaftspolitik*, die keine neuen Zäune und Mauern aufbaut, sondern im Wege eines intensiven kulturellen, politischen und wirtschaftlichen Dialogs zunehmend Interdependenzen - und damit zugleich politische und wirtschaftliche Stabilität, Demokratie und Frieden - schafft. In diesem Sinne ist die ENP weiterhin dem Leitbild einer „*Soft Power-Politik*" verhaftet, also einem weit gefassten *Bündel von bi- und multilateralen Handlungsoptionen*: politischen Dialog, Handel, soziale und wirtschaftliche Zusammenarbeit, kultureller Austausch, Kontakte zwischen den jeweiligen Bevölkerungen; sicherheitspolitische Zusammenarbeit. Die ENP gibt dem gesamten Beziehungsgeflecht formal einen politisch institutionalisierten Rahmen, auch wenn dieser durch seine Weite und geringe Präzision in der praktischen Politik nur eine *geringe Strukturierung* der konkreten Politikfelder zur Folge hat. Die ENP wird deshalb in naher Zukunft bloß ein weit gefasstes Rahmenprogramm abgeben, in dem eine Vielzahl von vorwiegend *bilateral strukturierten Beziehungsgeflechten unterschiedlichsten Formats* Platz finden muss. In Summe wird der ENP in naher Zukunft mit großer Wahrscheinlichkeit eine noch höhere politische Priorität innerhalb der europäischen außenpolitischen Agenda zugesprochen werden, insbesondere aufgrund wichtiger geo- und sicherheitspolitischer Aspekte (Aliboni 2005; Leonard/Grant 2005; Lippert 2006; Tassinari 2005).

3.3. Der Mittelmeerraum – historisch verbunden, aber letztlich getrennt

3.3.1 Einleitung und Überblick

Geschichte und Kultur Europas sind seit Jahrtausenden in engster Weise mit dem *Mittelmeerraum* verknüpft. Die Insel Kreta gilt allgemein als die Wiege europäischer Kultur und Zivilisation. Die Seefahrtswege über das Mittelmeer verbanden die Völker dreier Kontinente von der Zeit der griechischen Stadtstaaten und des römischen Reiches bis hin zu den Kreuzzügen des Mittelalters und den Entdeckungs- und Eroberungsreisen der Neuzeit, die hier ihren Ausgang nahmen. Das Mittelmeer selbst wurde von den Menschen über die Jahrhunderte hinweg stets sowohl als eine natürliche Grenze, als auch als eine ungemein wichtige Verbindungs- und Kommunikationslinie wahrgenommen. Das Meer trennte und verband zugleich die einzelnen Völker und politischen Gebilde dieser Region. An der historisch gewachsenen, engen Verflechtung der Völker und Kulturen des Mittelmeerraumes änderte sich im Grunde auch kaum etwas durch die Revolutionierung der Transport- und Kommunikationsmöglichkeiten im Zeitalter der Moderne.

Diese Tradition engster geschichtlich-kultureller Beziehungen zwischen den Anrainern des Mittelmeeres - zwischen Staaten wie Völkern -, die zweifelsohne auch ihre blutigen Seiten aufweist und von jeher heftig ausgetragene Konflikte mit einschloss, reicht bis in unsere Tage und prägt zutiefst die heutige Struktur des Beziehungsgeflechts zwischen den EU-Mitgliedsländern nördlich des Mittelmeeres (einschließlich Malta und Zypern) und den anderen Anrainerstaaten auf dem asiatischen oder afrikanischen Kontinent. Obwohl sich die Möglichkeiten und Bedingungen von Transport und Handel sowie von Kommunikation und gesellschaftlicher Mobilität in den letzten beiden Jahrhunderten radikal verändert haben, sind die über Jahrtausende gewachsenen und gefestigten Beziehungsstrukturen in vielerlei Hinsicht nach wie vor enorm wirksam und für das Leben der Menschen in diesem Raum prägend.

Spuren der äußerst intensiven europäischen Präsenz im nordafrikanischen Raum sind ebenso leicht aufzuspüren wie Zeugnisse der nordafrikanischen oder arabisch-türkischen Präsenz in Europa im Verlauf der Geschichte. Und die enorme gesellschaftspolitische Wirkung, die dieses Beziehungsgeflecht noch immer im Lebensalltag der in dieser Region angesiedelten Menschen - innerhalb wie außerhalb der Grenzen der Union - zu entfalten vermag, lässt sich leicht an einer Reihe von sozialen Ereignissen erkennen, die den gegenwärtigen politischen Alltag prägen. Der Bogen spannt sich dabei von den sozialen Unruhen in den Vororten von Paris, bei denen die soziale Lage der Immigrantenfamilien zu einem heiklen politischen Thema wird, bis hin zu den unzähligen Versuchen tausender Nordafrikaner, mit Hilfe kleiner Boote die Überfahrt von Afrika nach Europa zu bewerkstelligen – dies alles in der Hoffnung, bessere Zukunftschancen und Lebensbedingungen innerhalb der Europäischen Union vorzufinden.

Die politischen wie wirtschaftlichen Außenbeziehungen der Europäischen Union zu den Ländern der Mittelmeerregion sind zutiefst von der langjährigen *gemeinsamen Geschichte und der Tradition engster nachbarschaftlicher Kontakte und regen kulturellen wie wirtschaftlichen Austausches* geprägt. Das wirtschafts- und handelspolitische Engagement der Europäischen Gemeinschaft in der Mittelmeerregion beruhte natürlich in den ersten Jahren nach Unterzeichnung der Römischen Verträge primär auf der politischen Absicht, die im Zuge der Kolonialisierung und Kolonialherrschaft etablierten Netzwerke und Verbindungen auch noch nach Entlassung der einzelnen Länder in die politische Unabhängigkeit für die europäischen Mächte nutzbringend am Leben zu halten. Hinzu trat von Anfang an noch ein besonderes Interesse der EG-Staaten an der Sicherung bestimmter wichtiger Verkehrs- und Handelswege und - damit verbunden - an einem Mindestmaß an politischer Stabilität in der gesamten Region.

Schon kurz nach 1945 wurde deutlich sichtbar, dass mit dem Ende des Zweiten Weltkrieges und der sich in ersten Konturen abzeichnenden bipolaren Nachkriegsordnung keineswegs ein dauerhafter Friedenszustand für die Mittelmeerregion Hand in Hand geht. Im Gegenteil, die Mittelmeerregion wurde während des Kalten Krieges immer mehr zu einem „*Ort intensivster Konfrontation*", nicht nur als zentraler Schauplatz des Nahostkonflikts, sondern ebenso als Austragungsort zahlreicher anderer inner- wie zwischen-staatlicher sowie regionaler Konflikte, von der Konfrontation zwischen Griechenland und der Türkei in den 60er- und 70er-Jahren bis hin zu den Phänomenen des religiösen Fundamentalismus unserer Tage. Die inter-nationale Ölkrise des Jahres 1973 rückte vor allem den Nahen Osten ins Rampenlicht der Weltpolitik und bewirkte damit zugleich eine intensivere Beschäftigung der EG mit außenpolitischen Fragen betreffend den Nahen Osten sowie die Mittelmeerregion insgesamt. Die Krisen und Erschütterungen der internationalen Ordnung im Nahen Osten veranlassten schlussendlich die EG zur Mitte der 70er-Jahre zum Start eines *Euro-Arabischen Dialogs* sowie zur Entwicklung eines Konzepts einer umfassenden *Mittelmeerpolitik*.

Mit dem 1973 erfolgten Beitritt Großbritanniens zur EG, das an der politischen Entwicklung im Nahen Osten aus historischen Gründen beson-deres Interesse zeigte, verstärkte sich zudem das Interesse der Gemeinschaft an Fragen der politischen Kooperation mit den Mittelmeerländern. Insgesamt zeigte sich während der 70er-Jahre in vielen Ländern der EG bzw. Westeuropas eine allgemeine *pro-arabische Strömung*, die aber gleichzeitig dadurch wiederum abgefedert wurde, dass seitens der EG mit Israel schon sehr früh eine besonders enge wirtschaftliche Verflechtung (Freihandelsabkommen) in die Wege geleitet wurde. Eine enorme Steigerung ihrer Gewichtung erfuhr die Mittelmeerpolitik der Gemeinschaft zweifellos mit dem *Beitritt von drei Mittelmeeranrainerstaaten* in den 80er-Jahren (Griechenland 1981; Spanien und Portugal 1986).

Bei dem Versuch, die Mittelmeerpolitik der Europäischen Union von den frühen 80er-Jahren bis zur Gegenwart zu analysieren, stößt man sehr rasch auf das Problem, dass im Grunde nicht von einer einheitlichen und kohärenten Politik gesprochen werden kann und ein durchgehender roter Faden im außenpolitischen Verhalten der EG/EU im Hinblick auf diese Region nur schwer zu entdecken ist. Zu stark sind die Umbrüche und Veränderungen in den einzelnen Strategien, Konzepten und Plänen, zu stark sind weiters die Umschwünge in der generellen politischen Außenorientierung der Union - mit einem Hauptaugenmerk auf den Mittelmeerraum vor 1989 und dann einer radikalen Umorientierung in Richtung auf Mittel- und Osteuropa - , zu groß ist die Fragmentierung der gesamten Mittelmeerregion in einzelne regionale Gruppierungen, und schlussendlich zu groß sind die strukturellen Probleme der von der EG/EU favorisierten Ansätze einer regionalen Kooperation bzw. Partnerschaft, um mit Recht von einer echten kohärenten und konsequent verfolgten Mittelmeerpolitik sprechen zu können (Rhein 2000; Jünemann 2000: 65-80). Vielleicht aber war bereits das politische Ziel der Europäischen Union, wie es Mitte der 90er-Jahre verkündet wurde und auch in der *Gemeinsamen Strategie der Europäischen Union für die Mittelmeerregion* vom Juni 2000 (2000/458/GASP) zum Ausdruck kam, viel zu hoch angesetzt, nämlich mit ihrer umfassenden Mittelmeerpolitik zügig und konsequent die Vision einer umfassenden politischen wie wirtschaftlichen Annäherung sämtlicher Mittelmeeranrainerstaaten an die EU zu verwirklichen.

Die *Euro-Mediterrane Partnerschaft* (EMP), 1995 bei dem Gipfeltreffen in Barcelona ins Leben gerufen und auf diese Vision ausgerichtet, bildete während der letzten Dekade den generellen institutionellen Rahmen für die Zusammenarbeit zwischen den EU-Mitgliedsländern und den meisten Mittelmeeranrainerstaaten (Jünemann 2000). Einige Anrainerstaaten, insbesondere die Länder des Balkans, blieben außerhalb dieses Rahmens, während andererseits Jordanien als Nichtanrainerstaat des Mittelmeeres sehr wohl darin integriert ist. Die 1995 noch euphorisch geäußerten Hoffnungen, die EMP könnte innerhalb kürzester Zeit zu einem großen politischen Erfolg werden und das Beziehungsgeflecht auf völlig neue Beine stellen, erfüllten sich nicht. Die 2005 anlässlich des 10-jährigen Jubiläums der *„Erklärung von Barcelona"* gezogene Bilanz fiel ausgesprochen nüchtern aus.

Zu diesem Zeitpunkt hatte die EU ihrerseits bereits neuerlich eine Korrektur ihrer politischen Außenorientierung vorgenommen, die seither ihre Mittelmeerpolitik in ganz besonderer Weise betrifft. Im März 2004 verabschiedete die EU, wie bereits dargelegt, ihr Konzept einer neuen *Europäischen Nachbarschaftspolitik* (ENP) - *„Wider Europe-Neighbourhood"* -, das für die die nahe Zukunft eine zunehmende Verflechtung der Agenda der Mittelmeerregion und mit jener der östlichen Nachbarn der EU bringen wird. Damit öffnet sich die einstmalige Fokussierung der EU auf die Mittelmeerregion dahingehend, dass der außenpolitische Blick Europas sich seither mehr auf einen weit ausgestreckten *„Ring befreundeter Staaten"* konzentriert, der sich von der Nord/Ostgrenze der Union über den Südkaukasus, Mittleren und Nahen Osten bis hin zu den nordafrikanischen Ländern erstreckt.

3.3.2 Allgemeine Grundlagen

Euro-Mediterrane Partnerschaft („Barcelona-Prozess")

Die vom 27.-28. November 1995 in Barcelona abgehaltene Euro-Mediterrane Außenministerkonferenz kennzeichnet den Beginn der *Euro-Mediterranen Partnerschaft* (EMP). Die EMP bzw. der nach dem Ort des ersten Gipfeltreffens benannte *„Barcelona Prozess"* ist seitdem der institutionelle Rahmen der Mittelmeerpolitik der EU im Hinblick auf die Partner südlich und östlich des Mittelmeers: Algerien, Ägypten, Israel, Jordanien, Libanon, Marokko, Palästinensische Gebiete, Syrien, Tunesien und Türkei (Libyen hat Beobachter-Status).

Am Barcelonaprozess beteiligen sich somit heute insgesamt 37 Staaten (27 EU-Mitgliedstaaten und die zehn oben genannten Partnerländer). Die Partnerschaft Europa-Mittelmeer hat zum Ziel, den Mittelmeerraum als eine Zone des Friedens, der Stabilität und des Wohlstands zu etablieren. Das Projekt inkludiert die Absicht, eine *euro-mediterrane Freihandelszone* bis zum Jahr 2010 zu schaffen. In ihrer Konstruktion folgt die EMP in weiten Teilen dem Modell der KSZE bzw. OSZE, weshalb sich in Anlehnung an den *„Helsinki-Prozess"* die Rede von einem umfassenden *Konferenzprozess oder Barcelona-Prozess* im Hinblick auf die Mittelmeerregion etablierte. Die EMP soll in diesem Sinne einen (multilateralen) *Rahmen* für die Erarbeitung und Umsetzung gemeinsamer nachhaltiger politischer, wirtschaftlicher und sozialer Strategien bilden (Zippel 1999; Jünemann 2000).

Die EMP beruht auf drei Säulen:
(1)   die (sicherheits-)politische Partnerschaft;
(2)   die wirtschaftliche und finanzielle Partnerschaft;
(3)   die soziale und kulturelle Zusammenarbeit.

Der institutionelle Rahmen wird dabei insbesondere gebildet durch:

- Treffen von *höchsten Repräsentanten* der Mitgliedstaaten in regelmäßigen Abständen (*„Barcelona Folgetreffen"*);
- Treffen auf *Ministerebene* (als Diskussionsforum, um den Prozess voranzutreiben);
- Treffen des *Euro-Mediterranen Komitees* (vier Mal pro Jahr), das zugleich das zentrale Steuerungsorgan der EMP darstellt.

Gemeinsame Strategie der EU für den Mittelmeerraum

Der Europäische Rat von Santa Maria da Feira beschloss am 19. Juni 2000 die *Gemeinsame Strategie der Europäischen Union für den Mittelmeerraum* (2000/458/GASP). Diese Strategie sollte ursprünglich vier Jahre gelten, wurde aber danach für weitere zwei Jahre verlängert. In ihr wird als die wichtigste Zielsetzung der europäischen Mittelmeerpolitik die *Förderung von Grundwerten (wie der Menschenrechte), Demokratie und Rechtsstaatlichkeit* genannt. Gemäß dieser Strategie verfolgt die Politik der Union mit der Stärkung der demokratischen Institutionen und der Zivilgesellschaft zugleich das Ziel der Schaffung eines *Raumes von Frieden, Stabilität und Wohlstand* in der gesamten Mittelmeerregion. Transparenz und verantwortungsvolle Staatsführung sollen nach den Vorstellungen der Union genauso gefördert werden wie der Schutz der Menschenrechte, Bemühungen um die Abschaffung der Todesstrafe oder die Chancengleichheit in Beruf und Bildung von Männern und Frauen.

Auf der Basis dieser „Gemeinsamen Strategie" und im Zusammenhang mit der Europäischen Sicherheitsstrategie von 2003 entwickelte die Europäische Union im Frühjahr 2004 ein Konzept der *EU Strategischen Partnerschaft mit dem Mittelmeerraum und dem Nahen und Mittleren Osten*, das vom Europäischen Rat am 14. Juni desselben Jahres angenommen wurde. Das Konzept nennt drei wesentliche Zielsetzungen: (1) politische Reformen, verantwortungsvolle Staatsführung, Demokratie und Menschenrechte zu fördern; (2) den Handel und die wirtschaftliche Zusammenarbeit, die Liberalisierung der Wirtschaft und die Kontakte zwischen den Menschen anzuregen; (3) die Konfliktverhütung und -lösung im Mittelmeerraum und im Nahen und Mittleren Osten sowie Maßnahmen zur Bekämpfung des Terrorismus, gegen die Verbreitung von Massenvernichtungswaffen und der illegalen Einwanderung zu fördern (Bulletin EU 6-2004: I.17.67). Es verweist dabei zugleich auf die Notwendigkeit der Differenzierung nach den einzelnen Ländern und die Anerkennung des Grundsatzes, dass Reformen von innen heraus erfolgen müssen und nicht von außen aufgezwungen werden dürfen (Bulletin EU 6-2004: Pkt. 1.6.63).

3.3.3 Poltische Zusammenarbeit auf multi- und bilateraler Ebene

Historische Tiefendimension

Die Mittelmeerpolitik der EG war bis in die 90er-Jahre zunächst sehr stark von *bilateralen* Übereinkünften und Verträgen gekennzeichnet. Dies ist zum einen darauf zurückzuführen, dass einige Länder der Union aufgrund ihrer Vergangenheit als Kolonialmächte bereits seit Jahrzehnten engste Beziehungen zu den in die Unabhängigkeit entlassenen Staaten Nordafrikas pflegten und dieses Geflecht an bilateralen Beziehungen seit dem EWG-Vertrag von 1958 schrittweise in den Gemeinschaftsrahmen integriert werden musste. Diese Integration der südlichen Mittelmeerländer erfolgte zum Teil über die Entwicklungshilfe, andererseits aber ebenso durch ein Bündel von *bilateralen Kooperationsabkommen* (ausführlich zur Entwicklung: Schumacher 2005).

Die Frühphase in den Beziehungen der EWG zur den Mittelmeerländer blieb bis in die frühen 70er-Jahre hinein vor allem durch wirtschaftliche und handelspolitische Interessen der EWG-Mitgliedsländer bestimmt, wobei von Anfang an die besonderen Beziehungen von Frankreich zu Marokko, Tunesien und Algerien (erst ab 1962 unabhängig) eine wichtige Rolle spielten. Das Zusatzprotokoll zum EWG-Vertrag von 1958 leitete zugleich die *„wirtschaftliche Assoziierung"* dieser Länder ein. Da der EWG-Vertrag jedoch keine weitere Bestimmung betreffend eine gemeinschaftliche Mittelmeerpolitik vorsah, wurde eine solche im Wesentlichen bis 1971/72 bestenfalls „zufällig" betrieben (Schumacher 2005: 58-72). Es muss deshalb im Hinblick auf die späten 50er- und 60-Jahre viel eher von einem *„politischen Flickwerk"* (Jünemann 1999: 38) gesprochen werden als einer systematisch angelegte Mittelmeerpolitik der Europäischen Gemeinschaft, d.h. es mangelte an einer kohärenten Struktur und gemeinsamen strategischen Planung.

Zudem zeigte sich eine durchwegs heterogene Interessenslage innerhalb der EWG/EG in dieser politischen Angelegenheit. Aus diesem Grund entstand zunächst einmal bestenfalls ein *Mosaik von bilateralen Abkommen* mit ausgewählten Mittelmeeranrainerstaaten, in dem sich naturgemäß primär die historisch gewachsenen Beziehungen einiger Mitgliedsländer widerspiegelten. Die Abkommen bezogen sich überwiegend auf wirtschafts- und handelspolitische Fragen. Die Idee einer wirtschaftlichen Assoziierung der Maghreb-Staaten erlangte dabei Priorität. Erste Abkommen wurden mit Marokko, Tunesien, Ägypten, Israel und dem Libanon geschlossen.

Erst der so genannte *Rossi-Bericht* des Europäischen Parlaments und der Kommission, der eine negative Bilanz der ersten Jahre des EG-Engagements in dieser Region zog, erwirkte im Jahre 1971 neue Impulse für ein stärkeres Engagement der EG im Mittelmeerraum. Der daraufhin entwickelte „*Globalansatz*" in der Mittelmeerpolitik der EG (Konzept von 1972) wurde zur wichtigsten Grundlage für die folgenden zwei Jahrzehnte. Die Ankündigung eines zukünftig stärkeren weltpolitischen Handelns der EG wurde gleichzeitig zum Startschuss für die *globale Mittelmeerpolitik*, die multilaterale und bilaterale Beziehungen in ein umfassendes Korsett regionaler Kooperation zu integrieren suchte. Dieser Rahmen beinhaltete Angelegenheiten technischer, finanzieller sowie handelspolitischer Zusammenarbeit ebenso wie Kooperationen beim Umweltschutz und bei Beschäftigungsfragen. Die Ölkrise 1973 verstärkte den Druck in Richtung auf eine Institutionalisierung einer umfangreichen und tief greifenden internationalen Kooperation der EG mit den Staaten dieser Region.

Trotz des erfolgreichen Abschlusses von *Kooperationsabkommen* mit Israel (1975), Algerien, Marokko und Tunesien (alle 1976) sowie Ägypten, Syrien, Jordanien und Libanon (alle 1977), zeigte sich weiterhin eine gewisse Zusammenhanglosigkeit der neuen EG-Mittelmeerpolitik. Zwar folgte man bei den Verhandlungen stets demselben Schema, landete dann aber nahezu jedes Mal bei einem Ergebnis, das de facto eine jeweils neue Assoziierungsform mit sich brachte und unterschiedliche Bereiche intensivierter Zusammenarbeit festlegte. Die Ende der 80er-Jahre gezogene Bilanz der EG hinsichtlich ihrer Kooperationen im Mittelmeerraum fiel aus diesem Grund ziemlich ernüchternd aus. Hinzu trat noch eine weitere schwere Enttäuschung, nämlich in der Nahostfrage, in der sich die EG seit der Erklärung ihrer Staats- und Regierungschefs und Außenminister vom 13. Juni 1980 (Venedig) verstärkt um Lösungen engagierte, dabei aber kaum Erfolge erzielen konnte.

Während der 80er-Jahre gelangte die EG zu der als schmerzlich empfundenen Erkenntnis, dass sie trotz einer Vielzahl von Abkommen und Verträgen sowie neuen Formen institutionalisierter Zusammenarbeit kaum ihr außenpolitisches Gewicht in der Region des Nahen Osten sowie des gesamten Mittelmeerraums verstärkt hatte. Sie wurde in der Region bestenfalls als ein wirtschaftlicher Partner angesehen, keineswegs jedoch als eine internationale Ordnungsmacht oder als eine ernst zu nehmende politische Kraft mit Einflussmöglichkeiten und einem Mindestmass an Durchsetzungsvermögen. Dies wurde als neue Herausforderung für die EG interpretiert. Im Dezember

1990 verabschiedete der Rat offiziell eine „Neue Mittelmeerpolitik" der Gemeinschaft (NMP), die neben einem eindeutig wirtschaftlichen Schwerpunkt (Binnenmarktprojekt) auch neue Felder für einen zukünftigen regelmäßigen Dialog identifizierte.

Wichtige Impulse zu einer Neubelebung der Mittelmeerpolitik kamen zur gleichen Zeit von Italien und Spanien (Gillespie 1997b). Vor allem die Idee einer „Konferenz für Sicherheit und Zusammenarbeit im Mittelmeerraum" (KSZM) - nach dem Vorbild der KSZE - fand allgemein Gehör, wenngleich sie zunächst bei den einzelnen Ländern unterschiedliche Reaktionen auslöste. Ebenso drängte Frankreich darauf, dass der Mittelmeerraum zur außenpolitischen Priorität der Europäischen Union gemacht werden sollte. Der Weg zu einem Gipfeltreffen in Barcelona, das als Start für eine neue Ära in der euro-mediterranen Zusammenarbeit fungieren sollte, war damit zwar erstmals geebnet, verlief dann aber keineswegs geradlinig und reibungslos. Zunächst musste noch eine Reihe von Fragen - wie etwa jene der Teilnehmer der Konferenz - gelöst werden, ehe man in der Tat an die Organisation des Gipfeltreffens schreiten und die Euro-mediterrane Partnerschaft ins Leben rufen konnte (Schumacher 2005).

Der Weg zur neuen Partnerschaft

Gemäß den Leitlinien des Europäischen Rates von Lissabon (Juni 1992), Korfu (Juni 1994) und Essen (Dezember 1994) sowie verschiedenen Vorschlägen der Europäischen Kommission beschloss die Union Anfang 1995, das geplante Gipfeltreffens im November desselben Jahres abzuhalten und damit zugleich einen neuen institutionellen Rahmen für ihre Beziehungen zu den Mittelmeerdrittländern zu etablieren. Die Idee einer *Partnerschaft* - auf einer neu zu errichtenden institutionellen und vertraglichen Basis sowie einer multilateralen Struktur - zwischen den EU-Mitgliedstaaten und den Anrainerstaaten des Mittelmeeres wurde auf diese Weise neu belebt. Mit der Konferenz sollte gleichzeitig das Fundament für einen neuen Dialogprozess sowie eine langfristig angelegte Partnerschaft geschaffen werden.

Diese Entscheidung bzw. die damit verbundene Neuorientierung in der Mittelmeerpolitik der EU ist in einer Hinsicht besonders bemerkenswert. Durch sie wird sichtbar, dass die EU eine gewisse Abkehr vom bis in die 90er-Jahre vorherrschenden *Konzept des klassischen Bilateralismus* vollzog und erstmals in intensiver Weise auf einen verstärkten *Ausbau multilateraler Strukturen* setzte. Die neu zu schaffenden multilateralen Strukturen sollten dabei den Ausbau der bilateralen Beziehungen nicht nur ergänzen, sondern insgesamt völlig neu strukturieren. Dieses Leitbild stand voll im Einklang mit dem von der Europäischen Kommission erarbeiteten strategischen Konzept für den Mittelmeerraum, das sich in seiner Grundausrichtung an dem Modell der EU-Strategie gegenüber Zentraleuropa orientierte und das damit diesen grundsätzlichen Neuansatz in den Außenbeziehungen der Europäischen Union, zunächst mit Blick auf den Osten Europas entwickelt, auch auf die Mittelmeerregion übertrug.

Die Erklärung von Barcelona 1995

An der Konferenz von Barcelona vom 27.-28. November 1995 nahmen die 15 Außenminister der damaligen Mitgliedstaaten der Europäischen Union sowie die Außenminister der zwölf Mittelmeerdrittländer - Ägypten, Algerien, Israel, Jordanien, Libanon, Malta, Marokko, Syrien, Tunesien, Türkei, Zypern und die Palästinensische Autonomiebehörde - teil. Die Liga der Arabischen Staaten und die Union des Arabischen Maghreb (UMA) sowie Mauretanien (als Mitglied der UMA) waren ebenfalls zu der Konferenz eingeladen worden (Beobachter). Die Konferenzteilnehmer (15+12) einigten sich auf eine *gemeinsame Erklärung* und ein einstimmig angenommenes *Arbeitsprogramm* (Agence Europe, 6. Dezember 1995).

Die Abschlusserklärung der Konferenz - kurz *„Barcelona-Erklärung"* genannt - zielt insgesamt auf den Aufbau einer engen und global wirksam werdenden Partnerschaft zwischen Europa und dem Mittelmeerraum. Durch einen *„verstärkten politischen und sicherheitspolitischen Dialog, eine partnerschaftliche Zusammenarbeit im Wirtschafts- und Finanzbereich sowie auch im sozialen, kulturellen und menschlichen Bereich"* soll die Region zu einer *Friedens- und Stabilitätszone* werden, in der alle gemeinsam am Wohlstand teilhaben. Die Konzeption sieht insgesamt die Etablierung eines multilateralen und breit angelegten Rahmens vor, in dem sicherheitspolitische Aspekte ebenso Platz finden wie wirtschaftliche, soziale oder kulturelle Anliegen. In der Abschlusserklärung wird zwischen drei Teilbereichen der neuen Partnerschaft Europa-Mittelmeer unterschieden: a) einer *politischen und sicherheitspolitischen Dimension* der Partnerschaft, b) einer Zusammenarbeit im *Wirtschafts- und Finanzbereich* sowie c) einer *sozialen, kulturellen und menschlichen* Partnerschaft.

Die *Erklärung* sowie das dazugehörende *Arbeitsprogramm* sahen unter anderem vor:

- die Aufnahme eines umfassenden regelmäßigen politischen Dialogs, durch den der in den Assoziierungsabkommen vorgesehene bilaterale Dialog ergänzt werden sollte;

- die Verpflichtung der 27 Teilnehmerstaaten, gemäß der Charta der Vereinten Nationen und der Allgemeinen Erklärung der Menschenrechte sowie anderer völkerrechtlicher Verpflichtungen zu handeln und die Menschenrechte und Grundfreiheiten zu achten;
- die Verpflichtung der 27 Teilnehmerstaaten, in ihren politischen Systemen Rechtsstaatlichkeit und Demokratie zu entwickeln und ihre souveräne Gleichheit, die Gleichberechtigung der Völker und ihr Recht auf Selbstbestimmung zu achten;
- die Schaffung einer Zone gemeinsamen Wohlstands im Mittelmeerraum auf der Basis ausgewogener sozialer und wirtschaftlicher Entwicklung und verbesserter Lebensbedingungen;
- die schrittweise Einführung einer Freihandelszone (bis zum Jahr 2010);
- die Erhöhung der Finanzhilfe der Europäischen Union für ihre Partner;
- verschiedene gemeinsame Aktionen und Programme im Bereich der sozialen, humanen und kulturellen Partnerschaft (Europäische Kommission/External Relations Webpage).

Box 3.4. Abschlusserklärung der Konferenz Europa-Mittelmeer vom 27./28. November 1995 in Barcelona und dazugehöriges Arbeitsprogramm

----

In der *Einleitung* bekräftigen die Teilnehmer, dass sie in der Gestaltung ihrer Beziehungen künftig in Richtung auf einen *Multilateralismus* abzielen wollen.

Als grundsätzliche *Zielsetzung* wird die Sicherstellung von Frieden, Stabilität und Entwicklung in der Region genannt.

Die neue Partnerschaft Europa-Mittelmeer umfasst *drei Teilbereiche*:
- die *politische und sicherheitspolitische Zusammenarbeit* mit dem Ziel der Schaffung eines gemeinsamen Raumes, in dem Frieden und Stabilität herrschen;
- die *wirtschaftliche und finanzielle Zusammenarbeit* zur Schaffung eines Raumes gemeinsamen Wohlstands;
- die *Zusammenarbeit im sozialen, kulturellen und menschlichen Bereich* zur Entwicklung der Humanressourcen, zur Verbesserung des gegenseitigen Verständnisses der Kulturen und zur Förderung des Austauschs zwischen den Zivilgesellschaften.

Quelle: Barcelona-Declaration online (EU/External Relations Webpage).

Von der „Erklärung" zum „Prozess"

Um mit der Konferenz und der Erklärung bzw. dem Arbeitsprogramm in der Tat einen langfristigen Dialogprozess in die Wege zu leiten, war es zunächst einmal erforderlich, die Grundpfeiler des institutionellen Rahmen festzulegen und zu verankern: Die tragende Säule sollte durch *regelmäßige Tagungen der Außenminister aller 27 Partnerländer* gebildet werden. Ein neu gebildeter Ausschuss „Europa-Mittelmeer" - auf der Ebene hoher Beamter - bereitet seither die Tagungen im Rahmen des Barcelona-Prozesses vor und überprüft den Stand und die Umsetzung der einzelnen beschlossenen Maßnahmen. Ad-hoc-Tagungen zu bestimmten Themen von Ministern, hohen Beamten und Sachverständigen vertiefen den gesamten Dialogprozess in allen drei Teilbereichen der Partnerschaft.

Die Euphorie der ersten Stunde verflog jedoch ungemein rasch (Geoffrey/Phillipart 1997; Jünemann 1997). Zu einer ersten kritischen Bewertung des Barcelona-Prozesses und einer Festlegung eines neuen Aktionsrahmens zur Intensivierung die Partnerschaft kam es durch die Kommission im Zuge der Vorbereitungen für die *4. Europa-Mittelmeer-Tagung* der Außenminister im November 2000 in Marseille. Die Mitteilung der Kommission „*Intensivierung des Barcelona-Prozesses*" vom 6. September 2000 an den Rat und das Europäische Parlament (KOM [2000] 497 endg.) sprach offen über verschiedene Rückschläge und Probleme für das gesamte Projekt des Barcelona-Prozesses und präsentierte zugleich eine Reihe von Vorschlägen zur Verbesserung und Vertiefung der Partnerschaft.

Verschiedene Vorschläge zur Wiederbelebung des Barcelonaprozesses zielten auf die Verabschiedung einer *Europa-Mittelmeer-Charta für Frieden und Stabilität*, durch die der bereits vorhandene politische Dialog institutionalisiert werden sollte und die zugleich Mechanismen für die Behandlung von Fragen der Sicherheit und Stabilität in der Region vorsehen könnte. Die Europäische Kommission schlug unter anderem auch ein neues Programm zur Stärkung des Bewusstseins der Mitgliedstaaten und der Partnerländer vor, welches den Barcelona-Prozess insbesondere durch die Einführung des Labels ,*Europa-Mittelmeer-Partnerschaft'* für die betreffenden Projekte sichtbarer machen würde. Während letztgenannter Vorschlag dann vom Treffen der Außenminister angenommen wurde, konnte die Idee des Entwurfs einer Europa-Mittelmeer-Charta für Frieden und Stabilität nicht überzeugen – ihre Annahme wurde auf einen späteren Zeitpunkt verschoben. Die Minister bekräftigten lediglich nur nochmals die Notwendigkeit, den politischen Dialog zu verstärken und in den Bereichen

Terrorismus und Migration zu vertiefen sowie auf andere Gebiete, wie etwa Sicherheit, Abrüstung, Rechtsstaatlichkeit und Menschenrechte, auszudehnen. Die Teilnehmer der Konferenz von Valencia (2002) nahmen einstimmig einen *Aktionsplan* an, der unverzüglich umgesetzt werden sollte. Dieser Plan umfasst mehrere kurz- und mittelfristige Initiativen, durch die die drei Teilbereiche des Barcelona-Prozesses weiter ausgebaut werden sollten. Dieser Aktionsplan brachte unter anderem neue Leitlinien für den politischen Dialog sowie für die Zusammenarbeit bei der Bekämpfung des Terrorismus, neue Impulse im Wirtschafts- und Finanzbereich in Richtung Freihandelsabkommen, Harmonisierung des Binnenmarktes und strategische Ausrichtung der Partnerschaft in Verkehrs-, Energie- und Telekommunikationsfragen. Weiters unterzeichneten die Konferenzteilnehmer auch ein Rahmendokument über die Zusammenarbeit im Bereich der Justiz, der Bekämpfung der Drogen, des organisierten Verbrechens und des Terrorismus sowie über die Zusammenarbeit bei der Behandlung von Fragen im Zusammenhang mit der sozialen Integration der Zuwanderer, den Zuwanderungen und dem Personenverkehr. Die Minister genehmigten auch grundsätzlich die Gründung einer Stiftung Europa-Mittelmeer zur Förderung des Dialogs der Kulturen und der Zivilisationen. Beim Außenminister-Treffen in Neapel am 2.-3. Dezember 2003 wurde die Gründung einer *Stiftung für den Dialog zwischen Kulturen* beschlossen. Eine Parlamentarische Versammlung, bestehend aus insgesamt 240 Parlamentariern, je zur Hälfte aus Mitgliedern des Europäischen Parlaments und Mitgliedern nationaler Parlamente der Euromed-Staaten, konstituierte sich im März 2004 in Athen (Zusammenschau auf der Grundlage von Informationen der Europäischen Kommission; weiters: Schumacher 2005 und 2004; Aliboni 2005 und 2003; Schäfer 2005).

Mit der Erweiterung der Europäischen Union vom 1. Mai 2004 wurden zwei Mittelmeer-Partnerländer (Zypern und Malta) zu neuen EU-Mitgliedstaaten. Durch die Erweiterung der EU veränderte sich naturgemäß auch die Zahl jener Länder, die am Barcelona-Prozess beteiligt sind. Die Europa-Mittelmeer-Partnerschaft zählte nach dem Beitritt der zehn neuen Mitglieder in Summe 35 Mitglieder: 25 EU-Mitgliedstaaten und 10 Mittelmeer-Partnerländer (Algerien, Ägypten, Israel, Jordanien, Libanon, Marokko, die Palästinensische Autonomiebehörde, Syrien, Tunesien und die Türkei). Mit dem 1. Januar 2007 traten noch Rumänien und Bulgarien als neue Mitglieder hinzu, wodurch sie die Gesamtzahl der am Barcelonaprozess beteiligten Länder auf 37 erhöhte.

Die Krise des Barcelonaprozesses wurde insbesondere beim *Barcelona-Gipfeltreffen 2005* sichtbar. Zahlreiche Staats- und Regierungschefs der Staaten des Nahen Ostens und Nordafrikas blieben diesem Treffen fern und brachten damit zumindest indirekt ihre wirkliche Einschätzung gegenüber dem Gipfeltreffen und dem Barcelona-Prozess insgesamt zum Ausdruck. Am 28. November 2005 ging der Gipfel mit einer Erklärung über den internationalen Terrorismus zu Ende. Wirtschaft und Kulturaustausch sollen nach dem verabschiedeten Fünfjahresplan stärker gefördert werden. Außerdem bekräftigten die EU und ihre südlichen Nachbarn das Ziel, bis 2010 eine Freihandelszone zu schaffen.

Die „*Gemeinsame Vision*" für die Zukunft des Barcelonaprozesses, an deren Entwurf gearbeitet wurde, kam nicht zustande. Einigen konnte man sich lediglich auf einen „*Verhaltenskodex zur Bekämpfung des Terrorismus*" sowie ein detailliertes *Arbeitsprogramm* für die nächsten fünf Jahre der Euro-Mediterranen Partnerschaft, das in Summe auf eine stärkere politische Ausrichtung abzielt. Die politische Bilanz über 10 Jahre Barcelonaprozess fiel in Summe viel zu ernüchternd aus, als dass sich neue Wege für einen Intensivierung der Partnerschaft abzeichnen hätten können. Es ist seither nicht gelungen, einen wirklichen Ausweg aus der Krise zu finden.

Der politische Dialog ist zweifellos von Wichtigkeit, auch wenn sich viele Erwartungen, die in die EMP gesetzt wurden, nicht erfüllt haben. Der multilaterale Ansatz zeigt Vor- und Nachteile. Er bleibt im Grunde ohne wirkliche Alternative, denn ein Schritt zurück zu einem rein bilateralen Vorgehen ist wenig Erfolg versprechend, insbesondere angesichts der Krisen in dieser Region. Diese generelle Auffassung spiegelt sich auch im Schlussdokument des jüngst in Tampere abgehaltenen Gipfeltreffens (November 2006) wider, auch wenn die im Zuge dieses Treffens konkret erörterten politischen Handlungen zur Vertiefung der Partnerschaft insgesamt kaum Grund für eine neue Euphorie abgeben. Schon die Mitteilung der Europäischen Kommission vom 25. Oktober 2006 an den Rat und das Europäische Parlament über die Vorbereitung dieses Treffens (KOM [2006] 620 endg.) zeigte mit ihrem Titel unmissverständlich an, was eigentlich zurzeit das Kernproblem der EMP darstellt: „*Die Partnerschaft Europa-Mittelmeer: Zeit zum Handeln*".

Box 3.5. Konferenzen Europa-Mittelmeer (seit der Erklärung von Barcelona 1995): (auf Außenminister-Ebene)

- o **Malta** (April 1997)
- o **Stuttgart** (April 1999) – Libyen erstmals als Sondergast vertreten.
- o **Marseille** (November 2000)
- o **Brüssel** (5.-6. November 2001)

- Valencia (22.-23. April 2002) – neue Impulse für Barcelona-Prozess (*Aktionsplan und Rahmendokumente*)
- Neapel (2.-3. Dezember 2003)
- Luxemburg (30.-31. Mai 2005) – zugleich 10. Jahrestagung Barcelona, 2005: „Jahr des Mittelmeeres".
- Tampere (27.-28. November 2006)

Anmerkung: Hinzu kommen noch *inoffizielle* Tagungen der Außenminister.

Dialog der 5+5

Im Zuge des Barcelonaprozesses institutionalisierte sich ein weiteres Forum regionaler Kooperation: die jährlichen informellen Ministertreffen des *5+5 Dialogs*, bei dem sich Algerien, Spanien, Frankreich, Italien, Libyen, Malta, Marokko, Mauretanien, Portugal und Tunesien beteiligen (5 aus der EU und 5 aus dem nordafrikanischen Raum). Die Präsidentschaft in diesem Gremium informeller regionaler Kooperation rotiert jährlich (2002 Tunesien; 2003 Marokko; 2004 Algerien; 2005 Frankreich). Bisherige Treffen fanden unter anderem in Tunesien (5.-6. Dezember 2003) Malta (29.-30. Juni 2005) und Paris (9.-10.November 2005) statt. Inhalt der Gespräche waren bisher vorwiegend politische Themen von vorrangig regionaler Bedeutung (z.B. wirtschaftliche und soziale Zusammenarbeit, Migration, Konfliktbewältigung) sowie Fragen betreffend eine Erneuerung und Stärkung des Barcelonaprozesses.

Bilaterale Abkommen

Mit der Einleitung des Barcelonaprozesses wurde zugleich damit begonnen, die in den 70er-Jahren abgeschlossenen bilateralen Kooperationsabkommen der einzelnen Mittelmeerländer mit der EG schrittweise durch neue *Euromediterrane Assoziationsabkommen* zu ersetzen. Diese bilateralen Abkommen folgen zwar einem grundlegenden Muster, variieren in ihren konkreten Ausformulierungen und Bestimmungen entsprechend den Ergebnissen der bilateralen Verhandlungen mit dem jeweiligen Kooperationspartner.

Zu den gemeinsamen Elementen in den Abkommen gehört neben einer Gliederung in drei Hauptbereiche (politischer Dialog, wirtschaftliche Zusammenarbeit, soziale und kulturelle Kooperation) ein allgemeines Bekenntnis zu den Menschenrechten und zur Demokratie sowie die

Zielvorgabe der Schaffung einer gemeinsamen Freihandelszone bis zum Jahr 2010. Weiters wurden mit den *Assoziationsabkommen* zum Zwecke der Implementierung in der Regel zwei neue Institutionen ins Leben gerufen: ein Assoziationsrat (Association Council) auf Ministerebene und ein Assoziationskomitee (Association Committee) auf der Ebene der höheren Beamten (Senior Officials).

Eine Vorreiterrolle beim *Abbau der Handelsschranken* und der Kooperation mit der EU unter den nordafrikanischen Ländern übernahm Tunesien, das bereits 1995 das Abkommen unterzeichnete (1998 in Kraft getreten). Dahinter folgten Ägypten, Algerien und der Libanon. Schlusslicht ist bis zur Stunde eindeutig Syrien, mit dem sich zunächst die Ausarbeitung des Abkommens über Jahre zog und dessen fertig verhandelter Vertrag bis dato noch nicht unterzeichnet wurde. In diesem Zusammenhang ist ebenso auf die Entstehung einer engeren regionalen handelspolitischen Kooperation zu verweisen. Ägypten, Tunesien, Jordanien und Marokko unterzeichneten im Mai 2001 ein Freihandelsabkommen (*Agadir-Prozess*). Natürlich darf in diesem Zusammenhang ebenso wenig übersehen werden, dass Zollunionen der EG im Mittelmeerraum bereits vor Barcelona entstanden waren, und zwar mit der Türkei (1994) und Zypern (1991).

Box 3.6. Netzwerk an Kooperationsabkommen im Überblick

- **Algerien**

  Euro-Mediterranean Associaten Agreement (unterzeichnet am 22.04.02, in Kraft seit 01.09.05), COM (2002) 157 final.

- **Ägypten**

  Euro-Mediterranean Associaten Agreement (unterzeichnet am 25.06.01, in Kraft seit 01.06.04), COM (2001) 184 final (ersetzt das Kooperationsabkommen von 1977).

- **Israel**

  Euro-Mediterranean Associaten Agreement (unterzeichnet am 20.11.95, in Kraft seit 01.06.00), OJ L 147.

- **Jordanien**

  Euro-Mediterranean Associaten Agreement (unterzeichnet am 24.11.97, in Kraft seit 01.05.02), OJ L 129/02.

- **Libanon**

  Euro-Mediterranean Associaten Agreement (unterzeichnet am 17.06.02, wird ratifiziert), COM (2002) 170 final.
  Interim Agreement for Early Implementation of Trade Measures (in Kraft seit 01.03.03).

- **Marokko**

  Euro-Mediterranean Associaten Agreement (unterzeichnet am 26.02.96, in Kraft seit 01.03.00),OJ L 70/00.
- **Palästinensische Autonomiebehörde**

  Interim Association Agreement (unterzeichnet am 24.02.97, in Kraft seit 01.07.97), OJ L 187/97 (das Abkommen sieht vor, dass spätestens am 4. Mai 1999 Verhandlungen über den Abschluss eines Europa-Mittelmeer-Assoziationsabkommen aufgenommen werden, das an die Stelle des Interimabkommens treten soll).
- **Syrien**

  Kooperationsabkommen von 1977; Euro-Mediterranean Associaten Agreement ausgearbeitet (19.10.04), aber noch nicht unterzeichnet (Verhandlungen 2004 abgeschlossen).
- **Tunesien**

  Euro-Mediterranean Associaten Agreement (unterzeichnet am 17.07.95, in Kraft seit 01.03.98), OJ L 97/98.

  Association Agreement with the EU (unterzeichnet am 17.07.05).
- **Türkei**

  Associaten Agreement (60er-Jahre) und Zoounion (seit 01.01.96).

Quelle: EU Webpage/External Relations (aktualisiert)

Box 3.7. Das MEDA Programm

2000-2006 mit rund 5,35 Milliarden Euro ausgestattet – zur Ausbildung, Entwicklung von Institutionen, Informationen, Seminaren, Studien etc. 2003-06 Kreditrahmen der Europäischen Investitionsbank von bis zu 7,6 Milliarden (FEMIP). Die Finanzierung durch MEDA erfolgt in Form von nicht rückzahlbarer Hilfe, Risikokapital und Vergütung der Zinsen.

Quellen: MEDA Webpage der EuropeAid Co-operation Office

3.3.4 Strategische Interessen und Ausblick

Das durchwegs ambitioniert angelegte Projekt der euro-mediterranen Partnerschaft (EMP) wurde insgesamt keineswegs zu jener großen Erfolgsgeschichte, die man sich Mitte der 90er-Jahre erhofft hatte. Die Ziele wurden damals zweifellos besonders weit gesteckt: Das Programm wurde zum ersten von der EU ins Leben gerufen, um den Nachbarn südlich des Mittelmeers sowie im Nahen Osten zum wirtschaftlichen Aufschwung zu verhelfen (*wirtschaftliche Säule*). Zum zweiten sollten gleichzeitig die demokratischen Reformen der politischen Systeme in diesen Staaten beschleunigt und an europäische Leitbilder und Konzeptionen angleichen werden (*politische Säule*). Zum dritten wollte man weiters mit dem Euromed-Programm die Rolle der EU im Nahost-Friedensprozess stärken und auf die Achtung der Menschenrechte sowie Stärkung der Demokratie in den Ländern des Mittelmeerraums hinwirken.

Dabei legte die Union zunächst eine besonders starke Gewichtung auf die Entwicklung der *Zivilgesellschaft* (einschließlich von Aspekten wie politische Meinungsfreiheit oder Gleichbehandlung der Geschlechter) und erklärte sich im Gegenzug für Reformen in diese Richtung zu praktischer wie finanzieller Hilfestellung bereit. Die *Förderung von Demokratie* wurde in Summe sogar zum eigentlichen Schwerpunkt der europäischen Mittelmeerpolitik (Young 2001; Gillespie/Youngs 2002). Dies erfolgte in der Annahme, dass mit zunehmender Demokratisierung zugleich ein wachsender Friedenszustand verbunden sei. Kurzum: Mit der Förderung und Unterstützung von Demokratisierungsbemühungen, zivilgesellschaftlichen Initiativen und wirtschaftlichen wie sozialen Reformen in Richtung Liberalisierung und Marktwirtschaft verfolgte die Union das *strategische Ziel* der Schaffung eines neuen Raumes von Frieden, politischer und wirtschaftlicher Stabilität und eines gemeinsamen Handels, der die gesamte Region des Mittelmeeres in besonders enger Weise an Europa binden sollte.

Ein Vergleich dieser Zielvorgaben mit einer Bilanz über das bisher Erreichte gibt Anlass zu Skepsis und Ernüchterung. Trotzdem darf nicht übersehen werden, dass für die EU in diesem Raum weiterhin vieles auf dem Spiel steht. Ein besonderes Interesse der Union an einer Weiterführung bzw. Neubelebung des Barcelonaprozesses - wenngleich gegenwärtig primär im Rahmen der neuen Nachbarschaftspolitik - liegt u.a. begründet in dem ständig anwachsenden Flüchtlingsproblem und neuen Schüben illegaler Einwanderung aus dem afrikanischen Kontinent. Die Themen Migration und illegale Einwanderung wurden im Verlauf der jüngsten Vergangenheit zunehmend zu einem neuen Schwerpunkt in den Arbeitsprogrammen der Partnerschaft. Eine andere aktuelle wichtige Zielsetzung ist nach wie vor die Errichtung einer euromediterranen Freihandelszone bis zum Jahr 2010. Doch selbst derartig handfeste politische Interessen können nicht darüber hinwegtäuschen, dass der tatsächliche Erfolg der EMP als durchwegs begrenzt bewertet werden muss. An Kritik mangelt es sein geraumer Zeit nicht (so z.B. an der Konstruktion der Partnerschaft oder an der endlosen Zerstrittenheit der südlichen Nachbarn selbst, insbesondere im Nahen Osten, die im Grunde nur wenig politischen Spielraum für eine Annäherung EU-Naher Osten/Nordafrika zulässt).

Ähnliches trifft auf die wirtschaftlichen Interessen zu. In dieser Hinsicht verfolgt die Union mit ihrer Mittelmeerpolitik seit Jahren vorrangig das Ziel, die Mittelmeerpartner bei der *Liberalisierung ihrer Märkte* zu unterstützen. Diese Hilfestellung soll in der Folge zu einem deutlichen Anstieg der Direktinvestitionen in dieser Region führen. Das wichtigste wirtschaftspolitische Ziel dabei ist zweifellos die *Schaffung einer Euro-Mediterranen Freihandelszone* bis zum Jahr 2010. Diese strategischen und wirtschaftspolitischen Interessen der EU finden sich jedoch eingebettet in einer umfassenden „*Entwicklungsstrategie*" für den gesamten Mittelmeerraum, die auf nachhaltige wirtschaftliche und soziale Reformen in der ganzen Region abzielt und der Vision einer schrittweisen - durchwegs langfristig angesetzten - weitgehenden wirtschaftlichen und politischen Verschmelzung folgt. Fraglich ist jedoch, ob eine solche umfassende Entwicklungsstrategie langfristig wirklich Erfolg versprechend ist oder letztlich bloß zu einem schönen „europäischen Traum" verblassen wird.

Eine besondere Schwierigkeit für die Außenpolitik der EU zeigte sich von Anfang an durch die enge Verschmelzung der eigentlichen Mittelmeerpolitik mit dem Friedensprozess im Nahen Osten. Die Idee der Institutionalisierung einer Konferenz für Sicherheit und Zusammenarbeit im Mittelmeerraum (KSZM) im Vorfeld der EMP konzentrierte sich von Beginn an auf die Etablierung eines *Konfliktregulierungsmechanismus* zur Bewältigung der mannigfachen politischen Krisen und Konflikte in der gesamten Region des Mittelmeeres, einschließlich des Nahost-Konflikts. Die frühe Planung einer KSZM sah (ganz in Anlehnung an die KSZE) eine Architektur des EU-Mittelmeerprozesses derart vor, dass dieser auf drei Säulen (oder „Körben" entsprechend dem KSZE-Vorbild) ruhen und sich primär auf Fragen der *Sicherheit, Zusammenarbeit und Menschenrechte* konzentrieren sollte. Ideen der Konfliktregulierung und -verhütung standen Pate bei der Entstehung und Konstruktion der EMP. Führte dies alles letztlich zu den erhofften friedenspolitischen Erfolgen?

Die Frage muss verneint werden, sieht man von „Minimalerfolgen" oder kleinen Schritten einer Annäherung ab. Die Nachfolgekonferenzen des Gipfels von 1995 institutionalisierten Zusammenkünfte, bei denen seither Araber und Israelis als gleichrangige Partner an einem Tisch sitzen und miteinander ins Gespräch kommen. Solcherart mag der gesamte Barcelonaprozess durchwegs als ein unverzichtbares multi-laterales Forum zum *Krisenmanagement* in der Region gesehen werden. Doch der Blick auf die tatsächlich damit errungenen Schritte zu einer Befriedung und Stabilisierung fällt bereits wiederum ernüchternd aus. Der einzige Erfolg besteht oftmals jedoch allein darin, dass es gelingt, die Konfliktparteien an einen gemeinsamen Tisch zu bekommen.

Zieht man Bilanz, dann muss ebenfalls gesagt werden, dass die Mittelmeerpolitik der Union völlig auf den nordafrikanischen Raum und den Nahen Osten fokussiert ist. Sie ist damit im Grunde weit davon entfernt, den Mittelmeerraum als eine *politische Einheit* zu sehen. Im Bereich des Konfliktmanagements zeigt sich sogar deutlich eine *Regionalisierung*, die von der EU-Außenpolitik direkt wie indirekt gefördert wird, d.h. Fragen im Zusammenhang mit Konflikten in der Region (z.b. Balkankrise oder Zypernfrage) werden in anderen politischen Kontexten und institutionellen Rahmen verhandelt als etwa Fragen des Nahostkonflikts. Die Heterogenität der Mittelmeerregion wird auf diese Weise verstärkt.

Die voranschreitende Verschiebung der EU-Außengrenzen in Richtung Osten bzw. Naher Osten hat die außenpolitische Perspektive der EU auf diese Region zweifellos verändert. Je näher die EU an den Nahen und Mittleren Osten rückt, desto stärker wird sie mit politischen Belangen dieses Raumes konfrontiert. Das am 22. März 2004 vorgestellte und im Juni 2004 vom Europäischen Rat angenommene Dokument „*EU Strategic Partnership with the Mediterranean and the Middle East*" lässt diese neue außenpolitische Perspektive deutlich erkennen. Dass dies zugleich eine Verlagerung des vorrangigen außenpolitischen Interesses der EU von den Maghreb-Staaten (90er-Jahre) hin zu den Ländern des Mittleren Ostens impliziert, ist nahe liegend, scheinen doch auch die größten Gefahren für eine politische Destabilisierung Europas vor allem von dieser Region auszugehen.

Ein zentrales Problem der EMP bildete schon immer die *Dominanz der vertikalen Kooperation* (Nord-Süd-Achse), ohne dass gleichzeitig die *horizontale Integration* (Süd-Süd-Achse) in umfassender Weise forciert worden wäre. In dieser Hinsicht zeigen sich zweifellos Versäumnisse. Natürlich vermochte der Barcelonaprozess zumindest einen ersten groben Rahmen für regionale Wirtschaftskooperation abzugeben (z.B. Ministertreffen auf regionaler Ebene zu speziellen Themen wie Industriekooperation, Umwelt, Wasser, Energie etc.) und die EU unterstützt diese Prozesse auch seit Jahren durch zahlreiche regionale (Wirtschafts-)Kooperationsprogramme, doch blieben die tatsächlich erzielten Erfolge weit hinter den Erwartungen zurück. Zweifellos sind auf diesem Gebiet vor allem eigene Anstrengungen der südlichen Partnerländer gefragt, insbesondere wenn es darum geht, die regionale Kooperation so voranzutreiben, dass in der Tat langfristig eine entsprechende Annäherung an die wirtschaftlichen und sozialen Standards der Union erfolgen kann. Dass für die Union eine solche erfolgreiche Politik wichtig wäre, ist unbestritten. Dies wird durch zahlreiche soziale Entwicklungen - wie etwa durch die Migrationsströme Richtung Europa - täglich aufs Neue dokumentiert.

Im Hinblick auf die *Sicherheit im Nahen Osten und Mittelmeerraum* verfolgt die Union in Summe einen Ansatz „umfassender Sicherheit" (*comprehensive security approach*; Youngs 2003), bei dem die Bereiche Friedensförderung und Konfliktmanagement, Liberalisierung der Wirtschaft, Förderung demokratischer Werte und Systeme, soziale und kulturelle Zusammenarbeit eng mit strategischen Zielen verknüpft werden. Nach zehn Jahren stellt sich jedoch heute dringlicher denn je zuvor die Frage, ob eine solche Strategie wirklich Aussicht auf Erfolg hat. Die Idee, mit der EMP zugleich eine Zone des Friedens und der Stabilität im Mittelmeerraum zu etablieren, muss nach mehr als 10 Jahren EMP zu einem weiten Teil als gescheitert angesehen werden. Schönfärberei ist bei der Erstellung der Bilanz nicht angebracht: Es gelang weder, einen entscheidenden Beitrag zu einer echten Beruhigung der Konfliktsituation in der Nahostregion zu leisten, noch konnte die EU den neuen sicherheitspolitischen Herausforderungen in der Region - so etwa den gesellschaftlichen Phänomenen des religiösen Extremismus oder Terrorismus sowie der teils legalen, teils illegalen Massenmigration in Richtung Europa - präventiv in effektiver Weise begegnen. Wer in diesen Fragen Bilanz über die bisherigen politischen Anstrengungen und Programme zieht, muss mit berücksichtigen, dass gerade eine solche Befriedung und dauerhafte politische Stabilisierung der Region von Anfang an das wesentliche strategische und außenpolitische Ziel der Union darstellte, die sich zu dessen Erreichung selbst zu einer umfassenden präventiven und aktiven Mittelmeer- und Nahostpolitik verpflichtet hatte (Youngs 2003).

Das von der Union verfolgte Konzept umfassender und integraler Sicherheit beruht zu einem wesentlichen Teil auf der Annahme eines *demokratischen Friedens*, also der Überzeugung, dass durch eine weitgehende Demokratisierung der politischen Systeme und durch entsprechende wirtschaftliche und soziale Reformen in der gesamten Region sich automatisch ein Friedenszustand einstelle. Von hier aus erklärt sich ebenso die Prioritätensetzung der Union in Richtung auf eine *soft power* und *soft diplomacy* sowie eine umfassende *wirtschaftliche Kooperation* bei gleichzeitiger nahezu völliger Ausklammerung dieser Problematik aus der Agenda der ESVP. Bis zur Stunde folgt die Union diesem Weg, der die besondere Förderung der Zivilgesellschaft mit einschließt, und überlässt nach wie vor wesentliche Bereiche und Elemente militärischer Sicherheitspolitik im Zusammenhang mit der Mittelmeerregion der NATO, die selbst einen institutionalisierten *Mittelmeerdialog* (seit 1994) führt und mit der *Istanbul Cooperation Initiative* auch direkt in die Region des Nahen Ostens wirkt (Biscop 2002).

Die Gesamtbilanz der EU-Mittelmeerpolitik fällt damit über weite Strecken negativ aus. Weder im Hinblick auf die ursprüngliche Vision eines gemeinsamen Raumes des Wohlstands und wirtschaftlicher Prosperität wurden essentielle Fortschritte erzielt, noch mit Blick auf die zentrale Idee von Barcelona, nämlich durch eine erfolgreiche umfassende Zusammenarbeit und Friedenspolitik einen konfliktfreien Raum und eine Zone des Wohlstands und der Demokratie zu schaffen. Selbst die Idee des euro-mediterranen Freihandels verzögert sich möglicherweise (Verwirklichung ab 2015). Neu auftretende soziale und politische Schwierigkeiten der Region erschweren zunehmend die Zusammenarbeit. Der Europäischen Union ist es bis dato nicht wirklich gelungen, zu einer politischen *Ordnungsmacht* - vor allem in der Form einer Friedens- oder Konfliktpräventionsmacht - in diesem Raum heranzureifen, die unter anderem dazu in der Lage wäre, bei Konflikten regulierend einzugreifen.

Der Mittelmeerraum und der Nahe wie Mittlere Osten werden weiterhin eine große Herausforderung für die Außenpolitik der Europäischen Union darstellen. Eine umfassende Eingliederung beider geographischer Räume in ein wirklich kohärentes Konzept einer umfassenden *Europäischen Nachbarschaftspolitik* wird in der politischen Praxis nur äußerst schwer zu vollziehen sein. Einiges deutet deshalb darauf hin, dass sich die EU schrittweise wieder stärker auf die Ausgestaltung der bilateralen Beziehungen in ihrer Nachbarschaftspolitik konzentrieren wird.

3.4 Weitere Informationen und Literaturverweise

3.4.1 Die Beziehungen zwischen EU und EFTA-Staaten:

Wichtige Dokumente:
- ➤ EFTA und Schlüsseldokumente zur Begründung eines Europäischen Wirtschaftsraumes (EWR):
  http://ec.europa.eu/comm/external_relations/eea/doc/index.htm
- ➤ EFTA Legal Documents:
  http://secretariat.efta.int/Web/legaldocuments/

Weiterführende Literatur:
- ➤ Cottier/Liechti 2006; Freiburghaus 2003; Gabriel 2000; Kux 1998.

Internet:
- ➤ Zum Thema *Europäischer Wirtschaftsraum* (EWR):
  http://ec.europa.eu/comm/external_relations/eea/doc/index.htm
  http://secretariat.efta.int/Web/legaldocuments/

- Die Beziehungen der Schweiz zur EU (SNN Dossier):
  http://www.ssn.ethz.ch/themen/ch%5Feu/
- The EU's relations with Norway (EU Webpage):
  http://ec.europa.eu/comm/external_relations/norway/intro/index.htm

3.4.2 EU und Südosteuropa

Wichtige Dokumente:
- Mitteilung der Europäischen Kommission „*Enlargement Strategy and Main Challenges 2006-2007*" vom 8. November 2006 (KOM [2006] 649).
- Mitteilung der Kommission „*Der westliche Balkan auf dem Weg in die EU: Konsolidierung der Stabilität und Steigerung des Wohlstands*" vom 27. Januar 2006 (KOM [2006] 0027 endg.).
- Mitteilung der Kommission an den Rat und das Europäische Parlament „*Der Westbalkan und die Europäische Integration*" vom 21. Mai 2003 (KOM [2003] 285 endg.).
- *Agenda von Thessaloniki*, 2003.
- *Negotiating Framework EU-Turkey*, 2005.
- Mitteilung der Kommission „*Strategiepapier 2005 zur Erweiterung*" vom 9. November 2005 (KOM [2005] 561 endg.).
- Mitteilung der Kommission: Empfehlung der Europäischen Kommission zu den *Fortschritten der Türkei auf dem Weg zum Beitritt* vom 6. Oktober 2004.

Weiterführende Literatur:
- Hajrulllahu 2004.
- European Commission, *Regional Cooperation in the Western Balkans*, 2005, online:
  http://ec.europa.eu/enlargement/pdf/nf5703249enc_web_en.pdf

Internet:
- Zum Thema *Erweiterung*:
  http://ec.europa.eu/enlargement/
  http://europa.eu/pol/enlarg/index_de.htm
  http://europa.eu/scadplus/leg/de/s40000.htm
- Zum Thema *Stabilitätspakt*:
  www.stabilitypact.org
- Zum Thema *Türkei*:
  http://ec.europa.eu/enlargement/turkey/index_en.htm

3.4.3. Europäische Nachbarschaftspolitik (ENP)

Wichtige Dokumente:
- ► Communication to the Commission *"Implementing and promoting the European Neighbourhood Policy"*, November 22, 2005 (COM [2005], 1521 final).
- ► Mitteilung der Kommission *„Größeres Europa – Nachbarschaft: Ein neuer Rahmen für die Beziehungen der EU zu ihren östlichen und südlichen Nachbarn"* vom 11. März 2003 (KOM [2003] 104 endg.).
- ► Mitteilung der Kommission *„Europäische Nachbarschaftspolitik"*, Strategiepapier vom 15. Mai 2004 (KOM [2004] 373 endg.).

Weiterführende Literatur:
- ► Dodini/Fantini 2006; Kelley 2006; Lippert 2005;; Beurdeley 2005; Kempe 2005; Hummer 2005;n Gabanyi 2005; Tocci 2005; Lynch 2005; Comelli 2004.

Internet:
- ► Europäische Kommission: Europäische Nachbarschaftspolitik
  http://ec.europa.eu/world/enp/index_de.htm

3.4.4 Euro-Mediterrane Partnerschaft (EMP)

Wichtige Dokumente:
- ► Euro-Med Partnership, *Regional Strategy Paper 2002-2006 and Regional Indicative Programme 2002-2004.*
- ► *Mitteilung* der Kommission über die *„Intensivierung der EU-Maß-nahmen für die Mittelmeer-Partnerländer in den Bereichen Menschenrechte und Demokratisierung – Strategische Leitlinien"* vom 21. Mai 2003 (KOM [2003] 294 endg.).
- ► *EU Strategic Partnership with the Mediterranean and the Middle East,* Final Report (approved by the European Council in June 2004).
- ► *Gemeinsame Strategie* des Europäischen Rates vom 19. Juni 2000 *für den Mittelmeerraum* (2000/458/GASP).
- ► *Abschlusserklärung* der Europa-Mittelmeer-Ministerkonferenz von Barcelona am 27. und 28. November 1995 sowie das zugehörige *Arbeitsprogramm.*

Weiterführende Literatur:
- ► *Euromed Report* (online); *Euromed Synopsis* (online); *Euromed Special Feature* (online).
- ► Schumacher 2005; Jünemann 2004; Rhein 2004; Gomez 2003; Brauch/Marquina/Biad 2000; Zippel 1999; Gillespie 1997a.

➤ Grober Überblick durch folgende Broschüren der EU (online): European Commission, *Europe and the Mediterranean: Towards a closer Partnership* (Juni 2003); *MEDA Report* (jährlich).

Internet:

➤ The Euro - Mediterranean Partnership:

http://ec.europa.eu/comm/external_relations/euromed/index.htm

➤ Euromediterranean Summit 2005 Webpage:

http://www.euromedbarcelona.org

4 Transatlantische Beziehungen im Wandel

Die Beziehungen zwischen der EU und den Ländern des amerikanischen Kontinents

Die politischen, wirtschaftlichen und kulturellen Beziehungen Europas zu den Ländern und Kulturen des amerikanischen Kontinents ist bis heute zu einem ganz entscheidenden Teil durch die gemeinsame Kolonialgeschichte geprägt. Nirgendwo in der Welt führten Eroberung und Kolonialisierung zu einer stärkeren *Europäisierung* als auf diesem Kontinent – von Feuerland im Süden bis in den Norden Kanadas. Die indigenen Kulturen und Gesellschaften wurden im Zuge der letzten Jahrhunderte beinahe völlig ausgelöscht. Heute bilden sie in allen Staaten Amerikas nur mehr eine kleine Minderheit, häufig am Rande der modernen Gesellschaften angesiedelt. Im politischen und gesellschaftlichen Leben der einzelnen Länder kommt ihnen in der Regel nur marginale Bedeutung zu. Die dominante Kultur hingegen ist im höchsten Maße von *Europa* geprägt bzw. mit der europäischen Kultur verknüpft – von den Sprachen bis hin zu den politischen Systemen und Lebens- und Denkweisen der Menschen.

Trotz alldem hat sich im Verlauf der letzten Jahrhunderte immer auch gleichzeitig eine Trennung von Europa ergeben. Aus diesem Grund konnten die Kulturkreise und Länder dieses Kontinents jenseits des Atlantiks schon sehr früh ebenso in ihrer ganz spezifischen *Andersartigkeit* wahrgenommen werden – als das Andere an Europa, das andere Europa oder einfach bloß als die „Neue Welt", die zwar bis heute einen europäischen Namen trägt, in der sich jedoch ein ganz anderes Europa zu entwickeln vermochte als auf dem „alten Kontinent" selbst. Diese aus einem gleichzeitigen *Nah- und Distanzverhältnis* resultierende eigentümlich enge politische, wirtschaftliche, soziale und kulturelle Beziehung der Menschen und Kulturen über den Atlantik hinweg beschäftigt seit jeher Philosophen und Denker auf beiden Seiten (Todorov 1985, Arendt 1986). Aus dieser ganz spezifischen, historisch gewachsenen Beziehung entwachsen letztlich wohl all jene Spannungen und Differenzen ebenso wie Überschneidungen und Parallelen, die im heutigen Beziehungsgeflecht zwischen der Europäischen Union und den Ländern und Kulturkreisen jenseits des Atlantiks erkennbar sind.

Die Europäische Union ist in ihren aktuellen Beziehungen zu den Ländern des amerikanischen Kontinents alltäglich mit diesem Erbe konfrontiert. Das besondere Nahverhältnis einiger ihrer Mitgliedstaaten zu den Kulturen und Staaten Amerikas aufgrund ihrer Vergangenheit als Kolonialmächte formt bis zur Gegenwart in einem hohen Ausmaß die außenpolitische Agenda der Union. In manchen Fällen geht das Nahverhältnis sogar noch so weit, dass die Europäische Union völkerrechtliche Hoheitsrechte wahrnimmt. Zahlreiche Inseln der Karibik wie des südlichen Atlantiks bilden formal Hoheitsgebiete der Europäischen Union, zumeist mit dem Euro als offiziellem Zahlungsmittel. Vor allem der Krieg um die Falkland-Inseln machte diesen Bezug in den 80er-Jahren des vergangenen Jahrhunderts deutlich. Hinzu tritt fallweise noch ein besonders enges rechtlich-politisches Nahverhältnis zwischen einigen EU-Mitgliedsländern und Staaten des amerikanischen Kontinents (beispielsweise ist die Queen von England bis heute das Staatsoberhaupt von Kanada).

Die koloniale Vergangenheit prägt in Summe sowohl die *regionale Gliederung* des amerikanischen Kontinents wie auch die *außenpolitische Agenda* der EU, die sich im Wesentlichen mit Blick auf den gesamten amerikanischen Kontinent vorrangig auf zwei unterschiedliche Kulturkreise bezieht: einmal den Norden des Kontinents mit den *USA und Kanada*, zum anderen die Staatengemeinschaft *Lateinamerikas und der Karibik*. Die Bezeichnung *„transatlantische Beziehung"* bezieht sich dabei - entsprechend der Verwendung in der Alltagssprache - primär auf die *nordatlantische Sicherheitspartnerschaft*, die sich nach dem Ende des Zweiten Weltkrieges entwickelte und Westeuropa vor allem im Rahmen der NATO sicherheitspolitisch eng an die USA und Kanada band. Kanada selbst wird in diesem Rahmen seit jeher als eine Art „Juniorpartner" wahrgenommen. Die *„andere Dimension"* der transatlantischen Beziehung, jene zwischen Europa und Lateinamerika, wurde dabei zunächst während des Kalten Krieges häufig als Bestandteil eines *strategischen Dreiecks* USA-Europa-Lateinamerika wahrgenommen, das die nordatlantischen Sicherheitsallianz durch eine hemisphärische Süddimension ergänzt. Erst mit dem Ende des Ost-West-Konflikts und dem Erstarken der Europäischen Union begann diese „zweite Dimension" in den transatlantischen Beziehungen - zu den Ländern Lateinamerikas und der Karibik - für Europa eine neue Qualität anzunehmen.

4.1 Die Beziehungen zwischen der EU und den Vereinigten Staaten von Amerika sowie Kanada

4.1.1 Einleitung und Überblick

Die Beziehungen der Europäischen Union zu den Vereinigten Staaten sind äußerst komplex und vielschichtig. Das besondere Nahverhältnis, das sich zwischen Westeuropa und den USA nach dem Zweiten Weltkrieg entwickelte und das bis heute eine wichtige Achse in den internationalen Beziehungen darstellt, ist dabei keineswegs nur von Harmonie und Eintracht, sondern ebenso von Spannungen und Interessenskonflikten geprägt. Trotz der engen wirtschaftlichen und politischen Zusammenarbeit zwischen der Union und den USA und der ins Leben gerufenen *transatlantischen Partnerschaft* zeigen sich täglich aufs Neue vielfältige Dissonanzen sowie Meinungs- und Auffassungsunterschiede - dies vor allem im Hinblick auf die konkrete Ausgestaltung der für beide Seiten wichtigen bilateralen Beziehungen, wichtige Handels- und Wirtschaftsfragen und schlussendlich das jeweilige außenpolitische Profil und globale sicherheitspolitische Engagement (Haass 1999; Dembinski/Gerke 1998; Gompert/Larrabee 1997; Meier-Walser 1997; Bierling 1997; Kahler/Link 1996; Brandon 1992).

Zahlreiche politikwissenschaftliche Untersuchungen richten aus diesem Grund ihr besonderes Augenmerk auf die *kooperativen, kompetitiven und konfliktiven Elemente* im Beziehungsgefüge EU-USA (Meier-Walser 2000; Haass 1999; Haftendorn/Tuschhoff 1993) sowie auf den allgemeinen *Wandel in den transatlantischen Beziehungen* seit der Zeit des Kalten Krieges (Görtemaker 2006). Gegenstand der politikwissenschaftlichen Analyse im Hinblick auf diesen Wandel sind vor allem die strukturellen Veränderungen im internationalen System im Zusammenhang mit dem Ende des Ost-West-Konflikts und der seither in Gang gekommenen Begründung einer neuen weltpolitischen Ordnung (Mathiopoulos 1998; Weidenfeld 1997; Kupchan 1998). Darin hat die USA sicherlich eine gewisse Vormachtstellung inne, die sie jedoch im gleichen Atemzug in neue Zugzwänge bringt und die Suche nach Partnern und Verbündeten in Schwung bringt, um nicht als „*einsame Supermacht*" (Huntington 1999) letztlich sogar auf der Strecke zu bleiben.

In diesem Zusammenhang steht völlig außer Zweifel, dass es der Europäischen Gemeinschaft nach den Umbrüchen um 1989 gelang, immer mehr zu einer eigenständigen politischen Entität mit regionaler wie globaler Bedeutung zu erstarken. Im Zuge dieses Prozesses wurde sogar innerhalb nur weniger Jahre die ursprüngliche Teilung zwischen Ost und West auf dem europäischen Kontinent überwunden. Den eigentlichen Höhepunkt dieses Prozesses bildete der Beitritt von zehn ost- und mitteleuropäischen Ländern zur EU im Jahr 2004, gefolgt von zwei weiteren osteuropäischen Staaten im Januar 2007. Mit dem *Erstarken der Europäer* mit ihren kontinuierlich vorangetriebenen Integrations- und Erweiterungsschritten im Rahmen der Union fühlte sich die USA im gleichen Atemzug in verstärktem Maße in ihrer Führungsrolle im internationalen System herausgefordert, auch wenn diese Herausforderung weit stärker ökonomischer und politischer Natur war als militärischer.

Die Europäische Gemeinschaft mit ihren 27 Mitgliedstaaten ist heute keineswegs mehr, wie noch zu Zeiten des Ost-West-Konflikts, vorrangig Verbündeter in einem unter amerikanischer Schirmherrschaft geführten ideologischen Kampf gegen das kommunistische Imperium oder einen gemeinsamen Gegner, sondern vielmehr ein erstarkter und zunehmend emanzipierter politischer Partner für die USA, der dadurch jedoch gegenwärtig weit häufiger als früher als „potentieller Konkurrent" wahrgenommen wird. Selbst die jüngsten Versuche einer Heraufbeschwörung gemeinsamer Gegner und die damit verbundenen Forderungen nach Festigung des transatlantischen Zusammenhalts angesichts neuer globaler Gefahren und Bedrohungen - wie etwa im Kampf gegen den Terrorismus immer wieder zur Sprache gebracht - vermochten bis zur Stunde weniger eine Integration oder sogar Verschmelzung von Europa und Amerika zu bewerkstelligen als neue Risse in den Beziehungen sichtbar zu machen. Der gemeinsame ideologische Kampf des Westens gegen den Osten, der über Jahrzehnte einen ungemein wichtigen Kitt in den transatlantischen Beziehungen abgab, hat mit dem Zusammenbruch der Sowjetunion seine Funktion und Wirkung im internationalen System eindeutig verloren. Er findet sich bis zur Stunde auch in keiner anderen politischen Konstellation oder Form wieder, die dazu geeignet wäre, einen nahezu bedingungslosen Schulterschluss zwischen beiden Mächten zu erwirken.

Stephan Bierling (2004: 443-467) spricht aus diesem Grund von einem *neuen Paradigma* in den transatlantischen Beziehungen, das um 1991 das alte Paradigma der *„Allianz gegen die Sowjetunion"* abgelöst hat und damit ebenso die seit ungefähr 1947 bestehende *„konsensuale Hegemonie"* (Bierling) und die damit verbundene enorm starke *sicherheitspolitische Einflussnahme* der USA auf Westeuropa (beides zweifellos damals im europäischen Interesse gelegen). Aus den USA, dem *Geburtshelfer Westeuropas* der späten 40er- und frühen 50er-Jahre, wurde mit dem Ende des Kalten Krieges - aus europäischer Sicht - zunehmend ein *politischer Partner* zur Bewältigung der sich abzeichnenden neuen globalen Bedrohungen und Herausforderungen in einer weiterhin enorm komplexen und spannungsgeladenen internationalen Ordnung.

Die globale Bedeutung der euro-atlantischen Beziehungen bzw. einer engen Partnerschaft EU-USA steht für beide Seiten seit Jahrzehnten fest (Meier-Walser 2000: 126-131). Im *Bereich der Wirtschaft und des Handels* lässt sich dies an einigen Zahlen und Fakten deutlich ablesen:

„The EU and the US are each other's main trading partners. When the world's two largest economies account for a combined total of 57% of

world GDP, there is much to gain from more trade and investment and less barriers between them.
The EU and US a re responsible together for about two fifths of world trade. Trade flows across the Atlantic are running at around €1.7 billion a day. In the year 2003, the total amount of two-way investment was over €1.5 trillion, composed of €731 billion of EU Foreign Direct Investment (FDI) in the US and around €772 billion of US FDI in Europe. The overall "transatlantic workforce" is estimated at 12 to 14 million, of which roughly half are Americans who owe their jobs directly or indirectly to EU companies. In the year 2005, exports of EU goods to the US amounted to €250 billion, while imports from the US amounted to €234 billion. Concerning trade in services, EU exports to the US amounted to €108.6 billion in 2004 while EU imports from the US amounted to €93.0 billion" (EU Webpage, Trade Issues).[8]

Allein aus solcherart engen Handels- und Wirtschaftsbeziehungen ergibt sich die Notwendigkeit für permanente Konsultationen und Kooperation im wirtschaftlichen wie politischen Bereich. Diese Zahlen dürfen jedoch nicht über die vielfältigen wirtschafts- und handelspolitischen Konflikte hinweg-täuschen, die in der Vergangenheit zwischen den USA und der EG/EU häufig mit großer Heftigkeit ausgetragen wurden und die auch heute noch die transatlantischen Beziehungen wesentlich mitprägen. Nur ganz kurz sei deshalb daran erinnert, dass in den späten 90er-Jahren ein erbittert geführter Konflikt um die durch das Helms-Burton-Gesetz für Kuba eingeführten exterritorialen Sanktionen (Roy 1997) und die Amato-Gesetze für den Iran und Libyen entbrannte, der erst im Zuge des Londoner EU-USA-Gipfeltreffens im Mai 1998 beigelegt werden konnte. Andere Streitthemen betrafen die genmanipulierten Nahrungsmittel, Hormone im Rindfleisch oder Bananen (Bierling 2004; Meier-Walser 2000).

Im *außen- und sicherheitspolitischen Bereich* zeigt sich eine ähnlich enge wie konfliktive Beziehungsstruktur (Mayer T. 1999; Schauer 1999). Mit der Gründung der NATO im Jahre 1949 wurde das wohl wichtigste Bindeglied im Bereich der Außen- und Sicherheitspolitik zwischen Westeuropa und den USA geschaffen (Jordan 1991; Alting von Geusau 1982). Dieser institutionelle Rahmen bedurfte zwar nach dem Ende der Ost-West-Konfrontation einer Adaptierung an das gewandelte internationale System, er konnte jedoch mit der ihm gegebenen neuen Orientierung und politischen Ausrichtung weiter am Leben erhalten bleiben. Intensivere Konflikte zwischen den USA und der

---

8   http://ec.europa.eu/trade/issues/bilateral/countries/usa/index_en.htm

Union zeichneten sich in den letzten Dekaden vor allem dort ab, wo es um die Frage des Auf- und Ausbaus militärischer Fähigkeiten innerhalb des institutionellen Rahmens der Europäischen Union ging. Das Streben der Union nach einer autonomen Sicherheits- und Militärpolitik wurde in den 90er-Jahren zu einem Zankapfel zwischen den USA und den europäischen Partnern, wobei lange Zeit in dieser Frage auch innerhalb der Mitgliedsländer der Union gravierende Meinungsunterschiede vorherrschten.

Noch problematischer erscheint die Situation in einem anderen Politikfeld, das mit Fragen der militärischen Sicherheit aufs engste verknüpft ist: Die gravierendsten Unterschiede zwischen den USA und der Europäischen Union bestehen bis heute in der Frage, in welcher Weise gegen die so genannten „Störenfriede" oder „rogue states" der internationalen Politik vorgegangen werden soll. Divergenzen zeigen sich in dieser Hinsicht nicht nur bei den Leitbildern und Strategien außen- und sicherheitspolitischen Handelns, sondern ebenso bei der Frage nach der Form, Dauer und Intensität sicherheitspolitischen Engagements zur Friedenserhaltung, Konfliktlösung und Bekämpfung neuer Gefahren und Bedrohungen (Staack/Voigt 2004). Der von den USA ausgerufene und mit Vehemenz geführte *Krieg gegen den Terrorismus*, vor allem der Militäreinsatz im Irak, spaltet bis zur Stunde die Geister. Unterschiedliche Perzeptionen, Bedrohungs- und Risikoeinschätzungen sowie Erwartungshaltungen erschweren in wachsendem Maße die Zusammenarbeit EU-USA auf weltpolitischer Bühne, auch wenn im Augenblick beispielsweise im sicherheits- und militärpolitischen Bereich die Zusammenarbeit zwischen den europäischen Staaten und den USA weiter ausgebaut wird und auch in der Frage der europäischen Eingreiftruppe mit den Berlin Plus Abkommen ein für alle beteiligten Parteien zufrieden stellender Kooperationsweg zwischen NATO und EU gefunden werden konnte.

4.1.2 Allgemeine Grundlagen

EU-USA

Der institutionelle Rahmen der politischen Zusammenarbeit zwischen der EU und den Vereinigten Staaten von Amerika wurde durch die *Transatlantische Erklärung* vom November 1990 festgelegt (Krenzler/Kaiser 1991). Diese sieht folgendes Konsultationsnetzwerk vor:

- halbjährliche Konsultationen zwischen der EU-Präsidentschaft (sowie der Kommission) und dem US-Präsidenten;
- halbjährliche Konsultationen zwischen den EU-Außenministern und der Kommission und dem Außenminister der USA;

- ad-hoc-Konsultationen zwischen dem Präsidenten des Außenministerrates der EU und dem Außenminister der USA;
- halbjährliche Konsultationen zwischen der Kommission und der amerikanischen Regierung auf Kabinettsebene;
- Unterrichtung von US-Vertretern über die Gemeinsame Außen- und Sicherheitspolitik (GASP) durch die EU-Präsidentschaft auf Ministerebene (Zusammenstellung auf der Grundlage von Informationen der Europäischen Kommission).[9]

Entsprechend diesem Rahmen tagen seither die *EU-USA-Gipfeltreffen*, die wichtige Weichenstellungen in den transatlantischen Beziehungen vornehmen und gleichzeitig die Zusammenarbeit insgesamt in Schwung halten. Gleichzeitig gelang es, auf der institutionellen Ebene die Bereiche von Politik und Wirtschaft enger miteinander zu verflechten.

Zu einer wirklichen Intensivierung der Zusammenarbeit kam es jedoch erst Mitte der 90er-Jahre. Im Dezember 1995 einigten sich beide Parteien beim EU-US-Gipfeltreffen in Madrid auf die Annahme der *Neuen Transatlantischen Agenda* (NTA) sowie eines umfassenden gemeinsamen *EU-USA-Aktionsplans* (Van Oudenaren 1996).[10] Gemäß der neuen Agenda verfolgt die transatlantische Kooperation vor allem folgende vier weit gefassten politischen *Ziele*: a) Förderung von Frieden und Stabilität, Entwicklung und Demokratie in der ganzen Welt; b) Reaktion auf globale Herausforderungen (z.B. organisierte Kriminalität und Drogenhandel, aber ebenso globale Probleme in den Bereichen Umweltschutz, Immigration, Bevölkerungswachstum, Gesundheit etc.); c) Beitrag zur Ausweitung des Welthandels und zu engeren wirtschaft-lichen Beziehungen; und d) Brückschlag über den Atlantik hinweg zum Ausbau sozialer, kultureller und wissenschaftlicher Beziehungen. Der Aktionsplan listet sodann konkrete Bereiche für die Zusammenarbeit auf, wobei sich insgesamt die Tendenz zeigt, die bereits bestehende Kooperation auf neue Felder auszuweiten, insbesondere in den Bereichen der Kultur und Zivil-gesellschaft.

In den folgenden Jahren festigten sich die Strukturen der transatlantischen Zusammenarbeit (Bail/Reinicke/Rummel 1997), wobei immer wieder den entscheidenden Veränderungen der Europäischen Union - von der Aufnahme neuer Mitglieder bis hin zur Euro-Einführung und der Schaffung einer GASP/ESVP - Rechnung getragen werden musste. Beide Seiten zeigten ganz offensichtlich Interesse daran, ein weiteres Auseinanderdriften in Fragen der Weltpolitik zu vermeiden. Die EU-US Gipfeltreffen dienen seither primär der

---

9   Dokument abgedruckt in: Europa-Archiv 46, 1 (1991), D18-21
10   Dokument abgedruckt in: Internationale Politik 51, 5 (1996), D111-132.

Angleichung der transatlantischen Agenda an die neuen Entwicklungen und der Erörterung von Prioritäten und neuen Feldern der Zusammenarbeit (so insbesondere beim EU-USA-Gipfel in Bonn im Juni 1999). Zunehmend traten auch außenpolitische Fragen ins Zentrum der Gespräche, vor allem im Hinblick auf eine engere Zusammenarbeit bzw. auf gemeinsame Aktionen - zunächst primär mit Blick auf die Stabilität in der Balkanregion, in Mittel- und Osteuropa, der Ukraine und Russland, aber ebenso im Nahen Osten und den ehemaligen Staaten der Sowjetunion; später ganz besonders in Bezug auf den Mittleren Osten.

Trotzdem kam es immer wieder zu deutlich wahrnehmbaren Misstönen und Auffassungsunterschieden – und zwar sowohl im Bereich der Außenpolitik wie der Wirtschaft und des Handels (Krenzler/Wiegand 1999; Bergsten 1999). Die Politik gegenüber dem Irak ist in diesem Zusammenhang ganz besonders hervorzuheben, aber ebenso außenpolitische Fragen etwa gegenüber dem Irak, Israel/Palästina oder Kuba. Vom ambitionierten gemeinsamen Bekenntnis von EU und USA zu einer engen Zusammenarbeit in den Bereichen Außen- und Sicherheitspolitik, Wirtschaft, Kultur und Wissenschaft gemäß der Neuen Transatlantischen Agenda führte letztendlich ein nur kurzer Weg direkt in die Verbitterung, Entfremdung und die transatlantische Krise des Jahres 2003.

Zunächst aber deutete vieles auf einen geglückten Brückenschlag über den Atlantik: 1998 einigten sich beide Seiten auf die Etablierung einer *Transatlantischen Wirtschaftspartnerschaft* (TEP), um die Handelsliberalisierung gemeinsam weiter voranzutreiben und den Weg für noch engere Handelsbeziehungen zu ebnen. Trotz wichtiger Fortschritte in der wirtschaftlichen Annäherung zeigten sich jedoch auf diesem Gebiet sehr bald neue Konflikte und Spannungen, die unter anderem durch unterschiedliche Visionen und Sichtweisen hinsichtlich der zu spielenden weltpolitischen Rolle weiter eskalierten. Die Neue Transatlantische Agenda hatte zweifellos die globale Dimension der transatlantischen Dimension zum Ausdruck gebracht, indem sie die Diskussion über politische Probleme mit globalen Auswirkungen und die darauf abzielenden erforderlichen Strategien einer Problemlösung eröffnete, sie wurde jedoch nicht zu einem Bindeglied, das ein echtes gemeinsames und kohärentes politisches Vorgehen beider Mächte auf weltpolitischer Ebene in Schwung bringen hätte können (Van Oudenaren 1996).

Die Idee dazu war natürlich zumindest für einige Zeit präsent. Die „Bonner Erklärung" vom 21. Juni 1999, am EU-USA-Gipfel verabschiedet, präsentierte sogar eine Art „Fahrplan" für die konkrete Ausgestaltung der transatlantischen Partnerschaft im Hinblick auf die Lösung regionaler wie globaler Fragen und Probleme. Mit den Ereignissen rund um den 11. September 2001 und dem daraufhin von den USA ausgerufenen „Krieg gegen den Terrorismus" (*War on Terror*) verschärfte sich jedoch das Problem des divergierenden globalen Rollenverständnisses zwischen der USA und der EU. Diese Entwicklung führte dann spätestens 2003 im Zuge der Debatte um den Irak-Krieg zu einem neuen historischen *Tiefpunkt* in den transatlantischen Beziehungen.

Wie jede politische Krise, so mündete auch diese in zum Teil verzweifelte Suchaktionen nach neuen Lösungsansätzen. Zunehmend setzte sich die Überzeugung durch, den institutionellen Rahmen der Neuen Transatlantischen Agenda an die neuen weltpolitischen Gegebenheiten anpassen zu müssen, um die transatlantischen Beziehungen umfassend auf neue Beine stellen zu können. Beide Seiten drängen aus diesem Grund seit einigen Jahren auf die Ausarbeitung eines neuen *Rahmenvertrags* (siehe dazu u.a. die Entschließung des Europäischen Parlaments vom Januar 2005 zur Erneuerung der Beziehungen auf der Basis eines neuen transatlantischen Partnerschaftsabkommens; Entwurf der Resolution Nummer 77 des amerikanischen Kongresses zu den transatlantischen Beziehungen vom 9. Februar 2005). Das Europäische Parlament fasste am 1. Juni 2006 einen Beschluss dahingehend, dass so rasch wie möglich ein neues „*Transatlantisches Partnerschaftsabkommen EU/USA*" erarbeitet und bereits 2007 in Kraft gesetzt werden soll.[11]

Box 4.1. Meilensteine in den Beziehungen EU-USA seit 1990
(wichtige Erklärungen und Dokumente)

1990   Transatlantische Erklärung.

1995   Neue Transatlantische Agenda und Gemeinsamer Aktionsplan.

1998   Gemeinsame Erklärung zur Transatlantischen Wirtschafts-
       partnerschaft (TEP), Aktionsplan.

1999   „Bonner Erklärung".

---

11   Entschließung des Europäischen Parlaments zur Verbesserung der Beziehungen zwischen der Europäischen Union und den ‚Vereinigten Staaten im Rahmen eines transatlantischen Partnerschaftsabkommens (2005/2056 [INI]), http://www.europarl.europa.eu/sides/getDoc.do?pubRef=//EP//NON SGM+TA+P6-TA-2006-0238+0+DOC+PDF+V0//DE. Vergleiche in diesem Zusammenhang auch die am gleichen Tag angenommene Entschließung des Europäischen Parlaments zu den transatlantischen Wirtschaftsbeziehungen EU-USA.

2004 Entschließung des Europäischen Rates vom 22.04. zum Stand der
Transatlantischen Partnerschaft und Schlussfolgerungen des
Europäischen Rates von Brüssel (16./17. 12.).

2005 Mitteilung der Kommission zur Stärkung der wirtschaftlichen und
politischen Beziehungen („A stronger EU-US Partnership and a
more open market for the 21st century", COM [2005] 196).

Box 4.2. Wichtigste Gipfeltreffen EU-USA seit 1998

London (Mai 1998), Bonn (Juni 1999), Washington (Dezember 1999),
Queluz (Mai 2000), Washington (Dezember 2000), Göteborg (Juni 2001),
Washington (Mai 2002), Washington (Juni 2003), Shannon (Juni 2004),
Washington (Juni 2005), Wien (Juni 2006).

EU und Kanada

Seitens der Europäischen Union wurde Kanada lange Zeit in gewisser Weise
lediglich als der „kleine Bruder" oder „Juniorpartner" der Vereinigten Staaten
gesehen, den es in die transatlantische Zusammenarbeit zwischen EU und den
USA dort einzubeziehen galt, wo sich jeweils gemeinsame Berührungspunkte
oder Interessen ergaben. Die politischen Beziehungen zwischen Europa und
Kanada gründen seit dem Ende des Zweiten Weltkriegs in einem mit den USA
durchwegs vergleichbaren (wenngleich finanziell naturgemäß weniger großen)
Engagement Kanadas für den Wiederaufbau Europas. Daraus resultiert eine
enge wirtschaftliche Kooperation seit den 50er-Jahren.

In den 90er-Jahren wurde innerhalb des Europäischen Rates die Ansicht
vertreten, dass Kanada in die im Entstehen begriffene neue transatlantische
Strategie der Union einbezogen werden sollte. Die Institutionalisierung des
politischen Dialogs zwischen der Europäischen Gemeinschaft und Kanada
erfolgte aus diesem Grund zeitlich und inhaltlich parallel zu jener zwischen EU
und USA. Deutliche Ähnlichkeiten zeigen sich zwischen der von der EU und
Kanada verabschiedeten *Gemeinsamen Erklärung* von 1990 mit der
Transatlantischen Erklärung aus demselben Jahr. Im Dezember 1996
unterzeichneten die Union und Kanada eine *Gemeinsame Politische
Erklärung* und einen *Gemeinsamen Aktionsplan*, in denen allgemeine
Grundsätze für die Gestaltung der Beziehungen zueinander ausformuliert und
konkrete Bereiche für die angestrebte engere Zusammenarbeit festgelegt
wurden (Brittan 1995; Christensen 1995; Crozi 1995; Hanson/Mc Nish 1996).

Gemäß der *Gemeinsamen Erklärung* von 1996 zwischen der EU und Kanada wurden als vorrangige Bereiche der Zusammenarbeit identifiziert:

- die Wirtschafts- und Handelsbeziehungen, die Stärkung des multilateralen Handelssystems, die bilateralen Wirtschaftsbeziehungen sowie Beschäftigung und Wachstum;
- außen- und sicherheitspolitische Fragen, wie die Zusammenarbeit in Fragen der euro-atlantischen Sicherheit, Zusammenarbeit in globalen Fragen, regionale Zusammenarbeit, Entwicklungszusammenarbeit und humanitäre Unterstützung;
- Umweltfragen, Rechtsfragen, Bekämpfung des organisierten Verbrechens und der Drogenkriminalität;
- Drogenhandel, wissenschaftliche und technologische Zusammenarbeit, Kontakte zwischen einzelnen Unternehmen und Beziehungen im Bereich Bildung und Kultur.

In gleicher Weise wie mit den USA wurden Gipfeltreffen zwischen der EU und Kanada vereinbart, die zweimal jährlich abgehalten werden, um für beide Seiten wichtige politische Themen zu erörtern und Grundsatzentscheidungen im Hinblick auf die Zusammenarbeit und Partnerschaft zu treffen. Seit dem Gipfeltreffen von Ottawa im Dezember 2002 wird eine engere Kooperation in außen- und sicherheitspolitischen Bereichen angestrebt, die sich bei einer Zusammenarbeit im Rahmen gemeinsamer Aktionen manifestieren soll. Beim Gipfeltreffen von Ottawa im März 2004 wurde diese Zusammenarbeit weiter konkretisiert und eine Übereinkunft über eine diesbezügliche „*Partnerschaftsagenda*" geschlossen. Zahlreiche sektorale Übereinkünfte und Vereinbarungen komplimentieren diese transatlantische Partnerschaft seit mehreren Dekaden (Long 1998).

Entsprechend der Mitteilung der Europäischen Kommission vom 13. Mai 2003 über die *EU-Kanada-Beziehungen* (KOM [2003] 266 endg.) gibt es heute ein besonderes Interesse der EU an einer engeren Zusammenarbeit in Fragen der internationalen Sicherheit. Diese Mitteilung lieferte weiters ebenso erste Überlegungen zum Geltungsbereich und zu möglichen Inhalten eines bilateralen Abkommens auf dem Gebiet des Handels und von Investitionen. Daneben wurden noch die Bereiche Justiz und Inneres, Umwelt und Bildungskooperation sowie kulturelle Zusammenarbeit im Hinblick auf Möglichkeiten einer intensiveren Zusammenarbeit beleuchtet. Seit 2005 verhandeln Kanada und die EU über ein neues Abkommen für Handels- und Investitionsintensivierung.

Im Zuge der Video-Gipfelkonferenz vom November 2005 zeichnete sich eine weitere Intensivierung der Zusammenarbeit insbesondere in zwei Bereichen ab: Erstens bei internationalen Einsätzen des Krisenmanagements (eine diesbezügliche Vereinbarung wurde unterzeichnet) und zweitens bei Fragen des globalen Klimaschutzes (Information von der Webpage der Europäischen Kommission).

Box 4.3. Wichtigste Gipfeltreffen EU-Kanada seit 1999

Bonn (Juni 1999), Ottawa (Dezember 1999) Lisabon (Juni 2000), (Dezember 2000), Stockholm (Juni 2001), Ottawa (Dezember 2001), Toledo (Mai 2002), Ottawa (Dezember 2002), Athen (Mai 2003), Ottawa (März 2004), Niagara-on-the-Lake (Juni 2005), Video-Konferenz Gipfel (November 2005).

4.1.3 Politische Zusammenarbeit im Wandel

Natürlich zeigen sich im europäischen Verhältnis zu den USA zunehmend auch Diskrepanzen im gesellschaftspolitischen und kulturellen Bereich. Die Rede von den *„gemeinsamen Werten"* ermöglicht bestenfalls einen fragilen Brückenschlag über den großen Teich. Vieles deutet demgegenüber auf eine wachsende Diskrepanz zwischen Europa und den USA hin, die sich nicht ausschließlich durch den von Präsident George W. Bush vorgegebenen außen- und sicherheitspolitischen Kurs erklären lässt. Die steigende Tendenz einer *„Amerikanisierung Europas"* - einer Art *„McDonaldisierung"* - wurde im Verlauf der letzten Jahre innerhalb vieler EU-Mitgliedstaaten mit Sorge beobachtet. Der *„American way of life"* wird gegenwärtig vielerorts von der europäischen Bevölkerung eher als ein Kulturverfall gewertet und als ein immer weniger attraktives Leitmodell europäischen Lebens. Bei Fragen des Umweltschutzes oder der Todesstrafe scheiden sich bis heute die Geister. Gegenwärtig scheint es sogar so zu sein, dass ein *neuer Anti-Amerikanismus* in Europa an Boden zu gewinnen vermag, zum Teil genährt durch das vehemente uni-laterale internationale Konfliktmanagement der USA unter Präsident George W. Bush - vor allem in der Irak-Frage - und den in der jüngsten Vergangenheit in diesem Zusammenhang in den USA abgeklungenen „anti-europäischen" (insbesondere anti-französischen) Tönen.

Die transatlantischen Beziehungen haben sich seit dem Ende des Kalten Krieges eindeutig gewandelt. Von der ursprünglichen *Juniorpartnerschaft* Europas in einem globalen Rahmen mit eindeutiger US-Hegemonie ist nicht viel geblieben. Heute mag viel eher von einem *„partnerschaftlichen Konkurrenzverhältnis"* gesprochen werden, in dem sich zwar beide Seiten zu einer engen Partnerschaft und zu gemeinsamen Werten bekennen, die alltägliche Beziehung jedoch durch ein allgemeines Konkurrenzverhältnis geprägt ist, bei dem es sehr wohl auch um die Erzielung oder Erhaltung von Machtvorteilen in allen Bereichen des gesellschaftlichen und politischen Lebens geht. Natürlich muss noch ergänzt werden, dass seit jeher unterschiedliche Perzeptionen und Erwartungshaltungen auf beiden Seiten die transatlantische Partnerschaft in einem entscheidenden Maße mitgeprägt haben. Gerade in dieser Hinsicht sind zweifellos in jüngster Zeit Enttäuschungen sichtbar geworden, wie sie vor allem in der politischen Alltagsrhetorik in Europa wie den USA zum Ausdruck kommen. Beide Seiten sind aus diesem Grund heute aufs Neue gefordert, ihre Beziehungen ernsthaft zu überdenken und neu zu strukturieren.

Im Vergleich dazu scheinen die *EU-Kanada-Beziehungen* problemlos zu verlaufen, auch wenn ihnen natürlich in handelspolitischer Hinsicht nur ein Bruchteil jener Bedeutung zukommt, die die transatlantischen Beziehungen mit den USA innehaben. Die verschiedenen Rahmenabkommen der 90er-Jahre zwischen der EU und Kanada zielten von Anfang an auf die Etablierung und Institutionalisierung direkter politischer bilateraler Beziehungen ebenso wie auf eine generelle Konsolidierung der wirtschaftlichen und handelspolitischen Zusammenarbeit.

Erleichtert wurde dieses Bemühen wesentlich dadurch, dass Kanada gerade in der Außen- und Sicherheitspolitik seit Jahrzehnten einen durchwegs eigenständigen Weg beschritten, der es eindeutig zu mehr macht als bloß dem „kleinen Bruder" der USA - dies trotz der starken ökonomischen Anbindung an die USA und Kanadas Einbindung in die NAFTA. So bekämpfte beispielsweise Kanada nachdrücklich die von den USA verhängten exterritorialen Sanktionen gegen ausländische Firmen, die in Kuba tätig waren, und startete Ende der 90er-Jahre sogar zugleich verschiedene Initiativen zur Handelskooperation mit Europa, die „Handelsinitiative EU-Kanada" (ECTI), auch wenn sich gleichzeitig verschiedenste Reibungs- und Konfliktpunkte (z.B. Fischerei, Verwendung von Haltefallen etc.) zeigten. Verschiedene sektorale Abkommen (z.B. im Wettbewerbssektor) konnten auf diesem Weg erreicht werden.

Die Grundidee der *EU-Kanada-Partnerschaftsagenda* von 2004 besteht darin, zukünftig vor allem in jenen Bereichen enger zusammenzuarbeiten, in denen durch gemeinsame Aktionen mehr erreicht werden kann als wenn jede Seite für sich allein handelt. Konkret skizziert die Agenda eine solche verstärkte Aktionszusammenarbeit vor allem für folgende Bereiche:

- „Im Bereich der *Außen- und Sicherheitspolitik* wollen die EU und Kanada noch enger gemeinsam darauf hinarbeiten, die Effektivität der multilateralen Institutionen und der Global Governance zu fördern, um unsere gemeinsamen Werte in der Welt zu fördern, so z.B. durch gemeinsame Anstrengungen, damit der Internationale Strafgerichtshof seine Arbeit in vollem Umfang aufnehmen kann.

- Im Bereich *Justiz und Inneres* beabsichtigen beide Seiten, die Sicherheit und den Schutz der Rechte ihrer Bürger zu gewährleisten. Zu diesem Zweck werden sie sich gemeinsam für mehr Sicherheit im Flugverkehr durch den Austausch von Informationen über mögliche Gefahren einsetzen. Dabei soll gleichzeitig die Privatsphäre der Bürger geschützt werden.

- Die EU und Kanada unternehmen gemeinsame Anstrengungen zur Wiederbelebung des *globalen Wirtschaftswachstums* durch eine erfolgreiche Runde multilateraler Handelsgespräche. Ferner wird eine neue Form von Handelsabkommen geschlossen, ein *Abkommen zur Förderung des bilateralen Handels und der bilateralen Investitionen*, das Handel und Investitionen auf den Märkten des jeweiligen Partners erleichtern soll.

- Die EU und Kanada wollen gemeinsam die globalen Herausforderungen wie den *Klimawandel* und die *Armut in den Entwicklungsländern* angehen. Dazu werden sie weiterhin zusammenarbeiten, um den Menschen in ärmsten Ländern der Welt den Zugang zu erschwinglichen Arzneimitteln zu ermöglichen und das durch Infektionskrankheiten, insbesondere die HIV/AIDS-Epidemie, verursachte Leid zu lindern" (Factsheet der Europäischen Kommission).[12]

In Summe zeichnet sich gegenwärtig im außen- und sicherheitspolitischen Bereich eine verstärkte Zusammenarbeit insbesondere bei globalen Einsätzen eines Krisenmanagements sowie bei (Friedens-)Missionen in Konfliktzonen auf dem gesamten Globus ab. Diese politische Kooperation wird unter anderem noch durch ein Bemühen beider Seiten vertieft, dass der Internationale Strafgerichtshof seine Arbeit in vollem Umfang aufnehmen kann. Kanadas „*außenpolitisches Statement*" vom April 2005 - „*A Role of Pride and Influence in the World*" - enthält zweifellos eine Reihe von Grundsätzen und außenpolitischen Überlegungen, die sich weitgehend mit jenen der EU Außenpolitik decken. Gleichzeitig aber darf nicht übersehen werden, dass sich Kanada insgesamt um ein äußerst ausgewogenes Verhältnis zwischen den USA

---

12 http://ec.europa.eu/comm/external_relations/canada/sum03_04/fact_pol_
    de.pdf

und Europa bemüht und diesen Grundsatz in seinen oben angeführten außenpolitischen Leitlinien klar zum Ausdruck bringt.

4.1.4 Strategische Interessen und Ausblick

Die USA wie die EU spielen in den internationalen Beziehungen zweifellos eine bedeutende Rolle, dies schon alleine wegen ihrer jeweiligen geographischen Ausdehnung und ihrer Wirtschaftskraft. Die globale Reichweite der EU in den internationalen Wirtschaftsbeziehungen ist dabei weit höher als im Feld klassischer Außenpolitik oder Sicherheitspolitik. Beiden geht es in ihren Beziehungen zueinander sowohl um die möglichst weitgehende Abstimmung gemeinsamer politischer wie wirtschaftlicher Ziele, als auch um die Wahrung und Durchsetzung unmittelbar eigener Interessen. Die Aufrechterhaltung eines freien Warenverkehrs liegt genauso im gemeinsamen Interesse wie die höchstmögliche Koordinierung und Abstimmung bei außenpolitischen Anliegen und bei Krisen- und Konfliktmanagement auf globaler Ebene. In wirtschafts- und handelspolitischer Hinsicht wird der Dialog zwischen beiden Seiten des Atlantiks vor allem durch den institutionalisierten „*Transatlantischen Wirtschaftsdialog*" (TABD) in Schwung gehalten, der vor den Gipfeltreffen Berichte zu zentralen Themen der Kooperation erstellt und zugleich konkrete Empfehlungen an die Gipfelteilnehmer ausspricht. Im unmittelbaren außen- und sicherheitspolitischen Bereich fehlt ein adäquates Pendant dazu, um zentrale Problemfelder einer echten außen- und sicherheitspolitischen Kooperation frühzeitig zu erkennen und Möglichkeiten einer Problemlösung ins Auge zu fassen.

Dabei gibt es genug gemeinsame Interessen, liegt doch eine Stabilisierung des Weltmarktes wie der Weltpolitik insgesamt zweifellos beiden Seiten besonders am Herzen, um nicht die eigene, einmal errungene globale Führungsposition zu erschüttern. Gemeinsame Interessen zeigen sich deshalb vor allem dort, wo es um *allgemeine politische Ziele* - wie etwas die Förderung von Demokratie und Menschenrechten, die Herausbildung von demokratischen Strukturen in von politischer Instabilität geprägten Zonen oder die Förderung marktwirtschaftlicher Reformen - geht, die in einem besonderen Maße mit den in der westlichen Welt vorherrschenden Werten und politischen Leitbildern verbunden sind.

Doch selbst in der *globalen Sicherheitspolitik*, einem Feld mit wahrnehmbaren Dissonanzen, zeigt sich im Grunde ein vorrangiges beiderseitiges Interesse an einer Eindämmung des Terrorismus und jeglicher Form von organisierter transnationaler Kriminalität. Gemeinsame Interessen führen aber bekanntlich nicht immer automatisch zu gleichen Auffassungen im

Hinblick auf die konkrete Politikgestaltung. Mit Blick auf das internationale Krisenmanagement ist die EU wohl bis dato für die USA kein gleichwertiger Partner. Die Frage der Asymmetrie des Beziehungsgefüges wurde in den letzten Jahren in intensivster Weise diskutiert. Sie gab letztlich den Anstoß für die EU, stärke Anstrengungen im Bereich der ESVP zu unternehmen und eigene militärische Fähigkeiten zu entwickeln. Doch selbst eine militärisch erstarkte EU bietet noch keine wirkliche Lösung, solange die inhaltlichen Differenzen zwischen beiden Seiten nicht wirklich ausgeräumt sind. Enttäuschung und Vorbehalte auf beiden Seiten machen die Situation keineswegs einfach, so dass sich zwar beide Seiten auf eine Kooperation angewiesen fühlen, aber im Grunde nicht wirklich miteinander können oder wollen. Ein wirkliches Bewusstsein, dass Europa und die USA aufeinander angewiesen sind, ist zurzeit nur marginal ausgeprägt, selbst angesichts neuer globaler Bedrohungen und Gefahren, da diese unterschiedlich wahrgenommen und bewertet werden.

Im Gegensatz zu den USA, die sich schon seit mehr als einem Jahrhundert nicht nur als *transatlantische* Macht verstehen, sondern ebenso als *pazifische,* gewann der asiatische Kontinent (insbesondere Ost- und Südostasien) für die Europäische Union erst in den letzten Jahren wirklich an strategischer Bedeutung. Sicherlich haben vor allem der wirtschaftliche Aufschwung in der asiatischen Region in den 80er- und 90er-Jahren des vergangenen Jahrhunderts und die schrittweise Verschiebung der EU-Außengrenzen immer mehr in Richtung Osten bzw. Asien die wirtschaftlichen wie politischen Kooperationsbestrebungen der Union in diese Richtung verstärkt. Dabei erfolgte das bisherige politische Vorgehen der Europäer in Summe vorsichtig und zeitweise durchwegs mit Rücksichtnahme auf US-Interessen (ähnlich wie im Falle Zentral- und Südamerikas). Trotzdem aber konnte ein verstärktes Bemühen der Europäer um Zunahme ihrer globalen Einflussmacht, sei es im asiatischen oder lateinamerikanischen Raum, nicht vollkommen ohne Wirkung auf die transatlantischen Beziehungen bleiben. Einige der aktuellen Interessenskonflikte entspringen wohl dieser neuen *Konkurrenzsituation* zwischen EU und USA auf globaler Bühne. Meier-Walser bezeichnete diese Situation unter Verweis auf Feldstein als eine Art *Paradoxie des transatlantischen Beziehungsgefüges: „Die Bemühungen der Europäer, Unionsqualität in allen Bereichen ihrer Außenbeziehungen zu erwerben - auch um im Dialog mit den USA als gleichberechtigter, glaubwürdiger und berechenbarer Partner auftreten zu können -, rufen wegen der damit verbundenen Veränderung der europäisch-amerikanischen Machtfigur auf der anderen Seite des Atlantiks bisweilen Reflexe des Balance-of-Power-Denkens hervor"* (Meier-Walser 2000: 136).

4.2 Die EU und die Länder Lateinamerikas

4.2.1 Einleitung und Überblick

Die politische Entwicklung Lateinamerikas seit den 90er-Jahren ist durch eine zunehmende *Demokratisierung* der politischen Systeme und verschiedene Versuche einer *regionalen Integration* gekennzeichnet, die sich zum Teil am Modell der Europäischen Union orientieren, in ihrer politischen Dynamik und ihren realpolitischen Ergebnissen aber bis dato weit hinter den Erfolgen des europäischen Integrationsprozesses zurückblieben. Während der 90er-Jahre kam es zu einschneidenden wirtschaftlichen Reformen und bedeutenden Initiativen in der Wirtschaftspolitik, die darauf abzielten, die einseitige Öffnung des eigenen Marktes mit einer Strategie zur Sicherung des Zugangs zu neuen Märkten mittels internationalen Verträgen über Handelspräferenzen zu verbinden und damit zugleich einen Raum von größerer wirtschaftlicher Effizienz zu schaffen. Die Herausbildung einer Strategie des *„offenen Regionalismus"* (Devlin 2000; Devlin/French-Davis 1999) muss im Kontext der fortschreitenden Integration im Rahmen der Europäischen Union einerseits und der NAFTA (USA, Kanada, Mexiko) andererseits gesehen werden. Diese Strategie prägt bis heute die Struktur der Beziehungen und Verhandlungen zwischen der Europäischen Union und den Ländern Lateinamerikas.

Der lateinamerikanische Kontinent gilt seit der Zeit der Eroberung als besonders *„europäisch"* – ein Nahverhältnis, das sich nicht nur in den offiziellen Amtssprachen widerspiegelt, sondern in vielfältigen Aspekten des alltäglichen gesellschaftlichen wie politischen Lebens (Hoffmann 2000: 188f.). Drei Jahrhunderte europäischer Kolonialzeit haben zweifellos ihre Spuren hinterlassen. Die zahlreichen Einwanderer aus verschiedenen europäischen Ländern sind vielerorts in kultureller Hinsicht immer noch eng mit ihren ursprünglichen Herkunftsländern in Europa verbunden, häufig sogar über mehrere Generationen hinweg. Dieses besondere Nahverhältnis zwischen Europa und Lateinamerika im kulturellen und gesellschaftlichen Bereich findet jedoch kein gleichwertiges Pendant im Feld der Wirtschaftsbeziehungen. Hier zeigen sich zwar deutliche Veränderungen in der historischen Entwicklung seit den Plünderungen und Raubzügen der Zeit der europäischen Eroberung und Kolonialisierung, aber niemals ist es gelungen, echte partnerschaftliche Wirtschaftsbeziehungen auf gleicher Augenhöhe zu etablieren. Für die europäische Wirtschaft sind die lateinamerikanischen Länder nur von verhältnismäßig geringer Relevanz und auch das Handelsvolumen zwischen den beiden Seiten spiegelt keineswegs ein besonderes Nah-

und Kooperationsverhältnis wider (Kaufman-Purcell/Simon 1995; Hoffmann 1999).

Dies erklärt zum Teil, warum die Europäische Gemeinschaft in den 70er- und 80er-Jahren auf dem lateinamerikanischen Kontinent bestenfalls als „zögerlicher Akteur" in Erscheinung trat. Hinzu kommt noch, dass man eine zu offene Konfrontation mit den USA vermeiden wollte, die sich nach dem Zweiten Weltkrieg zunehmend darum bemühte, ihre Präsenz und ihren politischen wie wirtschaftlichen Einfluss vom eigentlichen „Hinterhof", der Region Zentralamerika und Karibik, bis zur Südspitze des Kontinents auszuweiten. Die amerikanische „hemisphärische Hegemonie", also die politische Vormachtstellung der USA in der gesamten Region, wurde sogar noch in den ersten Jahren nach dem Ende des Kalten Krieges von Europa nicht wirklich ernsthaft in Frage gestellt. Erst mit der Jahrtausendwende lassen sich ein gewisses Umdenken und ein verstärktes politisches Engagement der EU in Lateinamerika beobachten.

Die Kooperationsverhandlungen zwischen der EU und den regionalen Zusammenschlüssen sowie einzelnen Ländern Lateinamerikas beschränken sich dabei seit Mitte der 90er-Jahre keineswegs nur auf reine Wirtschafts- und Handelsfragen, sondern zielen insgesamt auf einen tiefer gehenden *politischen Dialog*, bei dem ständig auch Möglichkeiten einer intensiven Zusammenarbeit auf sozialem, kulturellem, wissenschaftlichem und technischem Gebiet erörtert werden. Schon seit Längerem wird deshalb von einer „special relationship" (Hoffmann 2000) oder einer besonders intensiven „strategischen Partnerschaft" zwischen der EU und Lateinamerika gesprochen, die auf der langen Tradition bilateraler Beziehungen des lateinamerikanischen Kontinents mit Europa aufbauen und vielleicht sogar ein neues Zeitalter in diesen „anderen" transatlantischen Beziehungen einläuten soll. Die Verschiebungen und neuen Nuancierungen im Kontext der transatlantischen Beziehungen werden dabei in der Forschung häufig gerne anhand des Modells eines Dreiecks erörtert, bei dem Lateinamerika, Europa und die USA die drei Pole bilden, die in intensivster Weise miteinander verwoben und letztlich aufeinander angewiesen sind (Grabendorff/Roett 1985; Roett 1995; Grabendorff 2005; Kernic/Callaghan 2006).

4.2.2 Allgemeine Grundlagen

Im Rahmen der Entwicklungshilfe bzw. Entwicklungszusammenarbeit erhält Lateinamerika schon seit Jahrzehnten finanzielle und technische Hilfe von der Europäischen Union. Die allgemeinen entwicklungspolitischen Instrumente der EU sehen auch heute noch wichtige Hilfeleistungen für die Länder

Lateinamerikas wie der Karibik vor. Sonderprogramme, wie beispielsweise ALFA für die Kooperation im universitären und wissenschaftlichen Bereich, ALBAN, AL-INVEST, ALURE oder ECHO (ausführlich dazu: Webpages der EU zu den einzelnen Programmen), ergänzen diese entwicklungspolitische Dimension der EU in den Beziehungen zu Lateinamerika (Maihold 2006b: 135f.).

Ein wirklich umfassender politischer Dialog zwischen der Europäischen Gemeinschaft und Lateinamerika wurde jedoch erst zur Mitte der 80er-Jahre eingeleitet. Auf der Ebene des gesamten lateinamerikanischen Kontinents institutionalisierte die Europäische Union ihre Beziehungen zur Rio-Gruppe (*EU-Rio-Gruppe*) durch die am 20. Dezember 1990 in Rom abgegebene Erklärung. Seit 1991 finden in diesem Rahmen jährlich Treffen in Europa oder Lateinamerika statt (Frohmann 1997; Grabendorff 1999; IRELA 1999a und 1999b). Daneben entwickelten sich zeitgleich intensivere politische Beziehungen zwischen der EU und den einzelnen regionalen Zusammenschlüssen in Zentral- und Südamerika.

Im Jahre 1999 erfolgte beim *Gipfeltreffen in Rio de Janeiro* der Startschuss für eine Reihe von Gipfeltreffen auf der Ebene der Staats- und Regierungschefs, die alle zwei Jahre abgehalten werden und bei denen die Länder der Europäischen Union, Lateinamerikas und der Karibik vertreten sind: die so genannten *EU-LAK-Gipfeltreffen* (Bodemer 1999). In der Schlusserklärung des ersten Gipfeltreffens in Rio de Janeiro (28.-29. Juni 1999) bekundeten die vertretenen Staats- und Regierungschefs die Absicht, die Beziehungen zwischen den beiden Regionen auf politischer, kultureller, sozialer wie wirtschaftlicher Ebene zu stärken und zu einer *strategischen Partnerschaft* auszubauen (Bulletin EU 6-1999; *Erklärung von Rio de Janeiro*).[13]

Box 4.4. Auszug aus der Erklärung von Rio de Janeiro (1999):

Vordringliche Maßnahmen

„Wir, die Staats- und Regierungschefs Lateinamerikas und des karibischen Raums und der Europäischen Union haben auf unserer Tagung vom 28. und 29. Juni 1999 in Rio de Janeiro beschlossen, bei der Konsolidierung einer strategischen Partnerschaft politischer, wirtschaftlicher, kultureller und sozialer und kooperativer Art zwischen beiden Regionen fortzuschreiten, welche zur Entwicklung jedes einzelnen unserer Länder wie auch zur Hebung des sozialen und wirtschaftlichen Wohlstandsniveaus unserer Völker beiträgt, wobei die Möglichkeiten, die sich in einer immer

---

13   http://europa.eu/bulletin/de/9906/p000448.htm

stärker globalisierten Welt bieten, im Geiste der Gleichheit, der Achtung, der Verbundenheit und der Zusammenarbeit genutzt werden.

Wir sind uns darin einig, dass sich das Maßnahmenpaket auf unser gemeinsames Engagement für repräsentative Demokratie, Rechtsstaatlichkeit, verantwortungsvolle Staatsführung, Pluralismus, gesellschaftliche Entwicklung, einschließlich einer gerechteren Verteilung von Wohlstand und Chancen, und eine harmonische Integration in die globale Wirtschaft stützen.

Wir haben deshalb beschlossen, den Dialog zwischen den Regierungen auf allen Ebenen sowie mit den Organisationen der Zivilgesellschaft zu verstärken, um die Verwirklichung der Ziele der Entwicklung und der Stärkung der Rechtsstaatlichkeit in beiden Regionen sicherzustellen. In diesem Zusammenhang werden wir die Mechanismen verstärken, um die Einhaltung der Gesetze in beiden Regionen zu gewährleisten, ebenso wie die Transparenz und Verantwortlichkeit, besonders bei der Verwendung öffentlicher Mittel.

Wir haben ferner beschlossen, dass die durch die Erklärung von Rio de Janeiro eingesetzte biregionale Gruppe auf Ebene hoher Beamter die in diesem Dokument enthaltenen Aktionen überwachen wird."

Quelle: Bulletin EU 6-1999; Erklärung von Rio de Janeiro. http://europa.eu/bulletin/de/9906/p000448.htm

Die darauf folgenden EU-LAK Gipfeltreffen (Madrid 2002 und Guadalajara 2004) vertieften die Partnerschaft vor allem in den politischen, sozialen und wirtschaftlichen Bereichen. Wichtige Themen waren unter anderem die Stärkung staatlicher Institutionen, nachhaltige Entwicklung, kulturelle Vielfalt und soziale Fragen, Armut und Ungleichheit, regionale Integration und Einbindung in den Weltmarkt. 2004 verwies die EU Kommission direkt auf die anwachsende wirtschaftliche und strategische Bedeutung Lateinamerikas, für das die EU zum zweitwichtigsten Handelspartner geworden war. Gleichzeitig kam erstmals ebenso eine sicherheitspolitische Stoßrichtung der EU im Hinblick auf Lateinamerika deutlich zum Vorschein. Das letzte abgehaltene Gipfeltreffen, jenes von Wien (2006), brachte keine wirklich neuen Impulse. Das Motto „*Die bilaterale strategische Partnerschaft stärken*" des Gipfels konnte nicht in politische Realität umgemünzt werden (Maihold 2006a und 2006b).

Box 4.5. EU-LAK Gipfeltreffen

I.   Rio de Janeiro, Juni 1999
II.   Madrid, Mai 2002
III. Guadalajara, Mai 2004
IV. Wien, Mai 2006

Als *zentrale Dokumente der EU* und damit als wichtige Grundlagen für die konkrete Ausgestaltung der Beziehungen zwischen der EU und Lateinamerika insgesamt sind anzusehen:

* Der Europäische Rat erließ im Dezember 1995 *allgemeine Leitlinien* für den Ausbau der Partnerschaft zwischen der Europäischen Union und Lateinamerika (Bulletin EU 12-1995).

* Die Europäische Kommission befürwortete in ihrer *Mitteilung über die Perspektiven 1996-2000 für die Beziehungen zwischen EU und Lateinamerika* eine engere Partnerschaft und forderte zugleich die Ausarbeitung eines Aktionsprogramms und eine stärkere Beteiligung der Zivilgesellschaft an der konkreten Zusammenarbeit (KOM [1995] 495).

* Am 9. Dezember 2005 stellte die Europäische Kommission dem Rat sowie dem Europäischen Parlament eine neue *Strategie der strategischen Partnerschaft zwischen der EU und Lateinamerika* (KOM [2005] 636) vor. Dieses Dokument liefert sowohl eine Analyse der gegenwärtigen Veränderungen in den Beziehungen, als auch eine Liste mit konkreten Empfehlungen, wie die strategische Partnerschaft erneuert und zukünftig gestärkt werden könnte (KOM [2005] 636 endg.).

Die Zusammenarbeit der Europäischen Union mit den regionalen Zusammenschlüssen und den einzelnen Staaten Lateinamerikas wird im nächsten Abschnitt näher beleuchtet (an Literatur dazu siehe insbesondere: Grabendorff/Seidelmann 2005; Gratius 2004; Mols 2002; Kernic/Feichtinger 2006; Maihold 2006a und 2006b). Einleitend lässt sich sagen, dass der politische Dialog eng mit den Wirtschaftsbeziehungen verknüpft ist und ein Mehrebenensystem strukturierter und institutionalisierter Zusammenarbeit entwickelt wurde, in dem sich Elemente überregionaler, regionaler und bilateraler Kooperation miteinander verbinden (Hoffmann 2000: 193-202; Seixas Corrêa 2006: 117-122; Maihold 2006b).

4.2.3 Poltische Zusammenarbeit auf regionaler und bilateraler Ebene

Beziehungen zu den regionalen Zusammenschlüssen

Günther Mailhold verwies jüngst in einem Aufsatz darauf, dass sich *„ein stark aufgefächertes Dialogschema zwischen der EU und verschiedenen regionalen Gruppierungen bzw. einzelnen Staaten ausgebildet [hat], das den Rahmen für politische Dialoge, Entwicklungszusammenarbeit und Handelsbeziehungen bildet, obwohl bislang nur mit Chile und Mexiko umfassende Assoziierungsabkommen geschlossen werden konnten"* (Maihold 2006a: 129). Er fügt dem zugleich eine kritische Bemerkung hinzu, nämlich dass sich all diese Formen und Formate einer Zusammenarbeit in Summe als *„wenig produktiv"* erwiesen haben. In der Tat muss die Zusammenarbeit zwischen der EU und den regionalen Gruppierungen Lateinamerikas in einem kritischen Licht gesehen werden, insbesondere was den ursprünglich gefassten Vorsatz einer Etablierung einer wirklichen *strategischen Partnerschaft* betrifft.

Box 4.6. Regionale Integrationsforen in Südamerika (Übersicht)

Rio-Gruppe (Rio Group, GRIO)

1986 in Rio de Janeiro gegründet („Permanent Mechanism of Political Consultation and Coordination"); *Erklärung von Rio de Janeiro 1986*; jährliche Gipfeltreffen seit Gründung.

Mitglieder: (19): *seit Gründung:* Argentinien, Bolivien, Brasilien, Chile, Kolumbien, Ecuador, Mexiko, Panama, Paraguay, Peru, Venezuela, Uruguay und ein Repräsentant der Caribbean Community (CARICOM); *zudem seit Juni 2000 (Cartagena Gipfel):* Costa Rica, Dominikanische Republik, El Salvador, Guatemala, Honduras und Nicaragua.

Südamerikanische Gemeinschaft der Nationen

2004 in Cuzco gegründet; jährliche Gipfeltreffen seit Gründung.

Mitglieder (12): Argentinien, Bolivien, Brasilien, Chile, Ecuador, Guyana, Kolumbien, Paraguay, Peru, Surinam, Uruguay und Venezuela.

Gemeinsamer Markt des Südens (Mercosur),

Mitglieder (5): Argentinien, Brasilien, Paraguay und Uruguay (alle seit Beginn), Venezuela (seit 2006).

Als assoziierte Mitglieder traten 1996 Bolivien und Chile, 2003 Peru und 2004 Kolumbien, Ecuador und Venezuela bei.

Mittelamerika: Der Dialog von „San José"

Politische Instabilitäten und Krisen in Mittelamerika veranlassten Mitte der 80er-Jahre die Länder dieser Region zu dem Schritt, eine engere Zusammenarbeit mit konfliktpräventiver und friedenspolitischer Absicht zu etablieren. Im September 1984 trafen erstmals Vertreter der Europäischen Gemeinschaft und der Länder Mittelamerikas (Costa Rica, El Salvador, Guatemala, Honduras, Nicaragua und Panama) in der Hauptstadt von Costa Rica, San José, zusammen, um Möglichkeiten und Chancen einer dauerhaften Konfliktlösung in der Region zu erörtern. Seitdem finden im so genannten *San-José-Dialog* jährliche Treffen statt. Im Mittelpunkt der Gespräche stehen dabei Fragen der Friedenserhaltung, politischen Stabilität, Demokratisierung und Einhaltung der Menschenrechte. Anfang der 90er-Jahre verstärkte sich die Kooperation derart, dass man berechtigterweise von der Entstehung eines *„mittelamerikanischen Integrationssystems"* sprechen durfte. Die Europäische Union, die sich um die Förderung dieser regionalen Integration bemüht, institutionalisierte den politischen Dialog und die Zusammenarbeit mit den mittelamerikanischen Staaten durch verschiedene *Kooperationsrahmenabkommen*: zunächst jenes von 1985, das dann 1993 durch ein neues Abkommen der so genannten „dritten Generation" ersetzt wurde (Kreft 1996; Smith H. 1995), sowie das am 15. Dezember 2003 in Rom abgeschlossene *„Abkommen über politischen Dialog und vertiefte Zusammenarbeit"* (Abkommen der „vierten Generation"). Seit dem EU-LAK Gipfeltreffen von Guadalajara 2004 bemühen sich beide Seiten um das Zustandekommen eines *Assoziationsabkommens*. Der Beschluss zur Aufnahme diesbezüglicher Verhandlungen erfolgt beim EU-LAK Gipfel im Mai 2006 in Wien.[14]

Die Andengemeinschaft

Die Europäische Union pflegt seit der Gründung der Andengemeinschaft enge Beziehungen zu den Andenstaaten. Die Zusammenarbeit weist eine lange Geschichte auf, die bis in das Jahr 1969 zurückreicht, als der *Andenpakt* mit dem *Abkommen von Cartagena* ins Leben gerufen wurde (zunächst mit Bolivien, Chile, Ecuador, Kolumbien und Peru). 1983 schloss die EG ein *Kooperationsabkommen* mit den Staaten dieser Gruppe, das später in ein Abkommen der dritten Generation übergeführt wurde und seither auf eine engere Kooperation in den Bereichen Wirtschaft, Handel und Entwicklungs-

---

14   http://www.eu2006.at/de/Meetings_Calendar/Dates/May/1105EU_LAK.html

zusammenarbeit abzielt (Informationen der Europäischen Kommission, Webpage; Cruz Vilaca/Sobrino Heredia 1998).

Die Andengemeinschaft (*Comunidad Andina*) entstand im Juni 1997 in der Nachfolge des 1969 gegründeten Andenpakts.[15] Ihre vorrangige Zielsetzung liegt in der politischen, wirtschaftlichen und sozialen Integration der Mitgliedstaaten, zu denen heute Bolivien, Kolumbien, Ecuador und Peru gehören (Venezuela, das 1973 dem Andenpakt beitrat, ist im Zuge des Mercosur-Beitritts 2006 aus der Andengemeinschaft ausgetreten; Chile verließ den Andenpakt 1976). Assoziierte Staaten sind Mexiko, Panama und Chile sowie alle Mitgliedstaaten des Mercosur (seit 2005).

Im Gegensatz zum Mercosur standen bei der Gründung der Andengemeinschaft nicht vorrangig wirtschafts- und handelspolitische Motive zur Integration im Vordergrund, sondern primär politische und gesellschaftliche. Daraus leitet sich auch eine andere politische Ausrichtung der Gemeinschaft ab, deren Hauptziele die Festlegung einer gemeinsamen Außenpolitik (seit 1998) sowie eine enge Zusammenarbeit im Bereich der Polizei und Justiz bilden. In wirtschafts- und handelspolitischer Hinsicht bildet die Gemeinschaft eine Art „Zollunion im Aufbau", die grundsätzlich auf die Errichtung eines Binnenmarktes hinsteuert. Innerhalb der Internationalen Beziehungen wird vor allem die Kooperation mit der Europäischen Union als eine mögliche Alternative zu der von den USA forcierten *Free Trade Area of the Americas* (FTAA) gesehen.

Die Andengemeinschaft äußerte deshalb schon sehr früh den Wunsch, mit der EU Verhandlungen über ein *Assoziationsabkommen* aufzunehmen. Im Dezember 2003 wurde in Rom ein neues Abkommen unterzeichnet, das in gleicher Weise wie im Falle des Mittelamerika-Dialogs schrittweise in ein Assoziationsabkommen mit Freihandelsbereich übergeleitet werden soll. Venezuelas Entscheidung, aus der Andengemeinschaft auszutreten, konfrontierte diese naturgemäß mit einer neuen großen Herausforderung. Die dadurch heraufbeschworene heikle politische Situation führte sogleich dazu, dass die ursprünglich geplante Aufnahme von Verhandlungen über ein solches Assoziationsabkommen mit dem EU-LAK Gipfel in Wien vertagt wurde. Beide Seiten bemühen sich im Augenblick um die Abklärung der Grundlagen für derartige Verhandlungen (*Monitoring-Group*), um letztlich doch ein Assoziationsabkommen möglich zu machen (Informationen der Europäischen Kommission, Webpage; Fernández Fernández/Gordon Vergara 2004).

---

15   Wichtige Informationen: http://www.comunidadandina.org/endex.htm

Mercosur

Der *Mercosur* wurde durch den *Vertrag von Asunción* vom 26. März 1991 konstituiert. Es handelt sich dabei um den größten Binnenmarkt Lateinamerikas, dem heute folgende Länder als Mitglieder angehören: Argentinien, Brasilien, Paraguay, Uruguay und (seit 2006) Venezuela. Assoziierte Staaten sind Chile, Bolivien (auch Beitrittskandidat), Peru, Kolumbien und Ecuador; zudem hat Mexiko einen Beobachterstatus und führt seit 2004 Gespräche über eine zukünftige Integration. 1994 erhielt der Zusammenschluss mit dem Protokoll von *Ouro Preto* eine eigene internationale Rechtsfähigkeit und institutionelle Ausgestaltung.

Die wichtigste Zielsetzung des Mercosur gemäß dem Vertrag von Asunción bildete zweifellos von Anfang an die *wirtschaftliche Integration* der Mitgliedsländer und die Schaffung eines gemeinsamen Binnenmarktes bis zum Ende des Jahres 1994. In der Tat gelang dem Mercosur die Errichtung einer Freihandelszone und einer Zollunion. Darüber hinaus findet sich im Vertrag von Asunción aber auch die grundsätzliche Absichtserklärung, eine „*immer umfassendere Union zwischen den Völkern*" (Präambel) herbeiführen zu wollen.

Trotz der Erfolge in der wirtschaftlichen Integration zur Mitte der 90er-Jahre gerieten vor allem die Ambitionen, den Integrationsprozess bis in die Felder einer gemeinsamen Außenpolitik voranzutreiben, immer mehr ins Stocken. Unstimmigkeiten zwischen Brasilien und Argentinien - vor allem in Handelsfragen - erschwerten zunehmend eine weitere Annäherung. Ein starkes und geschlossenes Auftreten der Staatengemeinschaft in der internationalen Politik blieb deshalb weiterhin ein Wunschtraum, den man auch durch den im Jahre 2000 eingeleiteten Neustart (*Relanzamiento*) des Mercosur nicht verwirklichen konnte. Trotzdem spielten Fragen der Außenbeziehungen des Mercosur stets eine bedeutende Rolle, insbesondere im Hinblick auf das politisch-wirtschaftliche Leitbild, das den Integrationsbemühungen zugrunde liegt. Die Mitglieder des Mercosur verstehen sich bis heute in einem hohen Ausmaß als Gegenmacht zu den USA in den Verhandlungen um eine gesamtamerikanische Freihandelszone (FTAA) - ein nicht zu unterschätzendes Element gemeinsamer politisch-wirtschaftlich-kultureller Identität, das mit dem Beitritt von Venezuela im Jahre 2006 weiter an Gewicht gewann.

Die Beziehungen des Mercosur zur Europäischen Union müssen in diesem Licht gesehen werden, gilt es doch für alle Mitgliedstaaten den Mercosur international so gut wie möglich zu positionieren und neue einseitige wirtschaftliche wie politische Abhängigkeiten zu vermeiden (Cienfuegos

2006). Mit Sicherheit erschwert bis heute der unterschiedliche wirtschaftliche Entwicklungsgrad der einzelnen Mitgliedsländer des Mercosur ein geschlossenes Auftreten auf internationaler Bühne, aber auch nationale Gegensätze und Vorurteile konnten in den letzten Jahren nicht restlos beseitigt werden. Unbeschadet derartiger Probleme wird seit den 90er-Jahren gerade der weltpolitischen Ausrichtung sowie der Einbettung des Mercosur in den Weltmarkt besondere Bedeutung für den langfristigen Erfolg des Mercosur-Projektes zugesprochen. Aus diesem Grund präsentierte sich der Mercosur von Anfang an als offen für weitere neue Mitglieder und Handelsabkommen mit anderen Ländern und Regionen – vor allem auch außerhalb Lateinamerikas.

Breits kurz nach der Etablierung der Mercosur unterzeichneten die Europäische Union und der Mercosur am 15. Dezember 1995 in Madrid ein *interregionales Rahmenabkommen*, das zugleich die Vorstufe für ein noch im Detail auszuhandelndes Freihandelsabkommen bilden sollte. Dieses Abkommen ergänzte eine bereits seit Mai 1992 bestehende *interinstitutionelle Kooperationsvereinbarung* zwischen der Europäischen Kommission und dem Mercosur über eine Zusammenarbeit in Bereichen wie technische Hilfe, Informationsaustausch, Mitarbeiterausbildung und institutionelle Unterstützung.[16]

Das *Rahmenabkommen von 1995* (in Kraft seit dem 1. Juli 1999) spricht von einer Partnerschaft für (sicherheits-)politische Fragen, einem verstärkten Prozess der Zusammenarbeit in wirtschaftlichen und institutionellen Bereichen sowie der Einrichtung einer Freihandelszone für Waren und Dienstleistungen unter Beachtung der Vorschriften der WTO. Die Verhandlungen, die mit der Absicht ein Assoziationsabkommen auszuhandeln, eingeleitet wurden, kamen jedoch bald ins Stocken. Der Europäische Rat erließ am 13. September 1999 Verhandlungsrichtlinien.

Die Verhandlungen über ein Assoziations- und Freihandelsabkommen konnten bis dato nicht zu einem positiven Abschluss gebracht werden. Die Unterzeichnung eines Abkommens scheiterte wesentlich an einem Streit über die Frage der Regelung des Zugangs für Agrarprodukte aus den Mercosur-Ländern zum europäischen Markt. Beide Seiten zeigen sich aber nach wie vor an einem Assoziationsabkommen (einschließlich einer Freihandelszone) besonders interessiert. Das Interesse der EU liegt vor allem darin sicherzustellen, weiterhin der wichtigste Handelspartner dieses Wirtschaftsraumes zu bleiben, zumal dieser ein enorm hohes Wachstumspotential aufweist. Zudem muss darauf verwiesen werden, dass die EU nach wie vor nicht nur der wichtigste Handelspartner und Investor des Mercosur bildet, sondern vor

---

16   http://europa.eu/scadplus/leg/de/lvb/r14013.htm

allem angesichts der FTAA-Initiative ein wesentliches strategisches Interesse an einer gemeinsamen Freihandelszone hat, um ihre Führungsrolle in diesem Raum zu festigen (Santander 2005; Duina 2006 und 2004; Sá Pinto/Guimaraes 2005; Grugel 2004).

Südamerikanische Staatengemeinschaft

Die Südamerikanische Staatengemeinschaft konstituierte sich am 8. Dezember 2004 beim dritten Gipfeltreffen der Präsidenten Südamerikas in der peruanischen Stadt Cuzco. Sie stellt einen Versuch dar, die Kooperation der Länder Südamerikas zu intensivieren und eine Zusammenführung zwischen Mercosur und Andengemeinschaft in Angriff zu nehmen. Bei der Gründung standen nicht nur wirtschaftliche Motive im Vordergrund, sondern ebenso politische Interessen. Die Europäische Union lieferte zugleich das Leitbild und Modell für diesen Zusammenschluss, der langfristig auch für die EU als neuer Partner von höchstem Interesse sein könnte (Maihold 2004), immerhin umfasst die neue Gemeinschaft mit insgesamt zwölf Mitgliedern rund „45% der Fläche des amerikanischen Kontinents, ein Gebiet von 17 Millionen Quadratkilometern, mit 360 Millionen Einwohnern und einem Brutto-inlandsprodukt von 973 Milliarden Dollar" (Maihold 2004: 1).

Box 4.7. Rahmen- und Kooperationsabkommen zwischen der EU und den regionalen Zusammenschlüssen in Lateinamerika

----

Mittelamerika (San José)	1985 Kooperationsabkommen
	1993 Neues Kooperationsabkommen
	2003 Neues Kooperationsabkommen
	seit 2006 Verhandlungen über ein Assoziationsabkommen
Andengemeinschaft/-pakt	1983 Kooperationsabkommen
	1993 Neues Kooperationsabkommen
	2003 Neues Kooperationsabkommen
Mercosur	1995 Rahmenabkommen (in Kraft seit 1. Juli 1999)
	seit 1999 Verhandlungen über ein Assoziationsabkommen

In den letzten Jahrzehnten schloss die EU eine Reihe von bilateralen *Kooperationsabkommen* sowie *Rahmenabkommen* über eine Handels- und Wirtschaftskooperation und *Abkommen* über eine Zusammenarbeit in einzelnen Wirtschaftssektoren oder Politikbereichen (z.b. wissenschaftliche und technische Zusammenarbeit, Fischereiabkommen, Handelsabkommen etc.) mit jeweils *einzelnen Staaten* Lateinamerikas. Im Allgemeinen wurden die in den 80er-Jahren geschlossenen Kooperationsabkommen im Verlauf der 90er-Jahre durch umfassendere Rahmenabkommen ersetzt, die die für die so genannten Abkommen der „dritten Generation" üblichen Merkmale aufwiesen (z.B. Demokratieklausel, Meistbegünstigtenklausel). Derartige bilaterale Abkommen gibt es mit Argentinien, Brasilien, Kolumbien, Chile, Mexiko, Paraguay, Uruguay etc.

Eine Sonderstellung innerhalb der lateinamerikanischen Staatengemeinschaft nehmen Mexiko und Chile ein. Im Falle von *Mexiko* wurde das *Kooperationsabkommen* von 1978 im Jahr 1991 durch ein neues Abkommen ersetzt, das keine Menschenrechtsklausel enthielt. 1997 kam es zur Unterzeichnung eines neuen *umfassenden Abkommens* der „vierten Generation" („Globalabkommen"), das auf die Bildung einer umfassenden privilegierten Partnerschaft abzielt (in Kraft seit dem 1. Oktober 2000) (Sanahuja 2000; Szymanski/Smith 2005). Neben einem allgemeinen Bekenntnis zu Demokratie und Rechtsstaatlichkeit sowie den Menschenrechten enthält dieses Abkommen Zielsetzungen mit weit reichender politischer wie wirtschaftlicher Bedeutung (z.B. schrittweise Liberalisierung des Handels). Freihandelsvereinbarungen zwischen der Union und Mexiko traten ebenfalls im Jahr 2000 in Kraft. Sie beinhalten eine schrittweise Liberalisierung des Warenverkehrs und der Dienstleistungen. Für Mexiko ist die Union nach den USA der zweitwichtigste Handelspartner.[17]

Chile ist wiederum ein eigener Fall von höchstem Interesse. Mit diesem Land wurde bereits 1990 ein umfassendes *Rahmenabkommen* der dritten Generation abgeschlossen, das 1996 (in Kraft seit dem 1. September 1999) durch ein noch umfassenderes *Abkommen* ersetzt wurde, mit dem nicht nur die Zusammenarbeit in allen Bereichen des politischen, wirtschaftlichen und sozialen Lebens vertieft werden sollte, sondern das sogar die Einrichtung einer politischen wie wirtschaftlichen Assoziation einschließlich der vollständigen Liberalisierung des Handels vorsah. 1999 begannen die Verhandlungen über ein *neues Assoziationsabkommen* zwischen der Europäischen Union und

---

17   http://ec.europa.eu/comm/external_relations/mexico/intro/index.htm

Chile. Das Abkommen konnte schon wenige Jahre später unterzeichnet werden. Es trat am 1. März 2005 in Kraft und sieht u.a. die Errichtung einer gemeinsamen Freihandelszone innerhalb von zehn Jahren vor.[18]

Box 4.8. Wichtigste Abkommen der EU mit Mexiko und Chile

- Abkommen der Europäischen Union über wirtschaftliche Partnerschaft, politische Koordinierung und Zusammenarbeit mit Mexiko vom 8. Dezember 1997 (in Kraft seit 1. Oktober 2000).
- Rahmenabkommen über die Zusammenarbeit zwischen der EG und Mexiko vom 26. April 1991 *(OJ L 340 11.12.1991)*.
- Assoziationsabkommen der Europäischen Union mit Chile von 2002 (in Kraft seit 1. März 2005).

4.2.4 Strategische Interessen und Ausblick

Wenngleich ein grundsätzliches Bekenntnis und Interesse beider Seiten an der Fortführung und zumindest partiellen Weiterentwicklung guter politischer, kultureller und wirtschaftlicher Beziehung zwischen Europa und Lateinamerika vorliegt, so ist die politische Beziehung insgesamt in den letzten Jahren in eine *Grundsatzkrise* gesteuert. Die Idee der strategischen Partnerschaft konnte aus verschiedenen Gründen nicht in die politische Realität umgesetzt werden, so dass die erhofften großen Schritte einer Annäherung ausblieben. Daraus resultieren naturgemäß Enttäuschen und Frustrationen, vor allem auf lateinamerikanischer Seite (Maihold 2006b).

Grundsätzlich zeigt sich natürlich weiterhin ein gewisses strategisches Interesse der EU an einem weiteren Ausbau der Wirtschafts- und Handelsbeziehungen sowie einer erfolgreichen Umsetzung ihres Programms der Förderung der Zivilgesellschaft und der Demokratisierungsprozesse auf dem lateinamerikanischen Kontinent. Dies ist gekoppelt mit einem regen Interesse an der regionalen Integration jenseits des Atlantiks.

In Summe jedoch scheint ein deutlich gebremster Optimismus angebracht: Während die Regionen Asien und Mittlerer Osten in den letzten Jahren immer mehr ins Rampenlicht des außen- und sicherheitspolitischen Interesses Europas wie der USA gerückt sind, verlor gleichzeitig der gesamte lateinamerikanische Kontinent in den strategischen, geo- und sicherheitspolitischen Analysen der beiden Großmächte immer mehr an Bedeutung. Dabei hatten

---

18   http://ec.europa.eu/comm/external_relations/chile/intro/index.htm

Lateinamerika und die Karibik - gleichsam als *„politischer Hinterhof"* der Weltmacht USA - während des gesamten 20. Jahrhunderts eine enorm wichtige strategische und sicherheitspolitische Rolle gespielt. Zahlreiche geopolitische Ideen gingen sogar von der Konzeption eines *strategischen Dreiecks von USA, Europa und Lateinamerika* aus, das aufgrund der engen kulturellen, politischen und wirtschaftlichen Beziehungen zwischen diesen drei Regionen in der Weltpolitik eine entscheidende Rolle spielen könnte und sollte. Doch selbst derartige, zumeist nur zaghaft vorgebrachte Versuche einer Neubelebung der Idee des strategischen Dreiecks für die Weltpolitik des 21. Jahrhunderts vermögen keinerlei Anziehungs- oder Überzeugungskraft zu entfalten.

Aus diesem Grund überrascht es nicht, dass das allgemeine Interesse an guten Beziehungen zu und an einer engeren Zusammenarbeit mit den lateinamerikanischen Staaten in Europa in den letzten Jahren immer mehr abgeflaut ist. Zwar wurde sich die EU Ende der 90er Jahre plötzlich der Bedeutung dieser Region für die *globale Sicherheit* ebenso wie für die weitere wirtschaftliche und politische Entwicklung Europas bewusst, doch mündete dies in der Folge eben nur in eine zaghafte Annäherung gepaart mit faschen Erwartungen und Hoffnungen auf beiden Seiten des Atlantiks. Einer *„Wiederentdeckung"* der historisch gewachsenen engen kulturellen, wirtschaftlichen und politischen Beziehungen zwischen Europa und Lateinamerika folgte rasch die Einsicht, dass diese Region in geopolitischer, strategischer und sicherheitspolitischer Hinsicht für Europa zwar durchwegs von höchster Bedeutung sei, aber doch zugleich eine „traditionelle Einfluss-zone" der USA darstelle, die man nicht allzu sehr herausfordern wollte.

Die EU sieht zwar in Lateinamerika vor allem einen Partner für den von ihr propagierten *multilateralen Ansatz* und damit solcherart einen wichtigen Verbündeten im Rahmen der Sicherheitsarchitektur der Vereinten Nationen. Dahinter steht die Überzeugung, dass *globale Sicherheit* in einer globalisierten Welt nur in einem Zusammenwirken aller einzelstaatlichen Akteure erreicht werden könne. Aber nicht einmal die staatlichen Akteure allein reichen dazu aus, denn es bedürfe zukünftig auch einer verstärkten Einbindung der nicht-staatlichen zivilgesellschaftlichen Akteure in die globale Sicherheitsarchi-tektur. Darüber hinaus sei auch eine Unterstützung der lateinamerikanischen Länder bei ihren Demokratisierungsprozessen sowie (damit zusammen-hängend) ihren Bemühungen um eine umfassende Reform der jeweiligen Sicherheits- und Streitkräftestrukturen (*Security Sector Reform*) friedens- wie sicherheitspolitisch für Europa von höchster Bedeutung.

Am 9. Dezember 2005 stellte die Europäische Kommission dem Rat sowie dem Europäischen Parlament eine neue *„Strategie zur Stärkung der* *strategischen Partnerschaft zwischen der EU und Lateinamerika"* vor (KOM [2005] 636 endg.). Dieses Dokument wurde von der Kommission im Hinblick auf den im Mai 2006 in Wien stattfindenden Gipfel EU-Lateinamerika/Karibik erstellt. Es liefert nicht nur eine Analyse der gegenwärtigen Veränderungen in den Beziehungen, sondern listet auch eine Reihe von Empfehlungen auf, wie die strategische Partnerschaft erneuert und zukünftig gestärkt werden könnte. Die Vorschläge der Kommission sehen dabei insbesondere eine Aufwertung und Intensivierung des politischen Dialogs zwischen den beiden Kontinenten vor. Insgesamt zielt die Strategie der Europäischen Union gemäß dieser Mitteilung auf folgende vier Felder einer Neubelebung der Beziehungen: Erstens schlägt die Kommission vor, den politischen Dialog zu intensivieren und zielorientiert zu führen. Zweitens möchte sie für Handel und Investitionen ein günstiges Umfeld schaffen. Drittens beabsichtigt sie, die Anstrengungen der Länder in der Region zu unterstützen, um zu Stabilität und Wohlstand beizutragen. Viertens schlägt die Kommission vor, die Zusammenarbeit zu verbessern und das gegenseitige Verständnis zu fördern (KOM [2005] 636 endg. Kapitel III).

Liest man die Mitteilung der Europäischen Kommission im Lichte einer umfassend konzipierten Sicherheitspolitik, dann fällt auf, dass sich die dargelegten Vorschläge zu einer Intensivierung der Beziehungen primär auf politische, wirtschaftliche und kulturelle Felder erstrecken und strategische (im engeren Sinne), geopolitische oder gar verteidigungspolitisch-militärische Aspekte des Beziehungsgeflechts zwischen der EU und Lateinamerika sowie der Karibik nahezu völlig ausgeblendet werden. In den Grundzügen geht es der EU sozusagen um einen *„gemeinsamen Beitrag zu Stabilität, Demokratie und Wohlstand"*.

Der Aufbau *„solidarischer Gesellschaften"* mit einem starken sozialen Zusammenhalt in Lateinamerika wird solcherart von der Europäischen Kommission nicht nur als wichtiges gemeinsames politisches Ziel gesehen, sondern als das eigentliche Fundament, auf dem sich erst gute Handels-, Wirtschafts- und Kulturbeziehungen zwischen den Ländern der EU und Lateinamerikas sowie der Karibik entwickeln können. Die Strategie unterstreicht aus diesem Grund die Bedeutung des erfolgreichen Auf- und Ausbaus der *Zivilgesellschaften* mit stabilen demokratischen Regierungen in Lateinamerika als einer wichtigen Voraussetzung zur Etablierung eines allgemeinen gesellschaftspolitischen Umfeldes, das den Handel und Investitionen begünstigt. Dass in diesem Zusammenhang ebenso Aspekte der gesellschaftlichen und inneren Sicherheit (insbesondere im Hinblick auf die organisierte Kriminalität und den Drogenhandel) besondere Bedeutung zukommt, liegt auf der Hand. Die Wahrung und Förderung der Stabilität wird dabei als eine vielschichtige Aufgabe verstanden, die zum Teil mit Hilfe *spezifischer Strategien* angegangen werden soll (z.b. einer spezifischen Strategie zur Bekämpfung des Drogenhandels). Priorität aus der Sicht der EU haben in diesem Zusammenhang auch alle Schritte zur Förderung der regionalen Integration und einer nachhaltigen Entwicklung (KOM [2005] 636 endg.).

In Summe aber fehlt bis heute eine klare und realistische Strategie der Union im Blick auf die Beziehungen mit Lateinamerika. Politischer Dialog und wirtschaftliche Kooperation stehen miteinander noch keineswegs im Einklang. Die EU hat die *„Gunst der Stunde"* der Jahrtausendwende nicht wirklich genützt, um die Partnerschaft auf ein stabiles Fundament zu stellen. Zu einer echten Erweiterung und Vertiefung der wirtschaftlichen und politischen Beziehungen ist es nicht gekommen. Akte symbolischer Politik und scheinbarer Harmonie bei diplomatischen Großveranstaltungen können darüber nicht hinwegtäuschen.

4.3 Weitere Informationen und Literaturverweise

4.3.1 EU und USA

Wichtige Dokumente:
- *Transatlantic Declaration on EC-US Relations,* 1990.
- *New Transatlantic Agenda (NTA),* 1995.
- *Joint EU-US Action Plan,* 1995.
- *Transatlantic Economic Partnership - Action Plan,* 1998.
- *EU: A stronger EU-US Partnership and a more open market for the 21st century,* Commission proposals to strengthen economic and political relations, 2005, COM (2005) 196 final.

Weiterführende Literatur:
- *Überblick:* Bierling 2004; Bierling 2002; Meier-Walser 2000.
- *Transatlantische Beziehungen im Wandel:* Jägger/Höse/Oppermann 2005; Mayer/Rittberger/Zelli 2003; Krenzler/Wiegand 1999; Meier-Walser 1997; Oudenaren 1996; Weidenfeld 1997 und 1996; Forndran 1991.

Internet:
- The EU's relations with the United States of America:
  http://ec.europa.eu/comm/external_relations/us/intro/index.htm

- Webpage der Delegation der Europäischen Kommission in Washington, D.C.:
  http://www.eurunion.org/
- Webpage der United States Mission to the European Union:
  http://useu.usmission.gov/Dossiers/TransAtlantic/default.asp

4.3.2 EU-Kanada

Wichtige Dokumente:
- *Canada-EU Partnership Agenda*, 2004
- *Mitteilung der Europäischen Kommission zu den EU-Kanada Beziehungen* vom 13.05.2003 – KOM (2003) 266 endgültig.
- *Joint Political Declaration and Action Plan*, 1996.
- *Declaration on Transatlantic Relations*, 1990.
- *Agreement on Economic Cooperation*, 1976.

Weiterführende Literatur:
- *The European Union and Canada*, ed. by the European Commission,
  http://ec.europa.eu/comm/external_relations/library/publications/16_eu_canada_en.pdf
- *A Role of Pride and Influence in the World*, Canada's International Policy Statement, 2005:
  http://www.itcan-cican.gc.ca/ips/menu-en.asp

Internet:
- Canada and the EU (Foreign Affairs and International Trade Canada Webpage):
  http://www.dfait-maeci.gc.ca/canada-europa/mundi/can_eu-en.asp
- The EU's relations with Canada: Overview
  http://ec.europa.eu/comm/external_relations/canada/intro/index.htm
- EU-Kanada Partnerschaftsagenda, Ottawa, 18. März 2004:
  http://ec.europa.eu/comm/external_relations/canada/sumo3_04/partnership_en.pdf

4.3.3 EU und Lateinamerika

Wichtige Dokumente:
- Mitteilung der Europäischen Kommission *„Eine verstärkte Partnerschaft zwischen der Europäischen Union und Lateinamerika"* vom 9. Dezember 2005 (KOM [2005] 636 endg.).
- *The EU's relations with Mercosur*, Europäische Kommission, 2004.
- *EU Regional Strategy Papers 2002-2006* zu Lateinamerika, Andengemeinschaft, Mercosur, Zentralamerika und *EU Country Strategy Papers* zu verschiedenen Ländern Lateinamerikas:

http://ec.europa.eu/comm/external_relations/sp/index.htm

Weiterführende Literatur:

➤ *Überblick:* Maihold 2006a; Mols 2002.

   Study on Relations between the European Union and Latin America,
   ed. by the Instituto Complutense de Estudios Internacionales of the
   University of Madrid (2004) , financed by the European Commission,
   online:
   http://ec.europa.eu/comm/external_relations/la/doc/project_i2_en_2004.pdf

➤ *Zum strategischen Dreieck USA-Europa-Lateinamerika:* Grabendorff
   2005 und 2004; Roett/Paz 2003; Kaufman Purcell/Simon 1995; Roett
   1995 und 1994; Grabendorff/Roett 1985.

➤ *Sicherheitspolitiche Aspekte der EU-Lateinamerika-Beziehungen:*
   Kernic/Feichtinger 2006.

➤ *Zur jüngsten Entwicklung* (EU-Lateinamerika-Gipfe in Wien, 2006):
   Seixas Corrêa 2006; Maihold 2006a; Maihold 2006b.

➤ *Unión Europea – Mercosur: Una asociación para el futuro,*
   Europäische Kommission 2002,
   http://ec.europa.eu/comm/external_relations/mercosur/intro/br002_es.pdf

Internet:

➤ The EU's relations with Latin America:
   http://ec.europa.eu/comm/external_relations/la/index.htm

➤ Regionale Programmierungsstrategie Lateinamerika 2002-2006,
   Europäische Kommission, April 2002:
   http://ec.europa.eu/comm/external_relations/la/rsp/index.htm

➤ Discussion Paper on Regional Programming 2007-2013 (spanisch):
   http://ec.europa.eu/comm/external_relations/la/doc/regional_07-13_es.pdf

➤ Deutsches Auswärtiges Amt (2003), *Integrationsbestrebungen in
   Lateinamerika und deren Folgen für Europa:*
   http://www.auswaertiges-amt.de/www/de/infoservice/download/pdf/planungsstab/veit-
   projekt.pdf

➤ Mercosur Offical Portal:
   http://www.mercosur.int

➤ Erklärung zum Gipfeltreffen EU-Lateinamerika/Karibik in Wien, 12.
   Mai 2006:
   http://www.bmaa.gv.at/view.php3?f_id=10936&LNG=de&version=

5 Die Beziehungen der EU zu Russland, dem Südkaukasus und Zentralasien

5.1 Die EU und der „Große Nachbar" Russland

5.1.1 Einleitung und Überblick

Unklarheit über den Platz Russlands in der Weltpolitik (Mommsen 2002) und über seine Beziehung zu Europa zeigt sich nicht nur in der politikwissenschaftlichen Literatur, sondern ebenso bei sämtlichen politischen Bemühungen um Annäherung und Etablierung einer engeren Partnerschaft zwischen der Europäischen Union und Russland. Mit der Frage der konkreten Ausgestaltung dieses Beziehungsgeflechts werden alte Identitätsprobleme erneut zum Leben erweckt, die im Grunde schon seit Jahrhunderten die Menschen in dem sich über zwei Kontinente erstreckenden Großraum bewegen. Die Identitätssuche ist heute wieder in Gang gekommen und es hat ganz den Anschein, als könnte die alte Frage, ob Russland nun eher Europa oder Asien zuzurechnen sei, niemals endgültig beantwortet werden (Baranovsky 2000; Hudson 1994).

Eine Antwort dahingehend, Russland sei immer schon beides gewesen, also *asiatisch und europäisch zugleich* und beides stets miteinander verbindend, leuchtet zwar durchwegs ein, befriedigt aber nicht. Sie schwindelt sich sozusagen nur um den wirklichen Kern der eingangs gestellten Frage vorbei, nämlich wie dieses „Mischverhältnis" von asiatisch *und* europäisch konkret bestimmt sei bzw. welche der beiden Seiten im Falle Russlands letztlich dominiere und insgesamt stärker zum Vorschein komme. Wer die Polarisierung *europäisch versus asiatisch* (Bassin 1991) zum Ausgangspunkt für eine historisch-politikwissenschaftliche Betrachtung zur russischen Identität bzw. zu Russlands Außenpolitik über die Jahrhunderte hinweg wählt, dem fällt es in der Folge relativ leicht, unterschiedliche Strömungen im *Selbstverständnis* Russlands im Verlauf der Geschichte wahrzunehmen und zu beschreiben (Blank/Rubinstein 1997). Sichtbar wird dabei auf jeden Fall, dass sich Russland schon seit jeher immer wieder in ganz besonderer Weise als eine spezifisch *europäische Macht* empfand und in seiner gesamten Politik (einschließlich der Außenpolitik) nach einem unmittelbaren Anschluss an die kulturellen, politischen, wirtschaftlichen und sozialen Entwicklungen in den Zentren Europas strebte (Lewis 1995; Arbatov 1993; Kennan 1960).

Der Zusammenbruch der Sowjetunion und das damit verbundene jähe Ende der sowjetischen Hegemonie und Vorherrschaft in der Welt um 1989 markierten für Russland einen gewaltigen Umbruch in seiner jüngeren Geschichte, durch den sich zwangsweise die Frage der eigenen Identität im Rahmen der Weltpolitik aufs Neue stellte. Das „neue Denken" und die politische Wende um 1989/90 brachte naturgemäß zunächst einmal sofort eine stärkere Annäherung an Europa und den Westen. Die Auflösung der Blockkonfrontation ermöglichte sogar, dass sehr rasch die Idee geboren wurde, Russland zukünftig in das „gesamteuropäische Haus" aufzunehmen (Brzezinski 1989). Die unter Gorbatschow eingeleitete „Europäisierung Russlands" besiegelte nicht nur offiziell das Ende der marxistisch-leninistischen Staatsideologie, sondern signalisierte zugleich den Anbruch einer neuen Ära in der Geschichte des Landes, in der zunehmend westeuropäische Leitbilder und Ideen zum Durchbruch gelangten (Iivonen 1991; Story J. 1993; Hough 1990; Gorbatschow 1989; Pinder 1991; Harle/Iivonen 1990): Öffnung des Landes, demokratische Regierungsform, Marktwirtschaft, Rechtsstaatlichkeit und politischer Pluralismus.

Die erste Dekade nach der Wende von 1989 war deshalb über weite Strecken durch Versuche der Europäischen Gemeinschaft geprägt, die Sowjetunion bzw. ihre Nachfolgestaaten eng an Europa zu binden und mit den einzelnen Staaten eine enge Kooperation zu begründen. Präsident Jelzin brachte um 1997 sogar die Idee eines Beitritts Russlands zur EU ins Spiel. Erst die Europapolitik Russlands unter seinem Nachfolger Vladimir Putin änderte sich dann ab dem Jahr 2000 dahingehend, dass fortan ein EU-Beitritt oder selbst nur eine Assoziation des Landes mit der Union von Russland nicht mehr angestrebt wurde. Russlands Selbstverständnis erstarkte zu diesem Zeitpunkt derart, dass es sich zunehmend wiederum als eine eigenständige Weltmacht zu verstehen begann, deren unmittelbarer politischer Einfluss sich auf beide Kontinente - Asien und Europa - erstrecke.

Die Doktrin einer „multipolaren Welt" bildete ab 2000 die neue theoretische Grundlage für eine eher pragmatische Ausgestaltung der politischen Zusammenarbeit mit dem Westen und der EU. Russlands asiatische Position sollte Hand in Hand mit seiner europäischen gehen, weshalb Moskau in den letzten Jahren zunehmend auf die Stärkung seiner asiatischen Partnerschaften Wert legte, insbesondere im Hinblick auf die aufsteigenden Mächte China und Indien (Katz 2006). Die jüngste Geschichte der russischen Außenpolitik wie der russischen Identitätssuche ist zweifellos insgesamt wesentlich durch das generelle Spannungsverhältnis zwischen Europäismus und Eurasianismus geprägt (Smith G. 1999; Kerr 1995). Dies ist bis heute ein wichtiges Leitmotiv russischer Innen- und Außenpolitik, nicht selten begleitet durch neu aufflackernde Momente einer politischen Rhetorik, die sich an dem Leitbild einer neu zu begründenden russischen *Großmachtspolitik* orientiert (Black J.L. 2004).

Allgemeine Unklarheit über die gegenwärtige Position und Rolle Russlands in der Weltpolitik herrscht nicht nur in Russland, sondern ebenso in Europa, das sich im Hinblick auf diese Frage immer schon im höchsten Maße ambivalent verhalten hat. Einerseits wird Russland als primär „europäisch" gesehen und folglich eine enge Koppelung des Landes an Europa bzw. die EU gefordert, andererseits aber erscheint im gleichen Atemzug dieses „Europäische" an Russland eben nicht europäisch genug zu sein, so dass eine volle Integration oder wirklich enge Anbindung des Landes an Europa wiederum wenig wünschenswert erscheint oder überhaupt strikt abgelehnt wird.

Diese *ambivalente Grundhaltung* durchzieht die Beziehungen zwischen der Europäischen Union und Russland seit den frühen 90er-Jahren (Webber 2000; Kraus 2003). Ein schwankender Europakurs Russlands korrespondiert mit einem ebenso schwankenden Russlandkurs der Europäischen Union. Meinungs- und Auffassungsunterschiede zwischen den beiden Seiten im Hinblick auf einzelne politische Ereignisse oder generelle Entwicklungen schaffen in den Beziehungen stets zudem nahezu täglich neue Reibungs-flächen. Das Spektrum von Problemen in den bilateralen Beziehungen reicht vom Verhalten Russlands in der Tschetschenienfrage über das Thema Energieversorgungssicherheit Europas bis hin zu heiklen Fragen im Hinblick auf die tatsächliche Beschaffenheit der demokratischen Ordnung Russlands (einschließlich der Problematik der Meinungsfreiheit).

Es steht außer Zweifel, dass handfeste politische und wirtschaftliche Probleme das europäisch-russische Beziehungsgeflecht bis in unsere Tage wesentlich belasten (der Europarat zog beispielsweise aufgrund solcher Probleme vor einigen Jahren sogar ein Ausschlussverfahren gegen Russland in Erwägung). Trotzdem dominiert in Summe in ganz Europa der *integrations-politische* Ansatz, d.h. das vorrangige Ziel der europäischen Außenpolitik ist eine weitgehende Integration Russlands in die engeren „europäischen Belange" – dies insbesondere gegenüber der Alternative einer Isolation. Aus dieser Grundentscheidung resultiert eine politische Haltung der EU gegenüber ihrem größten Nachbarn, die in den letzten Jahren wesentlich durch eine Mischung von Pragmatismus, Realismus und einem hohen Maß an Toleranz geprägt ist.

Strategische und wirtschaftliche Interessen, wie sie beispielsweise beim ins Leben gerufenen „*Energiedialog*" deutlich zum Vorschein kommen, verstärken diese Haltung der EU und fördern zugleich die Tendenz zu politisch pragmatischem Handeln. Dies ermöglicht ebenso, dass auftretende Differenzen und Spannungen primär im Licht eines generellen Machtkampfes gesehen werden können, bei dem es darum geht, ganz bestimmte Interessen fest im Auge zu behalten und im alltäglichen „politischen Machtspiel" fallweise bestimmte „Faustpfänder" in der Hand zu behalten oder gegen andere Fragen/Themen etc. einzutauschen. Die Verhandlungen der EU mit Russland im Zusammenhang mit der Osterweiterung können durchwegs aus einer solchen Perspektive betrachtet werden. Russische Bedenken gegen die Osterweiterung konnten dann jeweils entsprechend ausgeräumt oder kompensiert werden, d.h. Lösungen wurden immer wieder in Aussicht gestellt, selbst bei heiklen Fragen (z.B. Kaliningradproblem). Ein solches *political bargaining* lässt sich ebenso beobachten, wenn häufig rein wirtschaftliche Aspekte in ganz besonderer Weise mit politischen Fragen verknüpft werden. Wichtig dabei scheint vor allem, dass das „politische Spiel" in Gang gehalten wird.

In der politikwissenschaftlichen Literatur wird vielerorts auf einen um das Jahr 2002 eingeleiteten *Prozess einer Intensivierung* der Beziehungen Russland-EU verwiesen. Zweifellos lag eine solche Entwicklung durchwegs im besonderen Interesse der Union, nicht nur wegen der unmittelbar bevorstehenden Osterweiterung, sondern ebenso wegen der zu dieser Zeit stark forcierten Pläne einer langfristigen Energieversorgung Europas durch Russland. Für den erfolgreichen Vollzug der Erweitung des europäischen Integrationsraumes in Richtung Osten bedurfte die EU sicherlich zu einem gewissen Grad der Mithilfe oder Mitwirkung Russlands. Die Union hatte zu dieser Zeit zudem überhaupt kein Interesse an einer Schwächung Russlands, erschien eine solche Entwicklung doch viel zu risikoreich für die Stabilität des internationalen Systems in all seinen Bereichen: von der Politik, Ökonomie bis hin zur Ökologie. Borko und Timmermann (1999) verwiesen zu dieser Zeit mit Vehemenz auf die Gefahren, die sich aus einer „*Großohnmacht*" Russlands für den Erweiterungsraum ergeben könnten (ebenso Vogel H. 1996).

Doch nicht nur auf der Seite der EU lassen sich handfeste Interessen für eine Intensivierung der Beziehungen erkennen. Für Russland war die EU um die Jahrtausendwende zum wichtigsten Handelspartner aufgestiegen, so dass sich allein aus dieser Entwicklung eine verstärkte Hinwendung in Richtung Westen ableiten lässt. Russlands Interessen an einer engeren Zusammenarbeit mit der EU waren zweifellos vielfältiger Natur (Timmermann 2003; Pinder/ Shishkov 2002). Zum einen ergab sich ein besonderes Interesse schon allein aufgrund der Bedeutung des europäischen Wirtschaftsraumes als Handelspartner und Absatzmarkt, insbesondere für russische Energieträger und Rohstoffe. Zum anderen wollte Russland vermeiden, vollkommen aus dem europäischen Integrationsprozess ausgeschlossen zu sein, zumindest so lange sich dieser als erfolgreich erweist. Die Angst vor einer möglichen radialen Ausgrenzung des Landes war sicherlich eine wichtige Triebfeder für die russische Dialogbereitschaft. Weitere Anreize wurden von der EU selbst vorgegeben, etwa durch verschiedene Programme einer politischen, wirtschaftlichen und finanziellen Hilfestellung der Union zur Beschleunigung und Festigung der Reformprozesse in Russland. Schlussendlich baute Russland auf eine tatkräftige Unterstützung der EU bei seinen Ambitionen um Einbindung in den institutionellen Mechanismus zur Steuerung der Weltwirtschaft (WTO-Beitritt).

Diese Entwicklung gab zunächst einmal um das Jahr 2002 Anlass zu einer großen Euphorie und Feststimmung auf beiden Seiten. Sehr rasch wurde von einer neuen „strategischen Partnerschaft" zwischen der EU und Russland gesprochen, die eine neue Ära in den bilateralen Beziehungen einleiten sollte. Im Mai 2003 wurde die strategische Partnerschaft in Sankt Petersburg offiziell besiegelt (Lynch 2004).

Im Hinblick auf die Bewertung dieser Partnerschaft scheint jedoch deutliche Zurückhaltung geboten. Vor allem wenn die jüngste Entwicklungsgeschichte dieses Beziehungsgeflechts auf die prägnante Formel „von pragmatischer Zusammenarbeit zu strategischer Partnerschaft" (Meier 2000: 103) komprimiert wird, dann ist dem aus heutiger Sicht zumindest ein großes Fragezeichen hinzufügen. Vorsicht scheint unter anderem angebracht, weil zunehmend ebenso Prozesse einer Abkoppelung Russlands von der fortschreitenden Intensivierung und Verdichtung der Beziehungen der EU-15 zu den 12 neuen Mitgliedern und anderen Staaten Ostmitteleuropas in Gang zu kommen scheinen. Verschiedene kleinere politische Differenzen und Krisen in den Grenzzonen bzw. im Zusammenhang mit Staaten in dieser Region, die einmal dem Verband der Sowjetunion angehörten, deuten auf gravierende politische Umbrüche in diesem Raum hin. Bei einigen Staaten der Region, wie etwa den baltischen Ländern, kann sogar davon gesprochen werden, dass die Entwicklung einer neuen „europäischen Identität" wesentlich in vehementer Abgrenzung zu einer einstmals von Moskau gleichsam aufoktroyierten „russisch-sowjetischen Identität" der Zeit des Kalten Krieges vorgenommen wird (Kelertas 2006; Kuus 2002; Miniotaite 2003; Virkkunen 2001). Die Frage einer echten Anbindung Russlands an europäische Strukturen muss aus diesem Grund in vielerlei Hinsicht als noch ungelöst und offen betrachtet werden.

Diese schwierige Situation wurde vor kurzem erneut sichtbar, als die Europäische Union ihr Konzept der Europäischen Nachbarschaftspolitik vorstellte und damit begann, dieses in politische Realität umzusetzen. Obwohl Russland der größte Nachbar der EU ist, nimmt es nicht am Projekt der ENP teil, sondern verbleibt außerhalb dieses politischen Rahmens. Russland genießt damit einen Sonderstatus, der zugleich regionale Integrationsprozesse erschwert. Die Sonderstellung Russlands wird gegenüber den anderen Staaten dieser Region noch dadurch hervorgehoben, dass Elemente der ENP sehr wohl in die strategische Partnerschaft EU-Russland einfließen (z.b. hat Russland das Recht, im Rahmen der ENP Fördermittel zu erhalten, und seit Anfang 2007 erhält das Land ebenso Mittel aus dem Topf der *Europäischen Nachbarschaft und Partnerschaft*).

In Summe ist das Verhältnis EU-Russland weiterhin als ein ambivalentes zu sehen. Gemeinsame Interessen binden die beiden Partner zwar heute stärker als noch in den 90er-Jahren aneinander, doch gleichzeitig belasten diverse Kontroversen und Meinungsverschiedenheiten sowie unterschiedliche Grundorientierungen die Partnerschaft mit besonderer Intensität (Mommsen 2004; Meier 2004; Simon 2002 und 2000; Timmermann 1999; Borko/Timmermann 1999; Vogel 1996). Ein fallweise zum Vorschein kommendes russisches Großmachtsdenken erschwert ebenso eine Annäherung wie verschiedenartigste ökonomische, soziale und demokratie-politische Probleme innerhalb von Russland oder Konflikte an den Randzonen der russischen Einflusszone. Die strategische Partnerschaft leidet bis zur Stunde an einem entscheidenden Glaubwürdigkeitsproblem. Wenngleich es Tendenzen gibt, Russland zukünftig beim internationalen Krisenmanagement stärker ins „europäische Boot" zu holen, so kann dies nicht darüber hinwegtäuschen, dass sich beide Seiten immer noch mit Skepsis und einem grundsätzlichen Misstrauen begegnen. Im Augenblick spricht einiges sogar dafür, sich um die politisch-demokratische Entwicklung Russlands in der nahen Zukunft sowie um die politische und wirtschaftliche Stabilität und Verlässlichkeit dieses Partners ernsthaft Sorge zu machen.

Welchen außenpolitischen Kurs soll Europa angesichts dieser Entwicklung und Situation steuern? Christian Meier sieht ein wichtiges Grundinteresse der EU darin, neue Trennlinien in Europa zu vermeiden: *„Für die EU ist die Vermeidung neuer Trennlinien in Europa der wichtigste Grund, um parallel zur Einbindung der ostmittel- und südosteuropäischen Staaten enge Vertragsbeziehungen mit Russland herzustellen. Aus Brüsseler Sicht bilden die EU und Russland die beiden Hauptmächte in Europa, wobei Russland als ein für die Sicherheit des Kontinents zentraler Faktor eingestuft und auf sein großes, für eine wechselseitig vorteilhafte Kooperation ungenutztes Wirtschafts-, Handels- und Wissenschaftspotential verwiesen wird"* (Meier 2000: 104; weiters siehe Barysch 2004). Vielleicht müssen die Ansprüche und Hoffnungen auf die ins Leben gerufene strategische Partnerschaft EU-Russland nur entsprechend reduziert werden, um in der Tat einen erfolgreichen außenpolitischen Kurs steuern zu können: Ein friedliches Nebeneinander, ein verstärkter kultureller und politischer Dialog und enge Handels- und Wirtschaftsbeziehungen können durchwegs schon als ein großer Erfolg gewertet werden, wenn auf diese Weise politischen Instabilitäten oder dem Ausbruch neuer gewaltsamer Konflikte in der gesamten euro-asiatischen Grenzregion vorgebeugt wird. In dieser Hinsicht steht die Partnerschaft EU-Russland vor großen Herausforderungen und einer harten Bewährungsprobe.

5.1.2. Grundlagen und historische Entwicklung

Bereits in den 80er-Jahren gab es Bemühungen um Etablierung engerer Beziehungen zwischen der EG und dem Rat für Gegenseitige Wirtschaftshilfe (RGW). 1988 erfolgte die Unterzeichnung der *„Gemeinsamen Erklärung über die Aufnahme offizieller Beziehungen"* zwischen RGW und EG, die die Möglichkeit zur Schließung bilateraler Handels- und Kooperationsabkommen eröffnete. Über die konkrete Ausgestaltung der bilateralen Beziehungen herrschte aber keineswegs allgemeine Übereinstimmung, dies vor allem im Hinblick auf die Frage der zukünftigen Beziehungen zur im politischen Umbruch befindlichen UdSSR. Im April 1989 forderte der Europäische Rat die Koordinierung der Osteuropapolitik durch die EG, wodurch insbesondere die Anstrengungen zur Demokratisierung Ostmitteleuropas unterstützt werden sollten. Die entsprechenden umfangreichen Hilfsprogramme wurden fortan durch die Europäische Kommission koordiniert, der es auf diese Weise gelang, eine ganz spezifische außenpolitische Rolle zu übernehmen und sich vor allem im Hinblick auf die Umsetzung und Implementierung der vom Rat beschlossenen Programme zu profilieren.

Die Idee eines *„gemeinsamen europäischen Hauses"* wurde bereits Ende der 80er-Jahre vom damaligen sowjetischen Präsidenten Michail Gorbatschow propagiert, auch wenn die konkreten Inhalte dieses später so geflügelten Wortes letztlich immer verschwommen blieben (Harle/Iionen 1990; Hough 1990; Gorbatschow 1989). Trotzdem aber trat eine Tendenz in all den Debatten dieser Jahre der „Perestroika" um die zukünftig politische Neuordnung der Welt mit überraschender Klarheit zutage: ein Bemühen aller, die nach dem Zweiten Weltkrieg entstandene Teilung Europas möglichst rasch aufzuheben und eine neue Ordnung zu etablieren, in der die Polarisation und Konfrontation der jüngsten Vergangenheit aufgehoben wird durch eine ständig weiter zu vertiefende Kooperation und Integration. Dies galt von Anfang an ebenso für die Sowjetunion, die sich zu diesem Zeitpunkt in einem verstärkten Ausmaß als europäische Macht sah und als solche auch von den westlichen Staaten Europas anerkannt wurde. Die Sowjetunion war damit von Anfang an in gewisser Weise in den neu in Gang kommenden Prozess der europäischen Einigung eingebunden, wenngleich natürlich in einer geographischen wie politischen Sonder- oder Randposition.

Ein erster institutioneller Rahmen für eine engere Zusammenarbeit zwischen der Sowjetunion und der EG wurde durch den *Handels- und Kooperationsvertrag* vom Dezember 1989 etabliert (*„The Agreement on Trade and Commercial Economic Cooperation between the EC and the Soviet Union"*). In der Folge ging es primär um die Frage, in welcher Weise die Sowjetunion - und später dann ihre Nachfolgestaaten - in das politische Projekt „Europa" eingebunden werden könnte. Interesse an einer engen Zusammenarbeit wurde von den Staaten West- wie Osteuropas, von der EG wie von der Sowjetunion bzw. Russland signalisiert. 1991 kündigte Präsident Jelzin die *„Rückkehr Russlands nach Europa"* an (Mommsen 2002), womit er zugleich den Startschuss für eine Reihe von Verhandlungen über diverse Handels- und Kooperationsverträge zwischen der Europäischen Gemeinschaft und Russland gab. Der Europäischen Gemeinschaft schwebte ein umfassendes neues Abkommen vor, durch das eine *„vertiefte Partnerschaft"* eingeleitet werden sollte.

Intensive Verhandlungen zwischen Moskau und Brüssel begannen 1992. Ein Jahr davor war bereits das TACIS-Programm gestartet worden, das Russland den Weg in Richtung Demokratie, Rechtsstaatlichkeit und Marktwirtschaft ebnen sollte (siehe Box 5.1.) (Gerner 1998). 1993 stellte Russland den Antrag um Aufnahme in den Europarat. Probleme verzögerten jedoch den Beitritt, der erst 1996 stattfand. Schwierig gestaltete sich ebenfalls das Verhältnis im Hinblick auf die Frage der Osterweiterung der NATO. Erst die Einigung auf eine *„besondere Beziehung zwischen Russland und NATO"* ermöglichte den Start des *Partnership for Peace* Programms.

Box 5.1. TACIS – Technical Assistance to the Commonwealth of Independent States
----

Zielsetzung:
Förderung des Übergangs zur Marktwirtschaft und Stärkung von Demokratie und Rechtsstaatlichkeit
Zielländer:
Armenien, Aserbaidschan, Weißrussland, Georgien, Kasachstan, Kirgistan, Moldau, Russland, Tadschikistan, Turkmenistan, Ukraine, Usbekistan, Mongolei.

Schwerpunkte der Förderung (Zeitraum 2002-06):

- Unterstützung des Privatsektors und Förderung der wirtschaftlichen Entwicklung
- Aufbau von Infrastrukturnetzen
- Unterstützung der institutionellen, rechtlichen und administrativen Reform
- Entwicklung der Wirtschaft im ländlichen Raum
- Förderung des Umweltschutzes und des vernünftigen Umgangs mit natürlichen Ressourcen
- Unterstützung bei der Bewältigung der sozialen Folgen des Übergangs
- Nukleare Sicherheit

Budgetrahmen:

Für den Zeitraum 2000-06 stehen jährlich etwa 0,5 Mrd. Euro vorwiegend in Form von nicht rückzahlbaren Zuschüssen zur Verfügung. Seit 1991 Zuschüsse von über 4 Mrd. € bewilligt, 2000-2006: 3,1 Mrd. €.

Quelle: WKO Info (http://wko.at/eu/eic/tacis.htm)

Weitere Informationen: Tacis-Homepage/EuropeAid; Tacis-Homepage/GD Außenbeziehungen

Zum Abschluss eines neuen *Partnerschafts- und Kooperationsabkommens* zwischen der Europäischen Gemeinschaft sowie ihren Mitgliedstaaten und Russland kam es am 24. Juni 1994 in Korfu (am 1. Dezember 1997 in Kraft getreten). Dieses Abkommen, das eine Gültigkeit bis 2007 hat, enthält neben wirtschafts- und handelspolitischen Inhalten und der Übereinkunft über die Gestaltung des regelmäßigen politischen Dialogs auch einen Verweis auf die europäische Wertegemeinschaft als einer wichtigen Grundlage gemeinsamen Agierens und politischer Zusammenarbeit. Es bildete zunächst einmal zweifellos eine solide Grundlage für eine evolutionär konzipierte Kooperation in einzelnen Politikfeldern, die Russland schrittweise möglichst nahe an die Union heranführen sollte. Auch ohne die Option einer Mitgliedschaft, so wurde argumentiert, ermögliche dieser Rahmen die Verfolgung gemeinsamer Ziele, wie insbesondere jenes der Errichtung einer Freihandelszone.

In seiner praktischen Umsetzung und Verwirklichung lieferte das Abkommen jedoch nur bescheidene Erfolge. Bereits die Startphase stand unter schlechten Vorzeichen. So dauerte es mehr als drei Jahre von der Unterzeichnung des Abkommens bis zur wirklichen Installierung des vorgesehenen Instrumentariums und des institutionellen Mechanismus. Hinzu traten noch Finanz- und Wirtschaftsprobleme, die Russland Ende der 90er-Jahre an den

Rand einer größeren Krise schlittern ließen und damit auch die Euphorie in der Startphase der Partnerschaft gehörig dämpften.

Box 5.2. Artikel 1 des Partnerschafts- und Kooperatiosabkommens der EG mit Russland (unterzeichnet am 24. Juni 1994):

"A Partnership is hereby established between the Community and its Member States, of the one part, and Russia, of the other part. The objectives of this Partnership are:

– to provide an appropriate framework for the political dialogue between the Parties allowing the development of close relations between them in this field;

– to promote trade and investment and harmonious economic relations between the Parties based on the principles of market economy and so to foster sustainable development in the Parties;

– to strengthen political and economic freedoms;

– to support Russian efforts to consolidate its democracy and to develop its economy and to complete the transition into a market economy;

– to provide a basis for economic, social, financial and cultural cooperation founded on the principles of mutual advantage, mutual responsibility and mutual support;

– to promote activities of joint interest;

– to provide an appropriate framework for the gradual integration between Russia and a wider area of cooperation in Europe;

– to create the necessary conditions for the future establishment of a free trade area between the Community and Russia covering substantially all trade in goods between them, as well as conditions for bringing about freedom of establishment of companies, of cross-border trade in services and of capital movements."

Quelle: EU/External Relations Webpage (JOCE L 327, Nov. 27, 1997); http://ec.europa.eu/comm/external_relations/russia/pca_legal/index.htm

Der institutionelle Mechanismus auf der Basis des Abkommens sieht ein *Mehrebenensystem* vor, in dem Fragen gemeinsamen Interesses in den einzelnen Politikfeldern intensiver ausgehandelt werden. Das für die politische Weichenstellung und Entscheidungsfindung wichtigste Gremium ist das neu installierte halbjährliche Gipfeltreffen der EU-Spitze mit der russischen Staatsführung. Weitere zentrale Gremien der institutionalisierten Zusammenarbeit sind der jährlich tagende Kooperationsrat auf Ministerebene sowie verschiedene Kooperationskomitees einschließlich eines Komitees für parlamentarische Zusammenarbeit.

Die Wirtschafts- und Staatskrise in Russland gegen Ende der 90er-Jahre veranlasste die Union dazu, dem Thema Russland erhöhte Aufmerksamkeit zu widmen. Wichtige mittel- und langfristige politische Ziele und Interessen der Mitgliedstaaten schienen plötzlich auf dem Spiel, so dass während der österreichischen Ratspräsidentschaft in der zweiten Hälfte des Jahres 1998 die Weichen für die Erarbeitung einer *Gemeinsamen Strategie* der Union gegenüber Russland gestellt wurden. Beim Kölner Gipfeltreffen des Europäischen Rates am 3. und 4. Juni 1999 wurde dann die *Gemeinsame Strategie der EU für Russland* verabschiedet (vorerst auf die Dauer von vier Jahren angelegt). Sie legte den Akzent auf die Konzeption der *„good governance"* und konzentrierte sich vorrangig auf die Festigung von Demokratie und Rechtsstaatlichkeit sowie der Zivilgesellschaft in Russland.

Daneben identifizierte die Strategie noch weitere wichtige *Ziele* und *Schlüsselaufgaben,* die aus der Sicht der Union in den nächsten Jahren zu erfüllen seien und für deren Implementierung spezifische Initiativen und Mittel in Aussicht gestellt wurden. Zu den in der Strategie aufgelisteten Prioritäten zählten neben der Einbeziehung Russlands in einen gemeinsamen europäischen Wirtschafts- und Sozialraum (einschließlich des Projekts der Errichtung einer gemeinsamen Freihandelszone) auch die Intensivierung des politischen Dialogs im Hinblick auf die europäische Sicherheit sowie die politische Stabilität in ganz Europa (sicherheitspolitische Kooperation) und die Kooperation bei der Bewältigung neuer gesellschaftlicher Bedrohungen und Risiken, von den Bereichen der Energieversorgung und nuklearen Sicherheit bis hin zu grenzüberschreitender Zusammenarbeit bei der Bekämpfung transnationaler organisierter Kriminalität (Meier 2000: 106-109).

Box 5.3. Die Gemeinsame Strategie für Russland (1999)

„Die Gemeinsame Strategie für Russland (1999) basiert auf dem Vertrag von Amsterdam und hat das Ziel, die strategische Partnerschaft zwischen der EU und Russland zu Beginn des neuen Jahrhunderts zu stärken. Die Zukunft Russlands wird als wesentliches Element für die Zukunft des europäischen Kontinents angesehen; dadurch beinhaltet sie ein strategisches Interesse für die EU. Die Gemeinsame Strategie legt die Ziele der Partnerschaft fest, einschließlich der Festigung der Demokratie, des Rechtsstaates und der öffentlichen Institutionen in Russland sowie der Integration Russlands in den gemeinsamen europäischen Wirtschafts- und Sozialraum. Die EU will mit Russland Zusammenarbeit ausüben, um

Stabilität und Sicherheit sowohl in Europa als auch außerhalb Europas zu stärken. Durch die Zusammenarbeit will die EU auf die gemeinsamen Herausforderungen des Kontinents in solchen Bereichen antworten, wie die Energie, die nukleare Sicherheit, die Umwelt, die Gesundheit, die Infrastruktur und die Bekämpfung der organisierten Kriminalität. Die Union will auch Möglichkeiten erörtern, wie der heutige politische Dialog mehr an Flexibilität, Kontinuität und Substanz gewinnen könnte und wie sie funktionsfähiger und effektiver werden könnte. Im Rahmen der Gemeinsamen Strategie werden die Mittel zur Fortsetzung der Partnerschaft festgelegt. Die EU und ihre Mitgliedstaaten werden die Zusammenarbeit, Kohärenz und Vollständigkeit in allen Aspekten ihrer Politik für Russland entwickeln. Sie wollen auch mit und in den regionalen und anderen Organisationen Zusammenarbeit ausüben mit dem Ziel, diese gemeinsamen Ziele zu erreichen."

Quelle: Ministerium für auswärtige Angelegenheiten, Helsinki, Finnland, 1999 (Webpage).[19]

Russland, das in die Ausarbeitung der Gemeinsamen Strategie eingebunden war, reagierte nicht nur positiv auf diese, sondern folgte seinerseits kurz darauf mit der Verabschiedung eines eigenen Dokuments, das sich mit der Zukunft der bilateralen Beziehungen näher auseinandersetzte. Im Oktober 1999 stellte Präsident Putin das Dokument vor. Es ist als *„Mittelfristige Strategie für die Beziehungen zwischen der Russischen Föderation und der EU, 2000-2010"* tituliert und plädiert für eine pragmatische Partnerschaft, die sich auf bestimmte ausgewählte Politikfelder konzentriert, ohne institutionelle Eingliederung oder formale Anbindung an die Europäische Union, also weder Beitritt noch Assoziation.[20]

Neuen Aufwind erhielten die Befürworter einer engeren Partnerschaft EU-Russland durch verschiedene Ereignisse des Jahres 2003. Einmal zeigte sich in der Irak-Frage ein deutlicher Bruch mit den USA im Hinblick auf ein multilaterales Konfliktmanagement im internationalen Bereich. Dadurch schien die Bildung einer engeren Achse mit Moskau geradezu wünschenswert. Zum zweiten verabschiedete die EU ihre Sicherheitsstrategie, die der Nachbarschaftspolitik ein deutlich stärkeres Gewicht verlieh und der Partnerschaft mit Russland höchste Bedeutung zusprach. Drittens stand die Osterweiterung unmittelbar bevor, wodurch sich automatisch eine Neustrukturierung des

---

19   http://presidency.finland.fi/doc/eu-de/de-nor_2russ.htm
20   http://www.delrus.cec.eu.int/en/p_245.htm

östlichen europäischen Raumes abzeichnete, in deren Kontext auch die Frage der Beziehungen zu Russland neu überdacht werden musste.

Beim Gipfel in Sankt Petersburg im Mai 2003 besiegelten die EU und Russland ihre „strategische Partnerschaft". In der gemeinsamen Erklärung vom 6. November 2003 einigten sich beide zudem auf die Einrichtung von vier „Gemeinsamen Räumen" auf der Basis des seit 1997 in Kraft getretene Partnerschafts- und Kooperationsabkommens. Der Abschluss der Verhandlungen über die konkrete Ausgestaltung dieser vier gemeinsamen Räume - für Wirtschaft (einschließlich Energie und Umwelt); für Freiheit, innere Sicherheit und Justiz; für äußere Sicherheit; für Forschung, Bildung und Kultur - verzögerte sich dann jedoch in der Folge, insbesondere weil erneut Frustrationen und Enttäuschungen sowie divergierende politische Auffassungen auf beiden Seiten zum Vorschein kamen (Meier 2004). Der EU-Russland-Gipfel am 10. Mai 2005 verabschiedete lediglich „Wegekarten über die vier gemeinsamen Räume", die seither einen groben Orientierungsrahmen vorgeben.[21] Sehr rasch wurde solcherart klar, dass die EU und Russland in der Angelegenheit der konkreten Gestaltung ihrer Partnerschaft noch zäh miteinander ringen werden. Das Auslaufen des bestehenden Partnerschafts- und Kooperationsabkommens mit Ende 2007 stellt die laufenden Verhandlungen sogar unter einen gewissen Zeitdruck, wenngleich selbst in dieser Hinsicht ein Notanker vorgesehen ist: Das Abkommen verlängert sich automatisch um je ein weiteres Jahr, wenn es nicht gekündigt wird (Westphal 2005; Barysch 2004).

Box 5.4. EU-Russland: Wichtigste Abkommen und Dokumente seit dem Zerfall der Sowjetunion

----

- Abkommen über Partnerschaft und Zusammenarbeit zwischen den Europäischen Gemeinschaften und ihren Mitgliedstaaten einerseits und der Russischen Föderation andererseits vom 24. Juni 1994 (in Kraft getreten am 1. Dezember 1997).
- Gemeinsame Strategie der Europäischen Union für Russland, Köln 1999 (1999/414/GASP vom 4. Juni 1999; Amtsblatt L 157).
- Medium-term Strategy for Development of Relations between the Russian Federation and the European Union (2000-2010)
- Verabschiedung von vier Rahmenabkommen ("Road Maps") für vier gemeinsame Räume am 10. Mai 2005.

---

21   http://ec.europa.eu/comm/external_relations/russia/summit_05_05/index.htm

Box 5.5. EU-Russland Gipfeltreffen seit 2000

Helsinki (November 2006); Sochi (Mai 2006); London (Oktober 2005);
Moskau (Mai 2005); Den Haag (November 2004); Moskau (Mai 2004),
Rom (November 2003); St. Petersburg (Mai 2003); Brüssel (November
2002); Moskau (Mai 2002); Brüssel (Oktober 2001); Moskau (Mai 2001);
Paris (Oktober 2000); Moskau (Mai 2000).

Quelle: EU/External Relations Webpage.

Zum Schluss sei noch darauf verwiesen, dass sich die EU-Russland-Be-
ziehungen auch in einem *trilateralen* Rahmen vollziehen, und zwar in den
beiden Regionalorganisationen: dem 1993 ins Leben gerufenen *euro-
arktischen Barentssee-Rat* (BEAC) sowie dem 1992 gegründeten *Rat der
Ostsee-Anrainerstaaten* (CBSS) (dazu: Meier 2000:115-118).

5.1.3. Strategische Interessen und Ausblick

Das europäisch-russische Beziehungsgeflecht hat sich seit dem Ende des
Kalten Krieges in radikaler Weise verändert. Dieser radikale politische Umbruch ist seither mit neuen im Osten wie Westen aufbrechenden Prozessen
einer Identitätssuche aufs engste verbunden. Dabei zeichnete sich schon sehr
früh ab, dass beide Seiten, die Europäische Gemeinschaft wie Russland, an
guten und an Breite wie Tiefe gewinnenden Beziehungen höchstes Interesse
haben. Die *Primakov-Grundsätze* im russischen außenpolitischen Denken
inkludierten den Gedanken einer „Vielpoligkeit", der als solcher auch in der
„*außenpolitischen Doktrin*" Russlands vom Juli 2000 zum Vorschein kommt
und dort das multipolare Denkschema untermauert. Beide Staaten sind heute
ohne jeglichen Zweifel mehr als nur wichtige Handels- und Energiepartner.
   Russland ist zwar gegenwärtig mit Sicherheit weit davon entfernt, eine
wirkliche „*wiedergeborene Supermacht*" zu sein - wie es manche vor allem in
Russland gerne sehen würden (Shlapentokh 2006) -, aber umgekehrt darf
seine Rolle und Position in der internationalen Politik und Weltwirtschaft
ebenso wenig unterschätzt werden. Vor allem in seiner Funktion als wichtiger
Öl- und Gasversorger für Europa hat sich Russland eine starke Stellung
gesichert. Die Frage der *Energieversorgungssicherheit* ist innerhalb der EG/
EU schon seit der Ölkrise von 1973 ein vieldiskutiertes Thema. Diese
Wirtschaftskrise führte den europäischen Staaten nicht nur ihre Import-
abhängigkeit und die Begrenztheit der wichtigen Ressource Rohöl vor Augen,
sondern förderte zugleich neue Denkmuster in den internationalen Be-

ziehungen, die die Phänomene der Abhängigkeit, Empfindlichkeit und Verletzbarkeit moderner Gesellschaften (Keohane/Nye 1977) ins Rampenlicht hoben. Da sich die Preissituation nach dem Ende der zweiten Ölkrise 1979-80 erneut stabilisierte, geriet diese Problematik teilweise wieder in Vergessenheit. Trotzdem aber mangelt es seither nicht an internationalen Krisen, die die politischen und gesellschaftlichen Implikationen der „Wirtschaftswaffe Öl" immer wieder ans Tageslicht holen.

In den frühen 90er-Jahren wurde die Frage der Energieversorgungssicherheit intensiv unter dem Titel „Lubbers-Plan" thematisiert. Ein Memorandum des damaligen niederländischen Premierministers Ruud Lubbers vom Juni 1990 sah eine Ausweitung des Handels im Energiebereich zwischen der EG und Mittel- und Osteuropa sowie der Sowjetunion vor. Engere ökonomische Beziehungen zwischen Energielieferant und -abnehmer sollten, so der Grundgedanke, im Sinne einer Interdependenz eine verlässlichere Grundlage für die Energieimporte der EG-Mitgliedstaaten liefern und andererseits auch die Transformations- und Modernisierungsprozesse in Ostmitteleuropa und der Sowjetunion stabilisieren bzw. unterstützen. Überlegungen zur Markterschließung und -ausweitung spielten dabei zweifellos ebenfalls eine bedeutende Rolle. In der Tat gelang es Russland während der 90er-Jahre, die Rolle eines wichtigen Energielieferanten für ganz Europa zu übernehmen. Dadurch ergaben sich neue Interdependenzen, die seither auf das Beziehungsgeflecht EU-Russland eine nachhaltige Wirkung entfalten.[22]

Es ist durchwegs richtig, Russlands Energiereserven und seiner Rolle im internationalen Öl- und Gasgeschäft mehr Aufmerksamkeit zu widmen und die zunehmende Koppelung der wirtschaftlichen Macht an die außenpolitischen Zielsetzungen Russlands stärker in den Blick zu nehmen. Die EU selbst verweist mit Nachdruck auf die engen Handels- und Wirtschaftsbeziehungen mit Russland, die im Zuge der Erweiterungsrunde 2004 noch weiter vertieft und verfestigt wurden:

> „Die ohnehin sehr guten Handelsbeziehungen zwischen der EU und Russland haben sich im Zuge der EU-Erweiterung weiter vertieft. Die EU ist mit einem Anteil von mehr als 50% am gesamten Handelsvolumen Russlands größter Handelspartner. Russland ist mit einem Anteil von

---

22 Siehe in diesem Zusammenhang die Mitteilung der Kommission an den Rat und das Europäische Parlament zur Unterzeichnung und vorläufigen Anwendung des Vertrages über die Europäische Energiecharta durch die Europäischen Gemeinschaften vom 19. Oktober 1994 (KOM [1994] 405 endg.).

rund 5% am gesamten Handelsvolumen der EU nach den USA, der Schweiz, China und Japan ihr fünftwichtigster Handelspartner. Im Jahr 2003 belief sich das *gesamte Handelsvolumen* für gewerbliche Erzeugnisse der erweiterten EU mit Russland auf 92 Mrd. EUR. Im bilateralen Handel nutzen beide Handelspartner ihre komparativen Vorteile: Die Ausfuhren Russlands in die EU beschränken sich hauptsächlich auf Erdöl und Rohstoffe, während die EU vorrangig Kapital und fertige gewerbliche Erzeugnisse sowie Verbrauchsgüter einführt. Russland deckt derzeit 20% des Bedarfs der EU an importiertem Erdöl. Ein bedeutender Anteil der auf den Gemeinschaftsmarkt eingeführten russischen Waren fällt unter das Allgemeine Präferenzsystem (APS) der EU, durch das die Einfuhrzölle niedriger sind als nach der Meistbegünstigungsklausel.

Die EU ist ebenfalls Russlands wichtigster Partner in Sachen Technologie, Know-how und Investitionen. Der *Handel mit Dienstleistungen*, der im Jahr 2002 rund 10 Mrd. EUR ausmachte, d.h. weniger als 2% des gesamten Handelsvolumens der EU in diesem Bereich, birgt ein hohes Potenzial, und der dynamische Dienstleistungssektor wird künftig zweifelsohne eine zunehmend wichtige Rolle in den Handelsbeziehungen spielen. Was die *ausländischen Direktinvestitionen* in Russland betrifft, so stehen die Unternehmen aus den EU-Mitgliedstaaten auch hier an erster Stelle. Bisher agieren die europäischen Investoren jedoch verhalten und bleiben mit 2,2 Mrd. EUR weit hinter ihren Möglichkeiten zurück."[23]

Der Prozess der Annäherung zwischen der EU und Russland erstreckt sich heute auf viele Bereiche, wobei den „*vier gemeinsamen Räumen*" eindeutig Priorität zukommt, unbeschadet dessen ob man sie eher als getrennte Politikfelder oder als eine Gesamteinheit betrachtet. Die wirtschafts- und handelspolitische Dimension der Partnerschaft, in der klare Interessen an einer funktionierenden Zusammenarbeit auf beiden Seiten erkennbar sind, steht jedoch bis dato in keinem harmonischen Einklang mit der politischen Dimension. Allgemeine Reserviertheit und grundsätzliches Misstrauen auf beiden Seiten kennzeichnen bis heute sowohl die einzelnen Gipfeltreffen wie das gesamte Klima der bilateralen Verhandlungen. Gleichzeitig wird immer deutlicher, dass die mit der Strategie der EU von 1999 verbundenen Ziele nur zum Teil erreicht werden konnten und die Rede von einer tiefgehenden

---

23   EU Webpage External Trade;
      http://ec.europa.eu/trade/issues/bilateral/countries/russia/pr210504_de.htm

strategischen Partnerschaft mehr ein Wunschbild als politische Realität darstellt.

Christian Meier kommt in seiner Analyse der europäisch-russischen Beziehungen zu dem Schluss, dass sich deshalb die Beziehungen der EU zu Russland *„mittelfristig in der Spannweite zwischen Krisenmanagement bzw. sektoraler Krisenprävention und einer von strategischer Geduld bzw. Beharrlichkeit gegenüber der russischen Führung bestimmten pragmatischen Zusammenarbeit auf einzelnen Politikfeldern bewegen"* werden (Meier 2000: 119). Und er fügt dem eine eher bescheidene Zukunftshoffnung hinzu: *„Dabei wäre es sicherlich schon ein Fortschritt, wenn es gelänge, dieses Zusammenwirken durch eine schrittweise Verbesserung der inneren und äußeren Rahmenbedingungen zu verstetigen und behutsam auf immer mehr Sachgebiete auszuweiten, um so die Grundlage für ein stabiles, realistisches Partnerschaftsverhältnis zu schaffen, das beide danach mit guten Erfolgsaussichten in strategische Partnerschaftsbeziehungen ohne ein Fragezeichen überführen könnten"* (ebenda).

Seine Analyse stammt aus dem Jahr 2000. Sie hat nichts von ihrer Gültigkeit verloren; das große Fragezeichen mit Blick auf die Zukunft ist geblieben. Es erscheint heute vielleicht sogar noch größer als je zuvor. Kurzum: Die strategische Partnerschaft zwischen der EU und Russland wartet immer noch auf eine klare mittel- oder langfristig angelegte nähere inhaltliche Bestimmung. Sie ist mehr „Worthülse" als außenpolitisches Programm. Dies muss insofern besonders kritisch gesehen werden, als sich zugleich wirtschaftliche Verflechtungen vertiefen und in einzelnen wichtigen Sektoren neue Abhängigkeiten entstehen. Der eingeleitete EU-Russland Energiedialog kann kein Ersatz für mangelnde politische Perspektiven sein, auch wenn es oftmals einfacher erscheint, in einem spezifischen Politikfeld oder Wirtschaftssektor zu Einigkeit zu gelangen als in den Fragen des „großen Politikdesigns" oder der großen Strategien.

5.2 Kaspisches Becken: Die Beziehungen EU-Südkaukasus

Das *Kaspische Becken* ist eine Region mit bedeutenden fossilen Energieressourcen und seit der Entdeckung des wahren Ausmaßes der kaspischen Ölvorräte Anfang der 90er-Jahre zunehmend auch ein Gebiet von höchstem geopolitischen und wirtschaftlichen Interesse für die westlichen Mächte (Amineh 2003 und 2000; Valinakis 1999; MacFarlane 1999). Russland sieht sich seit der Abspaltung der Länder von der Sowjetunion und ihrer Erlangung staatlicher Unabhängigkeit 1990-91 in seiner traditionellen Stellung als politischer und wirtschaftlicher Hegemon in dieser Region gefährdet und versucht seither, durch verschiedene außenpolitische Maßnahmen und durch Freundschafts- und Kooperationsverträge seinen Einfluss in diesem Gebiet zu wahren (Menon R. 1999).

Mit den Ölvorkommen gewann vor allem das Gebiet südlich des Kaukasus für die USA an geopolitischer Bedeutung, wobei den Amerikanern dabei die neu gewonnene Eigenstaatlichkeit von Georgien, Armenien und Aserbaidschan und der damit verbundenen einzelstaatlichen wie regionalen Neuordnung - auch in außenpolitischer Hinsicht - zugute kam. Es dauerte deshalb nicht lange, ehe die Vereinigten Staaten im Wege der Förderung und des Ausbaus von Pipelines auf diesem neuen Markt aktiv wurden und die amerikanischen Ölfirmen in das internationale Geschäft mit den kaspischen Energieressourcen eintraten (Warkotsch 2004; Krüger 2003.

Mit dem globalen Bedeutungszuwachs der Themen Energieressourcen und Ölförderung rückte die Region aber auch zunehmend in das Blickfeld der Europäischen Union. Die starke Abhängigkeit der EU-Staaten von der Einfuhr von Energieträgern bildete zweifellos eine wichtige Triebfeder für ein wachsendes außenpolitisches Engagement Europas in dieser Region. Zudem rückte der Südkaukasus gleichzeitig durch die Osterweiterung der Union gleichsam immer näher an deren neue Grenzen. Im Falle eines Beitritts der Türkei zur Union wären beispielsweise Georgien und Armenien unmittelbare Nachbarstaaten einer solcherart erweiterten Union. Natürlich gibt es ebenso eine Reihe von wirtschaftlichen und handelspolitischen Interessen der Union, die eindeutig für eine Intensivierung der Zusammenarbeit mit den süd-kaukasischen Ländern sprechen. Die Energieversorgungssicherheit im Wege der Förderung der Ölvorräte und transnationalen Pipelines und ein Ausbau der Handels- und Wirtschaftskooperation über die traditionelle Handelsroute der alten Seidenstraße von Asien nach Europa sind in diesem Zusammenhang besonders hervorzuheben.

Unmittelbar nach dem Zusammenbruch der Sowjetunion dominierte inner-halb der EG zunächst einmal der Wunsch, den neu in die Unabhängigkeit ent-lassenen Staaten bei ihren gesellschaftlichen, wirtschaftlichen und politischen Transformationsprozessen unter die Arme zu greifen. Eine marktwirtschaft-liche und demokratische Grundorientierung und stabile politische, wirtschaft-liche wie soziale Bedingungen erschienen als die wichtigsten Voraussetzungen für den weiteren Auf- und Ausbau der bilateralen Beziehungen der EG-Staaten zu den Ländern dieser Region. Dabei darf nicht übersehen werden, dass der Südkaukasus in den frühen 90er-Jahren vor allem als Konfliktherd wahr-genommen wurde, als eine politisch zutiefst instabile Region. Ein Scheitern der Staatenbildung hing wie ein Damoklesschwert über der Region, deren geopolitische Neuordnung zahlreiche gewaltsame Facetten auswies. Wirtschaftliche Schwierigkeiten, ethnische Konflikte (insbesondere um die Enklave Berg-Karabach), sezessionistische Bestrebungen in Georgien (vor allem um die Teilrepubliken Südossetien und Abchasien), soziale Not und enorme Probleme bei den Versuchen um Etablierung einer stabilen demokratischen Verfassung prägten die erste Hälfte der 90er-Jahre. Die Suche nach möglichen Konfliktlösungen für den Südkaukasus beschäftigte in dieser Zeit die Europäische Gemeinschaft weit mehr als irgendwelche tiefer gehende geostrategische oder geopolitische Überlegungen.

Diese Entwicklung spiegelt sich in den Hilfsprogrammen der EG wider. Am 15. Juli 1991 trat die Verordnung über die technische Unterstützung (*Technical Assistance Programme* - TAP) in Kraft, deren Rechtsgrundlage die Artikel 235 EWG und Artikel 203 des Vertrags zur Gründung der Europäischen Atomgemeinschaft bildeten (Mayer S. 2005: 62). Diese Verordnung bewertet Mayer (ebenda: 62) als eine Strategie der EG-Mitgliedsstaaten, um die politischen wie ökonomischen Reformprozesse in den Nachfolgestaaten der Sowjetunion konstruktiv zu stützen und dabei gleichzeitig konkrete ökonomische Ziele zu verfolgen, vor allem im Hinblick auf die Eröffnung und Absicherung dieses Marktes.

In den folgenden Jahren (1992-95) unterstützte die Union dann mit ihrem so genannten *Tacis-Programm* (*Technical Assistance for the Commonwealth of Independent States*) diverse Projekte im Energiesektor sowie in den unterschiedlichsten Bereichen (von der Landwirtschaft, dem Transportwesen und der Reform der öffentlichen Verwaltung bis hin zu humanitärer Hilfe und politischer Beratung). In Summe entwickelte sich das Programm zu einem wichtigen Instrument der EU zur Beeinflussung und Mitgestaltung der wirtschaftlichen, politischen und gesellschaftlichen Verhältnisse im Südkaukasus. Neben den unmittelbaren wirtschaftlichen Interessen der Union - vor allem im Hinblick auf die Energieversorgungssicherheit - spielten dabei zunehmend auch ordnungspolitische Absichten eine Rolle. Eine allgemeine Befriedung und Stabilisierung der Region lag zweifellos im Interesse der Union, um möglichst günstige Voraussetzungen für eine engere wirtschaftliche und handelspolitische Zusammenarbeit zu schaffen und gleichzeitig neuen Risiken und Bedrohungen durch illegale Migration, organisierte Kriminalität oder durch Umweltgefahren vorzubeugen.

Im Hinblick auf die konkrete Umsetzung sorgte das Tacis-Programm immer wieder für Kontroversen und gravierende Auffassungsunterschiede zwischen der Kommission, dem Rat sowie dem Europäischen Parlament, das sich in besonderem Maße Fragen der Menschenrechte und demokratischen Ordnung annahm und diese mit den wirtschaftlich-technischen Förderungen eng verknüpft sehen wollte. Bei dem Bestreben der Konfliktlösung und Gewaltprävention musste die EU insgesamt jedoch sehr bald die begrenzte Reichweite der ihr zur Verfügung stehenden Instrumente erkennen.

Unbeschadet dessen gilt es festzuhalten, dass dem Aspekt der Förderung und Durchsetzung demokratischer Prinzipien im Lauf der 90er-Jahre im Rahmen des Tacis-Programms besonderes Gewicht zukam. Dies fand seinen Niederschlag auch in den Überlegungen der Kommission zu einer neuen *Strategie der Union in ihren Beziehungen zu den transkaukasischen Republiken* vom 31. Mai 1995 (KOM [1995] 205 endg.) sowie in den zur gleichen Zeit vorgelegten Entwürfen für einen „Gemeinsamen Standpunkt" zur besseren Strukturierung der Beziehungen der Union mit Moskau und den drei Kaukasusrepubliken. Der Brückenschlag zwischen Asien und Europa in dieser konfliktträchtigen Region, so die Vorstellung Europas, sollte im Wege humanitärer Hilfsaktionen erfolgen. Die Europäische Union, so wurde deutlich signalisiert, strebe nicht nach einer Beteiligung an einem ausschließlich an ökonomischen Kriterien orientierten „Great Game" der Groß- und Regional-mächte um die Ressourcen dieser Region (Karasac 2002; Menon 1999; Evans 1999).

Natürlich konnte die Europäische Union damit aber keineswegs verhindern, dass sich ein solches Macht- und Kräftespiel im Kaspischen Becken trotzdem vollzieht, worauf vor allem Vertreter der realistischen Schule in den internationalen Beziehungen mit Nachdruck verwiesen. Vor allem die USA und Russland erkannten ihre Chancen, Regionalmächte wie die Türkei und der Iran sahen ihre Stunde gekommen und schlussendlich entdeckten sogar die südkaukasischen Staaten jene neuen außenpolitischen Optionen, die sich durch das gewandelte Umfeld in den regionalen und internationalen Beziehungen für sie eröffneten. Spätestens Ende der 90er-Jahre begannen Georgen und Aserbaidschan ihre Außenpolitik stark nach dem Westen auszu-richten, nachdem sie bereits 1995 dem Partnership-for-Peace-Programm der NATO beigetreten waren.

Der wachsende Einfluss des Westens spiegelte sich bald in der Präsenz amerikanischer Truppen im Kaukasus ebenso wider wie in der Beteiligung westlicher Ölfirmen an den Ölförderungen und beim Bau neuer Pipelines. Vielleicht ist die zuvor angesprochene Annahme einer noblen Zurückhaltung Europas im internationalen Wettstreit um die Energieressourcen des Kaspischen Beckens überhaupt nur ein irreführender Mythos. Vieles spricht dafür, dass sich die Europäische Union nicht nur auf eine „Vermittlerrolle" beschränkte, sondern dass sie sehr wohl in intensiver Weise ebenso geopolitische und ökonomische Interessen in dieser Region verfolgte. Die Beteiligung der British Petroleum an den Förderverträgen in Aserbaidschan deutet in gleicher Weise darauf hin wie die Aufzählung konkreter geopolitischer und wirtschaftlicher Interessen der EU in den Dokumenten (beispielsweise: KOM [1995] 205 endg.) oder die durch die Kommission 1999 erhobene Forderung nach einer *„Beziehung des Gebens und Nehmens"* im Hinblick auf die Staaten des Südkaukasus (vgl. Mayer S. 2005: 151f., KOM [1999] 272 endg.).

Ein gewichtiges Interesse Europas lag sicherlich in der Eröffnung von Diversifizierungsmöglichkeiten im Hinblick auf die Öl- und Gasimporte. In diesem Zusammenhang ist vor allem der Bau der neuen Pipeline von Baku über Tbilisi nach Supsa an der georgischen Schwarzmeerküste interessant, weil dadurch der Öltransport nicht mehr ausschließlich über die schon bestehende und jüngst neu instand gesetzte Rohrleitung von Baku über Grosny zum russischen Hafen Noworossijsk erfolgen musste. Mit der neuen Strecke wurde eine Transportverbindung nach Europa geschaffen, die weder über Russland noch den Iran verläuft. Mit der Eröffnung der Baku-Supsa-Pipeline sollte aber zugleich die Tür für noch größere Vorhaben geöffnet werden, auch wenn dabei in der Folge die Europäische Union ein durchwegs vorsichtiges politisches Agieren an den Tag legte, um die Beziehungen zu Russland nicht allzu sehr zu beeinträchtigen. Dennoch liegt auf der Hand, dass etwa das Baku-Tbilisi-Ceyhan-Projekt wichtige geopolitische Implikationen für den Westen, also insbesondere die USA und die Europäische Union, aufweist. Ein zweites geopolitisches Interesse Europas lag zweifellos in dem Ausbau des Transportkorridors an der Schnittstelle zwischen Europa und Asien, um im Wege von neuen Transportnetzwerken die Wirtschaftsbeziehungen zu fördern (TRACECA, INOGATE).

Der Bedeutungsgewinn der Region in den strategischen Konzepten der USA wie der EU lässt sich an einer Reihe von Indizien ablesen - von den diesbezüglichen Erörterungen im Zuge der EU-US-Gipfeltreffen bis hin zu den Gipfeltreffen der EU mit den Südkaukasus-Staaten, von denen das erste im Juni 1999 in Luxemburg stattfand. Die wichtigste Grundlage für die konkrete Ausgestaltung der Beziehungen der EU zum Südkaukasus bildete zunächst ab 1999 ein System bilateraler Partnerschafts- und Kooperationsabkommen, die alle eine Laufzeit von insgesamt zehn Jahren aufweisen und so genannte „gemischte Abkommen" darstellen, also Verträge, die nicht nur reine Handelsabkommen bilden, sondern über den Bereich der eindeutigen Gemeinschaftskompetenz hinausgehen. Sämtliche Abkommen zielen auf eine engere Anbindung der Region des Südkaukasus an den größeren Raum der Zusammenarbeit in Europa. Ein regelmäßiger politischer Dialog soll dieser Absicht zuträglich sein - institutionalisiert durch ein mehrstufiges System gemeinsamer Arbeits- und Kooperationsausschüsse - und neben die wirtschaftlichen und handelspolitischen Aspekte der Zusammenarbeit treten (ausführlich dazu: Mayer S. 2005: 143f.).

Im politischen Dialog spielt seither die Frage der Konfliktprävention eine zentrale Bedeutung, zumal die EU durch eine anhaltende instabile Situation in Transkaukasien eine ernste Bedrohung der Sicherheit Europas erblickt. Mit den Partnerschafts- und Kooperationsabkommen wurde ein Rahmen für die konkrete Ausgestaltung der bilateralen Beziehungen geschaffen und zugleich die wichtigsten Felder für eine engere Kooperation festgelegt. Dass dabei Energieaspekte für die Union im Vordergrund stehen, kann nicht überraschen. Etwas erstaunen mag vielleicht, dass innerhalb von nur wenigen Jahren die Idee der Schaffung einer *„Energiegemeinschaft"* in einem erweiterten europäischen Raum (einschließlich der Aufnahme von Fragen der Pipelinesicherheit in das Gemeinschaftsrecht) so viel Anklang finden konnte (siehe diverse Mitteilungen der Kommission über die Entwicklung einer Energiepolitik, 2003). Verständlich wird diese Entwicklung erst im Lichte der seit dem 11. September 2001 neu entbrannten globalen Sicherheitsdebatte, die für die Union eine enge Verknüpfung des Energiethemas mit dem Problem der Sicherheit nach sich zog. Bei der Ernennung des EU-Sonderbeauftragten für den Südkaukasus im Juli 2003 und der Festlegung seines Mandats zeigte sich bereits ganz deutlich der Bedeutungsgewinn des Themas Sicherheit (Lynch 2003, Mayer S. 2005).

Seit 2004 sind die südkaukasischen Länder in die neu ins Leben gerufene *Europäische Nachbarschaftspolitik* (ENP) integriert. Die ENP sieht dabei vor, dass auf der Grundlage der neu auszuarbeitenden Aktionspläne die bilateralen Beziehungen im Rahmen vertieft und neue Prioritätenlisten für die konkrete Zusammenarbeit erstellt werden. Anfang 2005 legte die Europäische Kommission dem Rat aktualisierte Länderberichte für die Staaten des Südkaukasus vor, auf deren Grundlage dann in der Folge die einzelnen Aktionspläne erstellt und verhandelt wurden.

Box. 5.6. EU-Kooperation mit Armenien, Aserbeidschan und Georgien:

- Partnerschafts- und Kooperationsabkommen seit 1. Juli 1999 in Kraft
- ENP Länderberichte (Europäische Kommission) 2005
- ENP Kommissionsvorschläge 2006
- ENP Aktionspläne 2006

5.3 Zentralasien

Mit dem Ende des Kalten Krieges wurde nicht nur eine radikale Veränderung der politischen Landkarte Europas eingeleitet, sondern ebenso des gesamten euroasiatischen und zentralasiatischen Raumes. Aus dem Zerfall der Sowjetunion gingen zunächst einmal 15 neue unabhängige Staaten hervor, zu denen die Europäische Gemeinschaft neue Beziehungen knüpfen musste. Die Beziehungen zu den zwölf GUS-Staaten wurden in der Folge durch eine Reihe von *Partnerschafts- und Kooperationsabkommen* strukturiert, die eine erste Grundlage für die Zusammenarbeit in den Bereichen Politik, Wirtschaft, Soziales, Finanzen, Wissenschaft, Technologie, Kultur und Staatsreform bildeten. *Interimsabkommen* ermöglichten in mehreren Fällen die zeitlich frühere Anwendung von Handelsbestimmungen der jeweiligen Partnerschafts- und Kooperationsabkommen noch vor deren Ratifizierung. Die wichtigsten Abkommen in diesem Zusammenhang bildeten jene mit Armenien, Aserbaidschan, Georgien, Kasachstan, Kirgisistan, Moldau (alle 1. Juli 1999), der Russischen Föderation (1. Dezember 1997), Tadschikistan (11. Oktober 1998, Interimsabkommen: 11. Oktober 2004), Ukraine (1. März 1998), Usbekistan (1. Juli 1999) und Weißrussland (6. März 1995, Interimsabkommen: 25. März 1996, Ratifizierung durch EU seit 15. September 1997 suspendiert).

Der postsowjetische Raum geriet insgesamt immer mehr in Bewegung und gleichzeitig verstärkte sich das politische und wirtschaftliche Interesse der Groß- wie Regionalmächte an einer engeren Kooperation mit diesen Ländern. Einige Staaten emanzipieren sich aufgrund ihres Ressourcenreichtums sehr rasch von Russland und verstanden es geschickt, die wirtschaftlichen und strategischen Interessen der USA, Chinas, Indiens oder der EU - einschließlich deren Bedarf an neuen Energiequellen - zur Festigung ihrer eigenen Position zu nutzen. Die EU unterstützte die Reformprozesse vor allem durch ihr Tacis-Programm. Das Hilfsprogramm wurde gleichzeitig mit der politischen Idee verbunden, dass die Union künftig nicht nur im osteuropäischen Grenzbereich und im Kaukasus, sondern ebenso im zentralasiatischen Raum eine dominantere außen- und sicherheitspolitische Rolle spielen könnte.

Die Entstehung einer neuen regionalen Kooperation in Zentralasien und Europas wachsendes außenpolitische Interesse an einer Zusammenarbeit mit dieser Region müssen im Kontext des Zerfalls der Sowjetunion und der damit möglich gewordenen Formierung einer Reihe neuer Staaten gesehen werden. Zwischen den fünf Staaten Zentralasiens - *Kasachstan, Kirgisistan, Tadschikistan, Turkmenistan* und *Usbekistan* - entwickelte sich seither ein interessantes multilaterales Beziehungsgeflecht, in dem Elemente von

Kooperation und Konfrontation einander komplimentieren (List 2006; Gleason 1997).

Die bisher unternommenen Versuche einer *Zentralasienpolitik* der Union lassen jedoch in Summe einen kohärenten Ansatz und eine klar verfolgte Strategie vermissen. Ziele und Mittel der EU-Zentralasienpolitik erscheinen in mehrfacher Hinsicht reformbedürftig (Warkotsch 2006). Das wichtigste Dokument der EU-Außenpolitik für Zentralasien ist bis zur Stunde die *„Regional Strategy 2002-2006 for Central Asia"* vom 30. Oktober 2002. Klarheit herrscht nur im Hinblick auf die strategische Bedeutung des zentralasiatischen Raumes: Als potentieller Zulieferer von Energie kommt dieser Region steigende Bedeutung zu, bedenkt man, dass die EU rund 70 Prozent ihres gesamten Erdöls und 40 Prozent ihres Erdgases importieren muss (Tendenz steigend!) und in dieser Hinsicht nicht vollkommen in neue Abhängigkeiten zu einzelnen Zulieferanten geraten möchte (insbesondere Russland) (Umbach 2004 und 2003). Die geographische Nähe zum europäischen Kontinent macht Zentralasien zu einem für die EU interessanten Partner im Hinblick auf die notwendigen Importe von Erdöl und Gas (Umbach 2003; Amineh 2006).

Box. 5.7. Partnerschafts- und Kooperationsabkommen der EU mit Zentralasien:

- **Kasachstan, Kirgisistan und Usbekistan**: Abkommen in Kraft seit 1. Juli 1999.
- **Turkmenistan**: Abkommen unterzeichnet 1998, Ratifizierung nicht abgeschlossen.
- **Tadschikistan**: Abkommen unterzeichnet 2004, Ratifizierung im Laufen (zurzeit Interimabkommen).

Die außenpolitischen Ambitionen der Union in dieser Region mündeten bisher in eine Reihe von wichtigen Abkommen in Ergänzung zum schon sehr früh ins Leben gerufenen Tacis-Programm: *Transport-Corridor Europe-Caucasus-Central Asia* (TRACECA), *Back Sea Regional Energy Center* (BSREC) und *Interstate Oil and Gas Transport to Europe* (INOGATE). Für die bilaterale Kooperation der Union mit den einzelnen Ländern bilden *Partnerschafts- und Kooperationsabkommen* den formalen Rahmen. Mit Kasachstan, Kirgisistan und Usbekistan wurden diese Abkommen bereits in den 90er-Jahren geschlossen (in Kraft seit 1. Juli 1999). Die Verhandlungen mit den beiden anderen Staaten, Turkmenistan und Tadschikistan, wurden 1998 bzw. 2004 abgeschlossen, aber noch nicht ratifiziert (in Falle von Turkmenistan aufgrund der Menschenrechtsverletzungen durch das Europäische Parlament blockiert).

In jüngster Zeit spielten vor allem *sicherheitspolitische Überlegungen* (nicht nur im Hinblick auf die Energieversorgungssicherheit, sondern etwa ebenso mit Blick auf die geographische Nachbarschaft zu Afghanistan oder die Gefahr der Ausbreitung eines militanten islamistischen Fundamentalismus) eine gewichtige Rolle dahingehend, dass gegenwärtig seitens der Union Zentralasien noch größeres außenpolitisches Augenmerk zuteil wird (Freitag-Wirminghaus 2006; Taha 2003/04). Die deutsche Ratspräsidentschaft drängt deshalb auf die Ausarbeitung einer umfassenden *„Zentralasienstrategie"* und die Verabschiedung politischer Leitlinien für diese Zusammenarbeit durch den Europäischen Rat im Juni 2007. Nach den Vorstellungen des deutschen Auswärtigen Amtes könnte eine solche Strategie folgendermaßen aussehen:

„Übergeordnetes Ziel der EU-Zentralasienstrategie sollte die Förderung von Sicherheit und Stabilität in der Region sein. Dieses Ziel lässt sich nur über eine schrittweise Verwirklichung von Rechtsstaatlichkeit, Demokratie sowie die Gewährleistung menschenrechtlicher Standards erreichen. Weitere Schlüsselbereiche könnten regionale Zusammenarbeit, wirtschaftliche Entwicklung/Armutsbekämpfung sowie Jugend und Bildung, Islamdialog, Energie und Umwelt sein. Die EU sollte den Staaten Zentralasiens dabei partnerschaftliche Unterstützung anbieten.

Dabei sollte es zwei Ebenen der Zusammenarbeit geben: die bilaterale Zusammenarbeit (Bildung, Rechtsstaat und Menschenrechte) und die regionale Zusammenarbeit. Bei der regionalen Zusammenarbeit zeichnen sich die Schwerpunkte Sicherheit (Grenzen, Drogen, organisierte Kriminalität), Wasser und wirtschaftliche Zusammenarbeit (vor allem Energie) ab. Ein regelmäßiger Dialog der EU mit den Staaten der Region könnte auf Außenminister-Ebene etabliert werden.

Ziel der EU-Zentralasien-Strategie sollte es sein, das Engagement der EU in Zentralasien vor allem in Schlüsselbereichen zu stärken und den zentralasiatischen Staaten verfügbare Instrumente zur Kooperation aufzuzeigen" (Auswärtiges Amt, 12.02.2007).[24]

---

24 http://www.auswaertigesamt.de/diplo/de/Aussenpolitik/RegionaleSchwerpu
    nkte/OsteuropaUndRussland/Zentralasien.html#t5

Die strategischen Interessen der EU an einer engeren Partnerschaft mit den zentralasiatischen Ländern sollten jedoch nicht dazu verleiten, über die in dieser Region nach wie vor herrschenden sozialen und politischen Spannungen und Konflikte hinwegzusehen. Eine Preisgabe der Menschenrechts- und Demokratiegrundsätze durch die EU zugunsten einzelner energiepolitischer Vorteile könnte für die Außenpolitik der Union verheerende Folgen haben. Es gilt aus diesem Grund im Auge zu behalten, dass die außenpolitischen Ziele der Union in dieser Region vorrangig in einer grundsätzlichen politischen, sozialen und wirtschaftlichen Stabilisierung dieser Region liegen und nicht in der Erzielung kurzfristig angelegter energiepolitischer Vorteile.

5.4 Weitere Informationen und Literaturverweise

Wichtige Dokumente:
- *Handels- und Kooperationsabkommen* den EG mit der UdSSR (1989).
- *Abkommen über Partnerschaft und Zusammenarbeit* zwischen den EG und ihren Mitgliedstaaten einerseits und der Russischen Föderation andererseits vom 24. Juni 1994 (in Kraft getreten am 1. Dezember 1997).
- *Mitteilung* der Kommission über eine europäische Strategie für die *Beziehungen zu den Südkaukasus-Staaten* (KOM [1995] 205, C4-0242/1996).
- *Mitteilung* der Kommission „*Beziehungen der EU zum Südkaukasus im Rahmen der Partnerschafts- und Kooperationsabkommen*" vom 7. Juni 1999 (KOM [1999] 272 endg.).
- *Gemeinsame Strategie der EU für Russland* vom 4. Juni 1999.
- *Mitteilung* der Kommission an den Rat und Parlament zu den *Beziehungen der EU zu Russland* vom 9. Februar 2004 (KOM [2004] 106).

Weiterführende Literatur:
- Mayer 2006; Warkotsch 2006; Mommsen 2004 und 2002; Meier 2000; Borko/Timmermann 1999; Timmermann 2003 und 1999;
- European Commission, *Central Asia: Regional Strategy Paper* 2002-2006. European Commission, *Country Strategy Papers*.

Internet:
- The EU's relations with Eastern Europe and Central Asia:
  http://ec.europa.eu/comm/external_relations/ceeca/index.htm
- The EU's relations with Russia:
  http://ec.europa.eu/comm/external_relations/russia/intro/index.htm
- Delegation of the European Commission to Russia Webpage:
  http://www.delrus.cec.eu.int/

6 Der Aufstieg Asiens und die EU

Zum Wandel der Beziehungen zwischen der EU und den Ländern Südost- und Ostasiens sowie Indien

Die politischen Karten Asiens wurden im Verlauf der letzten hundert Jahre mehrmals in radikaler Weise neu gemischt. Bereits ein flüchtiger Blick auf die politischen Landkarten des asiatischen Kontinents zur Zeit des späten 19. Jahrhunderts und zu unterschiedlichen Zeitpunkten während des 20. Jahrhunderts lassen die politischen, sozialen und ökonomischen Umbrüche dieser Epoche erahnen. Aus europäischer Sicht sticht dabei sofort ins Auge, dass heute eigentlich kaum noch etwas an die Kolonialgeschichte Europas in dieser Region erinnert. Vielleicht ist der *„Aufstieg Asiens"* zu einer kulturellen, politischen und wirtschaftlichen Weltmacht, die sich im Verlauf der letzten Jahrzehnte unbeschadet der mannigfachen innerasiatischen Differenzen und Trennungslinien vollzog, überhaupt erst dadurch möglich geworden, dass die europäische Kolonialgeschichte auf diesem Kontinent ein derartig blutiges Ende nahm und sämtliche Versuche einer Re-Kolonialisierung scheiterten. Wahrscheinlich kommt noch hinzu, dass auch die im 20. Jahrhundert zur Supermacht aufgestiegenen Vereinigten Staaten von Amerika auf diesem Kontinent traumatische Erfahrungen machen mussten und in dieser Region die weltweit zur Entfaltung kommende amerikanische Hegemonialmacht sehr früh in deutliche Schranken gewiesen wurde.

Mit Sicherheit vergrößerte dieses europäische wie amerikanische Trauma zugleich die Distanz Asiens zum Westen. Trotz eindeutiger ideologischer wie politischer Zu- und Einordnungsversuche während der Zeit des Kalten Krieges, vom Westen wie von der Sowjetunion außenpolitisch mit unterschiedlichsten Mitteln forciert, blieben verschiedene asiatische Staaten oftmals außerhalb der unmittelbaren Einflusszone einer der beiden rivalisierenden Supermächte oder sie entschieden sich überhaupt für einen eigenständigen und unabhängigen, manchmal auch wechselhaften politischen Kurs. Die Rede vom strategischen Dreieck *USA-Sowjetunion-China* gehörte zum politischen Vokabular der Zeit des Kalten Krieges, während der die wachsende ökonomische wie politische Dynamik des asiatischen Kontinents von beiden Supermächten wachsam im Auge behalten wurde. Europa jedoch spielte in diesem politischen Kräftespiel der Zeit nach dem Zweiten Weltkrieg kaum noch eine Rolle auf dem gigantisch großen asiatischen Kontinent. Die britischen, französischen und niederländischen Kolonialherren hatten sich fast vollständig zurückgezogen; was übrig geblieben war, das waren bestenfalls winzige Reststücke eines einstmalig großen Kolonialbesitzes (z.B. Hongkong, Macao, Osttimor). Dadurch konnten relativ rasch Faktoren wie *geographische Distanz* oder *kulturelle Fremdheit* die Oberhand im Beziehungsgeflecht Europa-Asien gewinnen.

Das Ende des Kalten Krieges leitete nicht nur den Prozess des Verschwindens des Kommunismus sowjetischer Prägung aus der Region ein (Kim/Sigur 1992), sondern führte ebenso zu regionalen wie lokalen Konflikten und Spannungen sowie einem weit verbreiteten Bedürfnis nach Klärung der eigenen Identität. An manchen Orten Asiens führte dies zu höchst explosiven Stimmungen (wie beispielsweise jüngst in Indonesien sichtbar geworden). Andere Konflikte, wie etwa das Koreaproblem, ringen immer noch mit der Erblast der vergangenen Zeit, ohne sich wirklich von den Fesseln der Vergangenheit befreien zu können. Dabei sind es meistens überhaupt nicht derartige Konflikte, die seit Jahren die Aufmerksamkeit der Weltöffentlichkeit auf sich ziehen, sondern es ist viel mehr eine ganz andere Entwicklung auf dem asiatischen Kontinent, die den Westen in den Bann zieht und die Rede vom *Aufstieg Asiens zur Weltmacht des 21. Jahrhunderts* beflügelt (Hirn 2007; Pilny 2005;.Rohwer 1995; Naisbitt 1995): die enorme wirtschaftliche Dynamik, die in dieser Region der Welt zum Vorschein kommt.

Dabei spielen im Grunde zwei miteinander verbundene Faktoren eine entscheidende Rolle: Zum einen die *demographische Entwicklung* auf diesem Kontinent, die einen Trend dahingehend anzeigt, dass ein enorm starkes Anwachsen der asiatischen Bevölkerung auf diesem Planeten in Gang gekommen ist. Der Aufstieg Asiens ist in diesem Sinne zunächst einfach numerisch zu verstehen als ein stärkeres Anwachsen der bereits heute enorm hohen Bevölkerungszahl Asiens im Vergleich zu beispielsweise jener Europas oder Nordamerikas. Die nachstehende Tabelle (Box. 6.1.) lässt diesen Trend erkennen.

Zum zweiten spielt der Faktor *Wirtschaftskraft* im Hinblick auf die Gesamtentwicklung des Weltmarktes und Asiens Stellung darin eine besondere Rolle. Die Beobachtung von so genannten Globalisierungseffekten verleitet sehr rasch zu der Annahme, dass Asien im Begriff sei, innerhalb nur kürzester Zeit zur größten Wirtschaftsmacht der Welt aufzusteigen. Südostasien gilt schon seit einigen Jahren als eine der dynamischsten Wachstumsregionen der Welt. Hinzu tritt China, das allein aufgrund seiner hohen Bevölkerungszahl einen gigantisch großen potentiellen Markt bildet und zurzeit Prozesse der Modernisierung durchläuft. Es kann deshalb überhaupt nicht überraschen, dass sich die anderen ökonomischen Riesen der Weltwirtschaft - die Europäische Union und die USA - zunehmend für den asiatischen Markt interessieren. Diese globalen Trends rücken naturgemäß zugleich die Aufmerksamkeit verstärkt auf die Felder Wirtschaft und Handel.

Box 6.1. Trends in der demographischen Entwicklung (global) (in Millionen) – „Medium Trend" Szenarium

----

Gebiete	1950	2005	2050
Europa	547	728	653
Asien	1.396	3.905	5.217
Afrika	224	906	1.937
Nordamerika	172	331	438
Lateinamerika u. Karibik	167	561	783
Ozeanien	13	33	48
Welt:	2.519	6.465	9.076

Quelle: *UN World Population Prospects: The 2004 Revision. Highlights*, New York: United Nations, 2005: XIV.

Eine verstärkte Hinwendung der EU zu Asien liegt deshalb seit geraumer Zeit geradezu auf der Hand. Bedenkt man, dass sich die Hauptsiedlungsgebiete der Menschheit in Ostasien (rund 25 %), Südostasien (ca. 8,5 %) und Südasien (ca. 23,7 %) befinden und vergleicht diese Zahlen mit jener Europas (ca. 10 %), dann gewinnt diese Dimension noch zusätzlich an Gewicht. Schon in den späten 70er- und 80er-Jahren sah sich die Europäische Gemeinschaft dazu angeregt, zumindest vorerst einmal mit den ASEAN-Staaten in eine engere Partnerschaft zu treten, da sich die ASEAN immer mehr zu einem der größten regionalen Märkte entwickelte und ihr enorm starkes Wirtschaftswachstum (in der Höhe von rund 6-8 % in den 90er-Jahren) zutiefst beeindruckte.

Die tatsächliche *Neubelebung der Asienpolitik* der EU in den 90er-Jahren ist zweifellos eine Folgewirkung der weltwirtschaftlichen wie weltpolitischen Umbrüche des späten 20. Jahrhunderts, durch die sich für Europa gleichsam ein neues Tor nach Asien eröffnete. Durch den wirtschaftlichen Aufschwung Asiens entstand zugleich eine ganz besonders enge Verflechtung der europäischen Außenpolitik mit Feldern europäischer Außenwirtschafts- und Handelspolitik im Hinblick auf Südost- und Ostasien. Dabei steht außer Zweifel, dass für die Europäischen Gemeinschaften von Anfang an die *wirtschaftliche Dimension* die weit gewichtigere Rolle spielte. Im Feld der klassischen Außenpolitik oder des politischen Dialogs zeigte sich zunächst sogar eher eine *Zurückhaltung Europas*, ein Zögern, das von der Absicht getragen war, sich nicht zu stark in die politischen Belange der einzelnen Staaten sowie der regionalen Kooperationen Asiens einzumischen. Die asiatische Wirtschaftskrise hatte insgesamt keinen nachhaltigen Effekt auf die Entwicklung der Beziehungen EU-Asien. Im Gegenteil: Die wirtschaftliche Verflechtung zwischen der EU und Asien scheint in den letzten Dekaden in besonders dynamischer Weise voranzuschreiten, worauf die EU gerne in ihren Presseaussendungen verweist:

„Zwischen 1999 und 2005 stiegen die EU25-Ausfuhren in die 13 asiatischen Länder, die am Asien-Europa-Treffen (ASEM) beteiligt sind, sowie die entsprechenden Einfuhren um über 60 %. Die Ausfuhren erhöhten sich von 99 Mrd. Euro auf 161 Mrd., während die Einfuhren von 206 Mrd. auf 336 Mrd. anstiegen. Das Handelsbilanzdefizit der EU25 mit den ASEM-Partnern wuchs von 107 Mrd. im Jahr 1999 auf 175 Mrd. im Jahr 2005. Damit entfielen auf die ASEM-Partner im Jahr 2005 etwa 22 % des gesamten Warenverkehrs der EU25, nämlich 15 % der Ausfuhren und 28 % der Einfuhren. Der Gesamtanteil der ASEM-Partner hat sich im Vergleich zu 1999 nicht wesentlich verändert, da dem gestiegenen Anteil Chinas am EU25-Handel der Rückgang im Handel mit Japan gegenüberstand." (STAT/06/117 vom 7. September 2006).[25]

Neben den handels- und wirtschaftspolitischen Interessen auf beiden Seiten - rund 21 % der Exporte der EU gehen in den asiatischen Raum; Asien ist der drittgrößte regionale Handelspartner der EU; für die EU ist China der zweitgrößte Handelspartner und für China ist die EU der größte; es sei an dieser Stelle jedoch ebenso nochmals das Handelsbilanzdefizit der EU in Erinnerung gerufen - gewannen im Verlauf der letzten Jahre verstärkt politische Interessen und Anliegen im Gesamtbeziehungsgeflecht an Bedeutung. Dadurch erhöhte sich zwar einerseits die Komplexität, andererseits aber bildete sich erstmals ebenso ein spezifisch *außenpolitisches Portfolio* der Europäischen Union mit Blick auf den asiatischen Raum. In diesem finden sich allgemein gesellschaftspolitische Anliegen der Union (Armutsbekämpfung, Demokratie, Rechtsstaatlichkeit, Menschenrechte, gesellschaftliche und soziale Transformationsprozesse, Zivilgesellschaft etc.) in zunehmendem Maße mit außen- und sicherheitspolitischen Interessen (im Rahmen der zweiten Säule) verbunden (z.B. Konfliktmanagement, Atomwaffen, regionale Konfliktschlichtung, etc.).

---

25 http://europa.eu/rapid/pressReleasesAction.do?reference=STAT/06/117&format=HTML&aged=0&language=DE&guiLanguage=en

Die Verdichtung der Beziehungen zu Asien spiegelt sich in der wachsenden Komplexität der Struktur institutionalisierter Zusammenarbeit wider. Ein hoher Grad an Institutionalisierung auf verschiedenen Ebenen und im Hinblick auf unterschiedliche Politikfelder ist die Folge. Den Rahmen bilden in der Regel bilaterale und sektorale Abkommen mit den einzelnen asiatischen regionalen Integrationssystemen bzw. den einzelnen asiatischen Ländern. Auf der Planungsebene der EU im Hinblick auf ihre Asienpolitik findet sich ein komplexes System verschiedenster länderspezifischer Strategiepapiere und übergeordneter regionaler Strategien.

Ihre erste umfassende Strategie zur europäischen Außenpolitik in Richtung Asien erarbeitete die Europäische Union Anfang der 90er-Jahre. Die Mitteilung der Kommission „Auf dem Weg zu einer neuen Asienstrategie" vom 13. Juli 1994 (KOM [1994] 314 endg.) zielte in Summe auf eine Vertiefung der Beziehungen in den Bereichen Politik, Wirtschaft und Sicherheit. Sie enthielt ebenso Elemente des europäischen Soft Power Ansatzes: Armutsbekämpfung, Förderung von Demokratie und Rechtsstaatlichkeit, Menschenrechte etc. Strategiepapiere der Europäischen Union zu Japan, China, Indien, Südkorea und der ASEAN folgten, wobei Fragen des politischen Dialogs eng an die Absicht geknüpft waren, die bilateralen Wirtschaftsbeziehungen zu intensivieren.

Anfang dieses Jahrzehnts folgten zwei neue Strategiepapiere für den gesamten asiatischen Raum: einmal die Mitteilung der Kommission „Europa und Asien - Strategierahmen für vertiefte Partnerschaften" vom 4. September 2001 (KOM [2001] 469 endg.); zum anderen die Mitteilung der Kommission „Eine neue Partnerschaft mit Südostasien" vom 9. Juli 2003 (KOM [2003] 399/4). Diese beiden Dokumente bilden seither aus der Sicht der EU eine wichtige Grundlage für die konkrete Ausgestaltung der Beziehungen zu Asien (ergänzt durch das „Strategy Paper and Indicative Programme for Multi-Country Programmes in Asia, 2005-06" der Europäischen Kommission).

In der Strategie von 2001 (KOM [2001] 469) formulierte die Europäische Kommission insgesamt sechs Kernziele ihrer Politik, die anschließend von den Mitgliedstaaten und dem Europäischen Parlament gebilligt wurden. Diese strategischen Ziele sind:

1. Förderung von Frieden und Sicherheit in der Region und in der Welt durch verstärktes Engagement der EU in Asien;

2. weiterer Ausbau der Handels- und Investitionsbeziehungen mit der Region;

3. Unterstützung der Entwicklung der weniger wohlhabenden Länder der Region und Bekämpfung der wichtigsten Ursachen der Armut;

4. Beitrag zur Förderung von Demokratie, verantwortungsvoller Staatsführung und Rechtsstaatlichkeit;

5. Aufbau globaler Partnerschaften und Allianzen mit den Ländern Asiens in den entsprechenden internationalen Foren im Hinblick auf die Herausforderungen und Chancen der Globalisierung;

6. Stärkung der gegenseitigen Verständigung zwischen Europa und Asien (und umgekehrt).

Das Interesse an Asien rückte ziemlich zeitgleich mehrere Regionen dieses Kontinents ins Blickfeld der Europäischen Union, so dass sich für das außenpolitische Portfolio der EU folgende regionale Strukturierung herauskristallisierte:

Box 6.2. Regionale Strukturierung der EU & Asien Beziehungen:

- *EU & Südasien* (Afghanistan, Bangladesh, Bhutan, Indien, Malediven, Nepal, Pakistan, Sri Lanka) – 8 Länder.
- *EU & Südostasien* (Brunei Daressalam, Burma/Myanmar, Kambodscha, Indonesien, Laos, Malaysia, Philippinen, Singapur, Thailand and Vietnam) – 10 Länder.
- *EU & Nordostasien* (China, Hongkong, Macao, Japan, Südkorea, Nordkorea, Mongolei, Taiwan) – 8 Länder.
- *EU & Australasien* (Australien, Neuseeland)
- *EU & Zentralasien* (Armenien, Aserbeidschan, Belarus, Georgien, Kasachstan, Kyrgyzische Republik, Moldawien, Russland, Tadschikistan, Turkmenistan, Ukraine, Usbekistan).

Quelle: EU Webpage External Relations (adaptiert).
http://ec.europa.eu/comm/external_relations/asia/reg/index.htm

Die institutionellen Beziehungen zwischen der EU und Asien wurden in den letzten Jahren erheblich weiterentwickelt und ausgebaut. Die älteste Regionalzusammenarbeit der EU besteht mit der *Association of South-East-Asian Nations* (ASEAN). Dabei darf nicht übersehen werden, dass die Prozesse *regionaler Integration* in Asien anders verliefen als auf dem europäischen Kontinent, d.h. in der Regel ohne jegliche Absicht einer Aufgabe von staatlichen Hoheits- und Souveränitätsrechten. Zweifellos spielt seit einigen Jahren der *Inter-Regionalismus* eine wachsende Rolle, dem auch die EU in ihrem außenpolitischen Agieren Rechnung zu tragen hat. Mit dem Terminus „Inter-Regionalismus" wird dabei in der Regel eine Tendenz der modernen Nationalstaaten angesprochen, *„in tendenziell globalen Märkten und Problemzu-sammenhängen politische Steuerungsmöglichkeiten durch zwischenstaatliche Zusammenarbeit zu erschließen und zurück zu gewinnen"* (Maull 2000: 147). Zusammenfassend lassen sich nach Maull (2000) die Aufgaben des Inter-Regionalismus folgendermaßen skizzieren:

> „1. Der Inter-Regionalismus dient als politisches Vehikel der Vertiefung von Interdependenz zur beiderseitigen Wohlstandsmehrung und zugleich zur Bewältigung der damit verbundenen politischen Aufgaben und Konflikte durch flankierende Maßnahmen der Politik sowie Kooperationen zwischen staatlichen und nicht-staatlichen Akteuren. Der Beitrag des Inter-Regionalismus zum Interdependenz-Management liegt dabei primär in Dialog und Konsensbildung zwischen den Beteiligten mit Blick auf globale Ordnungsstrukturen. 2. Im Rahmen globaler und anderer inter-regionaler Kooperationszusammenhänge und Regelwerke lässt sich der Inter-Regionalismus auch als Mechanismus der Verhandlungsführung und der ‚checks and balances' nutzen" (Maull 2000: 150).

Regionale Kooperationsstrukturen und Formen eines Inter-Regionalismus entstanden zum Ende der 80er Jahre des letzten Jahrhunderts zunächst einmal im transpazifischen Raum. Vor allem die Gründung der *Asia-Pacific Economic Cooperation* (APEC) im Jahre 1989 motivierte die EG zu neuen Initiativen zur Stärkung ihrer Zusammenarbeit mit den Ländern des asiatischen Raumes, war Europa doch aus dieser sich neu bildenden Asien-Pazifik-Achse ausgeschlossen. Neue Bemühungen Europas zur Festigung und Vertiefung der Beziehungen zu Asien waren die Folge. Der erste Dialog auf Gipfelebene entstand zunächst 1991 mit Japan, doch sehr rasch entfaltete sich ein dichtes Netzwerk von ähnlichen Gipfelkontakten in unterschiedlichen regionalen Kooperationsrahmen bzw. in den bilateralen Beziehungen. Ähnliche Gipfelkontakte der EU wurden bereits sehr früh zu Indien und China aufgebaut; den Dialog auf Ministerebene setzte die EU vor allem mit der ASEAN fort (Brunei Daressalam, Birma, Kambodscha, Indonesien, Laos, Malaysia, Philippinen, Singapur, Thailand, Vietnam), ebenso mit Australien und Neuseeland.

Im März 1996 wurde das *Asia-Europe-Meeting* (ASEM) als ein völlig neuer Dialogprozess und als weitgehend offenes Netzwerk auf Gipfel- und Ministerebene gegründet. ASEM beabsichtigt insbesondere die Förderung des Erfahrungsaustauschs auf Fachebene und weitgehend informelle Gesprächs-runden und ist deshalb nur geringfügig institutionalisiert, um auf diese Weise seinen informellen Netzwerkcharakter besser bewahren zu können. Unbeschadet dieses Charakters wurde ASEM zum wichtigsten Forum des europäisch-asiatischen Inter-Regionalismus (Gilson 2002; Ton 1998). Für die EU ist der ASEM-Prozess von höchster Wichtigkeit, weil er die Kontakte zu ganz Ostasien und Südostasien formalisiert und in sich unterschiedliche Formen regionaler Integration vereint. Die einzige gemeinsame Institution des ASEM-Prozesses ist die *Asia-Europe Foundation* (ASEF) in Singapur, die sich auf den zivilgesellschaftlichen und kulturellen Austausch zwischen Europa und Asien konzentriert.

Im Folgenden sollen zunächst die EU-Beziehungen zu den Ländern Asiens im Rahmen der ASEM sowie im Kontext der EU-ASEAN-Kooperation beleuchtet werden. Danach gilt es, die Beziehungen der EU zur aufsteigenden Großmacht China in den Blick zu nehmen. Schlussendlich werden noch die Beziehungen zwischen der EU und den beiden Regionalmächten Japan und Indien dargelegt.

6.1 Die Asia-Europe-Meetings (ASEM)

6.1.1 Einleitung und Überblick

Das erste *Asia-Europe-Meeting* (ASEM) fand 1996 auf Initiative Singapurs in Bangkok statt. Es war dies ein Zusammentreffen der Staats- und Regierungschefs der damaligen sieben ASEAN-Staaten, von Japan, der Volksrepublik China und Südkorea sowie der Europäischen Union (einschließlich des Präsidenten der Europäischen Kommission). Dieses Gipfeltreffen muss insofern als ein bemerkenswerter politischer Erfolg gewertet werden, als es gelang, die ASEM zu institutionalisieren und zu einem mehrdimensionalen Prozess auszubauen (Loewen 2003; Bersick 2004, 2003 und 1998; Serradel 1996; Dent 2004 und 1999). Auf diese Weise gelang die Etablierung einer völlig neuen Dimension des *Inter-Regionalismus* (Maull 2000: 143).

Anstöße zur Organisation eines solchen Gipfels kamen von Europa wie von Asien (Dent 2004). Europas vorrangiges Interesse an diesem Treffen lag vor allem in der Absicht, neue wirtschaftliche Chancen in dieser Region zu nutzen; treibende Kräfte innerhalb der EU waren insbesondere Frankreich, Deutschland und Großbritannien. In diesem Zusammenhang darf nicht übersehen werden, dass wichtige Impulse zur Neuorientierung der EU Beziehungen zu Asien von den nationalen Wirtschaftspolitiken der einzelnen Mitgliedstaaten ausgingen, die zunehmend auf eine engere Verflechtung der wirtschaftlichen und diplomatischen Beziehungen drängten. In diesem Sinne darf durchwegs von einem gewissen „spill-over"-Effekt der Außenwirtschaftsbeziehungen auf den politischen Bereich gesprochen werden.

6.1.2 Allgemeine Grundlagen

Am ASEM-Prozess beteiligen sich heute (auf der Basis des Erweiterungsbeschlusses vom Gipfeltreffen 2006) in Summe 45 Partner: die 27 Mitgliedstaaten der erweiterten EU, 16 asiatische Länder (ASEAN und China, Japan, Südkorea, Indien, Pakistan, Mongolei) sowie die EU Kommission und das Sekretariat der ASEAN. Es handelt sich dabei um einen *informellen Dialogprozess* mit dem weit gefassten Ziel einer Förderung der Kooperation. Der formale Rahmen wird durch Gipfeltreffen gebildet, die alle zwei Jahre (und zwar abwechselnd in Europa und Asien) stattfinden, sowie Treffen auf Ministerebene und auf der Ebene hoher Beamter (Senior Officials Meetings; SOM). Die höchste Autorität haben die Gipfeltreffen auf der Ebene der Staats- und Regierungschef; besondere politische Bedeutung kommt jedoch ebenso den regelmäßigen Treffen der Außenminister zu. Der Dialog selbst beruht auf folgenden allgemeinen Grundsätzen: Gleichwertigkeit („gleichwertiger Partnerschaft"), gegenseitiger Respekt und allgemeiner Nutzen. In der politischen Praxis der Treffen hat sich zudem abgezeichnet, dass die jeweiligen ASEM-Gipfeltreffen ebenso intensiv zu bilateralen Verhandlungen bzw. Gesprächen zwischen den einzelnen Staaten bzw. ihren politischen Repräsentanten genutzt werden.

Box 6.3. Entwicklungsschritte der ASEM seit der Gründung im Jahr 1996.

1996: EU-15 (plus Europäische Kommission), Japan, die Volksrepublik China, Südkorea und die damals sieben ASEAN-Staaten (Thailand, Indonesien, Malaysia, Philippinen, Singapur, Sultanat Brunei und Vietnam).

2004: EU-25 (plus Europäische Kommission), Japan, die Volksrepublik China, Südkorea und die zehn ASEAN (neu hinzu traten Birma, Kambodscha und Laos).

2006: Erweiterungsbeschluss: EU-27, Japan, die Volksrepublik China, Südkorea, die zehn ASEAN-Staaten, Indien, Mongolei und Pakistan sowie Europäische Kommission und das Sekretariat der ASEAN.

Trotz der Fokussierung auf eine *Gipfeldiplomatie* ermöglicht der Rahmen der ASEM insgesamt einen gut strukturierten Dialog auf unterschiedlichen Ebenen und zu verschiedensten Themenfeldern aktueller Politik. In Ergänzung zu den offiziellen Treffen verstärken noch unterschiedliche nichtstaatliche Kooperationsforen den Dialog (z.b. *Asia Europe Business Forum, Asia Europe Foundation* sowie die 1998 ins Leben gerufene *ASEM Vision Group*). Ein „gutes Gesprächsklima" soll gleichsam die Ausgangsbasis für konkrete Sondierungsgespräche zu bestimmten politischen wie wirtschaftlichen Fragen und Problemfeldern abgeben. ASEM ist aus diesem Grund mehr als nur die periodisch stattfindenden Gipfeltreffen. Dieses Faktum führte rasch zur Rede von einem umfassend angelegten *ASEM-Prozess*, der in Summe eine Reihe von unterschiedlichen Aktivitäten umfasst und sich dabei auf drei wichtige Säulen stützt: Politik, Wirtschaft und Kultur.

Box 6.4. ASEM Gipfeltreffen seit Gründung

ASEM 6	Helsinki, 10-11. September 2006.
ASEM 5	Hanoi, 7.-9. Oktober 2004.
ASEM 4	Kopenhagen, 2002.
ASEM 3	Seoul, 2000.
ASEM 2	London, 1998.
ASEM 1	Bangkok, 1996.

6.1.2 Bewertung und Ausblick

ASEM kann durchwegs als ein Versuch gewertet werden, durch eine Intensivierung der Wirtschafts-, Handels- und Investitionsbeziehungen sowie durch mannigfache Formen transnationaler Zusammenarbeit einen umfassenden politischen und kulturellen Dialog zwischen Europa und Asien in die Wege zu leiten. Damit verknüpfen sich konkrete Ziele wie die Vermehrung von Wohlstand, die Bewältigung und Steuerung von generellen Interdependenzproblemen oder allgemeinen Konflikten sowie die Förderung von politischer Stabilität und Sicherheit. Der gesamte Dialogprozess setzt dabei weniger auf die Bildung neuer Institutionen oder die Setzung von neuem Recht als auf die *performative Kraft des Diskurses*, der auch weitgehend freigehalten werden soll von Momenten einer ökonomischen oder gar militärischen Machtentfaltung bzw. -demonstration. Natürlich lassen sich aus sozial- und politikwissenschaftlicher Sicht in einem solchen Prozess durchwegs Momente einer „politischen Verhandlungsmacht" feststellen, ja fallweise sogar ganz gezielte Eingriffe in wirtschaftliche Bereiche und Fragen, durch die bestimmte Steuerungs- oder Koordinierungsfunktionen wahrgenommen werden sollen. In Summe ist der gesamte Prozess jedoch stark an einem *Konsens* im Hinblick auf die Ermittlung gemeinsamer Interessen und gemeinsamer politischer Ziele orientiert. Die Einbeziehung von nichtstaatlichen bzw. zivilgesellschaftlichen Akteuren und Interessensgruppen ist in diesem Zusammenhang ebenfalls hervorzuheben.

Zusammenfassend kann somit gesagt werden, dass ASEM - als ein umfassendes *Dialog- und Regelungswerk* - nicht nur eine Reihe von Staaten, regionalen Zusammenschlüssen und zivilgesellschaftlichen Gruppierungen in einen gemeinsamen Rahmen integriert, sondern zugleich das Tor für die Entfaltung und Schaffung neuer Formen eines Inter-Regionalismus und möglicherweise sogar eines globalen Regierens in der von mannigfachen Globalisierungstendenzen geprägten Weltgesellschaft eröffnet. In dieser Hinsicht kommt der Zusammenarbeit zwischen Asien und Europa zukunftweisende Bedeutung zu (Maull 2000).

Eine solche globale Bedeutung der ASEM kann heute nicht mehr ernsthaft in Frage gestellt werden, auch wenn vielerorts der relativ offene und unverbindliche Rahmen kritisiert wird. Immerhin repräsentieren die in ASEM vertretenen Staaten und Gesellschaften rund 50 Prozent der Weltbevölkerung und mehr als die Hälfte des Welthandelsaufkommens. Zweifellos stellt ASEM heute zunächst ein ganz wichtiges Bindeglied in den Beziehungen zwischen Europa und Asien dar, beschränkt sich aber bei weitem nicht bloß auf eine rein geostrategische Achsenbildung. In vielen Bereichen können und müssen die Asia-Europe-Meetings noch ausgebaut und die Zusammenarbeit vertieft werden, aber zumindest liegt dafür bereits ein Gesprächsrahmen vor, der der Europäischen Union ein koordiniertes und strukturiertes außenpolitisches Handeln im Hinblick auf den asiatischen Raum ermöglicht.

6.2   Die EU und Südostasien

6.2.1 Einleitung und Überblick

Das enorme wirtschaftliche und politische Potential Südostasiens wurde von der Europäischen Union erst relativ spät erkannt, weshalb das heute existierende Netz von bi- und multilateralen Beziehungen erst schrittweise ab den 80er-Jahren - in verstärktem Maße dann unmittelbar nach dem Ende des Kalten Krieges - aufgebaut wurde (Stahl 2000). Der Begriff *Südostasien* (auch entsprechend der Mitteilung der Europäischen Kommission KOM 399/4 von

2003) bezieht sich auf die *Association of South-East-Asian Nations* (ASEAN) und umfasst damit gegenwärtig folgende zehn Länder: Brunei Daressalam, Birma/Myanmar, Kambodscha, Indonesien, Laos, Malaysia, Philippinen, Singapur, Thailand, Vietnam.

Osttimor wird in einigen Dokumenten ebenfalls der Region Südostasien zugeordnet, insbesondere weil es enge Beziehungen zu den ASEAN-Staaten pflegt und am *ASEAN Regional Forum* (ARF) teilnimmt. Heute bildet diese Region zweifellos einen wichtigen Absatzmarkt für europäische Produkte und die wirtschaftliche Verflechtung mit der EU ist im Laufe der Jahre immer stärker geworden. Neben dem vorrangig wirtschaftlichen Aspekt gewann die Region im Verlauf der letzten zwei Dekaden ebenso aus politischer Sicht enorm an Bedeutung - insbesondere im Hinblick auf den Aufbau neuer Sicherheitsstrukturen in der Region.

Die ASEAN, gegründet im August 1967, ist ein politischer, wirtschaftlicher und kultureller Zusammenschluss südostasiatischer Staaten und umfasste zunächst einmal die Gründungsmitglieder Thailand, Indonesien, Malaysia, Philippinen und Singapur. In den 80er- und 90er-Jahren traten noch das Sultanat Brunei, Vietnam, Myanmar/Birma, Laos und Kambodscha der Vereinigung bei. Die ASEAN verfolgt seit ihrer Gründung das Ziel einer engen politischen, wirtschaftlichen und sozialen Kooperation auf der Basis marktwirtschaftlicher Politik. Zunächst richtete man sich damit gezielt gegen die sich anbahnende wirtschaftliche Blockbildung der kommunistischen Staaten in der Region (insbesondere die Volksrepublik China und die Sowjetunion) und erzielte durch eine am Westen orientierte Wirtschaftspolitik beachtenswerte Erfolge, die den Mitgliedsländern international die Bezeichnung „*Tiger-staaten*" Asiens einbrachte (World Bank 1993).

Die ASEAN kann als eine erfolgreiche politisch-wirtschaftliche Vereinigung regionaler Zusammenarbeit gesehen werden. Seit 1994 werden im Rahmen eines eigenen Forums, dem *ASEAN Regional Forum* (ARF), wichtige außen- und sicherheitspolitische Fragen erörtert. Damit erhielt die außen- und sicherheitspolitische Dimension innerhalb der Vereinigung eine deutliche Aufwertung (Carofano 2002; Khoo How San 1999). Die Erfolge in wirtschafts- und handelspolitischer Hinsicht fanden international zumeist nicht nur Beachtung, sondern lösten zeitweise im Westen regelrecht Bewunderung aus. Im Dezember 1995 einigte man sich auf die Einrichtung einer Freihandelszone - *ASEAN Free Trade Association* (AFTA) - bis zum Jahr 2003; bis spätestens 2010 sollen weiters auch die noch bestehenden Investitionsschranken aufgehoben werden (*ASEAN Investment Area* – AIA). In den letzten Jahren tendiert der *Regionalismus* der ASEAN zu einer Ausweitung dahingehend, dass sich zum einen die neue Regionalstruktur ASEAN+3 entwickelte, zum anderen der Ostasiengipfel (*East-Asian Summit*, EAS) (siehe Box 6.5.) (Stubbs 2002; Webber 2001).

Vergleicht man die *Strukturen* der ASEAN mit jenen der Europäischen Union, dann sticht zunächst einmal der *unterschiedliche Integrationsansatz* ins Auge: Während sich im europäischen Integrationsprozess ein deutliches Bestreben nach *Vergemeinschaftung* sowie Institutionalisierung und Regelung wichtiger Bereiche auf *supranationaler* Ebene zeigt, so wird im ASEAN-Kooperationsrahmen in keiner Weise an der Grundlage *nationalstaatlicher Souveränität* gerüttelt. Die ASEAN ist als eine klassische *intergouvernementale* Organisation anzusehen. Entscheidungen kommen durch Konsultation zustande, wobei es keine Mehrheitsentscheidungen gibt. Unbeschadet dieser Unterschiede in der regionalen Entwicklung und Integration sehen zahlreiche Autoren schon seit Jahren vor allem in der *ökonomischen Dynamik* in beiden Regionen Europa und Südostasien einen wesentlichen Impuls in Richtung auf einen umfassenden Ausbau der bilateralen Beziehungen (Palmujoki 1997).

Box 6.5. Regional Zusammenschlüsse und Organisationen:

ASEAN

10 Mitgliedstaaten (Thailand, Indonesien, Malaysia, Philippinen, Singapur, Sultanat Brunei, Vietnam, Myanmar/Birma, Laos und Kambodscha).
Link: http://www.aseansec.org/

ASEAN Regional Forum (ARF)

25 Mitgliedstaaten (10 ASEAN-Mitglieder plus EU, USA, China, Indien, Japan, Russland, Australien, Kanada, Nordkorea, Südkorea, Neuseeland, Mongolei, Pakistan, Papua Neuguinea, Osttimor).
Link: http://www.aseanregionalforum.org/

ASEAN+3 Dialogpartner:
ASEAN-Staaten mit China, Japan und Südkorea.

EAS (Ostasiengipfel)
von ASEAN 2005/06 initiiert – als neues regionales Zusammenarbeitsforum; ASEAN-Staaten mit 3 Dialogpartnern, Indien, Australien und Neuseeland.

6.2.2 Allgemeine Grundlagen

Die EG steht mit den ASEAN-Staaten seit den späten 70er-Jahren in politischen Verhandlungen. Beide Seiten bemühen sich seither um die Etablierung bzw. Institutionalisierung einer wirtschaftlichen und politischen Kooperation. 1978 fand das erste Außenministertreffen EG-ASEAN statt und 1980 institutionalisierten die beiden Regionalorganisationen ihre Beziehungen im Rahmen des *EG-ASEAN Kooperationsabkommens* (*EC-ASEAN Cooperation Agreement*). Den Anstoß zu einer engeren institutionalisierten Zusammenarbeit gaben die ASEAN-Staaten, die damals im Zusammenhang mit dem Beitritt Großbritanniens zur EG Sorge hatten, in weiterer Folge die Commonwealth-Präferenzen zu verlieren (Sandschneider 2004). Aus der Sicht der ASEAN konnten mit dem Kooperationsabkommen vor allem die Handelsbeziehungen mit der Europäischen Gemeinschaft (dem neben den USA und Japan wichtigsten Partner) institutionalisiert bzw. vertieft werden. Die EG ihrerseits hatte ein deutliches Interesse daran, in der ASEAN einen neuen verlässlichen Wirtschaftspartner in Asien zu gewinnen.

Die bilateralen Beziehungen zwischen der EU und den ASEAN-Staaten wurden zum ersten dahingehend institutionalisiert, dass im Anschluss an die regelmäßig im Herbst stattfindenden ASEAN-Außenministertreffen so genannte *„Post Ministerial Conferences"* (PMC) mit den Außenministern der wichtigsten Dialogpartner - darunter die Europäische Gemeinschaft – stattfinden. Zum zweiten findet ein regelmäßiger politischer Dialog auf den halbjährlich angesetzten Treffen der Außenminister statt; zum dritten wird der Wirtschaftsdialog auf regelmäßig stattfindenden Tagungen der Wirtschaftsminister geführt. Schlussendlich besteht ein gemischter Kooperationsausschuss auf der Ebene der leitenden Beamten.

Die *institutionalisierten Ebenen* der Zusammenarbeit, wie sie gegenwärtig zum Tragen kommen, lassen sich wie folgt schematisch überblicksartig darstellen:

- Erstens wurde ein politischer Dialog auf der *Ebene der Staats- und Regierungschefs* im Rahmen der Asia-Europa Meetings (ASEM) etabliert, an dem sowohl die EU als auch die ASEAN partizipieren.
- Zweitens findet die Kooperation auf *Ministerebene* im Rahmen der ASEAN-EU Ministerial Meetings (AEMM), den ASEAN-EU Economic Ministers Meetings, der Post Ministerial Conferences (PMC) und des ASEAN Regional Forums (ARF) statt.
- Drittens wurde die Zusammenarbeit auf der *Ebene hoher Beamter* im Rahmen der ASEAN-EU Senior Officials Meetings (AE-SOM) und der Joint Cooperation Committee (JCC) institutionalisiert.

- Viertens etablierte sich eine *parlamentarische Kooperation* im Rahmen der EP-AIPO (Europäisches Parlament – ASEAN Inter-Parlamentary Organization).

6.2.3 Zielsetzungen und Schwerpunkte der Zusammenarbeit aus europäischer Sicht

Zur Wende 2002/03 sprach die EU Kommission in ihrer Mitteilung davon, dass das Potential für die Partnerschaft zwischen der EU und Südostasien bis dato nicht ausgeschöpft werde: *„Heute herrscht in Europa und Südostasien die Erkenntnis vor, dass die Kohärenz, Wirkung und politische Sichtbarkeit der gegenseitigen Beziehungen hinter den Erwartungen einer langfristig angelegten Partnerschaft zurückgeblieben sind"* (KOM [2003] 399/4). Diese Mitteilung der Kommission listete zugleich strategische Schwerpunkte und eine Reihe von Maßnahmen zur Verbesserung der Beziehungen der EU zur ASEAN und den Ländern Südostasiens auf. Als neue Prioritäten und Zielsetzungen nannte sie:

1. Förderung der regionalen Stabilität und Bekämpfung des Terrorismus;
2. Menschenrechte, demokratische Grundsätze und verantwortungsvolle Staatsführung sollen in allen Bereichen des politischen Dialogs und der Entwicklungszusammenarbeit der EG gefördert werden und zwar durch den Aufbau konstruktiver Partnerschaften mit ASEAN und den nationalen Regierungen, die auf Dialog und aktiver Unterstützung beruhen.
3. Einbeziehung der Thematik Justiz und Inneres in die Außenbeziehungen der EU.
4. Schaffung einer neuen Dynamik in den Handels- und Investitionsbeziehungen.
5. Weitere Unterstützung der weniger wohlhabenden Länder.
6. Die Intensivierung des Dialogs und der Zusammenarbeit in einzelnen Politikbereichen wird maßgeblich zur weiteren Stärkung der Beziehungen zwischen der EU und den Ländern Südostasiens beitragen. Zu den sektoralen Politikbereichen gehören u.a. die Wirtschafts- und Handelspolitik, Justiz und Inneres, Wissenschaft und Technologie, Hochschulbildung und Kultur, Verkehr, Energie, Umwelt und Informationsgesellschaft.

Box 6.6. Auszug aus der Mitteilung der Europäischen Kommission von 2003

„Seit den Siebzigerjahren sind die Beziehungen zwischen der EG und dem ASEAN-Verband eine der Konstanten der europäischen Partnerschaft mit Asien. Angesichts der jüngsten Entwicklung in der Region erscheint es umso dringlicher, die Kooperation im politischen, wirtschaftlichen und sozialen Bereich weiter zu festigen. Besondere Aufmerksamkeit wird künftig der Verbesserung der gegenseitigen Verständigung, der Entwicklung globaler Partnerschaften und der unverzichtbaren weiteren Festigung der Beziehungen zu den Schlüsselpartnern des ASEAN-Verbandes zukommen."

Quelle: Mitteilung der Europäischen Kommission 399/4 von 2003.

6.2.4 Poltische Zusammenarbeit auf regionaler und bilateraler Ebene

Sandschneider (2004) unterscheidet zwischen drei unterschiedlichen Phasen in der Entwicklung der Beziehungen zwischen der Union und Südostasien: Erstens eine Phase der *„tastenden Annäherung"* (1967-1980) mit einzelnen Schritten in Richtung Institutionalisierung, die mit dem Abkommen von 1980 ihren Höhepunkt erreichte; danach eine Phase der *Krise*, in der sich die bereits Mitte der 80er-Jahre sichtbar gewordenen Divergenzen im Demokratie- und Menschenrechtsbereich weiter zuspitzten (zur Wende 1989/90 vor allem in der Ost-Timor-Frage); und schlussendlich eine Phase *neuen Aufschwungs* (seit 1994), die beim 11. ASEAN-EU Ministertreffen ihren Ausgang nahm und zur Verabschiedung der neuen *Asien-Strategie* der Europäischen Union am 14. Juli 1994 bzw. in der Folge dann zur *Strategie für eine neue Partnerschaft* von 1996 führte.

Neben den bilateralen Beziehungen zwischen der Union und der ASEAN auf der Grundlage des *regionalen* EG-ASEAN-Kooperationsabkommens von 1980 und dem regelmäßig stattfindenden institutionalisierten politischen und wirtschaftlichen Dialog bei bzw. am Rande anderer Foren bestehen mit einigen Staaten Südostasiens - Vietnam (1996), Kambodscha und Laos (1999) - noch bilaterale Abkommen der „dritten Generation", die noch vor dem Beitritt dieser Länder zur ASEAN mit der Europäischen Gemeinschaft abgeschlossen worden waren. Grundsätzlich besteht für alle ASEAN-Staaten die Möglichkeit einer gewissen (zumindest temporären) Institutionalisierung der bilateralen Beziehungen auf einer *ad-hoc-Basis*, doch erweist sich das Fehlen eines institutionellen bzw. rechtlichen Rahmens, also eines bilateralen Abkommens mit der Europäischen Union, für die Entwicklung guter bilateralen Beziehungen für die meisten ASEAN-Länder als ein schwer zu überwindendes Hindernis.

An Vorschlägen und Ideen zur Stärkung der bilateralen Beziehungen zwischen der Union und den ASEAN-Staaten mangelt es nicht. Sie reichen von der Forderung nach einer besseren Nutzung des institutionellen Rahmens und der Ressourcen (wie etwa in der Mitteilung der Europäischen Kommission von 2003) bis hin zum Vorschlag, eine neue umfassende Kommunikationsstrategie der EU für Südostasien zu entwickeln.

Box 6.7. ASEAN Gipfeltreffen und informelle Gipfeltreffen seit 1976:

----

12. ASEAN Gipfel	Cebu, 2007
11. ASEAN Gipfel	Kuala Lumpur, 12.-14. Dezember 2005
10. ASEAN Gipfel	Vientiane, 29.-30. November 2004
9. ASEAN Gipfel	Bali, 7.-8. Oktober 2003
8. ASEAN Gipfel	Phnom Penh, 4.-5. November 2002
7. ASEAN Gipfel	Bandar Seri Begawan, 5.-6. November 2001
	4. Informal Summit, Singapur, 22.-25. November 2000
	3. Informal Summit, Manila, 27.-28. November 1999
6. ASEAN Gipfel	Ha Noi, 15.-16. Dezember 1998
	2. Informal Summit, Kuala Lumpur, 14.-16. Dezember 1997
	1. Informal Summit, Jakarta, 30. November 1996
5. ASEAN Gipfel	Bangkok, 14.-15. Dezember 1995
4. ASEAN Gipfel	Singapur, 27.-29. Januar 1992
3. ASEAN Gipfel	Manila, 14.-15. Dezember 1987
2. ASEAN Gipfel	Kuala Lumpur, 4-5. August 1977
1. ASEAN Gipfel	Bali, 23.-24. Februar 1976

Quelle: ASEAN Webpage (http://www.aseansec.org/4933.htm)

6.2.5 Strategische Interessen und Ausblick

Die wirtschaftliche Bedeutung der ASEAN für die Europäische Union lässt sich anhand der folgenden Daten grob abschätzen (2003): In den ASEAN-Staaten leben rund 532 Mio. Menschen (8,5 % der Weltbevölkerung); der Anteil von ASEAN am Welthandel liegt knapp über 5 %; der Anteil der ASEAN an den Ein- und Ausführen der EU bei 4,3 % bzw. 6,4 % und der Anteil der EU-

Ausfuhren in die ASEAN-Länder am Gesamtweltexport rund 4 % (KOM [2003] 399 endg.). Die EU kämpft dabei seit Jahren mit der Schwierigkeit, ihre Handelsbilanz zu den ASEAN-Staaten ausgeglichen zu gestalten. Eines der zentralen Probleme in den wirtschaftlichen Beziehungen liegt in den von der EU immer wieder unternommenen Versuchen einer Abschottung des europäischen Binnenmarktes gegen die konkurrenzfähigen Anbieter aus Südostasien in heiklen Produktsparten. Dies führte häufig zu heftiger Kritik an der EU. Hinzu kommt noch, dass das bestehende EU-ASEAN-Kooperationsabkommen in Teilen veraltet ist und zurzeit keine realistische Chance auf Neuverhandlung besteht.

Weiters muss angemerkt werden, dass sich bei den beiden Organisationen unterschiedliche *geostrategische Grundorientierungen* erkennen lassen. Unterschiedliche Beweggründe für die Zusammenarbeit ebenso wie divergierende Interessen erschweren zu einem hohen Grad den politischen Dialog, der zuweilen deutlich abgekühlt wirkt, vor allem dort, wo die Menschenrechtspolitik von der EU in den Vordergrund gerückt wird. Die Einführung einer so genannten „track-two"-Ebene ermöglichte dann zwar weitgehend eine Fortführung des Dialogs, deutet aber ebenso auf eine gewisse Doppelbödigkeit der europäischen Menschenrechtspolitik hin, insbesondere wenn Menschenrechtsfragen hinter die Zielsetzung, den wirtschaftlichen Dialog nicht zu gefährden, zurückgereiht werden.

Im Verlauf der letzten Jahre hat die *sicherheitspolitische Dimension* in den bilateralen Beziehungen eindeutig an Gewicht gewonnen. Das *ASEAN Regional Forum* (ARF) ist bis dato das einzige multilaterale Forum für Fragen regionaler Sicherheit und präventiver Diplomatie, das sich über ganz Asien erstreckt (Carofano 2002; Khoo How San 1999). Seine Bedeutung geht weit über die Grenzen der ASEAN-Mitgliedstaaten hinaus, weil an diesem Forum neben den Mitgliedsländern auch die großen Welt- und Regionalmächte teilnehmen (USA, China, Indien, Japan, Russland, Kanada und Australien). Insgesamt nehmen 25 Mitglieder an diesem Forum teil, die 10 ASEAN-Mitgliedstaaten sowie weitere 15 Dialogpartner einschließlich der EU, vertreten durch die Troika (siehe Box 6.5.).

Diese breit gefächerte Zusammensetzung begründet ein reges Interesse der EU an diesem Forum, insbesondere im Hinblick auf Fragen globaler und regionaler Sicherheit, der Konfliktverhütung sowie des Krisen- und Konfliktmanagements (Lim 2003). Sicherheitsrelevante Themen, wie etwa die Frage Nordkoreas oder die politische Krise in Burma, werden in diesem Forum erörtert. Neue Themenfelder konzentrieren sich auf aktuelle Probleme hinsichtlich der Nichtverbreitung von Massenvernichtungswaffen sowie des internationalen Terrorismus (Chow 2005). In Teilen überschneiden sich die inhaltlichen Dialoge mit dem ASEM-Prozess, an dem die ASEAN-Länder partizipieren. In Summe spielen ASEAN und das ARF zweifellos eine wichtige Rolle bei der Formierung einer neuen Sicherheitsarchitektur in dieser ost- und südostasiatischen Region (Collins 2003; Acharya 2001).

6.3 EU und China

6.3.1 Einleitung und Überblick

Die Volksrepublik China ist zweifellos als eine *aufstrebende Weltmacht* anzusehen, die zunehmend regional und international Einfluss auf politische Geschehnisse nimmt. China steht vor der Herausforderung, sich auf die strukturellen Veränderungen einer sich globalisierenden Welt anzupassen und möglichst rasch vom Status eines Entwicklungslandes zu jenem einer Weltwirtschaftsmacht aufzusteigen. Das Rezept für diese Politik scheint auf den ersten Blick einfach: Im Bereich der Wirtschaft geht es um einen Aufstieg durch Modernisierung gepaart mit einem starken wirtschaftlichen Wachstum, das vorwiegend auf Export basiert; im Bereich der Politik soll durch einen Multilateralismus im Zusammenspiel mit einer aktiven Außen- und Sicherheitspolitik die globale Rolle der Landes verstärkt werden. Vielerorts wird der Beitritt Chinas zur WTO Anfang 2002 als ein wichtiger Meilenstein in seiner Entwicklung zur Weltmacht gewertet. In der Außen- und Sicherheitspolitik zeigt sich das Land äußerst flexibel und aktiv (so etwa bei der Präsentation des neuen Sicherheitskonzepts oder bei zahlreichen diplomatischen Initiativen und Aktivitäten weit über die asiatische Region hinaus).

Der wirtschaftliche Aufstieg Chinas und seine enorm hohe und weiter anwachsende Bevölkerungszahl sowie seine geographische Ausdehnung steigerten in den letzten Jahren das außen- wie wirtschaftspolitische Interesse der Europäischen Union an einer engeren Partnerschaft, insbesondere an einer Öffnung des chinesischen Marktes für europäische Unternehmer und Investoren. Der Hoffnung auf Zugang zum gigantischen chinesischen Markt mit seinen 1,3 Milliarden potentiellen Verbrauchern stehen andererseits Versuche der EU gegenüber, den eigenen Markt in einigen Sektoren gegenüber der Billigkonkurrenz aus Fernost zu schützen. Der „Textilstreit" der letzten Jahre zeigt diese Problematik deutlich auf. Unbeschadet dessen lassen die Wirtschaftszahlen klar erkennen, wie weit die Handelskooperation zwischen der EU und China bereits heute entwickelt ist: Seit 1978 ist der Handel EU-China um das 60-fache angestiegen und hat 2005 eine Höhe von rund 210 Mrd. € erreicht (Eurostat); China war im selben Jahr der zweitgrößte

Handelspartner der EU (nach den USA) und die EU war für China der wichtigste Partner (gefolgt von USA und Japan).[26] In der Entwicklung der Handelsbilanzen zeigt sich dabei eine klare Verschiebung: In den frühen 80er-Jahren erzielte die EG einen Handelsüberschuss; heute ist China verantwortlich für das größte bilaterale Handelsdefizit der EU, und zwar in der Größenordnung von rund 106 Mrd. € im Jahr 2005.[27]

Wenngleich die politische Zusammenarbeit zwischen der Europäischen Union und der Volksrepublik China noch lange nicht so weit vorangeschritten ist wie jene im Wirtschafts- und Handelsbereich, so sehen dennoch zahlreiche Autoren in einer Intensivierung der politischen Beziehungen eine große Chance für beide Seiten zur Bildung einer neuen weltpolitisch bedeutsamen Achse. Shambaugh spricht sogar davon, dass diese Beziehung letztlich die notwendige Stabilität in die internationalen Beziehungen bringen werde: "*The China-Europe relationship will continue to grow and develop at a steady pace. Over time it will become a new axis in world affairs, and will serve as a source of stability in a volatile world*" (Shambaugh 2004: 243). Wenngleich solche Annahmen vorwiegend Spekulationen darstellen, so scheint doch allein die Tatsache bemerkenswert, dass derartige Gedanken heute häufig zur Sprache kommen. Dahinter scheint sich eine Art „*asiatischer Traum*" Europas zu verstecken, eine Vision, im Wege einer neuen europäisch-asiatischen Achsenbildung zukünftig politisch wie wirtschaftlich entscheidend punkten zu können. Natürlich gehen damit meist Überlegungen Hand in Hand, dass auf diese Weise Europa wie Asien amerikanische Vorherrschaftsansprüche auf globaler Ebene eindämmen könnten.

Betrachtet man das jüngste Engagement der EU in der gesamten asiatischen Region, dann drängt sich der Eindruck auf, dass es der Union dabei nicht nur um kurzfristige wirtschaftliche Erfolge geht. Verschiedene Aktivitäten der EU sind zweifellos als politische Signale an ganz Asien zu bewerten (von den Verhandlungen mit Thailand und China über ein Partnerschafts- und Kooperationsabkommen, noch gänzlich ohne Zollbegünstigungen, bis hin zu Überlegungen zum Abschluss eines Freihandelsabkommens mit Südkorea). Dabei verfolgt die EU durchwegs bestimmte strategische Interessen im asiatischen Raum, auch wenn dabei die sicherheitspolitische Dimension im europäischen Asien-Konzept weit weniger dominant ausgeprägt ist als im strategischen Konzept der Vereinigten Staaten im Hinblick auf diese Region. Die EU strebt, im Gegensatz zur USA, zurzeit keine Truppenstationierungen, Sicherheitsverpflichtungen oder Militärbündnisse an, sondern verfolgt primär

---

26   http://ec.europa.eu/trade/issues/bilateral/countries/china/index_en.htm
27   Ebenda.

politische *soft-power*-Ziele gepaart mit handfesten ökonomischen Interessen. Dass diese beiden Vorhaben zeitweise miteinander in Konflikt geraten können, liegt auf der Hand, doch markiert dies mehr ein allgemeines Dilemma gegenwärtiger EU-Außenpolitik als ein spezifisches Problem ihrer Asienpolitik. Dies erklärt zugleich, warum bei heiklen Fragen in den bilateralen Beziehungen (z.B. Menschenrechte, Transformation in Richtung Demokratie, Tibet etc.) oftmals seitens der Union keine kohärente Linie verfolgt wird, sondern die Gemeinschaft hin und her gerissen erscheint zwischen Menschenrechts- und Demokratieexport einerseits und wirtschaftlichen Interessen andererseits. Die Frage der Sanktionen, die über China einstmals aus Anlass der Ereignisse am Tiananmen Platz 1989 verhängt wurden, wirft ein bezeichnendes Licht auf diese Grundsatzproblematik. Bereits eingeleitete Technologie- und Wirtschaftskooperationen der letzten Jahre, z.B. in den Bereichen Satelliten- und Weltraumtechnologie, erscheinen aus dieser Perspektive problematisch. Die Partizipation Chinas am Galileo-Projekt führte beispielsweise zu Sorgen (insbesondere seitens der USA), dass die technologischen Erkenntnisse für militärische Zwecke genutzt werden könnten. Andererseits drängt China vehement - beispielsweise im *„EU Policy Paper"* vom Oktober 2003 - auf eine Aufhebung des Embargos und findet dabei durchwegs Unterstützung bei jenen Ländern Europas - allen voran Frankreich und Deutschland -, denen eine engere Wirtschaftskooperation mit China ein ganz besonderes Anliegen ist.

Kurzum: China wird zunehmend als Partner für Europa bzw. die EU interessant; und dies aus wirtschaftlichen wie strategischen Überlegungen heraus. Die grundlegenden außenpolitischen Ziele der EU, wie etwa Demokratisierung, Rechtsstaatlichkeit etc., bleiben zwar formal auch mit Blick auf China bestehen, werden jedoch zum Teil durch ein pragmatisches Vorgehen und eine „diplomatische Rücksichtnahme" auf spezifische wirtschaftliche Interessen aufgeweicht. Es wird sich zeigen, inwieweit die EU in ihren Beziehungen mit China beispielsweise auf entsprechende Menschenrechts- und Demokratieklauseln achtet und wie sie in der näheren Zukunft mit ihren außenpolitischen Instrumentarien umgehen wird, wenn es neuerlich zu Verletzungen dieser für die EU wichtigen Grundsätze kommen sollte. Für Konfliktstoff scheint ja weiterhin - von Tibet bis zur Taiwanfrage - gesorgt. Es ist für die nahe Zukunft eher damit zu rechnen, dass Europa für die Volksrepublik China weiterhin ein *distanzierter Partner* sein wird, der jedoch stets mit Adleraugen die aktuellen politischen, sozialen und ökonomischen Entwicklungen innerhalb und im Umfeld von China verfolgt und im Grunde nur darauf wartet, in eine engere wirtschaftliche und politische Zusammenarbeit einzutreten.

6.3.2 Allgemeine Grundlagen und Entwicklung

Die EU und die Volksrepublik China unterhalten seit 30 Jahren diplomatische Beziehungen. Ein *Handelsabkommen* zwischen der EG und China wurde 1978 abgeschlossen. Seit 1983 werden zweimal jährlich Treffen zwischen den politischen Direktoren der EU-Ratspräsidentschaft und dem chinesischen Botschafter für jenes Land, das die Präsidentschaft innehat, abgehalten. Seit 1986 treffen die EU-Troika-Minister regelmäßig mit dem chinesischen Außenminister zusammen. Zur Unterzeichnung eines Abkommens zur *„Handels- und wirtschaftlichen Kooperation"* kam es im Jahr 1985. Die Ereignisse am Platz des Himmlischen Friedens im Jahr 1989 belasteten jedoch in der Folge die bilateralen Beziehungen schwer. Die EU verhängte als unmittelbare Reaktion ein Waffenembargo, das bis heute nicht aufgehoben wurde.

Erst 1994 gelang ein weiterer Schritt der Annäherung. Dabei wurde ein neuer institutionalisierter Rahmen für die bilateralen Beziehungen festgelegt, der im Wesentlichen zwei Kanäle für den Dialog vorsah: zum einen den *politischen Dialog* (einschließlich Menschrechtsdialog), zum anderen den *Handels- sowie sektoralen Dialog.* Brüssels Interesse lag zu dieser Zeit an der Etablierung eines mehrdimensionalen Beziehungsgeflechts, in dem die Bereiche Wirtschaft und politischer Dialog zwar verknüpft sind, aber letztlich doch jeweils ein hohes Maß an Autonomie aufweisen, so dass im Falle politischer Unstimmigkeiten trotzdem eine weitere Annäherung und Zusammenarbeit in einzelnen Wirtschaftssektoren und Handelsfragen ermöglicht wird (Algieri 2000).

Die erste umfassendere Strategie der EU zur Chinapolitik war die Mitteilung der Europäischen Kommission *„Die langfristige Politik der Europäischen Union gegenüber China"* vom 5. Juli 1995 (KOM [1995] 279 endg.). Sie spricht von insgesamt 4 Säulen, auf denen die Zusammenarbeit künftig ruhen soll. Am 25. März 1998 veröffentlichte die Europäische Kommission ihre Mitteilung *„Für eine umfassende Partnerschaft mit China"* (KOM [1998] 181). Darin wurde das wachsende Interesse an einer Intensivierung der Partnerschaft seitens der EU deutlich zum Ausdruck gebracht. Im Dokument selbst wird von fünf zentralen Feldern der Zusammenarbeit gesprochen. Insgesamt ergab sich auch eine Aufwertung des *"Silent Dialogue on Human Rights".* Die wichtigsten *strategischen Ziele* der Union wurden wie folgt definiert: a) eine stärkere Einbindung Chinas in die internationale Gemeinschaft durch einen intensiveren politischen Dialog; b) die Förderung der Transformation Chinas in eine auf Rechtsstaatlichkeit und die Achtung der Menschenrechte gegründete offene und demokratische Gesellschaft; c) eine stärkere Integrierung Chinas in die Weltwirtschaft durch stärkere Einbeziehung in das Welthandelssystem und Unterstützung seiner derzeitigen wirtschaftlichen und sozialen Reformen; d) die Optimierung des Einsatzes der von der Europäischen Gemeinschaft bereitgestellten Finanzmittel sowie e) eine bessere Wahrnehmbarkeit der EU in China (KOM [1998] 181).

Box 6.8. Die Entwicklung von Strategiepapieren der Europäischen Kommission zu China seit 1995 (Überblick):

- Mitteilung der Kommission *„EU-China: Engere Partner, wachsende Verantwortlichkeiten"* vom 24. Oktober 2006 (KOM [2006] 631 endg.).
- Politisches Grundsatzpapier der Kommission *„Eine reifende Partnerschaft: Gemeinsame Interessen und Herausforderungen in den Beziehungen zwischen der EU und China"* vom 10. September 2003 (KOM (2003) 533 endg.).
- Mitteilung der Kommission *„Die China-Strategie der EU"* vom 15. Mai 2001 (KOM [2001] 265).
- Mitteilung der Kommission *„Für eine umfassende Partnerschaft mit China"* vom 25. März 1998 (KOM [1998] 181).
- Mitteilung der Kommission *„Die langfristige Politik der Europäischen Union gegenüber China"* vom 5. Juli 1995 (KOM [1995] 279 endg.).

Zwei weitere Strategiepapiere der Europäischen Kommission - einmal die Mitteilung *„Die China-Strategie der EU"* vom 15. Mai 2001 (KOM [2001] 265 endg.), zum anderen die Mitteilung *„Eine reifende Partnerschaft: Gemeinsame Interessen und Herausforderungen in den Beziehungen zwischen der EU und China"* vom 10. September 2003 (KOM (2003) 533 endg.) - führten in der Folge zu einer weiteren Aufwertung der bilateralen Beziehungen der EU zu China und zu einer Intensivierung des bilateralen Dialogs. Konkret geht es im Strategiepapier von 2003 um Möglichkeiten für die Weiterentwicklung der Beziehungen zwischen der EU und China über den Ausbau der vorhandenen Mechanismen und die systematische Einbeziehung globaler und regionaler Governance- und Sicherheitsthemen.

Box 6.9. Politisches Grundsatzpapier der Kommission vom 10. September 2003: „Die Beziehungen EU-China: Gemeinsame Interessen und Aufgaben in einer heranreifenden Partnerschaft" (KOM [2003] 533 endg.):

In dem Dokument werden fünf Schwerpunktbereiche, der jeweilige Hintergrund, die Umsetzung von Maßnahmen seit 2001 sowie neue Vorschläge für gemeinsame Maßnahmen der EU und Chinas genannt. Die erste Zielsetzung betrifft die gemeinsame Verantwortung bei der Entwicklung einer Strategie des globalen politischen Handelns. Nach Auffassung der Kommission könnte China eine wesentliche Rolle bei dem Ausgleich der Interessen zwischen Industrieländern und Entwicklungsländern sowie bei der Festigung von Frieden und Stabilität in Asien übernehmen. (...)

Als neue Maßnahmen in diesem Bereich schlägt die Kommission die Stärkung der Wirksamkeit des politischen Dialogs vor, wobei der Qualität Vorrang vor der Quantität gegeben, häufigere Konsultationen abgehalten, die Politik der Mitgliedstaaten gegenüber China koordiniert und China als ständiges Thema für den Dialog der EU mit bestimmten Drittländern aufgeführt werden soll. (...)

Die zweite Aktivität ist die Unterstützung Chinas auf seinem Weg in eine auf Rechtsstaatlichkeit und Achtung der Menschenrechte gegründete offene Gesellschaft. China hat Anstrengungen im Hinblick auf die Errichtung des Rechtsstaates unternommen, und im Bereich der Zivilgesellschaft sind deutliche Entwicklungen eingetreten. Dennoch besteht nach wie vor eine Kluft zwischen der gegenwärtigen Menschenrechtslage in China und den Normen der internationalen Gemeinschaft. Auch wenn der Dialog zwischen der EU und China dieses Thema zum Gegenstand hatte, diesbezüglich Seminare veranstaltet, ein Meinungsaustausch geführt und Hilfeprogramme durchgeführt wurden, bleiben noch etliche Probleme ungelöst, wie die Todesstrafe, die Verwaltungshaft und die Folter. Anlass zu Besorgnis geben auch nach wie vor die Einschränkungen der Meinungs-, Religions- und Vereinigungsfreiheit sowie der Minderheitenrechte. (...)

Die Förderung der wirtschaftlichen Öffnung Chinas nach innen und nach außen ist die dritte vorgeschlagene Aktivität. Die Einbindung Chinas in die Weltwirtschaft ist im Interesse aller, und so versucht die EG, das Land in diesem Prozess zu unterstützen. Nach seinem Beitritt zur Welthandelsorganisation (WTO) im Jahr 2001 ist China zu einem der großen Gewinner der Globalisierung geworden und fungiert als Wachstumsmotor der Region. (...)

Die vierte Aktivität betrifft das Kooperationsprogramm EG-China als eine für beide Seiten vorteilhafte Partnerschaft zur Verwirklichung der EU-Ziele. (...)

Die fünfte Aktivität betrifft die stärkere Profilierung der EU in China. Mit dem leichter werdenden Zugang des einzelnen Bürgers in China zu Informationen verbessern sich die Aussichten der EU, in China besser wahrgenommen zu werden. Die Kommission schlägt vor, sich auf vier Aspekte zu konzentrieren, und zwar das gemeinsame Anliegen in Bezug auf eine ausgewogenere Weltordnung, die Wahrung einer Reihe gemeinsamer Werte, die Unterstützung der laufenden Reformen in China und die Tatsache, dass die EU eine große Wirtschaftsmacht und ein großer Markt ist. (...)"

Quelle: EU Website/Scadplus, letzte Änderung 09.05.2005; http://europa.eu/scadplus/leg/de/lvb/r14207.htm

Die Initiative der EU zur Vertiefung der Beziehungen zu China auf bilateraler ebenso wie auf regionaler Ebene (z.B. im Kontext der ASEM) fiel auf durchwegs fruchtbaren Boden. Die Volksrepublik China zeigte nicht nur großes Interesse an einer solchen Intensivierung der Zusammenarbeit, sondern veröffentlichte ihrerseits kurz nach dem Erscheinen der EU-Strategie vom September 2003 ein eigenes außenpolitisches Dokument, in dem die Bedeutung der EU-China-Beziehungen entsprechend gewürdigt wird (*„China's EU Policy Paper"*, Ministry of Foreign Affairs, Beijing vom 13. Oktober 2003). Bei den bilateralen Gipfeltreffen EU-China, die seit April 1998 jährlich abgehalten werden, werden seither weitere konkrete Vorhaben zur Festigung und Vertiefung der Partnerschaft erörtert.

Box 6.10. EU-VR China Gipfeltreffen

----

8. Gipfeltreffen	Peking, 5. September 2005
7. Gipfeltreffen	Den Haag, 8. Dezember 2004
6. Gipfeltreffen	Peking, 28. Oktober 2003
5. Gipfeltreffen	Kopenhagen, 24. September 2002
4. Gipfeltreffen	Brüssel, 5. September 2001
3. Gipfeltreffen	Peking, Oktober 2000
2. Gipfeltreffen	Peking, Dezember 1999
1. Gipfeltreffen	London, April 1998

Im Herbst 2006 präsentierte die Europäische Kommission ihre neue Strategie „*EU-China: Engere Partnerschaft, wachsende Verantwortlichkeiten*" (KOM [2006] 631 endg.), die im Wesentlichen ein *Arbeitsprogramm* für die zukünftige Gestaltung der EU-Beziehungen mit der Volksrepublik China darstellt. Das Programm selbst steht unter dem Motto „*Engagement und Partnerschaft*" und erstreckt sich auf ein breites Themenfeld; als Prioritäten werden genannt: „*die unterstützende Begleitung Chinas auf seinem Weg in eine offenere pluralistische Gesellschaft, zukunftsfähige Entwicklung, eingeschlossen die Zusammenarbeit mit China in Energiefragen, Klimawandel und weltweite Entwicklung, Handel und Wirtschaftsbeziehungen, Verstärkung der bilateralen Zusammenarbeit auch in Bezug auf Wissenschaft und Technologie sowie Migration und schließlich Unterstützung des Strebens nach Sicherheit im Großraum Fernost und das Thema Nichtverbreitung ganz allgemein*" (Presseaussendung der EU IP/06/1454 vom 24. Oktober 2006; siehe Box 6.11.). Das Arbeitsprogramm stellt zugleich eine wichtige Grundlage für die Aushandlung eines neuen Rahmenabkommens zwischen der EU und der Volksrepublik dar, das seitens der EU zurzeit vehement forciert wird.

Box 6.11. Das Arbeitsprogramm der Europäischen Kommission zu China vom Herbst 2006

„In der EU und China allein lebt ein Viertel der Weltbevölkerung. China belegt als Weltwirtschaftsmacht Platz 4 und als Exporteur Platz 3, und gleichzeitig gewinnt es weltpolitisch zunehmend an Gewicht. Bei anhaltendem Wachstum tritt China nun in eine neue spannende Phase seiner Wirtschafts- und Sozialreformen ein. Europa hat ein großes politisches und wirtschaftliches Interesse daran, China dabei zu unterstützen, dass sein Weg in ein florierendes, stabiles, weltoffenes, der Rechtsstaatlichkeit und den Grundsätzen der freien Marktwirtschaft verpflichtetes Land zum Erfolg führt.
Die EU und China sind seit 2003 strategische Partner und haben ein wachsendes Bedürfnis, bei der Lösung aktueller geopolitischer Aufgaben, bei der Unterstützung einer zukunftsfähigen Entwicklung und der Unterstützung von Frieden und Wohlstand zum Wohle beider Seiten zusammenzuarbeiten.
Der Gipfel EU-China vom 9. September [2006] in Helsinki einigte sich darauf, die Aushandlung eines umfassenden neuen Partnerschafts- und Kooperationsabkommens in die Wege zu leiten, wobei in dieses Abkommen das gesamte Spektrum der Beziehungen zwischen der EU und China, eingeschlossen eine verstärkte politische Zusammenarbeit, einzu-

beziehen sein wird. Fragliches Abkommen wird das entscheidende Instrument sein, um diese Partnerschaft voranzubringen, und von der heute verabschiedeten Mitteilung wird eine Anschubwirkung auf den Prozess ausgehen. (...).

Partnerschaft und wirtschaftlicher Wettbewerb gehen Hand in Hand
Zu der heute verabschiedeten Mitteilung gehört ein Strategiepapier, in dem eine weitreichende neue Strategie für den Ausbau der Handels- und Investitionsbeziehungen der Europäischen Union zu China dargelegt ist. Die Strategie ist Teil des umfassenden handelspolitischen Strategierahmens der EU vom Oktober 2006 und zeigt die dramatischen Veränderungen im Handel zwischen der EU und China auf und verweist darauf, wie wichtig es ist, dass es dem globalen Handelssystem gelingt, das neu hinzugekommene Schwergewicht China zu verkraften. Das Dokument argumentiert, dass sowohl China als auch Europa von dem wirtschaftlichen Aufschwung Chinas profitiert haben, trotz des auf die globale Wirtschaft ausgeübten Konkurrenzdrucks. Es argumentiert weiter, dass China aus dem zunehmenden handelspolitischen Gewicht auch neue Verantwortung erwächst: Erfüllung der WTO-Verpflichtungen, Öffnung seines Markts und faires Verhalten im Handel. Das Dokument nennt eine Reihe von strategischen Maßnahmen, die zu einer Verbesserung der Rahmenbedingungen der im Chinageschäft stehenden EU-Unternehmen führen können, und dazu gehören ein verbesserter Marktzugang, verschärfte Maßnahmen gegen Verstöße gegen Rechte an geistigem Eigentum und Bereitstellung neuer Ressourcen für unternehmerische Aktivitäten vor Ort in China.

Die Kommission hat heute zudem eine Mitteilung über ihre Beziehungen zu den Besonderen Verwaltungsgebieten Hongkong und Macao verabschiedet."

Quelle: IP/06/1454 vom 4. Oktober 2006;
http://europa.eu/rapid/pressReleasesAction.do?reference=IP/06/1454&format=HTML&aged=1&language=DE&guiLanguage=en
Gesamtes Dokument: KOM (2006) 631 endg.

6.3.3 Strategische Interessen und Ausblick

Wirtschaftspolitische Interessen dominieren die bilateralen Beziehungen zwischen der Europäischen Union und China, auch wenn allgemein politische Fragen zunehmend an Gewicht gewinnen. Obwohl sich ein ständiges Wachstum der Handelbeziehungen beobachten lässt, ist die Volksrepublik China unter allen Handelspartnern der Union jener Staat, der das größte Handelsdefizit verursacht. Um die Wirtschaftsbeziehungen durch heikle politische Fragen, die vor allem seit der Madrid-Erklärung der EG als Reaktion auf die Ereignisse am Tiananmen 1989 die bilateralen Beziehungen belasten, nicht allzu sehr zu gefährden, wurden schon früh intensive sektorale Dialoge eingeführt, zumal sich über Jahre bei den wichtigsten Problemfragen - Menschenrechtsfrage, Handelsembargo, Taiwan, Tibet - kaum Lösungen oder eine Annäherung bei den Standpunkten abzeichnete.

Mit dem Erstarken Chinas auf regionaler wie internationaler Ebene gewinnen die bilateralen Beziehungen ebenso *sicherheitspolitisch* für die Europäische Union an Bedeutung. Chinas Gewicht als sicherheitspolitischer Akteur in den internationalen Beziehungen ist zweifellos enorm gewachsen. Das außen- und sicherheitspolitische Engagement des Landes beschränkt sich dabei keineswegs nur auf den asiatischen Raum. China streckt seine politischen Fühler zunehmend aus - vor allem in Richtung Afrika, Lateinamerika und Mittlerer Osten. Die Zusammenarbeit mit dem Iran wird vor allem vom Westen mit Adleraugen überwacht, scheint hier durchwegs eine neue Achsenbildung möglich, die den USA wie Europa keineswegs gelegen käme, aber für China allein aus energiepolitischen Überlegungen heraus durchwegs Sinn machen würde. Beispiele für das wachsende politische Engagement Chinas in Lateinamerika oder Westafrika, zumeist im Kontext günstiger Rohstoffgeschäfte, gibt es genügend. Sie alle unterstreichen die Tendenz eines wachsenden chinesischen Einflusses auf die internationale Politik. Diese Entwicklung veranlasst gleichzeitig die EU zu einem verstärkten außenpolitischen Agieren und zu einer Intensivierung des Dialogs mit China, das heute in ganz Europa weitgehend als eine *unaufhaltsam aufsteigende Großmacht* wahrgenommen wird.

Die enge Verknüpfung der sicherheitspolitischen Dimension mit Fragen der *Wirtschafts- und Energiepolitik* ist eine Folge zunehmender gesellschaftlicher Interdependenzen und Globalisierungstendenzen. Für China stellt sich das Problem der Energieversorgungssicherheit sogar noch stärker als für Europa. Die chinesische Nachfrage an Öl - allein aufgrund seiner schnell wachsenden Volkswirtschaft mit rund 1,3 Milliarden Menschen - hat astronomische Zahlen erreicht. Hinzu kommt noch ein wachsender Bedarf an Stahl sowie anderen Rohstoffen, die benötigt werden, um Chinas Volkswirtschaft für den Wettbewerb am Weltmarkt fit zu machen. Damit stellen sich zugleich gigantische Herausforderungen im Bereich des Umwelt- und Klimaschutzes. Globale Lösungen in diesem Feld zu erwirken, ist zweifellos ein wichtiges Anliegen des gegenwärtigen außenpolitischen Engagements der Union. Dies macht für Europa einen engeren Dialog mit China im Bereich der Umwelt- und

Energiepolitik unerlässlich. Es stellt zugleich beide ökonomischen Riesen vor neue Herausforderungen.

6.4 Die Beziehungen der EU zu Japan und Indien

Japan und Indien spielen im asiatischen Raum seit Jahren als Regionalmächte eine wichtige Rolle. Japans wirtschaftlicher Aufschwung und seine enge Kooperation mit den USA machten das Land schon in den 70-er und 80er-Jahren zu einem attraktiven Partner für die Europäische Gemeinschaft. In der Tat wurde Japan bald zu einem Vorreiter unter den asiatischen Staaten im Hinblick auf die erzielten Erfolge bei der Institutionalisierung der bilateralen Kontakte mit der EG. Indien hat vor allem in den letzten Jahren in den Bereichen der Technologie und Sicherheitspolitik für die Union enorm an Attraktivität gewonnen. In beiden Fällen zeichnet sich ein wachsendes außenpolitisches Interesse Europas an strategischen Partnerschaften und einer engen Zusammenarbeit deutlich ab.

Die Kontakte mit *Japan* wurden seitens der Europäischen Gemeinschaft Mitte der 80er-Jahre dahingehend intensiviert, dass zunächst einmal im Rahmen der EPZ regelmäßige Treffen der EG-Minister mit ihren japanischen Kollegen ins Leben gerufen wurden (Kevenhörster 1993, Nuttall 1996; Korte 2000). Die Bestrebungen Europas zielten dabei darauf, die Beziehungen zwischen der EG und Japan auf eine institutionalisierte Basis zu stellen (Nuttall 1996; Korte 2000; Maull 1993). Dieses Ansinnen fiel in Japan auf fruchtbaren Boden. Zu einer tiefer gehenden Institutionalisierung der bilateralen Beziehungen kam es im Zuge der Unterzeichnung der „Gemeinsamen Erklärung zu den Beziehungen zwischen der EG und ihren Mitgliedstaaten und Japan" vom 18. Juli 1991.

Die Gemeinsame Erklärung von 1991 bildet bis heute die wichtigste Grundlage für die Ausgestaltung der bilateralen Beziehungen. Sie nennt die allgemeinen Prinzipien für die Kooperation und listet die wichtigsten Ziele der Zusammenarbeit auf (siehe Box 6.12.). Gleichzeitig definiert die Erklärung den *Rahmen für den institutionalisierten Dialog*: ein jährliches Gipfeltreffen EU-Japan; ein Treffen der EU-Kommission mit der japanischen Regierung auf Ebene der Kommissare bzw. Minister; halbjährliche Treffen zwischen der EU-Troika auf Ministerebene und dem japanischen Außenminister.

Box 6.12. Felder der Zusammenarbeit EG-Japan gemäß der Gemeinsamen Erklärung von 1991 (Auszug):

„The two Parties will set out to explore together areas of possible co-operation, including where appropriate common diplomatic action. They will endeavour to strengthen their co-operation in a fair and harmonious way in all areas of their relations taken as a whole in particular with respect to the following :

promoting negotiated solutions to international or regional tensions and the strengthening of the United Nations and other international organisations;

supporting social system based on freedom, democracy, the rule of law, human rights and market economy;

enhancing policy consultation and, wherever possible, policy co-ordination on the international issues which might affect world peace and stability, including international security matters such as the non-proliferation of nuclear, chemical and biological weapons, the non-proliferation of missile technology and the international transfer of conventional weapons;

pursuing co-operation aimed at achieving a sound development of the world economy and trade, particularly in further strengthening the open multilateral trading system, by rejecting protectionism and recourse to unilateral measures and by implementing GATT and OECD principles concerning trade and investment;

pursuing their resolve for equitable access to their respective markets and removing obstacles whether structural or other, impeding the expansion of trade and investment, on the basis of comparable opportunities;

strengthening their dialogue and co-operation on various aspects of multifaceted relations between both Parties in such areas as trade, investment, industrial co-operation, advanced technology, energy, employment, social affairs and competition rules;

supporting the efforts of developing countries, in particular the poorest among them, to achieve sustained development and political and economic progress, along with fostering respect for human rights as a major factor in genuine development, with due regard for the objectives set by international organisations;

joining their efforts in meeting transnational challenges, such as the issue of environment, the conservation of resources and energy, terrorism, international crime and drugs and related criminal activity, in particular the laundering of the proceeds of crime;

strengthening co-operation and, where appropriate, promoting joint projects in the field of science and technology with a view to contributing to the promotion of scientific knowledge which is essential for the future prosperity of all mankind;

developing academic, cultural and youth exchange programmes aiming to increase knowledge and improve understanding between their respective peoples;

supporting, in co-operation with other States or organisations, Central and Eastern European countries engaged in political and economic reforms aimed at stabilising their economies and promoting their full integration into world economy;

co-operating, in relation with the countries of the Asia-Pacific region, for the promotion of peace, stability and prosperity of the region."

Quelle: Gemeinsame Erklärung EG-Japan vom 18. Juli 1991; Text von der Webpage der Europäischen Kommission/External Relations; http://ec.europa.eu/comm/external_relations/japan/intro/joint_pol_decl.htm

Die weitere Entwicklung der bilateralen Beziehungen zwischen der EU und Japan wurde zum Teil dadurch erleichtert, dass in verschiedenen politischen und wirtschaftlichen Fragen weitgehend gleichgerichtete Interessen vorlagen. Auf diese Weise konnte die Zusammenarbeit in einzelnen Bereichen intensiviert und weiter ausgebaut werden. Im März 1995 veröffentlichte die Europäische Kommission ihre Mitteilung *„Europa und Japan: Die nächsten Schritte"* (KOM [1995] 73). Der *„EU-Japan-Aktionsplan"* vom 8. Dezember 2001 lieferte sodann ein umfangreiches Arbeitsprogramm für konkrete Schritte zu einer engeren Zusammenarbeit in den Bereichen Außenpolitik, Wirtschaft und Gesellschaft.

Als wichtige *Felder für die Zusammenarbeit* wurden identifiziert: bilateraler Handel, Informations- und Kommunikationstechnologie, multilaterale Wirtschafts- und Handelsfragen, Stärkung des internationalen monetären und finanziellen Systems und Entwicklungshilfe, engere Kooperation im Hinblick auf die Bekämpfung der Armut und Förderung der Kontakte zwischen den Menschen beider Kulturkreise. Als wichtigste *Ziele* nennt der Aktionsplan: 1. die Förderung von Frieden und Stabilität; 2. die Stärkung der Wirtschafts- und Handelspartnerschaft bei gleichzeitiger Nutzung der Globalisierungsdynamik zum Wohle aller; 3. die Bewältigung globaler und gesellschaftlicher Herausforderungen; 4. die Zusammenführung von Menschen und Kulturen (Dokument *„Shaping Our Common Future: An Action Plan for EU-Japan Cooperation"*, Brüssel 2001).

Der Aktionsplan wurde zunächst für einen Zeitraum von zehn Jahren konzipiert. Um im Hinblick auf die Umsetzung des Aktionsplanes Kontinuität zu gewährleisten, wird dieser jeweils anlässlich der jährlichen Gipfeltreffen EU-Japan aktualisiert. Eine Steuerungsgruppe vollzieht die Planung und Koordinierung konkreter Vorhaben und Projekte. Im gesamten Dialog beschränkt man sich seither nicht ausschließlich auf Konsultationen in den Bereichen der Wirtschaft, Technologie und des Handels, sondern führt auch zunehmend Gespräche im außen- und sicherheitspolitischen Bereich (GASP). Im Bereich des Handels und der Wirtschaft sind jedoch naturgemäß die wichtigsten Erfolge zu verbuchen. Wichtige Impulse brachte hier zuletzt das „EU-Japan-Abkommen über gegenseitige Anerkennung" (*Mutual Recognition Agreement*) vom 4. April 2001 (in Kraft getreten am 1. Januar 2002), das für vier Bereiche (Telekommunikation, Elektronik, Pharma und Chemie) Handelserleichterungen im Wege einer gegenseitigen Anerkennung von Prüf- und Zulassungsverfahren zum Ziel hat.

In den letzten Jahren ist nicht nur im Handelssektor eine steigende Zusammenarbeit zwischen EU und Japan zu verzeichnen, sondern ebenso im sicherheitspolitischen Bereich. Zunehmend werden wichtige internationale Themen aufgegriffen und Möglichkeiten einer engeren Kooperation in einem *multilateralen System* erörtert. Dies inkludiert heikle sicherheitspolitische Fragen, wie etwa die Problematik der Nichtverbreitung von Atomwaffen, die Iran- und Irakproblematik oder die nordkoreanischen Nuklearfrage. Diverse neu ins Leben gerufene Plattformen, wie etwa der *EU-Japan Business Dialogue*, verknüpfen verschiedene Regierungsinitiativen mit ähnlich gelagerten Ansinnen aus dem privaten Sektor. Eine weitere Intensivierung der Beziehungen EU-Japan scheint durchwegs im Bereich des Möglichen.

Box 6.13. EU-Japan Gipfeltreffen

----

16. Gipfeltreffen	Berlin, Juni 2007
15. Gipfeltreffen	Tokio, 24. April 2006.
14. Gipfeltreffen	Luxemburg, 2. Mai 2005.
13. Gipfeltreffen	Tokio, 22. Juni 2004.
12. Gipfeltreffen	Athen, 1.-2. Mai 2003.
11. Gipfeltreffen	Tokio, 8. Juli 2002.
10. Gipfeltreffen	Brüssel, 8. Dezember 2001.
9. Gipfeltreffen	Tokio, 19. Juli 2000.
8. Gipfeltreffen	Bonn, 20. Juni 1999.
7. Gipfeltreffen	Tokio, 12. Januar 1998.
6. Gipfeltreffen	Den Haag, 25. Juni 1997.

5. Gipfeltreffen	Tokio, 30. September 1996.
4. Gipfeltreffen	Paris, 19. Juni 1995.
3. Gipfeltreffen	Tokio, 6. Juli 1993.
2. Gipfeltreffen	London, 4. Juli 1992.
1. Gipfeltreffen	Den Haag, 18. Juli 1991 (Unterzeichnung der *„Gemeinsamen Erklärung"*)

Quelle: Website der Europäischen Kommission/External Relations
(adaptiert und erweitert).

Die diplomatischen Beziehungen zwischen der EG und *Indien* reichen bis in die frühen 60er-Jahre zurück. 1973 unterzeichneten die EG und Indien ein *Handelskooperationsabkommen*, dem 1981 und 1985 zwei weitere Abkommen in den Bereichen Wirtschaft und Handel folgten. Den Rahmen der bilateralen Beziehungen lieferte das am 20. Dezember 1993 unterzeichnete *Partnerschafts- und Kooperationsabkommen* (in Kraft getreten am 1. August 1994). Dieses zielte auf die Etablierung einer engeren Partnerschaft und konzentrierte sich vorwiegend auf die Bereiche Handel, Wirtschaft und Entwicklung. Die Mitteilung der Europäischen Kommission *zur erweiterten Partnerschaft mit Indien* vom 26. Juni 1996 zielte sodann auf eine Vertiefung der bilateralen Beziehungen. Tatsächlich gelang in den späten 90er-Jahren eine Ausweitung und Vertiefung des Dialogs einschließlich einer verstärkten Einbeziehung zivilgesellschaftlicher Elemente.

Zu einem ersten offiziellen *Gipfeltreffen* EU-Indien kam es erst relativ spät. Beim ersten Gipfel in Lissabon im Juni 2000 einigte man sich auf die Verabschiedung einer *Gemeinsamen Erklärung* und die Annahme eines *Aktionsplans* für die Zusammenarbeit. Die Gipfeltreffen der folgenden Jahre dokumentierten dann in weiterer Folge tatsächlich einige markante Fortschritte beim Ausbau der bilateralen Beziehungen in unterschiedlichsten Bereichen: von der Informations- und Kommunikationstechnologie über Fragen der Zollkooperation bis hin zur Wissenschaftszusammenarbeit oder einem gemeinsamen Vorgehen bei wichtigen Fragen der internationaler Politik (z.B. Terrorismusbekämpfung). 2002 präsentierte die Europäische Kommission ihr *Strategiepapier* für Indien und drei Jahre später verkündeten beide Seiten, dass sie den Ausbau der bilateralen Beziehungen zu einer *„strategischen Partnerschaft"* in die Wege leiten werden (5. EU-Indien-Gipfel 2005).

Mit ihrer Mitteilung an den Rat, an das Europäische Parlament und an den Europäischen Wirtschafts- und Sozialausschuss vom 16. Juni 2004 *„Eine strategische Partnerschaft EU-Indien"* (KOM [2004] 430 endg.) schlug die Kommission eine neue Strategie mit folgenden Zielsetzungen vor:

- „Internationale Zusammenarbeit durch Multilateralismus einschließlich Förderung des Friedens, Terrorismusbekämpfung, Nichtverbreitung [von Massenvernichtungswaffen] und Menschenrechte;
- Verstärkung des Zusammenwirkens von Handel und Wirtschaft insbesondere durch Dialoge über einzelne Sektoren und über Regulierung und Industriepolitik;
- Zusammenarbeit bei der nachhaltigen Entwicklung, beim Umweltschutz und der Abschwächung der Klimaänderungen sowie der Bekämpfung der Armut;
- Kontinuierliche Verbesserung des gegenseitigen Verständnisses und der Kontakte zwischen den Zivilgesellschaften."[28]

In Summe zeigt sich in diesem Dokument ebenso wie in dem außenpolitischen Agieren der EU im Hinblick auf die Ausgestaltung der strategischen Partnerschaft mit Indien eine Prioritätenverschiebung von der reinen Handelspolitik hin zu einem stark politisch bestimmten Dialog. Gleichzeitig damit kommt ein strategisches Denken der Union zum Vorschein, das in der Bildung strategischer Allianzen ein adäquates Mittel zur Stärkung des multilateralen Konzepts in den internationalen Beziehungen sieht. Indien erscheint damit in einem neuen Licht, nämlich als attraktiver Partner für eine internationale Konfliktprävention und ein globales Krisenmanagement. Aus diesem Denken resultiert eine Forcierung des *Sicherheitsdialogs*, bei dem zentrale Fragen der aktuellen Weltpolitik zur Sprache kommen. Indirekt beabsichtigt die Europäische Union damit zugleich eine Stabilisierung und Beruhigung jener Konflikte in Asien, an denen Indien selbst beteiligt ist. Die strategischen und außenpolitischen Interessen Europas auf dem gesamten asiatischen Kontinent legen es nahe, dass sich die EU zukünftig noch stärker um eine engere Zusammenarbeit mit Indien bemüht.

Diese Annäherung zwischen der EU und Indien kam im Grunde nicht ganz überraschend, bedenkt man, dass es Indien in den letzten Jahrzehnten gelungen ist, zu einer bedeutenden Regionalmacht im asiatischen Raum heranzuwachsen. Die Zunahme ihrer politischen und wirtschaftlichen Macht im Zusammenhang mit der rasanten Bevölkerungsentwicklung in dieser Region und den diversen politischen Krisenherden in der Nachbarschaft Indiens, einschließlich des indisch-pakistanischen Konflikts, machen Indien

---

28   http://europa.eu/scadplus/leg/de/lvb/r14100.htm

zunehmend auch aus sicherheitspolitischen Überlegungen heraus zu einem interessanten Partner Europas.

Box 6.14. EU-Indien Gipfeltreffen

---

7. Gipfeltreffen	Helsinki, 2006
6. Gipfeltreffen	New Delhi, 2005
5. Gipfeltreffen	Den Haag, 2004
4. Gipfeltreffen	New Delhi, 2003
3. Gipfeltreffen	Kopenhagen, 2002
2. Gipfeltreffen	New Delhi, 2001
1. Gipfeltreffen	Lissabon, 2002

6.5 Weitere Informationen und Literaturverweise

Wichtige Dokumente:
EU-Asien und EU-Südostasien allgemein:
- ➤ Mitteilung der Kommission „*Europa und Asien – Strategierahmen für vertiefte Partnerschaften*" vom 4. September 2001 (KOM [2001] 469 eng.).
- ➤ Mitteilung der Kommission „*A New Partnership with South East Asia*" [COM (2003) 399/4]
- ➤ Commission's Regional Indicative Programme for Cooperation with ASEAN

EU-China, EU-Japan, EU-Indien:
- ➤ Mitteilung der Kommission „*EU-China: Engere Partner, wachsende Verantwortlichkeiten*" vom 24. Oktober 2006 (KOM [2006] 631 endg.).
- ➤ Politisches Grundsatzpapier der Kommission zur Vorlage im Rat und im Europäischen Parlament „*Die Beziehungen EU-China: Gemeinsame Interessen und Aufgaben in einer heranreifenden Partnerschaft*" vom 10. September 2003 (KOM [2003] 533 endg.).
- ➤ Mitteilung der Kommission „*Die China-Strategie der EU: Umsetzung der Grundsätze von 1998 und weitere Schritte zur Vertiefung des politischen Konzepts der EU*" vom 15. Mai 2001 (KOM [2001] 265 endg.).
- ➤ Mitteilung der Kommission „*Für eine umfassende Partnerschaft mit China*" vom 25. März 1998 (KOM [1998] 181).

- Mitteilung der Kommission „*Die langfristige Politik der Europäischen Union gegenüber China*" vom 5. Juli 1995 (KOM [1995] 279 endg.).
- Ministry of Foreign Affairs, Beijing "*China's EU Policy Paper*" vom 13. Oktober 2003.
- Mitteilung der Kommission „*Europa und Japan: Die nächsten Schritte*" vom März 1995.
- Joint Declaration on Relations between the EC and its Member States and Japan (signed in The Hague, July 18, 1991).
- Mitteilung der Kommission „*Eine strategische Partnerschaft EU-Indien*" vom 16. Juni 2004 (KOM [2004] 430 endg.).

Weiterführende Literatur:

- *Überblick:* Sandschneider 2004; Keith 2004; Bersick 2004 und 2003; Dent 2004 und 1999; Loewen 2003; Korte 2000; Maull 2000; Maull/Segal 1997; Stahl 2000; Nuttall 1996; Maull 1993;
- *EU-ASEM, EU-ASEAN:* Dosch 1999; Yeo Lay Hwee 1999; Dreis-Lampen 1998;

Internet:

- ASEM Webpage:
  http://asem.inter.net.th
- The EU's Relations with Asia:
  http://ec.europa.eu/comm/external_relations/asia/index.htm
- The EU's Relations with ASEM:
  http://ec.europa.eu/comm/external_relations/asem/intro/index.htm
- The EU's Relations with ASEAN:
  http://ec.europa.eu/comm/external_relations/asia/index.htm
- The EU's Relations with China:
  http://ec.europa.eu/comm/external_relations/china/intro/index.htm
- The EU's Relations with Japan:
  http://ec.europa.eu/comm/external_relations/japan/intro/index.htm
- The EU's Relations with India:
  http://ec.europa.eu/comm/external_relations/india/intro/index.htm
- Diverse Länderstrategie-Papiere der Union:
  http://ec.europa.eu/comm/external_relations/sp/index.htm

7 Afrika und der Mittlere Osten

Zwischen Entwicklungszusammenarbeit und Krisenmanagement: Die EU auf der Suche nach einer neuen außenpolitischen Rolle

Afrika und der Mittlere Osten werden immer mehr zu einer neuen Herausforderung für die EU, insbesondere für ihre sich formierende Gemeinsame Außen- und Sicherheitspolitik (GASP). Die Krisen, Konflikte und politischen wie ökonomischen Instabilitäten in der Region des Mittleren Ostens und in Afrika (insbesondere in Zentralafrika) sind in ihrer politischen Wirkung auf die Europäische Union nicht zu unterschätzen. Themen wie Migration, transnationale organisierte Kriminalität, Terrorismus oder Islamismus nehmen heute auf der außenpolitischen Agenda der Union einen prominenten Platz ein. Sie bestimmen in einem hohen Ausmaß die Tagesordnung der europäischen Außenbeziehungen und tragen zugleich wesentlich dazu bei, dass sich das außenpolitische Profil der Europäischen Union erheblich verändert.

Über viele Jahrzehnte dominierten eindeutig Fragen der Entwicklungshilfe sowie des Handels die Außenbeziehungen der EG im Hinblick auf die Länder Afrikas. Die Europäischen Gemeinschaften betreiben zwar weiterhin eine eigene gemeinschaftliche *Entwicklungszusammenarbeit* mit den Ländern der so genannten „Dritten Welt", darunter insbesondere Afrika, doch beschränken sich heute die Außenbeziehungen bei weitem nicht mehr bloß auf wirtschaftliche Kooperation, Handel und Entwicklungshilfe. Es scheint sich vielmehr ein Wandel dahingehend abzuzeichnen, dass sich ausgerechnet jene Regionen und Länder, die einstmals als an der „außenpolitischen Peripherie" der Union angesiedelt betrachtet wurden, plötzlich direkt in das *Zentrum der EU-Außenpolitik* katapultieren.

Politische Krisen markieren stets Umbrüche und Veränderungen im System der internationalen Beziehungen. Derartige Umbrüche vollziehen sich dabei nicht nur im lokalen oder regionalen Kontext, sondern im steigenden Maße ebenso auf globaler Ebene. Die Entwicklung der modernen Gesellschaft hin zu einer gemeinsamen *Weltgesellschaft* leistete dieser Entwicklung zweifellos Vorschub und trug ihrerseits wesentlich zu einer veränderten Vorstellung von räumlich-geographischer Nähe bzw. Distanz bei (Buzan 2004). Die Krisen und Konflikte in Afrika und im Mittleren Osten sind aus diesem Grund im globalen Kontext zu sehen und damit zunehmend für Europa und die zukünftige Entwicklung der Europäischen Union von Bedeutung.

In Europa hat sich in diesem Zusammenhang im Verlauf der letzten Jahre immer mehr die Überzeugung durchgesetzt, dass die europäische Sicherheit primär im globalen Kontext gewährleistet werden müsse. Das macht eine *aktive Rolle* bei der Mitgestaltung der internationalen Sicherheit bzw. der internationalen politischen Rahmenbedingungen geradezu zu einer Verpflichtung für die erweiterte Union. Die EU versucht, sich genau diesen neuen Herausforderungen zu stellen und die Beziehungen zu den Ländern Afrikas bzw. des Mittleren Ostens entsprechend den neuen globalen politischen, gesellschaftlichen wie ökonomischen Rahmenbedingungen neu zu konzipieren, insbesondere in der Überzeugung, dass eine aktive europäische Außen- und Sicherheitspolitik *außerhalb* Europas zugleich ein wichtiger Beitrag zur Stabilisierung der Weltpolitik darstellt (wie in der Europäischen Sicherheitsstrategie dargelegt).

Eine eigenständige *Afrikapolitik* der EU entwickelte sich erst im Verlauf der 90er-Jahre. Sie ist seither im Wesentlichen durch einen weitgehenden Konsens der Mitgliedstaaten in Grundsatzfragen getragen und sieht eine stärkere Einbindung der Entwicklungszusammenarbeit in die grundsätzlichen außen- und demokratiepolitischen Konzepte und Leitbilder der Union vor. Dabei wird die Afrikapolitik grundsätzlich in *zwei unterschiedlichen Politik- und Kooperationsrahmen* vollzogen: zum einen mit den Ländern nördlich der Sahara durch die Euro-Mediterrane Partnerschaft (EMP) bzw. Europäische Nachbarschaftspolitik (ENP); zum anderen mit den meisten Staaten Afrikas südlich der Sahara im Rahmen der Afrika-Karibik-Pazifik (AKP) Verträge.

Im Hinblick auf den *Mittleren Osten* hat sich bis zur Stunde noch kein umfassender Kooperationsrahmen gebildet, der es der EU ermöglichen würde, Stabilisierungsfunktionen für diese Region - etwa im Wege eines Inter-Regionalismus - wahrzunehmen. In diesem Raum steht die EU nicht nur vor neuen außenpolitischen Herausforderungen, sondern ebenso vor deutlich erkennbaren Grenzen ihres außenpolitischen Handlungsspielraums. Europa ist weit davon entfernt, als echte „Vermittlungsmacht" in dieser Region Wirkung entfalten zu können oder gar als Ordnungsmacht aufzutreten. Im Grunde stellt der Mittlere Osten den gesamten *Soft Power* Ansatz der Union vor eine harte Bewährungsprobe.

Es ist nicht von der Hand zu weisen, dass ausgerechnet die bewaffneten Konflikte, Spannungen und Krisen in Afrika wie im Mittleren Osten die Europäische Union immer mehr dazu veranlassen, sich intensiver um *Hard Power* Elemente in ihrer Außen- und Sicherheitspolitik zu kümmern. Die bisher im Ausbau der ESVP erzielten Fortschritte sind zweifellos zumindest indirekt als Ergebnisse eines gewissen politischen Drucks von außen - insbesondere aus Afrika und dem Mittleren Osten - zu werten. Unbeschadet der Tatsache, dass sich die EU weiterhin in ihren Friedensbemühungen stark auf die diplomatische Ebene konzentriert, darf nicht übersehen werden, dass sich eine Schwerpunktverlagerung dahingehend ankündigt, dass heute im verstärkten Ausmaß ebenso europäische militärische Instrumente zum Einsatz kommen und politisch-wirtschaftliche Druckmittel - vom Element der „politischen Konditionalität" bis hin zur Verhängung von Sanktionen - an Bedeutung gewinnen (Smith K. 1998).

7.1 Die Afrikapolitik der EU: Entwicklungszusammenarbeit, Demokratieexport und Krisenmanagement

7.1.1 Historische Entwicklung und Grundlagen

Postkolonialismus und allgemeine Rahmenbedingungen

Die Beziehungen der Europäischen Union und ihrer Mitgliedstaaten zu den Ländern des afrikanischen Kontinents sind bis heute noch zu einem enorm hohen Grad durch die *Geschichte des europäischen Kolonialismus* geprägt. Dieser hinterließ ohne Zweifel tiefe Spuren in der politischen, sozialen und ökonomischen Struktur ganz Afrikas. Sein Erbe ist in den spezifischen *postkolonialen Strukturen* innerhalb des Beziehungsgeflechts Europa-Afrika aufzuspüren (Abrahamsen 2003; Gifford/Louis 1988; Cornell 1980; Waites 1995).

Den traditionell engen Beziehungen der EU zu den ehemaligen Kolonialgebieten einiger ihrer Mitgliedstaaten in Afrika steht gegenüber, dass die Union in Summe nur einen Bruchteil ihres Außenhandels mit diesen in die Unabhängigkeit entlassenen Ländern abwickelt. Die wirtschaftliche und handelspolitische Bedeutung der Beziehungen zwischen der EU und den Ländern Afrikas (insbesondere südlich der Sahara) ist in Summe vor allem für Europa als äußerst gering einzustufen. Die enge Verflechtung zwischen Europa und Afrika ruht vielmehr primär auf folgendem Fundament: Zunächst ist darauf hinzuweisen, dass mit der Entlassung der ehemals europäischen Kolonien in die neue politische Unabhängigkeit und Selbstständigkeit noch lange nicht die über Jahrzehnte gewachsene Beziehungsstruktur über Bord geworfen und durch eine neue, völlig anders gelagerte Struktur ersetzt wurde. Im Gegenteil: In ihrer gesellschaftlichen, sozioökonomischen und politischen Struktur verblieben die neuen afrikanischen Staaten nach der Erlangung politischer Unabhängigkeit und Souveränität weiterhin in der Tradition des europäischen Kolonialismus verankert. Zum anderen hatten sämtliche ehemaligen Kolonialmächte - von Großbritannien, Frankreich und Italien bis hin zu Portugal und Belgien - schon ausreichend dafür gesorgt, dass die engen Beziehungen zu den neuen Staaten in einer für die Mutterländer keineswegs nachteiligen Weise weiter gepflegt und am Leben gehalten werden konnten. Sicherlich spielten dabei weiterhin spezifische ökonomische Interessen der euro-päischen Staaten eine Rolle, aber ähnlich bedeutend waren von Anfang an soziale, kulturelle und politische Interessen der europäischen Länder in dieser Region (Brown 2001; Brüne 2000; Brüne/Betz/Kühne 1994; Matambalya 1999, 1998 und 1997; Zartman 1993).

Der Gedanke von *Sonderbeziehungen* zwischen den Gründungsmitgliedern der EWG und ihren ehemaligen Kolonien spielte bei den Gründungs-verhandlungen zur EWG eine gewisse Rolle. Später verstärkte noch die Angst vor einer zu großen Ausbreitung der kommunistischen Ideologie und einem zu starken politisch-wirtschaftlichen Engagement der Sowjetunion auf dem afrikanischen Kontinent das Bemühen der EWG-Mitgliedstaaten, die afrikanischen Staaten enger an Europa zu binden (z.B. im Wege wirtschaft-licher Verträge und Abkommen). Als eigentlicher Ausgangspunkt für die *Assoziierungspolitik* der Gemeinschaft dienten zunächst die Römischen Verträge vom Februar 1957 (in Kraft getreten am 1. Januar 1958), die insgesamt 31 Entwicklungspartnerländer der europäischen EWG-Mitglied-staaten vorsahen (20 französische Kolonien in Afrika, 7 andere französische Kolonien, zwei belgische Kolonien, eine italienische und eine niederländische Kolonie).

Die *Assoziierungspolitik* der Gemeinschaft war zweifellos der erste wichtige Schritt zur Institutionalisierung und Festigung ihrer Beziehungen zu den afrikanischen Staaten, insbesondere zu den schwarzafrikanischen Kolonien. Sie stellte selbst wiederum einen historischen Kompromiss dar (Brüne 2000: 206), entsprang sie doch primär dem Wunsch der ehemaligen europäischen Kolonialmächte, vor allem von Belgien und Frankreich, die Handelspräferen-zen für ihre ehemaligen Kolonialgebiete auf den gemeinsamen Markt der EWG zu übertragen. Der zweite Schritt, den die Europäische Wirtschaftsgemein-schaft zur Bildung eines institutionalisierten Rahmens für die konkrete Ausgestaltung und Strukturierung ihrer Beziehungen zu diesen Ländern unternahm, war die Schaffung des so genannten *AKP-Rahmens*, in den verschiedenste Länder *Afrikas, der Karibik und des Pazifiks* (AKP) integriert wurden (Karagiannis 2004; Holland 2002; Cosgrove Twitchett 1981 und 1978; Long 1980; Matambalya 1999, 1998 und 1997; Asante 1996; Boardman/Shaw/Soldatos 1985; Kappel 1996; Wolf S. 1999).

Im Jahre 1963 schlossen die damals sechs EWG-Staaten in *Jaunde* (oder auch: *Yaoundé*; Kamerun) ein erstes Assoziierungsabkommen mit 18 afrikanischen Ländern (frühere Kolonien von Frankreich, Belgien und Italien). Mit dem Beitritt Großbritanniens zur Europäischen Gemeinschaft im Jahr 1973 bemühten sich zahlreiche im Commonwealth vertretene Entwicklungsländer um engere Handelsbeziehungen und eine Kooperation mit der Gemeinschaft. Das 1975 in *Lomé* (Togo) unterzeichnete Handels- und Kooperationsabkommen (Lomé I) konstituierte einen neuen Rahmen für die Entwicklungszusammenarbeit der Gemeinschaft mit zunächst 46 AKP-Staaten (*Afrika, Karibik und Pazifik*), wobei sich diese Zahl in den nächsten Jahrzehnten mehrmals im Zuge der Folgeabkommen (Lomé II bis IV, 1980, 1985 und 1990) auf insgesamt 71 erhöhte. Am 23. Juni 2000 wurde in *Cotonou* (Benin) ein neues Partnerschaftsabkommen mit nunmehr 77 AKP-Staaten unterzeichnet (zur Chronologie siehe: Brüne 2000: 206f.; Lister 1999; Stevens/McQueen/Kennan 1999; Wolf 1999; Stevens 1981; Boardman/Shaw/Soldatos 1985; Cosgrove Twitchett 1978, 1981, 1994; Cosgrove/Jamar 1986; Cosgrove-Sacks 1999 und 2001; Frisch 1998, 1996 und 1985).

Box 7.1. Chronologie der Jaunde (Yaoundé) und Lomé-Abkommen

Jaunde I	20. Juli 1963 (in Kraft getreten am 1. Juli 1964). EWG-6 und 18 AASM (Assoziierte Afrikanische Staaten und Madagaskar).
Jaunde II	29. Juli 1969 (in Kraft getreten am 1. Januar 1976). EWG-6(+3) und 18 AASM+1+3.
Lomé I	28. Februar 1975 (in Kraft getreten 1. April 1976). EEC-9 und AKP-46.
Lomé II	31. Oktober 1979 (in Kraft getreten 1. Januar 1981). EEC-9(+1) und AKP-57.
Lomé III	8. Dezember 1984 (in Kraft getreten 1. Mai 1986). EWG-10(+2) und AKP-66.
Lomé IV	15. Dezember 1989 (in Kraft getreten 1990). EWG-12 und AKP-70.

Quelle: Ausführliche Chronologie bei Brüne 2000: 206f.

Das *Partnerschafsabkommen von Cotonou* des Jahres 2000 wurde auf insgesamt zwanzig Jahre angelegt. Es erstreckt sich auf die Felder der Entwicklungszusammenarbeit, des politischen Dialogs sowie der Handelsbeziehungen. Im Vergleich zu den früheren Lomé-Abkommen zeigt sich eine neue Schwerpunktbildung in der Armutsbekämpfung sowie im Hinblick auf eine schrittweise weitere Liberalisierung des Handels. Gleichzeitig wurde auch das System der Finanzhilfen geändert und flexibler gestaltet, so dass nunmehr Hilfeleistungen weit stärker auf die regionalen Bedingungen und spezifischen Bedürfnisse der jeweiligen Partnerstaaten angesichts gravierender Unterschiede abgestimmt wurden. Wesentlich dabei ist noch die stärkere Einbeziehung der „politischen Dimension" in die Beziehungen. *Good governance* spielt eine zentrale Bedeutung, d.h. die Bereitschaft der Empfängerländer von EU-Finanzhilfen zur Einhaltung der Grundsätze verantwortungsvoller Regierungsführung

Box 7.2. Das Abkommen von Cotonou 2000:

„Die vorrangigen Ziele des Abkommens sind die Verringerung und langfristige Beseitigung der Armut sowie die schrittweise Eingliederung der Staaten in Afrika, im Karibischen Raum und im Pazifischen Ozean (AKP) in die Weltwirtschaft, im Einklang mit den Zielen der nachhaltigen Entwicklung. (...)
Das mit dem Abkommen eingeführte neue Konzept zielt auf die Ausweitung der politischen Dimension, die Gewährleistung einer neuen Flexibilität und die Übernahme von mehr Eigenverantwortung durch die AKP-Staaten ab.
Dieses Konzept stützt sich auf drei Hauptdimensionen, und zwar die politische, die handelspolitische und die entwicklungspolitische Dimension; es handelt sich zugleich um ein integriertes und ein sektorbezogenes Konzept. Die Maßnahmen müssen einem bestimmten Sektor gelten (z. B. Gesundheitswesen, Verkehr usw.) und die verschiedenen Aspekte der Zusammenarbeit miteinander verknüpfen (z.B. wirtschaftliche, ökologische und soziale Aspekte), damit die Hilfe gezielter eingesetzt werden kann."

Quelle: EU Webpage/Scadplus, letzte Änderung vom 10.02.2006;
http://europa.eu/scadplus/leg/de/lvb/r12101.htm

Am 3. und 4. April 2000 fand in Kairo das erste Gipfeltreffen der Staats- und Regierungschefs der EU und Afrikas statt (insgesamt 67 Staats- und Regierungschefs), bei dem die Teilnehmer die *Kairoer Erklärung* und den *Kairoer Aktionsplan* verabschiedeten.[29]

Beide Dokumente, in denen insgesamt 110 bzw. 125 Ansatzpunkte für eine zukünftige Kooperation identifiziert wurden, können als eine politische Willenserklärungen gewertet werden, folgende fünf allgemein-politische Ziele in den gemeinsamen Beziehungen in Angriff zu nehmen (Schmidt P. 2000: 724): 1. die Förderung der regionalen Kooperation in Afrika; 2. die Einbindung Afrikas in die Weltwirtschaft; 3. die Durchsetzung von Menschenrechten, Demokratie und guter Regierungsführung; 4. Konfliktprävention und -bearbeitung; 5. generelle Armutsbekämpfung. Eine Bewertung dieses Gipfeltreffens kommt um die Tatsache nicht herum, dass es sich um ein relativ unverbindliches Dokument handelt. Trotzdem kann es als ein wichtiges Zeichen für die Etablierung und Erweiterung der interkontinentalen Beziehungen auf breiter politischer Basis gewertet werden. Auf jeden Fall wurde ein Rahmen für die konkrete Ausgestaltung der Beziehungen zwischen den beiden Kontinenten geschaffen, auch wenn in Summe bis heute nur wenig Klarheit über konkrete Aktionsfelder bzw. Prioritäten herrscht.

Das ursprünglich für 2003 geplante zweite Afrika-Europa-Treffen wurde dann jedoch wegen der politischen Krise in Zimbabwe vorschoben. Im Augenblick ist vorgesehen, dieses Gipfeltreffen Ende 2007 in Lissabon abzuhalten. In diesem Zusammenhang beschlossen die Europäische Union und die Afrikanische Union vor kurzem, eine *„gemeinsame Strategie"* noch im Laufe des Jahres 2007 zu erarbeiten, in der eine politischen Vision für die künftige Partnerschaft zwischen der Union und Afrika konzipiert werden soll.[30] Eine erste Präsentation der Grundzüge dieser Strategie ist für Mai 2007 im Rahmen des Treffens der Ministertroika EU-Afrika vorgesehen.

---

29   Gipfeltreffen Afrika-Europa unter der Schirmherrschaft der OAU und der EU, Kairo, 3.-4. April 2000. Kairoer Erklärung und Aktionsplan: http://www.cons ilium.europa.eu/ueDocs/cms_Data/docs/pressData/de/er/00106-r4.do.html

30   Rat der Europäischen Union, Presseaussendung 6767/07 vom 26. Februar 2007.

Box 7.3. Auszug aus der Kairoer Erklärung von 2000:

„Seit Jahrhunderten bestehen zwischen Afrika und Europa Bindungen, die in vielen Bereichen - politischer, wirtschaftlicher, sozialer wie auch kultureller und sprachlicher Natur - zu einer Zusammenarbeit geführt haben. Diese Zusammenarbeit hat sich auf der Grundlage gemeinsamer Werte wie der Stärkung der repräsentativen und partizipatorischen Demokratie, der Achtung der Menschenrechte und Grundfreiheiten, der Rechtsstaatlichkeit, der verantwortungsvollen Staatsführung, des Pluralismus, des Friedens und der Sicherheit in der Welt, der politischen Stabilität und des Vertrauens zwischen den Staaten entwickelt. Im Lichte des derzeit stattfindenden raschen Globalisierungstrends sind wir entschlossen, diese Zusammenarbeit im gegenseitigen Interesse zu stärken und für die beiden Regionen vorteilhafter zu gestalten.

Um der globalen Partnerschaft zwischen Afrika und Europa im 21. Jahrhundert im Geiste der Gleichheit, der gegenseitigen Achtung, einer Interessengemeinschaft und der Zusammenarbeit zwischen unseren Regionen eine neue strategische Dimension zu verleihen, verpflichten wir uns dem grundlegenden Ziel einer Vertiefung der bereits bestehenden Bindungen und des daraus resultierenden politischen, wirtschaftlichen und kulturellen Verständnisses durch Schaffung eines geeigneten Umfelds und eines effektiven Rahmens zur Förderung eines konstruktiven Dialogs über wirtschaftliche, politische, soziale und entwicklungspolitische Fragen.“

Quelle: Kairoer Erklärung;
http://www.consilium.europa.eu/ueDocs/cms_Data/docs/pressData/de/er/00106-r4.do.html

Demokratieexport und Krisenmanagement

Seit den 90er-Jahren bemüht sich die Europäische Union in ihrer Afrikapolitik in besonderem Maße um zwei Anliegen: einmal *die Förderung von Demokratie und Menschenrechten bzw. guter Regierungsführung* (einschließlich des Ausbaus der Zivilgesellschaft); zum anderen um *Konflikt- und Krisenmanagement* (vornehmlich in Zentralafrika). Diese Orientierung stellt eine bemerkenswerte Änderung gegenüber den außenpolitischen Leitbildern früherer Jahrzehnte dar. Im Grunde spielten nämlich bis in die frühen 80er-Jahre Fragen der demokratischen Ordnung und der Einhaltung der Menschenrechte bei den EG-Verhandlungen sowie der EG-Vertragspolitik mit

Drittländern bestenfalls eine untergeordnete Rolle. Diese politische Praxis begann sich erst ab Mitte der 80er-Jahre zu verändern, zum Teil auf Initiative und Druck des Europäischen Parlaments sowie zahlreicher zivilgesellschaftlicher Menschenrechtsorganisationen.

Der Gedanke der *Menschenrechtskonditionalität* gewann jedoch innerhalb der Handels- und Entwicklungspolitik der Europäischen Gemeinschaft sehr rasch an politischem Gewicht (Smith K.E. 1998; Novak 1999; Stokke 1995). Im Laufe der Jahre wurden die Menschenrechts- und Demokratieklauseln sogar zu einem unverzichtbaren Bestandteil neu zu schließender Verträge der Europäischen Gemeinschaft mit Drittstaaten. Diese Klauseln ermöglichen der EG, ihre Vertragspflichten einseitig im Falle von massiven Menschenrechtsverletzungen in einem Drittstaat zu suspendieren. Ebenso können handelspolitische Vergünstigungen temporär ausgesetzt werden (Hoffmeister 2001: 89-91; Alston 1999). Kurzum: Die Menschenrechts- und Demokratiefragen wurden immer stärker zu einem Thema bei Verhandlungen der EG über eine engere Kooperation mit den Staaten Afrikas. Seit der Verankerung der Menschenrechts- und der Suspensionsklauseln ab dem Lomé-IV-Abkommen nimmt diese Thematik einen wichtigen Platz in der europäischen Kooperationspolitik sowie der Entwicklungszusammenarbeit ein. Hinzu trat einige Zeit später - insbesondere mit dem Cotonou-Abkommen - die Betonung demokratischer Partizipation und guter Regierungsführung.

Bei diesem Fragenkomplex herrscht im Wesentlichen breiter Konsens unter den EU-Mitgliedstaaten. Die praktische Unterstützung durch die Union wird dabei an „politische Konditionalität" geknüpft, wodurch ein System von „Positiv-" und „Negativmaßnahmen" zur Steuerung politischer Prozesse geschaffen wird. Der negativen politischen Konditionalität kommt seit den 90er-Jahren im Hinblick auf zahlreiche schwarzafrikanische Staaten besondere Bedeutung zu, d.h. es kam hier fallweise zu einer Reduzierung oder völligen Aussetzungen von ursprünglich durch die EU in Aussicht gestellten Leistungen: „*Zu den wegen schweren Menschenrechtsverletzungen, Verstößen gegen demokratische Prinzipien und aufgrund des Umgangs mit Minderheiten sanktionierten Staaten gehören der Sudan, Malawi, Zaire, Togo, Somalia, Liberia, Niger, Kenia, Burundi, Ruanda und Gambia. Die Sanktionen können auch ein Waffenembargo, die Verweigerung von Visa für Angehörige politischer Eliten oder den Abbruch der Handelskontakte umfassen*" (Schmidt 2000: 720).

Trotzdem wurde an diesem außenpolitischen Instrument in der letzten Zeit laut Kritik geübt, insbesondere wegen seiner offensichtlich begrenzten politischen Wirkung. Vielerorts wurde auf die Ausarbeitung einer neuen *Strategie der Union* gedrängt, die eine bessere Bündelung und Abstimmung unterschiedlicher Politikfelder und außenpolitischer Instrumente gewährleisten sollte. Tatsächlich lässt sich in verschiedenen Bereichen eine *Inkonsistenz der EU-Politik* nachweisen. Auffallend war vor allem, dass über viele Jahre die gemeinschaftliche Entwicklungszusammenarbeit weitgehend getrennt von der intergouvernementalen Gemeinsamen Außen- und Sicherheitspolitik (GASP) vollzogen wurde. Doch nicht nur die offensichtlich begrenzte politische Wirkung der Sanktionen oder Demokratieklauseln gab Anlass zu Kritik, sondern ebenso die generelle Herangehensweise der EU an Fragen des Konflikt- und Krisenmanagements auf dem afrikanischen Kontinent, insbesondere mit Blick auf die Region südlich der Sahara.

Das internationale *Konflikt- und Krisenmanagement* in Afrika seit dem Ende des Kalten Krieges kann mit Sicherheit nicht als eine großartige Erfolgsgeschichte bewertet werden, weder im Hinblick auf die internationale Staatengemeinschaft als Akteur oder Krisenmanager, noch für die Europäische Union oder die Vereinigten Staaten. Ereignisse wie etwa die Somalia-Intervention 1993 oder der Genozid in Ruanda im Jahr darauf wurden zu einem wichtigen Anstoß zur Entwicklung neuer Konzepte der Konfliktprävention und Konfliktbearbeitung. 1996 veröffentlichte die Europäische Kommission einen Bericht über *Konfliktprävention in Afrika* („*The European Union and the Issue of Conflicts in Africa: Peace-building, Conflict prevention and Beyond*", SEC [1996] 332 final vom 6. März 1996) und der Rat veröffentlichte im Juni 1997 im Rahmen der GASP einen *Gemeinsamen Standpunkt* (97/00356 vom 2. Juni 1997). In den folgenden Jahren wurde die Krisenpräventionspolitik der Union noch durch zahlreiche weitere Dokumente und Erklärungen untermauert (z.B. durch die Verabschiedung eines Verhaltenskodexes für Waffenexporte aus EU-Mitgliedstaaten; durch eine gemeinsame Erklärung zur Reduktion der Verbreitung von Kleinwaffen).

Erst in den letzten Jahren zeichnet sich der Durchbruch eines grundsätzlich neuen Paradigmas in der europäischen Außenpolitik mit Blick auf Afrika ab: Die ursprünglich forcierte Idee einer *Soft-Diplomacy*, die der EU primär die Rolle eines Friedensvermittlers oder Mediators zuspricht, ändert sich gegenwärtig immer mehr dahingehend, dass ein generelles europäisches *Krisen- und Konfliktmanagement* etabliert wird, das ein enges Zusammenspiel von Politik, Diplomatie, Wirtschaft und Militär vorsieht. Dies bedeutet, dass Elemente einer *Hard Power* zunehmend an Gewicht gewinnen und beispielsweise Planungen für Militäreinsätze oder Kriseninterventionen der EU auf den afrikanischen Kontinent konkrete Formen annehmen. Das militärische Instrument wird dabei als ein integrales Element einer *„präventiven Sicherheitspolitik"* gesehen, um die EU vor den Folgen kriegerischer Auseinandersetzungen - vom Flächenbrand bis hin zu Migration,

Flüchtlingsströmen und Terrorismus - zu schützen. Ein neues außenpolitisches Profil der Union zeichnet sich damit in den Beziehungen EU-Afrika in ersten Konturen ab.

Die Afrikastrategie der EU von 2005

Verschiedene politische und soziale Entwicklungen und Krisen auf dem afrikanischen Kontinent veranlassten die EU in den letzten Jahren zu einem grundsätzlichen Überdenken ihrer Entwicklungs- und Außenpolitik im Hinblick auf Afrika. Zudem verstärkte sich der Eindruck, dass die Union in der Frage des internationalen Krisenmanagements einige Versäumnisse der Vergangenheit aufzuholen hätte. Weiters wurden die traditionellen Ansätze bei der Implementierung politischer Entwicklungsprogramme radikal in Frage gestellt, vor allem weil diese Hilfsprogramme oftmals die angestrebten politischen Ziele weit verfehlten. Kurzum: Es schien plötzlich höchst an der Zeit, neue Ansätze zu erarbeiten und eine völlig neue *Afrikastrategie* zu konzipieren (Gahler 2006; Schmidt 2006).

Im Oktober 2005 war es dann soweit: Die Europäische Kommission präsentierte ihre neue „*Strategie für Afrika*", die eine entscheidende Veränderung in der außenpolitischen Grundorientierung der EU mit sich brachte, nämlich die Hinwendung zur *Sicherheitspolitik* und zu einem neuen europäischen *Krisenmanagement* in der Region. Peter Schmidt beschreibt diese Veränderung mit folgenden Worten: „*Es geht dabei nicht nur um die Abkehr von der Ex-Kolonialpolitik ehemaliger Kolonialstaaten zu einer neuen, stärker multinational geprägten Politik und zu einem Ansatz, der nicht nur Entwicklungspolitik betreibt, sondern zuallererst ein sicheres Umfeld schaffen will. Afrika ist auch nicht mehr länger nur Objekt des guten Willens und der humanitären Hilfe, sondern ein Kontinent, auf dem man - soweit möglich - eine sicherheitspolitische Stabilisierung erreichen will*" (Schmidt 2006 P.: 97).

Mit der Zielsetzung einer Erhöhung von Sicherheit und Stabilität gemäß dieser Strategie korrespondieren zwei weitere wichtige Vorhaben der Union: einmal die Unterstützung der *Regionalorganisationen* (insbesondere der Afrikanischen Union), zum anderen die enge Kooperation und Zusammenarbeit mit den *Vereinten Nationen* im Hinblick auf die Bewältigung der sozialen und politischen Probleme in Afrika. Darin kommt erneut die Schwergewichtsetzung der Union auf einen *multilateralen Ansatz* zum Vorschein. Dies impliziert, dass fortan Afrika innerhalb der GASP/ESVP eine größere Rolle als bisher spielen und die Frage zukünftiger militärischer Kriseneinsätze - bis hin zu Interventionen - für die EU entscheidend an Bedeutung gewinnen wird. In diesem Sinne verkündet die neue Strategie zugleich den Anbruch einer neuen Ära in der europäischen Afrikapolitik, die sich bereits jetzt deutlich vom einstmaligen Profil eines *Entwicklungshilfe-Gebers* unterscheidet. Das außenpolitische Profil der Union nimmt auf diese Weise zunehmend Gesichtszüge einer globalen *Krisen- und Ordnungsmacht* an, die durchwegs dazu bereit ist, außen-, sicherheits- und militärpolitische Handlungen außerhalb ihres eigenen Territoriums zu setzen.

Box 7.4. Die Afrika-Strategie der EU von 2005 (Kurzinformation):

„Die dreigleisige Strategie der EU für Afrika

Die EU muss ihre Hilfe in den für die Erreichung der Millenniumsentwicklungsziele unerlässlichen Bereichen verstärken: Frieden und Sicherheit sowie verantwortungsvolle Staatsführung, Schaffung eines der Verwirklichung der Millenniumsentwicklungsziele förderlichen Umfelds (Wirtschaftswachstum, Handel und Verbundnetze) und Förderung des sozialen Zusammenhaltes sowie des Umweltschutzes. (...)

Ihr weites Spektrum von Maßnahmen reicht von der Unterstützung afrikanischer Friedensbemühungen über globale Konfliktverhütung, die bei den tiefen Ursachen bewaffneter Konflikte ansetzt, nämlich Armut, Bodendegradation, Übernutzung und ungleiche Verteilung von Land und natürlichen Ressourcen sowie des Zugangs dazu, schwache Staatsführung, Menschenrechtsverletzungen und fehlende Chancengleichheit für Mann und Frau. (...)

Was die verantwortungsvolle Staatsführung betrifft, so ist trotz deutlich erkennbarer Verbesserungen der Weg zum Ziel in Afrika noch lang. (...) Für die Reform der Staatsapparate muss die EU zentrale Institutionen aufbauen helfen, die effizient und glaubwürdig arbeiten; dazu sollte sie eine Staatsführungs-Initiative konzipieren, mit der sie den afrikanischen Peer-Review-Mechanismus unterstützt. (...)

Als Beitrag zu wirksamer Armutsbekämpfung muss die EU ein schnelles, aber breit angelegtes Wirtschaftswachstum in Afrika fördern und in diesem Zusammenhang die gesamtwirtschaftliche Stabilität unterstützen und die Schaffung integrierter regionaler Märkte fördern. Der Abschluss der Wirtschaftspartnerschaftsabkommen zwischen verschiedenen Regionen Afrikas und der EU ist dabei von entscheidender Bedeutung. (...)

Da 40 % aller Afrikaner von weniger als einem Dollar pro Tag leben müssen, muss der soziale Schutz dieser ärmsten Bevölkerungsgruppen gestärkt und ihr Zugang zur Bildung, zur Gesundheitsversorgung und zu den sozialen Basisdiensten (MDG 1-6) gewährleistet werden. (...)

Was die Umwelt in Afrika anbetrifft, so erfordern Probleme wie die Dürren, der Klimawandel und die fortschreitende Wüstenbildung zusätzliche Hilfe der EU, denn das Überleben vieler Menschen in Afrika hängt stark von natürlichen Ressourcen ab, was sich besonders bei Krisen wie Hungersnöten, bewaffneten Konflikten und Naturkatastrophen zeigt. Konkret wird die EU die Aufrechterhaltung des vielfältigen ökologischen Umfelds und die Verbesserung der nachhaltigen Landnutzung unterstützen, um die Wüstenbildung zu stoppen, die biologische Vielfalt zu erhalten, die negativen Folgen des Klimawandels einzudämmen und die verantwortungsbewusste Verwaltung chemischer Erzeugnisse zu fördern.

Obwohl die EU weltweit der größte Geber für Afrika ist, muss sie die finanzielle Unterstützung noch erheblich aufstocken. Im Juni 2005 verpflichtete sich der Europäische Rat, die gesamte öffentliche Entwicklungshilfe bis 2010 auf 0,56 % des Bruttonationaleinkommens (BNE) und bis 2015 auf 0,7 % des BNE zu erhöhen. Im Rahmen des 10. Europäischen Entwicklungsfonds für die AKP-Länder und anderer thematischer und horizontaler Haushaltslinien werden jährlich Mittel in Höhe von ca. 4 Mrd. für die Subsahara-Länder zur Verfügung stehen. (...)

Die Entwicklungshilfe muss durch konkretere und effizientere Maßnahmen weiter verbessert werden. Zu diesem Zweck hat die Kommission im Zusammenhang mit der finanziellen Vorausschau 2007-2013 eine vereinfachte Struktur für die Durchführung der Außenhilfe der Gemeinschaft vorgeschlagen. So dürfte u. a. die überarbeitete Haushaltsordnung, die voraussichtlich im Januar 2007 in Kraft tritt, die gemeinsame Finanzierung mit anderen Gebern erleichtern, da die Kommission dann finanzielle Beiträge von Mitgliedstaaten und anderen Gebern zu den von ihr verwalteten Projekten annehmen kann. Ein Aktionsplan zur Steigerung der Effizienz der Hilfe wurde im Februar 2006 vorgelegt.“

Quelle: Strategie der EU für Afrika, Scadplus Webpage 6. 11. 2006; http://europa.eu/scadplus/leg/de/lvb/r12540.htm

7.1.2 Strategische Interessen und Ausblick

Die strategischen Interessen Europas mit Blick auf Afrika haben sich im Verlauf der 50-jährigen Geschichte der Union entscheidend gewandelt. In den späten 50er-Jahren verfolgten einige der Gründungsmitglieder der EWG durchwegs noch handfeste nationale politische und wirtschaftliche Interessen auf dem afrikanischen Kontinent. Mit dem Postkolonialismus veränderte sich nicht nur die politische Landkarte Afrikas, sondern es wandelte sich zugleich auch die Beziehungsstruktur zu den europäischen Mächten. Die grundsätzliche außenpolitische Prioritätenliste der ehemaligen Kolonialmächte veränderte sich und die nachlassende wirtschaftliche Bedeutung der ehemaligen Kolonien für Frankreich und Großbritannien führten allgemein zu einem geringeren Interesse dieser Länder an ihren in die Unabhängigkeit entlassenen Kolonialgebieten. Der neue Rahmen des Kalten Krieges und erste Schritte einer europäischen Aussöhnung und Integration trugen weiters entscheidend dazu bei, dass sich eine allgemeine Umorientierung in Fragen der Außenpolitik und internationalen Kooperation bei vielen europäischen Staaten vollzog, die den afrikanischen Kontinent nahezu vollkommen an die Peripherie des internationalen Systems rückte (Waites 1995).

Über viele Jahre wurde das Verhältnis zwischen Europa und Afrika primär im Lichte einer *Entwicklungshilfe* gesehen, einer Art einseitiger Verpflichtung reicher Industriestaaten gegenüber ärmeren Regionen der Welt bzw. der so genannten „Dritten Welt". Eine solche (zumeist moralisch begründete) „Hilfeleistung" nahm häufig die historische Tiefendimension einer Kolonialgeschichte und Ausbeutung mit in Betracht. Bei der konkreten Gewährung solcher Hilfszahlungen spielten dann jedoch nicht selten ebenso außenwirtschaftliche Interessen oder ganz spezifische politische Anliegen eine besondere Rolle, unbeschadet dessen, dass ein genereller „Wohlstandsausgleich" stets die grundsätzliche Zielrichtung bildete. In manchen Fällen wurden begriffliche Veränderungen vorgenommen, um neue Orientierungen besser zum Ausdruck zu bringen: Das Spektrum derartiger begrifflicher Bestimmungen reicht von der „Entwicklungshilfe" zur „Hilfe zur Selbsthilfe" bis hin zur „Entwicklungszusammenarbeit". Zuletzt wurde vorrangig von einer harmonischen, schrittweisen Eingliederung der Entwicklungsländer in die Weltwirtschaft gesprochen oder überhaupt nur ganz allgemein von einer „Bekämpfung der Armut". Die sprachlichen Differenzen zeigen dabei nicht nur große Unterschiede in den Grundsatzkonzeptionen an, sondern deuten ebenso direkt hin auf die innerhalb der EU seit Jahren heftig geführte Debatte um die Notwendigkeit, Wirkungsweise, Effizienz und Zukunft der europäischen Entwicklungspolitik (Cosgrove-Sacks 2001 und 1999; Cosgrove/Jamar 1986;

Brüne 1995; Cox/Healey/Koning 1997; Kappel 1996; Reithinger 1996 und 1995; Mailafia 1997; Soper 1965).

Im Hinblick auf die von der EG - im Rahmen der AKP-Verträge - forcierten Entwicklungspolitik wurde die Kritik ab der Mitte der 90er-Jahre unüberhörbar. Sie führte schlussendlich zu einem radikalen Wandel und einer Neuorientierung. Brüne (2000: 208) brachte in seiner Analyse die Problematik auf folgende kurze Formel:

> „Rückblickend, und an ihren wirtschaftlichen Ergebnissen gemessen, nehmen sich die Yaoundé- und Lomé Vereinbarungen im Kern als wenig erfolgreicher Versuch eines produktbezogenen Einkommenstransfers durch Exportstabilisierung wichtiger agrarischer und bergbaulicher Güter aus. Von diesem profitierten nicht die ärmsten, sondern vor allem die ohnehin besser gestellten rohstoffreichen Länder mit mittlerem Einkommen. In der entwicklungstheoretischen Debatte herrscht heute weitgehend Einigkeit darüber, dass die Abkommen, zumindest in Afrika, einem kollektiven Klientelismus Vorschub leisteten und so entwicklungspolitisch fragwürdige Sonderbeziehungen zwischen partikularen europäischen und afrikanischen Interessengruppen beförderten. Überfällige Wirtschaftsreformen zur Entwicklung der industriellen Potentiale, zur Modernisierung der Landwirtschaft, zur Erhöhung der Produktivität und zur Diversifizierung der Exportstruktur wurden verschleppt oder verhindert (...)“.

Die 90er-Jahre ermöglichten in mehrfacher Hinsicht eine radikale Abkehr von den traditionellen Sicht- und Denkweisen: Zum ersten verlor die Ost-West-Perspektive ihren dominanten Zug im internationalen System, wodurch eine neue *globalstrategische Sichtweise* möglich wurde, in der dem afrikanischen Kontinent eine neue Rolle in den internationalen Beziehungen zukam. Mit dem Wegfall der „Zweiten Welt" trat die *Nord-Süd-Dimension* wiederum stärker ins Rampenlicht. Zum zweiten wurde die Vielzahl bewaffneter Konflikte auf dem afrikanischen Kontinent nicht mehr aus der Perspektive von „Stellvertreterkriegen" im Ost-West-Gegensatz interpretiert, sondern als historisch bedingte regionale Konflikte mit zunehmend globaler Wirkung für die Weltgesellschaft. Zum dritten vollzog sich ein allgemeiner Wandel in den europäischen Außenpolitiken auf nationalstaatlicher Ebene dahingehend, dass die ehemaligen Kolonialmächte - allen voran Frankreich und Großbritannien - ihr eigenes nationales Interesse an den Vorgängen in Afrika reduzierten (und damit zugleich ihr politisches Engagement), wodurch mehr und mehr der Weg freigegeben wurde zu einer gemeinsamen Afrikapolitik der Europäischen Gemeinschaft.

Auf diese Weise verschob sich im gleichen Atemzug der Verantwortungsbereich für sämtliche Felder der Afrikapolitik - von der Krisenprävention bis hin zur Entwicklungszusammenarbeit - zunehmend auf die Ebene der Europäischen Gemeinschaften. Eine Vielzahl bewaffneter Konflikte und schwere ökonomische und gesellschaftliche Krisen machten solcherart im steigenden Maße eine neue Politik der Konfliktverhütung sowie des Krisenmanagements auf der Ebene der Europäischen Gemeinschaften notwendig. Gesamteuropäische Handlungskompetenz war plötzlich gefragt, unbeschadet dessen, dass die EG zunächst für diese Aufgaben weder gerüstet noch ausreichend vorbereitet war. In den letzten Jahren hatte die EG dabei ein ganz spezifisches strategisches Interesse im Auge, nämlich eine weitgehende *Konfliktregulierung* gekoppelt mit einem Voranschreiten der *Demokratisierung* auf dem gesamten afrikanischen Kontinent.

Für diese strategische Ausrichtung waren jedoch nicht, wie man vielleicht annehmen könnte, vorwiegend handels- und wirtschaftpolitische Gründe maßgebend, sondern viel eher ordnungspolitische Überlegungen. Afrikas Anteil am Welthandel ist derart gering, dass hier keine große Gefährdung für Europa als Wirtschaftsmacht gesehen wurde. Afrikas Bedeutung als EU-Handelspartner lag in den letzten Jahren bei einem Anteil von ca. 2-3 % an den Gesamtexporten der EU, während umgekehrt die EU für Afrika immer bedeutender wird.[31] Im interkontinentalen Vergleich hat Afrika das geringste Wirtschaftswachstum aufzuweisen, so dass Europa weit davon entfernt ist, im südlichen Nachbarkontinent einen *„Hoffnungsmarkt der Zukunft"* zu erblicken.

Es ist vielmehr eine Sorge, die Europas Strategie mit Blick auf Afrika prägt, nämlich, dass die bewaffneten Konflikte, politischen Instabilitäten, ökonomischen und sozialen Probleme gleichsam auf Europa übertreten bzw. die EU vor neue große Herausforderungen stellen könnten. Bedenkt man, dass die Bevölkerungszahl in Afrika rasant anwächst, dann verstärkt sich der Eindruck von einer neu zum Vorschein kommenden Gefahr für die Europäische Union. Der Flüchtlings- und Migrationstrom in Richtung Europa hat bereits jetzt ein bedrohendes Ausmaß angenommen und zählt gegenwärtig zu den jenen sicherheits- und gesellschaftspolitischen Problemen, die besonderes Augen-

---

31   Zum Handel EU-AKP siehe: http://ec.europa.eu/trade/issues/bilateral/regions/acp/index_en.htm Weiters vgl. das Dokument „Handel zwischen der EU und dem östlichen und südlichen Afrika – Zahlen und Fakten", Brüssel, 5. Februar 2004; online: http://trade.ec.europa.eu/doclib/docs/2004/march/tradoc 116459.pdf

merk verdienen. Neue bewaffnete Konflikte ebenso wie Naturkatastrophen könnten noch weit stärkere Migrationsströme bewirken. Hinzu kommt noch die Gefahr von „failed states", d.h. dem Zerfall von staatlichen Ordnungssystemen und zentralstaatlichen Strukturen, wodurch sich neue Bedrohungen ergeben (wie in der *Europäischen Sicherheitsstrategie* analysiert).

Die jüngste politische und wirtschaftliche Entwicklung in Afrika stellt die Europäische Union gegenwärtig vor große Herausforderungen. Die europäischen Ordnungsmodelle und Leitbilder - good governance, Demokratie, Markwirtschaft, Menschenrechte – sind nur in Ansätzen in Afrika verankert. Dies bewirkt eine erhöhte Aufmerksamkeit seitens der Union. Eine Neustrukturierung der europäischen Außenbeziehungen scheint deshalb überfällig. Hinzu tritt noch, dass sich bis zur Stunde *Kohärenzprobleme* bei der auf Afrika bezogenen europäischen Außen- und Sicherheitspolitik zeigen. Im Wege der „politischen Konditionalität" vermag die EU stärkere Einflussmöglichkeit auf politische Entwicklungen in Afrika zu gewinnen, doch selbst die damit erzielte Wirkung ist häufig nur von kurzer Dauer. Die schwierige Suche nach neuen Konzepten der Zusammenarbeit zwischen der EU und Afrika kommt dabei um ein Thema nicht vorbei: In welchem Ausmaß soll sich die Union sicherheits- und militärpolitisch aktiv engagieren bzw. wie stark sollen ESVP und Afrika-Politik miteinander verknüpft werden?

Die ersten Operationen der EU in Afrika sind bereits erfolgt: zunächst mit der Artemis-Operation der Franzosen 2003 im Kongo und dann mit dem EU-Einsatz in Kinshasa 2006. Eine enge Zusammenarbeit mit der UN bzw. der Afrikanischen Union in Peacekeeping-Angelegenheiten wird zwar weiterhin seitens der Union angestrebt, doch zeigt sich deutlich eine Tendenz in Richtung stärkere Verantwortungsübernahme - auch in militärischer Hinsicht - der Union beim Friedens- und Konfliktmanagement in Afrika (Feichtinger 2004; Feichtinger/Hainzl 2005). Gerade deshalb sollten die Kohärenzprobleme zwischen der GASP/ESVP einerseits und der Entwicklungszusammenarbeit sowie anderen Politikfeldern der Union andererseits so rasch wie möglich gelöst werden. Vor dem Hintergrund des europäischen sicherheitspolitischen Engagements in Afrika stellt sich heute erneut die alte Grundsatzfrage im Blick auf die Außenpolitik der Union: Über welche Ressourcen und welches außen- und sicherheitspolitische Potential muss die EU verfügen, um ein erfolgreiches Krisenmanagement in Afrika durchführen zu können?

7.2. Die Region des Mittleren Ostens als außenpolitische Herausforderung

7.2.1 Historische Entwicklung und Grundlagen

Die Region des Nahen und Mittleren Ostens bildet seit Jahrzehnten einen Konfliktherd höchsten Ausmaßes im Rahmen der internationalen Politik und sie zieht schon alleine deshalb die Aufmerksamkeit der Weltöffentlichkeit in besonderer Weise auf sich. Neben der unmittelbaren *Konfliktdimension* spielt vor allem die *ökonomische Verflechtung* Europas wie der USA mit den Ländern dieses Raumes seit langer Zeit eine wichtige Rolle. Die wachsende Abhängigkeit der modernen Industriegesellschaften von den Rohstoffen der Region des Persischen Golfes verleiht dem Thema der Beziehungen zwischen der Europäischen Union und den Staaten des Mittleren Ostens schon seit den 70er-Jahren erhöhte außenpolitische Priorität (Jung 2004; Freedman 2002 und 1998; Canfield 2001; Anderson 2000; Krooth/Moallem 1995).

Zum langjährigen Nahostkonflikt zwischen Israel und seinen arabischen Nachbarn, insbesondere dem palästinensischen Volk, gesellen sich in dieser Region seit Jahren noch andere Konflikte und bewaffnete Konfrontationen, in die nicht nur die Vereinigten Staaten von Amerika in immer stärkerem Maße involviert werden, sondern die zugleich auch die Europäische Union vor neue Herausforderungen stellen (Kemp 2003/04; Sultana 1999; Hadar 1996) und in Summe die gesamte internationale Staatengemeinschaft in intensivster Weise mit neuen globalen wie regionalen Krisenaufgaben beschäftigen (Roberson 1998; Blackwill/Stürmer 1997). Der Irak-Krieg der letzten Jahre erscheint in gewisser Weise nur als Spitze eines Eisbergs, der leicht in einen größeren Flächenbrand münden könnte. Die jüngste Eskalation um das Atomprogramm des Iran macht die Gefährlichkeit dieser politischen Situation für die Weltpolitik deutlich sichtbar. Die enge Verflechtung dieses Raumes mit politischen Phänomenen wie Islamismus oder Terrorismus steigert zudem die Empfindlichkeit der westlichen Welt, die sich zumindest in Teilen durch diese politischen Entwicklungen enorm bedroht fühlt.

Der Begriff *Mittlerer Osten* selbst ist in mehrfacher Hinsicht problematisch. Er weist einen hohen Grad an begrifflicher Unschärfe auf und unterliegt nicht nur in seinem alltäglichen wie wissenschaftlichen Gebrauch historischen Veränderungen, sondern bringt zudem ebenso in unterschiedlichen Sprachen verschiedenartige Inhalte zum Ausdruck. Gelegentlich wird auch seine „eurozentrische" Grundlage kritisiert. Geographisch bezieht sich der Begriff in der Regel auf jenen Landbogen, der sich von Nordafrika bis hin zu Südwestasien (Pakistan, Afghanistan) erstreckt. Diese enorme Weite führt wiederum zu Versuchen einer begrifflichen Differenzierung oder Einengung, wodurch neue Begriffe, wie etwa jener vom „Größeren Mittleren Osten" (*Greater Middle East*), in die politische Debatte eingebracht werden. In dieser Arbeit wird auf den engeren bzw. traditionellen Begriff Bezug genommen, d.h. es wird vorrangig jene Region in den Blick genommen, die sich von Ägypten über die arabische Halbinsel bzw. die Länder des Persischen Golfes bis hin zum Iran erstreckt. Die begriffliche Unschärfe spiegelt sich in den Dokumenten der Europäischen Union zur Außenpolitik wider, was natürlich ebenso als eine Folge davon gesehen werden kann, dass in diesem Raum bis dato keine umfassende regionale Integration vollzogen wurde (abgesehen vom „Golf-Kooperationsrat", *Gulf Cooperation Council*, GCC, dem sechs Golf-staaten - Kuwait, Bahrain, Saudi-Arabien, Katar, die Vereinigten Arabischen Emirate und Oman – angehören). Die enormen Differenzen zwischen den einzelnen Staaten, Gesellschaften und sozialen wie politischen Gruppierungen, die in dieser Region existieren, machen es naturgemäß fast unmöglich, hier vom Mittleren Osten als einer „Einheit" zu sprechen.

Diese gravierenden kulturellen, politischen, sozialen und wirtschaftlichen Unterschiede und Differenzen, die vielfach direkt in bewaffnete Konflikte und Auseinandersetzungen münden, machen es zudem für jeden außenpolitischen Akteur im System der Internationalen Beziehungen besonders schwierig, eine einheitliche und kohärente Außen- und Sicherheitspolitik für diese Region zu konzipieren und praktisch zu vollziehen. Es kann aus diesem Grund nicht wirklich überraschen, dass die Außenbeziehungen der Union im Hinblick auf diesen Raum durch ein Neben- und Miteinander verschiedenster Politik- und Kooperationsrahmen geprägt ist. Das Spektrum reicht von einer Beschäftigung mit Fragen der GASP im Rahmen institutionalisierter Kooperation - wie etwa der Euro-Mediterranen Partnerschaft (EMP) oder Europäischen Nachbar-schaftspolitik (ENP) - bis hin zum „Euro-Arabischen Dialog" und den spezifischen bilateralen Beziehungsrahmen für eine engere Kooperation zwischen der EU und den einzelnen Staaten der Region.

Die Europäische Union engagiert sich seit Jahrzehnten im Rahmen eines umfassenden Friedensprozesses („*Middle East Peace Process*")[32] um eine politische Lösung der hoch spannungsgeladenen Konfliktsituation in dieser Region (Dieckhoff 2005; Schäfer 2004; Soetendorp 2002; Asseburg 2001). Die Rolle der Union gleicht dabei weit weniger der einer globalen Hege-monialmacht oder Regionalmacht, die politische wie wirtschaftliche Instrumente zur Durchsetzung ihrer politischen Interessen in diesem Raum zum Einsatz bringt, als vielmehr der eines *Mediators* (Joffe 2002; Moratinos

---

32   http://ec.europa.eu/comm/external_relations/mepp/index.htm

2002), der primär auf eine Konfliktbereinigung und politische Stabilisierung abzielt und sich dadurch indirekt allgemeine politische wie ökonomische Vorteile verspricht. Die Frage der Möglichkeiten von Mediation in der internationalen Politik hat dadurch für Europa im Verlauf der letzten Jahre enorm an politischem Gewicht gewonnen (Michal-Misak 2006).

Im Hinblick auf die Nahostfrage sieht die Union eine wirklich dauerhafte Lösung des Konflikts ausschließlich im Wege der so genannten *„Zwei-Staaten-Lösung"*. Diese stellt eine wichtige außen- und sicherheitspolitische Zielsetzung der EU dar und wird allgemein als eine Vorbedingung für eine endgültige und umfassende Bereinigung des Nahostkonflikts gesehen. Davon leitet sich das Engagement der Union im Hinblick auf eine Etablierung eines demokratischen, politisch stabilen und souveränen palästinensischen Staates ab. Das politische Ansinnen der EU zielt darüber jedoch noch weiter hinaus, insbesondere in Richtung auf eine dauerhafte Lösung sämtlicher weiterer politischen und sozialen Spannungen und Konflikte in der Region.

Die enorme Bedeutung dieser Region für die politische wie ökonomische Entwicklung Europas wurde seitens der Europäischen Gemeinschaften früh erkannt. Vor allem die indirekte bzw. teilweise sogar direkte Einbeziehung einiger EG-Mitgliedstaaten in die bewaffneten Auseinandersetzungen und Konflikte der Region während der Zeit des Kalten Krieges machten die Thematik „Naher und Mittler Osten" immer schon zu einem wichtigen Thema auf der außenpolitischen Agenda im Rahmen der Europäischen Politischen Zusammenarbeit (EPZ). Die Ölkrise in den 70er-Jahren verdeutlichte den europäischen Staaten in ziemlich eindringlicher Weise aufs Neue die Wichtigkeit politischer Stabilität in dieser Region sowie guter politischer und wirtschaftlicher Beziehungen mit den Staaten des Mittleren Ostens.

Im Zuge der Nachwehen der Ölkrise von 1973 entwickelte sich ein engerer politischer Dialog zwischen der Europäischen Gemeinschaft und der Arabischen Liga (Hallaba 1984; Mani 1983; Bourrinet 1979; Völker 1976). Zweifellos war dafür vor allem die deutlich sichtbar gewordene wirtschaftliche Abhängigkeit Europas von den Rohstoffen aus der Region des Mittleren Ostens die wichtigste Triebfeder. Auf der europäischen Ebene machte sich vor allem Frankreich für die Idee eines *Euro-Arabischen Dialogs* stark. Von Anfang an wurden dabei politische und wirtschaftliche Aspekte der Zusammenarbeit aufs Engste miteinander verknüpft. Beim Gipfel in Kopenhagen im Dezember 1973 erfolgte dann eine wichtige Weichenstellung für die Zusammenarbeit zwischen der Europäischen Gemeinschaft und den Staaten der Arabischen Liga. Die konkreten Felder für eine engere Kooperation wurden in den darauf folgenden Monaten identifiziert. Am 31. Juli 1974 fand in Paris das erste offizielle Treffen auf Minister-Ebene zwischen dem kuwaitischen Außenminister, dem

Generalsekretär der Arabischen Liga, dem Präsidenten der Kommission der EG und dem Ratspräsidenten der EG statt. Kurz darauf wurde der Euro-Arabische Dialog offiziell gestartet.

Dieser Dialog wurde in der Folge in der Form von verschiedenen Komitees strukturiert, die die Planung gemeinsamer Projekte übernahmen. Gleichzeitig wurde an einem Dokument gearbeitet, das die allgemeinen Prinzipien und Ziele des Euro-Arabischen Dialogs näher präzisieren sollte. Die konkrete Festlegung der Organisationsform und der Verfahrensweisen erfolgte 1976. Seither entwickelte sich der Euro-Arabische Dialog zu einem wichtigen Forum für die Zusammenarbeit der EG mit den Ländern der Arabischen Liga, auch wenn kritisch angemerkt werden muss, dass diese Dialogbemühungen in Summe im Hinblick auf eine echte Konfliktlösung oder Krisenprävention in dieser Region kaum politische Erfolge zeigten.

Eine viel wichtigere politische Weichenstellung im Hinblick auf die konkrete Außenpolitik der Europäischen Gemeinschaften erfolgte im Jahre 1980 mit der Erklärung des Europäischen Rates zur Frage des Friedensprozesses im Mittleren Osten (*„Erklärung von Venedig"* vom 13. Juni 1980), die den Grundsatz eines Existenzrechts sowie eines Rechts auf Sicherheit für alle Staaten der Region zum Ausdruck brachte und diesen Rechtstitel auf Israel wie auf das palästinensische Volk bezog.[33] Diese Position wurde in den folgenden Jahrzehnten immer wieder aufs Neue bekräftigt. Sie bildete zugleich die Grundlage für die Institutionalisierung der bilateralen Beziehungen zwischen der Union und Israel bzw. der Palästinensischen Autonomiebehörde sowie die Integration der beiden politischen Entitäten in die Euro-Mediterrane Partnerschaft (EMP) sowie die Europäische Nachbarschaftspolitik (ENP). In diesem Zusammenhang sei weiters auf die *Erklärung des Europäischen Rates von Berlin* vom 25. März 1999 verwiesen, die die Überzeugung der Union zum Ausdruck brachte, dass die Schaffung eines demokratischen und souveränen palästinensischen Staates die beste Garantie für Israels Sicherheit abgeben und seine Anerkennung als gleichwertiger Partner in der Region sicherstellen würde.[34]

Die *Gemeinsame Strategie der EU für den Mittelmeerraum* vom Juni 2000 bildet seither die wichtigste Grundlage für das konkrete außenpolitische Handeln und die verschiedenen Friedensinitiativen der Union für den Nahen Osten. Das Spektrum der außenpolitischen Handlungen reicht dabei von diplomatischen Vermittlungsmissionen bis hin zur Entsendung von Wahl-

---

33   http://www.medea.be/index.html?page=&lang=&doc=52
34   http://ec.europa.eu/regional_policy/sources/docoffic/official/regulation/pdf/berlin_de.pdf (Teil IV).

beobachtern bzw. Monitoring-Groups. Das außenpolitische Schwergewicht der Union im Hinblick auf die zur Anwendung kommenden außenpolitischen Instrumentarien liegt dabei auf *Soft Power*-Elementen; Verhandlungen und politischer Dialog stehen dabei im Zentrum (vgl. die *Erklärung des Europäischen Rates von Sevilla* vom 22. Juni 2002).[35]

Während sich im Hinblick auf den Nahostkonflikt schon sehr früh ein weitgehender Konsens zwischen den EU-Mitgliedstaaten bei den grundlegenden Fragen und Richtungsentscheidungen abzeichnete, wurde eine andere Krise in dieser Region nahezu zum Stolperstein für die weitere Entwicklung einer gemeinsamen Außen- und Sicherheitspolitik der Union: die *Irak-Frage*. 2003 spaltete die Diskussion um die angemessene Reaktion der internationalen Staatengemeinschaft auf die Irak-Krise die Gemüter Europas. Die Union schien in zwei einander gegenüberstehende Lager im Hinblick auf diese außenpolitische Frage zu zerfallen, womit das Projekt der GASP - zumindest im Hinblick auf ein internationales Krisenmanagement im Mittleren Osten - radikal in Frage gestellt wurde. Ein wirklicher Riss konnte zwar verhindert werden, doch verdeutlicht diese Situation erneut das nach wie vor bestehende Grundproblem der gemeinsamen Außen- und Sicherheitspolitik der Union, nämlich die Abhängigkeit ihres konkreten politischen Wirksamwerdens von einem grundlegenden Konsens aller Mitgliedstaaten.

Das außenpolitische Profil der Europäischen Union ist im Hinblick auf die Region des Mittleren Ostens bis zur Stunde geprägt durch mehrere Gesichter: einmal einem spezifischen außen- und sicherheitspolitischen Engagement einzelner Mitgliedsstaaten (insbesondere von Großbritannien) in dieser Region (zu einem hohen Grad militärischer Natur); zum anderen durch ein starkes Engagement der Union im Hinblick auf Krisenprävention, Konfliktmanagement und Mediation (sichtbar insbesondere bei den Friedens- und Konfliktbewältigungsbemühungen der Troika); sowie schlussendlich durch Bemühungen der EU, im Rahmen der UNO bei diesen Fragen mit einer Stimme zu sprechen und einen umfassenden europäischen Betrag zur Stabilisierung und zum Krisenmanagement im Rahmen von Aktivitäten der Vereinten Nationen zu leisten.

Die Beziehungsstruktur zwischen der EU und den Ländern der Golfregion ist bilateraler Natur und weitgehend durch eine allgemeine Distanz geprägt (Brunelli 2006; Kühnhardt 2006; Dosenrode/Stubkjaer 2002; Behrendt 2000; Hanelt 2000; Ayubi 1995; Salamé 1994; Greilsammer/Weiler 1987). Mit dem *Golf-Kooperationsrat* gibt es eine Kooperationsvereinbarung (1989 unter-

---

35   http://www.consilium.europa.eu/ueDocs/cms_Data/docs/pressData/de/ec/7 2655.pdf (Anlage VI).

zeichnet; EU Official Journal L 054, 25. Februar 1989), ebenso mit dem *Jemen* (zunächst 1984 Übereinkunft zur Entwicklungszusammenarbeit; 1997 ersetzt durch eine neue umfassendere Kooperationsvereinbarung, in Kraft seit 1. Juli 1998). Mit dem *Irak* und *Iran* existieren zwar seit Jahren politische Kontakte, doch mündeten diese bisher nicht in bilaterale Kooperationsvereinbarungen. Kurz nach der Irak-Krise des Jahres 2003 begann die Europäische Kommission mit der Erarbeitung einer eigenen Strategie für den Irak. In ihrer Mitteilung *„Die Europäische Union und Irak - Rahmenkonzept für ein zunehmendes Engagement"* vom 9. Juni 2004 (KOM [2004] 417 endg.) entwarf die Kommission eine politische Strategie im Hinblick auf die Beziehungen zur neuen irakischen Übergangsregierung. Die Leitmotive des außenpolitischen Handelns der EU kommen in diesem Dokument deutlich zum Vorschein: Erstens ein europäisches Bemühen um Stärkung der Rolle der Vereinten Nationen beim Konfliktmanagement im Irak; zweitens eine weitgehende Unterstützung des Landes beim Wiederaufbau, insbesondere im Hinblick auf die Etablierung demokratischer Strukturen. 2005 wurde der Aktionsrahmen näher spezifiziert und Ende 2006 nahmen die EU und der Irak Verhandlungen über ein Handels- und Kooperationsabkommen auf. Im gleichen Jahr legte die Europäische Kommission Empfehlungen für ein ver- stärktes Engagement der Union im Irak vor (KOM [2006] 283 endg.).

Box 7.5. Grundsätzliche Ziele der Irak-Strategie der EU von 2004:

„Die Ziele der EU in ihren Beziehungen mit dem Irak sind mit ihren eigenen Interessen verknüpft und vor allem auf folgende Aspekte ausgerichtet:

- Schaffung eines sicheren, stabilen und demokratischen Irak mit einem Parlament und einer Regierung, die auf der Grundlage einer Verfassung gewählt werden, und in dem die Menschenrechte und die Grundfreiheiten geachtet werden;
- Schaffung einer offenen, stabilen, nachhaltigen und diversifizierten Marktwirtschaft und Gesellschaft sowie Förderung einer gerechten wirtschaftlichen und sozialen Entwicklung;
- wirtschaftliche und politische Integration des Irak in die Region und das offene internationale System.

Für einen *sicheren, stabilen und demokratischen Irak* muss die EU bereit sein, die Vereinten Nationen (UNO) weiterhin in ihrer Führungsrolle zu unterstützen und sich für die erfolgreiche Koordinierung ihrer Hilfsmaßnahmen einzusetzen. Mit ihren Fachkenntnissen könnte die Union:

- die Resolution 1546 des Sicherheitsrats der Vereinten Nationen positiv aufnehmen, die die Souveränität der irakischen Übergangsregierung bestätigt;
- den Dialog mit den neuen irakischen Behörden aufnehmen;
- die Wahlen, die gute Regierungsführung, die Entwicklung der irakischen Zivilgesellschaft und die Förderung der Menschenrechte durch geeignete Hilfsmaßnahmen unterstützen;
- eine Ausweitung der EU-Hilfe auf Maßnahmen in den Bereichen Sicherheit, Umsetzung des Rechtstaatsprinzips, Justiz und Reform des Sicherheitssektors prüfen.

Für eine *offene, nachhaltige und diversifizierte Marktwirtschaft* im Irak könnte die EU:

- eine Regelung des Problems der irakischen Auslandsverschuldung fördern;
- die Hilfsmaßnahmen zur Stärkung der Institutionen fortsetzen;
- den Irak beim Aufbau von Justizkapazitäten und der Entwicklung eines Regelungs- und Rechtsrahmens unterstützen;
- die Notwendigkeit der Arbeitslosigkeits- und Armutsbekämpfung hervorheben sowie einen Beitrag zur Schaffung wirksamer Sozialsysteme und zur Beseitigung regionaler Ungleichgewichte in der Ressourcenverteilung leisten;
- deutlich machen, dass die Mineralvorkommen des Iraks zur Erreichung dieser Ziele genutzt werden sollten.

Für einen *Irak, der mit seinen Nachbarn in Frieden lebt und in die internationale Gemeinschaft integriert ist*, könnte die EU:

- ihren Einfluss geltend machen und ihren Dialog mit den Ländern der Region, insbesondere den Nachbarländern des Irak, dazu nutzen, ein konstruktives Engagement gegenüber dem Irak sowie eine verstärkte intraregionale Zusammenarbeit zu fördern;
- den Irak zu einer Beteiligung an der strategischen Partnerschaft der EU mit dem Mittelmeerraum und dem Nahen Osten einladen;
- eine positive Haltung zum künftigen Beitritt des Iraks zur WTO einnehmen und seine Mitwirkung in anderen internationalen Gremien fördern.

Zur Erreichung dieser Ziele hat die EU ein dreistufiges *Rahmenkonzept für ein zunehmendes Engagement* vorgesehen, das mit der Resolution 1546 des Sicherheitsrats der Vereinten Nationen im Einklang steht. Es muss dafür gesorgt werden, dass die EU-Mitgliedstaaten vor Ort eng mit der UNO, der Weltbank, dem IWF und anderen internationalen Organisationen zusammenarbeiten."

Quelle: Rahmenbedingungen für das Engagement EU-Irak, Scadplus Webpage 16.06.2004; http://europa.eu/scadplus/leg/de/lvb/r12540.htm

Mit dem *Iran* bestehen bis dato noch keine vertraglich geregelten Beziehungen. Seit 1997 führt die Union einen *„umfassenden Dialog"*, der langfristig zum Abschluss einer Handels- und Kooperationsvereinbarung führen soll. Der Iran hat für die Union zweifellos geopolitische Bedeutung, insofern er einerseits eine wichtige Regionalmacht darstellt, andererseits aber zugleich auch als vorrangiger Kandidat für zukünftige politische Krisen angesehen wird (Amirpur 2005; Brumberg 2002; Reissner 2000). Mit dem Sturz des Schahregimes und der Machtübernahme durch Ayatollah Khomeini im Jahr 1979 wandelte sich der Iran zugleich zu einem Land, das aus westlicher Sicht vor allem durch die Wiederbelebung des politischen Islams immer mehr zu einer ernsthaften sicherheitspolitischen Bedrohung wurde. Über viele Jahre hinweg erschien deshalb selbst eine nur marginale Annäherung zwischen der EG und dem Iran unmöglich. Erst Anfang der 90er-Jahre wurde das Tor für erste Annäherungsgespräche und Verhandlungen geöffnet.

Die offizielle Politik der EU im Hinblick auf den Iran wurde zunächst vom Dezember 1992 (EU Gipfel in Edinburg) bis zum Frühjahr 1997 durch einen *„kritischen Dialog"* bestimmt, der darauf abzielte, *„Irans Verhalten in den Bereichen Menschenrecht, nahöstlicher Friedensprozess, Terrorismus und Rüstung mit Massenvernichtungswaffen zu ändern"* (Reissner 2000).[36] Ein wirklicher politischer Erfolg dieses kritischen Dialogs blieb jedoch aus, wodurch sich die von Europa erhoffte weitere politische Annäherung zwischen der EU und dem Iran nicht entwickelte. Die Spannung zwischen beiden Seiten blieb damit weiterhin bestehen. Mit dem Sieg von Mohammad Khatamis bei den Präsidentschaftswahlen im Mai 1997 entspannte sich zwar die Situation etwas, so dass die europäisch-iranischen diplomatischen Beziehungen wieder aufgenommen werden konnten. Formal wurde zwar ein Neubeginn des „kritischen Dialogs" vollzogen, doch echte Fortschritte bei den Gesprächen konnten nicht erzielt werden.

----

36   Siehe ebenfalls den Text der Entschließung des EU-Gipfels von Edinburgh (Dezember 1992), in: Bulletin der Europäischen Gemeinschaften, Kommission, 25, 12 (1992), 38.

Die Position der EU in der Iran-Frage war von Anfang an wesentlich sowohl durch die allgemeine Sorge um die politische Stabilität in dieser Region geprägt, als auch durch ein ausdrückliches Engagement in der Frage der Menschenrechte (Moshaver 2003). Deshalb wurde die Bezeichnung „*kritischer Dialog*" gewählt, um auf diese Weise den Qualitätsunterschied im Vergleich zu anderen „*politischen Dialogen*" der EU zu signalisieren (Reissner 2000). Natürlich gab es andererseits ebenso konkrete wirtschaftliche Interessen, die die europäischen Länder zu einem intensiveren Kontakt mit dem Iran ermunterten, insbesondere im Zusammenhang mit den Importen iranischen Erdöls.

Am kritischen Dialog wurde sehr rasch Kritik geübt, dies nicht nur wegen seiner offensichtlichen Erfolglosigkeit, sondern unter anderem auch wegen seiner strukturellen Gestaltung, z.B. seiner ausschließlichen Konzentration auf bilaterale Gespräche auf Regierungsebene unter Ausklammerung zivilgesellschaftlicher Einrichtungen. Vorbehalte auf beiden Seiten kennzeichneten die Gespräche, die irgendwie zu einem inhaltlich leeren Bindeglied zwischen der Union und dem Iran verkamen (Reisnner 2000). Hinzu kommt noch, dass der kritische Dialog in keine umfassende außen- und sicherheitspolitische *Strategie* der Union eingebettet war, sondern sich eher als eine Art „politischer Notausgang" entwickelte, zumal man in der EU wenig Interesse daran zeigte, weitere außenpolitische Instrumente - etwa Sanktionen - zum Einsatz zu bringen. Die Schaffung eines spezifisch auf den Iran zugeschnittenen „Anreizsystems" wäre zwar angesichts der regionalen Position dieses Landes nahe gelegen, doch zeigten sich gerade in dieser Hinsicht systemische Schwächen im außen- und sicherheitspolitischen Handeln sowie im strategischen Denken der Union. Verschiedentlich wird in diesem Zusammenhang auf ein eindeutiges „Machtdefizit" der EU verwiesen (Roberson 1998).

Gebremst wurde das politische Engagement Europas gegenüber dem Iran zudem noch durch die US-Politik einer Isolierung bzw. Eindämmung, die darauf abzielte, eine geopolitische wie wirtschaftliche Stärkung des Iran zu verhindern. Legitimiert wurde diese Politik der USA nicht nur durch geostrategische Überlegungen sowie wirtschaftliche und sicherheitspolitische Interessen (Blackwill/Stürmer 1997), sondern ebenso durch moralische Argumente und durch Verweise auf die politische Entwicklung im Iran selbst, der besondere Sprengkraft für die gesamte Region des Mittleren Ostens bis hinein nach Zentralasien - vorwiegend infolge einer Förderung revolutionärer islamistischer Strömungen - zugesprochen wurde. Dies alles erschwerte es der Europäischen Union, den kritischen Dialog zu einem echten außenpolitischen Instrumentarium auszubauen (Amirpur 2005). Europa beschränkte sich eher auf den Versuch eines „politischen Spagates": einem Bemühen um Sicherung und Ausbau der *Wirtschaftsbeziehungen* bei gleichzeitiger vorsichtiger und dosierter *politischer Kritik*. Zu einem echten Zusammenspiel zwischen den beiden Säulen der Unionspolitik im Hinblick auf die Beziehungen mit dem Iran kam es jedoch nicht. Die praktische Wirkung dieser Art von außenpolitischer „Strategie" reduzierte sich folglich weitgehend auf den Erhalt eines *status quo*, was sich bis heute im gesamten Prozess des kritischen Dialogs selbst widerspiegelt.

7.2.2. Strategische Interessen und Ausblick

Es kann keinen echten Zweifel daran geben, dass die Region des Mittleren Ostens für die Europäische Union von höchster strategischer Bedeutung ist. Wenngleich es für diesen Raum bis jetzt noch kein eigenes *regionales Strategiepaper* der Europäischen Kommission gibt, so ist die enge wirtschaftliche Verflechtung Europas mit dieser Region allein Indiz genug, um die Wichtigkeit geregelter und friedlicher Beziehungen und einer funktionierenden und gut strukturierten politischen wie wirtschaftlichen Kooperation mit den regionalen Organisationen und den einzelnen Staaten dieses Raumes zu erkennen. Dem Handel mit den Ländern des Mittleren Ostens kommt hohe wirtschaftliche Bedeutung zu, insbesondere im Hinblick auf die Lieferung von Rohöl. Der Golf-Kooperationsrat ist dabei der wichtigste Handelspartner der EU in der arabischen Welt.

Neben diesen wirtschaftlichen Interessen der Europäischen Union bestehen ebenso wichtige sicherheitspolitische. Diese haben im Verlauf der letzten Jahrzehnte zweifellos enorm an Gewicht gewonnen, erscheint in einer sich zunehmend globalisierenden Welt Sicherheit nur mehr im globalen Rahmen gewährleistet werden zu können. Aus diesem Grund engagiert sich die Europäische Union heute in einem weit stärkeren Maße als zu Zeiten des Kalten Krieges in den Bereichen Konfliktmanagement, Mediation und präventiver Sicherheitspolitik. Dies wird besonders in der Region des Mittleren Ostens sichtbar, insbesondere weil zahlreiche sicherheitspolitische Analysen zu dem Schluss kommen, dass dieser Raum besonders anfällig sei für eine weitere Eskalation von Gewalt.

Seit 2001 verfügt die Prävention gewaltsamer Konflikte über einen deutlich höheren Stellenwert in der außen- und sicherheitspolitischen Agenda der Europäischen Union als die Jahrzehnte davor. *Konfliktprävention* ist in ihrem Kern als ein Frieden stiftendes Vorhaben anzusehen, ein politisches Handeln, das entweder bei sich anbahnenden Konflikten derart auf die Konfliktsituation einwirkt, dass es nicht zu einer Eskalation oder gar zu gewaltsamen Auseinandersetzungen kommt, oder überhaupt zur Auflösung und friedlichen

Beilegung von Spannung beiträgt. Konfliktprävention unterscheidet sich damit von einem *Krisen-* wie einem *Konfliktmanagement.* Die Idee einer „präventiven Diplomatie" oder einer generellen „Präventionskultur" stellt im Grunde etwas Neues im Spektrum außenpolitischen Handelns der Europäischen Union dar. Die Konzeption entwickelte sich erst im Laufe der letzten Jahre in Verbindung mit einer allgemeinen Erweiterung des begrifflichen Verständnisses von Sicherheit.

Die Leitidee selbst fand rasch Eingang in die offiziellen Dokumente der Europäischen Union und prägt seither die Entwicklung bzw. den weiteren Ausbau des außen- und sicherheitspolitischen Instrumentariums der Union. Als wichtige Maßnahmen bzw. Dokumente in diesem Zusammenhang können angesehen werden: die Mitteilung der Europäischen Kommission zur „*Konfliktprävention*" vom April 2001 (KOM [2001] 211 endg.); der Start des *EU Programms zur Prävention gewaltsamer Konflikte* im Sommer 2001; die Verabschiedung der Europäischen Sicherheitsstrategie (2003).[37] In Summe zeigt sich die EU heute dazu entschlossen, die Gemeinschaftsinstrumente zielgerichtet für Zwecke der Konfliktprävention einzusetzen und sich dabei vorrangig auf folgende Aspekte zu konzentrieren:

- „Einbeziehung der Ziele Frieden, Demokratie sowie politische und soziale Stabilität in die Hilfeprogramme
- Berücksichtigung der Indikatoren politische und ethnische Ausgrenzung, soziale und regionale Marginalisierung und Umweltdegradation
- Erbringung eines zusätzlichen Nutzens gegenüber internationalen Initiativen im Hinblick auf Querschnittsfragen potenzieller Konflikte
- vorteilhafter Einsatz anderer Mittel wie Handel, Sozialpolitik usw.
- Entwicklung neuer Konzepte und Instrumente".[38]

Der Mittlere Osten stellt die Europäische Union in Summe zweifellos vor eine enorme politische Aufgabe und Herausforderung, gilt es doch in sicherheitspolitischer Hinsicht Maßnahmen zur Konfliktprävention noch durch Elemente eines Krisen- oder Konfliktmanagements abzusichern, insbesondere dort, wo Krisen ein rasches und unmittelbares Agieren verlangen. Die Region des

---

37   Vgl. das Dokument: „*Die Rolle der EU bei der Konfliktprävention*";
      http://www.futureofeurope.europarl.europa.eu/future/webdav/site/event2/s
      hared/import/Home/BackgroundNote3/PreventionDE.pdf
38   Konfliktverhütung; Scadplus, 21.8.2006
      http://europa.eu/scadplus/leg/de/lvb/r12700.htm

Mittleren Ostens ist in dieser Hinsicht ein gewisser Prüfstein für die tatsächliche Effektivität der außen- und sicherheitspolitischen Anstrengungen der Europäischen Union. In Teilen werden Erfolge sichtbar, wie etwa bei den Bemühungen der EU im Israel-Libanon-Konflikt des vergangen Jahres. Vielerorts jedoch steht die wahre Bewährungsprobe noch aus.

Als Samuel P. Huntington (1996) vor einigen Jahren seine Thesen zum „Kampf der Kulturen" präsentierte, löste er damit eine weltweite Debatte zum Thema der Beziehungen der westlichen Welt zum Islam aus (Hafez 1997). Zahlreiche Gewaltakte, insbesondere das Phänomen des internationalen Terrorismus, begleiten seither diese Diskussion und scheinen manchmal geradezu die These von gleichsam unvermeidlichen Konflikten an den Bruchlinien zwischen den einzelnen Kulturkreisen zu bestätigen. Zweifellos hat die Ausrufung eines „War on Terror" durch die Vereinigten Staaten wesentlich dazu beigetragen, dass sich die Positionen im Hinblick auf die Frage angemessenen außenpolitischen Agierens angesichts neuer Bedrohungen und Gefahren weiter polarisierten und verschärften. Der von den USA eingeschlagene sicherheitspolitische Weg scheint jedoch heute immer mehr in einem kritischen Licht, weil die damit verfolgten vorrangigen Zielsetzungen offensichtlich nicht wirklich erreicht werden können, insbesondere eine allgemeine Befriedung und Stabilisierung in der Region des Mittleren Ostens (Larrabee 2002). Ob der außen- und sicherheitspolitische Ansatz der EU, der sich wesentlich auf *Soft Power* abstützt und auf Konfliktprävention abzielt, letztlich als der wirklich erfolgreichere Weg zur Stabilisierung der internationalen Beziehungen erweist, lässt sich zur Stunde nur schwer abschätzen (Asseburg 2005; Beck 2005). Die Bewährungsprobe steht noch aus und an Konfliktträchtigkeit mangelt es in dieser Region nicht.

7.3 Weitere Informationen und Literaturverweise

7.3.1 Afrika

Wichtige Dokumente:

➤ Mitteilung der Kommission „*Eine Strategie der Europäischen Union für Afrika - Wegbereiter für einen Europa-Afrika-Pakt zur Beschleunigung der Entwicklung Afrikas*" vom 12. Oktober 2005 (KOM [2005] 489 endg.].

➤ *Afrika-Strategie der Europäischen Union*, Europäischer Rat vom 19. Dezember 2005 (15961/05). Online:
http://doku.cac.at/beschlossene_strategie.pdf

➤ Mitteilung der Kommission über die *Entwicklungszusammenarbeit mit AKP-Staaten, die in bewaffnete Konflikte verwickelt sind,* vom 19. Mai 1999 (KOM [1999] 240 endg.).

➤ Mitteilung der Kommission „*Demokratisierung, Rechtsstaatlichkeit, Menschenrechte und verantwortungsvolle Staatsführung: die Herausforderungen der Partnerschaft zwischen der Europäischen Union und den AKP-Staaten*" vom 12. März 1998 (KOM (1998) 146 endg.).

Weiterführende Literatur:

➤ Schmidt 2006; Gahler 2006; Brown 2001; Brüne 2000, 1998 und 1995; Wolf 1999; Matambalya 1999; Cox/Healey/Koning 1997; Asante 1996; Brüne/Betz/Kühne 1994; Waites 1995.

Internet:

➤ Factsheet: EU Support for Peace and Security in Africa (2005):
http://www.consilium.europa.eu/uedocs/cmsUpload/Africa.pdf

➤ Rat der Europäischen Union zu EU-Afrika:
http://www.consilium.europa.eu/cms3_fo/showPage.asp?id=400&lang=de&mode=g

➤ The EU's Relations with Afrika:
(Link zur Zeit nicht verfügbar)

➤ Europäische Kommission: Development and Relations with African, Carribean, and Pacific States:
http://ec.europa.eu/development/index_en.cfm

➤ Europäische Union - Entwicklung:
http://europa.eu/pol/dev/index_de.htm

7.3.2. Mittlerer Osten

Wichtige Dokumente:

➤ Mitteilung der Kommission „*Die Europäische Union und Irak – Rahmenkonzept für ein zunehmendes Engagement*" vom 9. Juni 2004 (KOM [2004] 417 endg.).

➤ Mitteilung der Kommission "*Recommendations for Renewed European Union Engagement with Iraq*" vom Juni 2006 (KOM [2006] 283 endg.).

➤ *Cooperation Agreement* between the European Economic Community, of the one part, and the countries parties to the Charter of the Cooperation Council for the Arab States of the Gulf (the State of the United Arab Emirates, the State of Bahrain, the Kingdom of Saudi Arabia, the Sultanate of Oman, the State of Qatar and the State of Kuwait) of the other part - *Joint Declarations - Declaration by the*

European Economic Community - Exchange of Letters, Official Journal
L 054 , 25/02/1989.
➤ *Cooperation Agreement* between the European Community and the
Republic of Jemen, Official Journal L 72/18, 11/03/1998.
➤ EU-Iran: Commission Proposes Mandate for Negotiating Trade and Co-
operation Agreement; IP/01/1611 - Brussels, 19 November 2001.
➤ Iran-EU Agreement on Nuclear Programme, 14 November 2004.
➤ Mitteilung der Europäischen Kommission zur „*Konfliktprävention*" vom
April 2001 (KOM [2001] 211 endg.);

Weiterführende Literatur:
➤ Beck 2005; Schäfer 2004; Jung 2004; Kemp 2003-04; Freedman 2002
und 1998; Canfield 2001; Reissner 2000; Sultana 1999; Roberson 1998;
Hafez 1997; Blackwill/Stürmer 1997; Krooth/Moallem 1995.

Internet:
➤ The EU & the Gulf Cooperation Council Countries, Iran, Iraq & Yemen
http://ec.europa.eu/comm/external_relations/gr/index.htm
➤ The EU and the Middle East Peace Process:
http://ec.europa.eu/comm/external_relations/mepp/index.htm

Ausblick

Diese kurze Einführung in die Außenbeziehungen der Europäischen Union, ihre theoretischen und praktischen Grundlagen sowie ihre historisch-zeitgeschichtliche Entwicklung und Einbettung in ein sich ständig wandelndes System internationaler Beziehungen drängt zum Schluss natürlich noch auf die Beantwortung der Frage, ob sich im Hinblick auf die zukünftige Stellung und Rolle der Union in der Weltpolitik gewisse Trends abzeichnen bzw. Vorhersagen dazu gemacht werden können. Jegliches auf Ordnung und Systematisierung ausgerichtete Denken inkludiert immer schon ein Moment eines *Vorgriffs* auf die Zukunft. Als eigentlicher Kern des „Politischen" mag durchwegs ein Bemühen um *Ordnung* und *vorgreifende Gestaltung* der Zukunft angesehen werden. In diesem Punkt scheint sogar eine weitgehende Übereinstimmung der verschiedenen Theorieansätze innerhalb der Disziplin der Internationalen Beziehungen gegeben, auch wenn dann im Hinblick auf die Frage, wodurch eine solche vorgreifende und ordnende Gestaltung im Feld der Politik (am besten) erzielt wird, deutliche Auffassungsunterschiede sichtbar werden.

Die Außenbeziehungen eines Staates oder einer politischen Entität wie der Europäischen Union können aus diesem Grund stets auch im Lichte eines ordnenden und gestaltenden Geschehens betrachtet werden, in dem sowohl die *Präsenz* dieses Kollektivs allein wie auch die damit verknüpften *Handlungen*, einschließlich von Sprechakten und Zeichen, verändernde Wirkungen im gesamten Beziehungs- und Interaktionsgeflecht der internationalen Politik entfalten, wobei sie selbst wiederum ebenso von den Transformationen des internationalen Systems mitgeprägt werden. Die Außenbeziehungen der EU sind dabei aber ebenso stets aufs Engste verknüpft mit *inneren Aspekten* des politischen Systems und mit Prozessen der Suche und Bestimmung einer *europäischen politischen Identität*. Im Wege der Konstruktion und Transformation politischer Identitäten verschieben sich stets zugleich die scheinbar fixen Grenzziehungen und Trennlinien zwischen einem Außen und Innen der Union (Dunkerley 2002; Zielonka 2002; Cederman 2001).

Es ist durchwegs berechtigt und legitim, in der politikwissenschaftlichen Forschung verschiedene Wege der Analyse und Betrachtung der Außenbeziehungen der Europäischen Union einzuschlagen und dabei die Schwergewichte unterschiedlich zu legen, etwa beispielsweise durch einen konstruktivistischen Ansatz mehr in Richtung auf die *Identitätsfrage* oder eher auf der Basis eines (neo-)realistischen Ansatzes mit einer eindeutig stärkeren Bezugnahme auf den *Akteurscharakter* der Union. Sämtliches analytische Bemühen kommt dabei um die Frage nicht herum, in welcher Weise heute und in Zukunft eine *Grenzziehung* im Hinblick auf Europa und die Europäische Union gezogen wird. In einem engeren Sinne bedeutet dies die Frage, was als zur „Europäischen Union" gehörend betrachtet wird bzw. was nicht (Wallace W. 2002); in einem weiteren Sinne aber weist die Frage noch darüber hinaus: Wo genau liegt Europa? Was ist eigentlich Europa?

Es sind dies zweifellos Fragen höchster politischer Bedeutung, und zwar nicht nur im Hinblick auf die Zukunft der Europäischen Union, sondern für die Weltgesellschaft insgesamt (Weidenfeld 2004; Todorova 2005; Schilcher 2005). Möglicherweise liegt in dem gesamten „*Projekt Europa*" im Kern tatsächlich eine unterschwellige oder verborgene *kosmopolitische Tendenz* verankert (Habermas 2003), die dazu führt, dass die verschiedensten Grenzsetzungen und Trennlinien immer nur vorläufigen Charakter haben und bereits in genau jenem Moment wieder überschritten werden, in dem der jeweilige Setzungsakt erfolgt. Grenzziehungen haben zweifellos bestimmte soziale und politische Funktion, aber sie haben niemals endgültigen und definitiven Charakter. Die Bestimmung dessen, was als „Außen" der EU gesehen wird, änderte sich im Verlauf der letzten Jahrzehnte in radikaler Weise. Weitere Änderungen in der Zukunft sind durchwegs zu erwarten; dies nicht nur im Sinne einer geographischen Ausdehnung, sondern ebenso im Hinblick auf die Entwicklung einer spezifischen politischen „europäischen" Identität".

Die Idee eines „kosmopolitischen Europas" wird dabei vielfach mit der Frage verknüpft, ob das europäische Integrationsmodell nicht überhaupt im Verlauf der jüngsten Zeit auf globaler Ebene allgemein derart an Attraktivität gewonnen hat, dass es sich schrittweise im Verlauf des 21. Jahrhunderts zum Leitmodell internationaler Politik weiterentwickelt. Einzelne Autoren sehen darin sogar die Chance Europas, die Vorherrschaft der Vereinigten Staaten in der Weltpolitik zu brechen und im Wege einer „Soft Power Politik" zu einer *universalen normativen Macht* zu werden, zu einer „*transformative power*", die die gesamte Beziehungsstruktur des internationalen Systems radikal verändert (Leonhard 2005). Auf diese Weise könnte gewissermaßen der „europäische Traum" (Rifkin 2004) globale politische Wirklichkeit werden. Natürlich mehren sich jüngst radikale Gegenstimmen dazu, die eher die letzten Tage von Europa verkünden und das Scheitern des gesamten europäischen Projekts ankündigen (Laquer 2006). Zunehmende Radikalisierungen und Polarisierungen in der Weltgesellschaft scheinen vielen heute als ernste Gefährdung, die Europa bzw. die EU zukünftig in neue Kriege und Konflikte verwickeln könnten.

Derartige Analysen weisen vielfach über weite Strecken primär spekulativen Charakter auf, insbesondere dort, wo es um weitgehende Zukunftsvorhersagen geht, auch wenn sie sich zumeist auf die Auswertung von historischen Trends und Entwicklungslinien abstützen. Die Analyse hier verzichtet bewusst auf eine umfassendere Zukunftsvorhersage und eine Beteiligung an dieser öffentlichen Debatte. Sie beschränkt sich stattdessen lieber auf eine ganz kurze Zusammenfassung einiger wichtiger Trends und Entwicklungslinien: Zunächst einmal ist darauf zu verweisen, dass sich die *Grundlagen der Außenbeziehungen der Europäischen Union* in den letzten Jahrzehnten radikal verändert haben und heute mit Recht von institutionalisierten und strukturierten politischen Außenbeziehungen der Union gesprochen werden darf. Das Projekt der europäischen Integration hat zweifellos in der zweiten Säule wichtige *Neuerungen und Veränderung* in Gang gebracht, die zwar insgesamt den intergouvernementalen Charakter der Gemeinsamen Außen- und Sicherheitspolitik fortschreiben, aber letztlich doch zumindest eine erste Basis für ein in vielen außenpolitischen Fragen abgestimmtes und in Teilen sogar gemeinsames Agieren der EU-Mitgliedstaaten abgibt. In diesem Zusammenhang zeigt sich eine Tendenz dahingehend, dass die Europäische Union in zunehmendem Maße *Elemente von Staatlichkeit* in sich aufnimmt. Wenn in naher Zukunft im Bereich der Außen- und Sicherheitspolitik Bemühungen Erfolg haben, die in Richtung Vergemeinschaftung tendieren oder größere institutionelle Veränderungen bewirken (z.B. Außenminister, Aufbau eines europäischen diplomatischen Dienstes etc.), dann wird dies mit Sicherheit zu einer weiteren *Stärkung des außenpolitischen Profils* der Union beitragen.

Die konkrete Ausgestaltung der *politischen Beziehungen* der Europäischen Union zu anderen Regionen, Regionalorganisationen, Staaten wie auch zivilgesellschaftlichen Elementen ist stets von einer Reihe unterschiedlichster Faktoren und Einflussgrößen abhängig und unterliegt ständigen Wandlungen und Veränderungen. Die Formation und Transformation des gesamten Beziehungsgeflechts beruht dabei auf einem Zusammenspiel von Elementen bzw. Impulsen von politischer Präsenz, Kommunikation und Interaktion. Identitätsprozesse sind darin eingeschlossen. Erst im Blick auf das Andere und Andersartige und in der Entwicklung einer spezifischen Beziehungsstruktur zu den *anderen* und diesem „Außen" vermag die Europäische Union jene Klarheit über ihre eigene Identität und politische Konstitution zu finden, nach der sie gegenwärtig so intensiv Ausschau hält (Strath 2000, Cederman 2001).

Literaturverzeichnis

Abegaz, Berhanu et al. (eds.), *The Challenge of European Integration: Internal and External Problems of Trade and Money*, Boulder: Westview, 1994.

Abrahamsen, Rita, African Studies and the Postcolonial Challenge, in: *African Affairs* 407 (2003), 189-210.

Acharya, Amitav, *Constructing a Security Community in Southeast Asia: ASEAN and the Problem of Regional Order*, London: Routledge, 2001.

Adam, Rudolf, Die Gemeinsame Außen- und Sicherheitspolitik der Europäischen Union nach dem Europäischen Rat von Nizza, in: Müller-Brandeck-Bocquet 2002.

Adomeit, Hannes, Soviet Perceptions of Western European Integration: Ideological Distortion or Realistic Assessment? in: *Millennium: Journal of International Studies* 8, 1 (1979), 1-24.

Aggarwal, Vinod K./Fogarty, Edward A. (eds), *EU Trade Strategies: Between Regionalism amd Globalism*, Basingstoke: Palgrave, 2004.

Aghrout, Ahmed, *From Preferential Status to Partnership: The Euro-Maghreb-Relationship*, Aldershot, 2000.

Aghrout, Ahmed/Alexander, Martin S., The Euro-Mediterranean New Strategy and the Maghreb Countries, in: *European Foreign Affairs Review* 2 (1997), 307-328.

Aghrout, Ahmed/Geddes, Andrew P., The Maghreb and the European Union: From Development Cooperation to Partnership? in: *International Politics* 33, 3 (1996), 227-243.

Ahiram, Ephraim/Tovias, Alfred (eds.), *Whither EU-Israeli relations? Common and Divergent Interests*, Franfurt/Main-New York: P. Lang, 1995.

Akçakoca, Amanda/Cameron, Fraser/Rhein, Eberhard, *Turkey – Ready for the EU?* EPC Issue Paper 16, September 28, 2004.

Akçapar, Burak, *Turkey's New European Era: Foreign Policy on the Road to EU Membership*, Lanham: Rowman & Littlefield Publishers, 2006.

Alaoui, Mohammed, *La cooperación entre l'Union Européenne et les pays du Maghreb*, Paris, 1994.

Alexandrova, Olga, Strategische Partnerschaft aus russischer Sicht, in: *Berichte des BIOst* 24, Bonn 1997.

Algieri, Franco, Die Außen-, Sicherheits- und Verteidigungspolitik der EU, in: Weidenfeld, Werner (Hg.), *Die Europäische Union – Politisches System und Politikbereiche*, Gütersloh: Bertelsmann Stiftung, 2004.

Algieri, Franco, Die Europäische Union und China, in: Weidenfeld, Werner (Hg.), *Europa-Handbuch*, Gütersloh 2000, 741-758.

Algieri, Franco, The Coherence Dilemma of EU External Relations – The European Asia Policy, in: *Journal of Asia Pacific Economy* 1 (1999), 81-99.

Algieri, Franco/Emmanouilidis, J.A., Setting Signals for European Foreign and Security Policy. Discussing Differentiation and Flexibility, *CAP Working Paper*, October 2000.

Algieri, Franco/Janning, Josef/Rumberg, Dirk (eds.), *Managing Security in Europe: The European Union and the Challenge of Enlargement*, Gütersloh: Bertelsmann Foundation, 1996.

Algieri, Franco/Regelsberger, Elfriede (eds.), *Synergy at Work: Spain and Portugal in European Foreign Policy*, Bonn, 1996.

Aliboni, Roberto, 10 ans de dialogue politique et de sécurité au sein du Processus de Barcelone: une tentative d'évaluation, in: *Géoéconomie* 35 (Autumn 2005), 101-121. (2005a)

Aliboni, Roberto, The Geopolitical Implications of the European Neighbourhoud Policy, in: *European Foreign Affairs Review* 10, 1 (2005), 1-16. (2005b)

Aliboni, Roberto, *The Euro-Mediterranean Partnership: Regional and Transatlantic Challenges*, Washington: Center for Transatlantic Relations, 2003.

Aliboni, Roberto, Political Dialogue and Conflict Prevention in the Euro-Mediterranean Partnership, in: *The International Spectator* 1 (2000), 103-114.

Aliboni, Roberto, Re-Setting the Euro-Mediterranean Security Agenda, in: *The International Spectator* 4 (1998), 115-119.

Aliboni, Roberto, *European Security across the Mediterranean*, Chaillot Paper 2, Paris: WEU Institute for Security Studies, 1991.

Aliboni, Roberto/Joffé, George/Niblock, Tim (eds.), *Security Challenges in the Mediterranean Region*, London: Frank Cass, 1996.

Alizada, Sevinj, *Die EU als politischer und wirtschaftlicher Akteur im Südkaukasus*, Münster, 2005.

Allen, David, Who speaks for Europe? The Search for an Effective and Coherent External Policy, in: Peterson/Sjursen 1998, 41-58.

Allen, David, Der Euro-Arabische Dialog: Die Neun verfeinern ihre Verhandlungs-prozeduren, in: Rummel/Wessels 1978, 141-166.

Allen, David/Pijpers, Alfred (eds.), *European Foreign Policy-making and the Arab-Israeli Conflict*, Boston: M. Nijhoff, 1984.

Allen, David/Rummel, Reinhardt/Wessels, Wolfgang (eds.), *European Political Cooperation: Towards a Foreign Policy for Western Europe*, London: Butterworth, 1982.

Allen, David/Smith, Michael, The European Union's Presence: Barrier, Facilitator or Manager? in: Rhodes 1998, 45-64.

Allen, David/Smith, Michael, The European Community in the New Europe: Bearing the Burden of Change, in: *International Journal* 47, 1 (1992), 1-28.

Allen, David/Smith, Michael, Western Europe's Presence in the Contemporary International Arena, in: *Review of International Studies* 16, 1 (1990), 19-39.

Allen-Roberson, Barbara (ed.), *The Middle East and Europe: The Power Deficit*, London, 1998.

Alpher, Joseph, The Political Role of the European Union in the Arab-Israel Peace Process: An Israeli Perspective, in: *The International Spectator* 4 (1998), 77-86.

Al-Shaikhly, Salah (ed.), *The Euro-Arab Dialogue. A Study of Associative Diplomacy*, New York: St. Marin´s Press, 1983.

Alston, Philip (ed.), *The EU and Human Rights*, Oxford: Oxford University Press, 1999.

Alting von Geusau, Frans (ed.), *Allies in a Turbulent World: Challenges to U.S. and Western European Cooperation*, Lexington: Lexington Books, 1982.

Alting von Geusau, Frans (ed.), *The Lomé Convention and a New Economic Order*, Leyden: Sijthoff, 1977.

Alting von Geusau, Frans (ed.), *The External Relations of the European Community: Perspectives, Policies and Responses*, Lexington: Lexington Books, 1974.

Alting von Geusau, Frans. *Beyond Containment and Division: Western Cooperation from a Post-totalitarian Perspective*, Boston: M. Nijhoff, 1992.

Alting von Geusau, Frans, *European Perspectives on World Order*, Leyden: Sijthoff, 1975.

Alting von Geusau, Frans, *European Organizations and Foreign Relations of States*, Leyden: Sythoff, 1962.

Amelung, Torsten/Langhammer, R.J., *ACP Exports and EC Trade Preferences Revisited*, Kiel: Institut of World Economics, 1989.

Amineh, Mehdi P., Die Politik der USA, der EU und Chinas in Zentralasien, in: *Aus Politik und Zeitgeschichte* 4 (2006).

Amineh, Mehdi P., *Caspian Energy: A Viable Alternative to the Persian Gulf?* Brussels: European Institute for Asian Studies (EIAS) , November 2003.

Amineh, Mehdi P., *Towards the Control of Oil Resources in the Caspian Region*, New York: Palgrave, 2000.

Amirpur, Katajun, Der 'Schurkenstaat' Iran und die Greater Middle East Initiative, in: *Orient* 46, 2 (2005), 251-271.

Anderson, Ewan W., *The Middle East: Geography and Geopolitics*, London: Routledge, 2000.

Andreani, Gilles/Bertram, Chrstoph/Grant, Charles, *Europe's Military Revolution*, London: Centre for European Reform, 2001.

Andrews, David M. (ed.), *The Atlantic Alliance under Stress: US-European Relations after Iraq*, Cambridge: Cambridge University Press, 2005.

Andrews, David M. et al. (eds.), *The Future of Transatlantic Economic Relations: Continuity Amid Discord*, Florence: European University Institute, 2005.

Antalovsky, Eugen et al. (Hg.), *Assoziierungsabkommen mit Drittstaaten*, Wien, 1998.

Antalovsky, Eugen/Melchior, Josef/Puntscher Riekmann, Sonja (Hg.), *Integration durch Demokratie. Neue Impulse für die Europäische Union*, Marburg: Metropolis, 1997.

Arbatov, Alexei G., Russia's Foreign Policy Alternatives, in: *International Security* 18, 2 (1993), 5-43.

Archer, Clive, *Norway outside the European Union: Norway and European Integration from 1994 to 2004*, London: Routledge, 2005.

Archer, Clive/Archer, Olli/Jalonen, Pekka (eds.), *Changing European Security Landscape*, Tampere: Tampere Peace Research Institute, 1995.

Archer, Clive/Butler, Fiona, *The European Union: Structure and Process*, 2nd ed., London: Pinter 1996.

Arendt, Hannah, Europa und Amerika. Traum und Alptraum. Antiamerikanische Gefühle auf dem Weg zu einem neuen europäischen Ismus, in: Arendt, Hannah, *Zur Zeit. Politische Essays*, Berlin 1986.

Arikan, Harun, *Turkey and the EU: An Awkward Candidate for EU Membership*, 2nd ed., Aldershot: Ashgate, 2006.

Arts, Karin/Dickson, Anna K. (eds.), *EU Development Cooperation: From Model to Symbol*, Manchester: Manchester University Press, 2004.

Arts, Wil/Hagenaars, Jacques/Halman, Loek (eds.), *The Cultural Diversity of Europen Unity: Findings, Explanations and Reflections from the European Values Study. European Values Studies Volume VI*, Leiden-Boston: Brill Academic Publishers, 2003.

Asante, S.K.B., The European Union – Africa-Carribean-Pacific (ACP), Lomé Convention: Expectations, Reality and the Challenges of the 21st Century, in: *Africa Insight* 4, 4 (1996), 381-391.

Ash, Timothy Garton, *Freie Welt. Europea, Amerika und die Chance der Krise*, München-Wien: Hanser, 2004.

Asseburg, Muriel, Demokratieförderung in der arabischen Welt. Hat der partnerschaftliche Ansatz der Europäer versagt? in: *Orient* 46, 2 (2005), 272-290.

Asseburg, Muriel, Der Nahost-Friedensprozess und der Beitrag der EU - Bilanz und Perspektiven, in: *Friedens-Warte* 76, 2-3 (2001), 257-288.

Asseburg, Muriel/Perthes, Volker, *Surviving the Stalemate: Approaches to Strengthening the Palestinian Entity*, Baden-Baden, 1998.

Atkins, G. Pope, *Latin America in the International Political System*, Boulder: Westview, 3rd ed., 1995.

Attina, Fulvio/Stavridis, Stelios (eds.), *The Barcelona Process and Euro-Mediterranean Issues from Stuttgart to Marseille*, Milan: Giuffré, 2001.

Avery, Graham/Cameron, Fraser, *The Enlargement of the European Union*, Sheffield: Sheffield Academic Press, 1998.

Avineri, Shlomo/Weidenfeld, Werner (eds.), *Integration and Identity: Challenges to Europe and Israel*, Bonn: Europa Union Verlag, 1999.

Axt, Heinz-Jürgen/Rohloff, Christoph (Hg.), *Frieden und Sicherheit in (Südost-) Europa: EU-Beitritt, Stabilitätspakt und europäische Sicherheits- und Verteidigungspolitik*, Duisburg: Beiträge zu einer internationalen Konferenz des Jean Monnet-Lehrstuhls der Universität Duisburg in Kooperation mit der Südosteuropa Gesellschaft vom 27. bis 29. November 2000, München, 2001.

Axtmann, Roland (ed.), *Globalization and Europe: Theoretical and Empirical Investigations*, London: Pinter, 1998.

Aybet, Gulnur, *The Dynamics of European Security Cooperation, 1945-91*, New York: Palgrave, 2001.

Ayubi, Nazih, *Distant Neighbours: The Political Economy of Relations between Europe and the Middle East/North Afrika*, Reading, Mass., 1995.

Babarinde, Olufemi, *The Lomé Conventions and Development: An Empirical Assessment*, Brookfield: Avebury, 1994.

Baç, Meltem Muftuler, Turkey's Accession to the European Union: Institutional and Security Challenges, in: *Perceptions* 3, 3 (Fall 2004), 29-44.

Baehr, Peter R., *The Role of Human Rights in Foreign Policy*, London, 1996.

Bagci, Hüseyin, Turkey and the European Security and Defence Policy (ESDP): Anatomy of a problematic relationship, in: Zippel 2003.

Bail, Christoph/Reinicke Wolfgang H./Rummel, Reinhardt (eds.), *EU-US Relations, Balancing the Partnership: Taking a Medium-Term Perspective*, Baden-Baden: Nomos, 1997.

Baldwin, David A., *Pradoxes of Power*, New York, 1989.

Baldwin, David A., The Sanctions Debate and the Logic of Choice, in: *International Security* 24, 3 (1999), 80-107.

Baldwin, Robert/Hamilton, Carl/Sapir, André (eds.), *Issues in US-EC Trade Relations*, Chicago: University of Chicago Press, 1988.

Balfour, Rosa/Menotti, Roberto (a cura), *Verso un concetto di Politica Estera Europea. La sfide esterne e di sicurrezza per la UE*, Roma: Rubbettino Editore, 2004.

Balfour, Rosa/Rotta, Alessandro, Beyond Enlargement: The European Neighbour-hood Policy and its Tools, in: *The International Spectator* 40, 1 (2005), 7-20.

Balis, Christina/Serfaty, Simon (eds.), *Visions of America and Europe: September 11, Iraq and Transatlantic Relations*, Washington DC: The CSIS Press, 2004.

Balmond, Louis/Bourrinet, Jacques, *Les relations extérieures de l'Union européenne*, Paris: PUF, 1995.

Bannerman, Edward et. al., *Europe after September 11*, London: Centre for European Reform, 2001.

Baranovsky, Vladimir, Russia: A Part of Europe or Apart Europe? in: *International Affairs* 76, 3, 2000, 443-458.

Barbé, Esther, *Balancing Europe's Eastern and Southern Dimensions*, Badia Fiesolana: EUI Working Paper RSC 71, 1997.

Barbé, Esther/Mestres, L., *The new EU's external action: a significant step forward towards the EU's single voice?* Barcelona: Institut Universitari d'Estudis Europeus, Working Paper No. 56, 2004.

Barbé, Esther/Soler i Lecha, Eduard, Barcelona + 10: Spain's relaunch of the Euro-Mediterranean partnership, in: *The International Spectator* 40, 2 (2005), 85-98.

Barfield, Claude/Perlman, Mark, *Industry, Services and Agriculture in the 1990s: The United States faces a New Europe*, Washington DC: AEI Press, 1992.

Barfield, Claude/Perlman, Mark, *Capital Markets and Trade: The United States faces a United Europe*, Washington, DC: AEI Press, 1991.

Barry, D. J./MacMillan, G. (eds.), *Vers une nouvelle ère de rélations euratlantiques - the new Atlanticism*, special edition of *Revue d'intégration européenne/Journal of European Integration*, 2-3 (1993).

Barry, Donald, Pursuing Free Trade: Canada, the Western Hemisphere, and the European Union, in: *International Journal* 55, 2 (2000), 292-300.

Barschdorff, Peter, *Facilitating Transatlantic Cooperation after the Cold War. An Acquis Atlantique*, Münster: Lit, 2001.

Barton, David/Bond, Martyn (eds.), *Europe's Wider Loyalties. Global Responsi-bilities for the New Europe*, London: The Federal Trust, 2002.

Barysch, Katinka, *The EU and Russia: Strategic Partners or Squabbling Neigh-bours?* London: Center for European Reform, 2004.

Barysch, Katinka/Everts, Steven/Grabbe, Heather (eds.), *Why Europe should embrace Turkey*, London: Center for European Reform, 2005.

Bassin, Mark, Russia between Europe and Asia: The Ideological Construction of Geographic Space, in: *Slavic Review* 50, 1 (1991), 1-17.

Batt, Judy et al. *Partners and Neighbours: A CFSP for a Wider Europe*, Paris: EU-ISS, Chaillot Papers 64, September 2003.

Baudin, Pierre, Les aspects institutionnels de l'Europe de la défense, in: *Défense nationale* 56 (2000), 5-21.

Baumann, Florian, *Der Türkeibeitritt. Außen- und sicherheitspolitische Analyse einer türkischen EU-Mitgliedschaft*, Diplomarbeit an der Universität München, 2006.

Baumann, Rainer/Rittberger, Volker/Wagner, Wolfgang, Macht und Machtpolitik: Neorealistische Außenpolitiktheorie und Prognosen für die deutsche Außenpolitik nach der Wiedervereinigung, in: *Tübinger Arbeitspapiere zur internationalen Politik und Friedensforschung* 30, Tübingen, 1998.

Baun, Michael J., *A Wider Europe. The Process and Politics of European Union Enlargement*, Lanham: Rowman & Littlefield, 2000.

Baxendale, James/Dewar, Stephen/Gowan, David (eds.), *The EU & Kaliningrad: Kaliningrad and the Impact of EU Enlargement*, London: The Federal Trust, 2000.

Beck, Martin, Can Financial Aid Promote Regional Peace Agreements? The Case of the Arab-Israeli Conflict, in: *Mediterranean Politics* 2 (1997), 49-70.

Beck, Martin, Zivilmacht versus Macht? Die europäische und US-amerikanische Außenpolitik gegenüber dem Vorderen Orient im Vergleich, in: *Orient* 46, 3 (2005), 446-467.

Behrendt, Sven, Die politische Rolle der EU im Nahen Osten und Nordafrika, in: *Orient* 4 (1997), 626-629.

Behrendt, Sven/Hanelt, Christian-Peter (eds.), *Bound to Cooperate: Europe and the Middle East*, Gütersloh, 2000.

Beichelt, Timm, Konstellationswechsel? Politische Konflikte in der neuen EU, in: *Osteuropa* 5-6 (2004), 136-146.

Bekemans, Léonce/Tsoukalis, Loukas (eds), *Europe and Global Economic Interdependence*, Bruges: College of Europe and European Interuniversity Press, 1993.

Bergsten, C. Fred, America and Europe: Clash of the Titans? in: *Foreign Affairs* 78, 2 (1999), 20-34.

Bersick, Sebastian, *Auf dem Weg in eine neue Weltordnung? Zur Politik der interregionalen Beziehungen am Beispiel des ASEM-Prozesses*, Baden-Baden: Nomos, 2004.

Bersick, Sebastian, Das Asia-Europe-Meeting (ASEM): Akteure und Interessenlagen, in: *Auslandsinformationen*, hrsg. von der Konrad-Adenauer-Stiftung, 30. Dezember 2003.

Bersik, Sebastian, *ASEM. Eine neue Qualität der Kooperation zwischen Europa und Asien*, Münster, 1998.

Bertram, Christoph, *Europe in the Balance: Securing the Peace Won in the Cold War*, Carnegie Endowement for International Peace, 1995

Bethlen, Steven/Volgyes, Ivan (eds.), *Europe and the Superpowers: Political, Economic and Military Policies in the 1980s*, Boulder: Westview Press, 1985.

Biad, Abdelwahab, Conflict Prevention in the Euro-Med Partnership: Challenges and Prospects, in: *The International Spectator* 2 (1999), 109-122.

Bialos, Jeffrey P., The United States, Europe and the Interoperability Gap, in: *The International Spectator*, 40, 2 (2005), 53-62.

Bierling, Stephan, Die Europäische Union und die USA, in: Weidenfeld 2004, 443-467.

Bierling, Stephan, Die Europäische Union und die USA, in: Weidenfeld 2002, 639-659.

Bierling, Stephan, Vom atlantischen zum pazifischen Zeitalter? Zur Bedeutung Europas und Asiens für die amerikanische Wirtschaft; in: Meier-Walser 1997, 125-137.

Bildt, Carl, *We have crossed the Rubicon – but where are we heading next. Reflexions on the European Security Strategy versus the U.S. National Security Strategy*, London: Centre for European Reform, 2003.

Birand, Mehmet Ali, Turkey and the EU: a harmonious coming-age? in: *Challenge Europe* 12, European Policy Centre, 2004.

Biscop, Sven, *Euro-Mediterranean Security: A Search for Partnership*, Arlington, 2003.

Biscop, Sven, From Reflections to Power: Implementing the European Security Strategy, in: Hauser/Kernic 2006, 87-102.

Biscop, Sven, *The European Security Strategy: A Global Agenda for Positive Power*, Williston: Ashgate, 2005.

Biscop, Sven, The European Security Strategy: Implementing a Distinctive Apporach, in: *Sécurité & Stratégie* 82 (2004), 3-43.

Biscop, Sven, Network or Labyrinth? The Challenge of Coordinating Western Security Dialogues with the Mediterranean, in: *Mediterranean Politics* 7, 1 (2002), 92-112.

Bissell, Richard/Gasteyger, Curt (eds.), *The Missing Link: West European Neutrals and Regional Security*, Durham: Duke University Press, 1990.

Bistolfi, Robert (dir.), *Euro-Meditérranée: une région à construire*, Paris: Publisud, 1995.

Black, J. L., *Vladimir Putin and the New World Order: Looking East, Looking West?* Lanham: Rowman and Littlefield, 2004.

Black, Stanley W., *Europe's Economy looks East: Implications for Germany and the European Union*, Cambridge: Cambridge University Press, 1997.

Blackwill, Robert D./Dibb, Paul (eds.), *America's Asian Alliances*, Cambridge, Mass.: MIT Press, 2006.

Blackwill, Robert D./Stürmer, Michael (eds.), *Allies Divides: Transatlantic Policies for the Greater Middle East*, Cambridge, Mass.-London: MIT Press, 1997.

Blank, Stephen J./Rubinstein, Alvin Z. (eds.), *Imperial Decline: Russia's Changing Role in Asia*, Durham: Duke University Press, 1997.

Blauberger, Michael, *Zivilmacht Europa? Leitlinien europäischer Außenpolitik in der Analyse*, Marburg: Tectum Verlag, 2005.

Bluth, Christopher/Kirchner, Emil/Sperling, James (eds.), *The Future of European Security*, Brookfield: Dartmouth, 1995.

Boardman, Robert/Shaw, Timothy/Soldatos, Panayotis, *Europe, Africa and Lome III*, Lanham: University Press of America, 1985.

Bodemer, Klaus, Auftakt zu einer strategischen Partnerschaft? Der erste Europäisch-Lateinamerikanische Gipfel in Rio de Janeiro, in: *Brennpunkt Lateinamerika*, hrsg. v. Institut für Iberoamerika-Kunde Hamburg, Heft 14, 1999.

Boehnke, Klaus (ed.), *Israel and Europe: A Complex Relationship*, Wiesbaden: Deutscher Universitätsverlag, 2003.

Boekle, Henning/Rittberger, Volker/Wagner, Wolfgang, Normen und Außenpolitik: Konstruktivistische Außenpolitiktheorie, in: *Tübinger Arbeitspapiere zur internationalen Politik und Friedensforschung* 34, Tübingen, 1999.

Bomberg, Elisabeth/Stubb, Alexander (eds.), *The European Union: How Does it Work?* Oxford: Oxford University Press, 2003.

Bonner, Arthur, Turkey, the European Union and Paradigm Shift, in: *Middle East Policy* 12, 1 (2005).

Borko, Jurij, Rethinking EU-Russian relations, in: *Russia in Global Affairs*, 2, 3 (2004).

Borko, Jurij/Timmermann, Heinz, Russland und die Europäische Union, in: *Berichte des BIOst* 3, Bonn 1999.

Bourke, Thomas, *Japan and the Globalization of European Integration*, Brookfield: Dartmouth, 1996.

Bourrinet, Jacques (dir.), *Les relations Communauté européenne - Etats-Unis*, Paris: Economica, 1987.

Bourrinet, Jacques (dir.), *Le dialogue euro-arabe*, Paris: Economica, 1979.

Bourrinet, Jacques. *La coopération économique eurafricaine*, Paris: PUF, 1976.

Boyd, Gavin (ed.), *The Struggle for World Markets: Competition and Cooperation between NAFTA and the European Union*, Northampton: E. Elgar, 1998.

Boyd, Gavin/Rugman, Alan M./Padoan, Pier Carlo (eds.), *European-American Trade and Financial Alliances*, Northampton: E. Elgar, 2005.

Brandon, Henry (ed.), *In Search of a New World Order. The Future of U.S.-European Relations*, Washington, DC: The Brookings Institution, 1992.

Brands, Maarten et al., *Challenges in the East*, The Hague: Sdu Uitgeverij Plantijstraat, 1995.

Brauch, Hans G./Marquina, Antonio/Biad, Abdelwahab, *Euro-Mediterranean Partnership for the 21st Century*, London: Macmillan, 2000.

Braun, Ursula, Der Europäisch-Arabische Dialog – Entwicklung und Zusammenarbeit, in: *Orient* 1 (1977), 30-55.

Brenner, Michael J.. *Europe's New Security Vocation*, Washington DC: Institute for National Strategic Studies, National Defense University, McNair Paper 66, 2002.

Bretherton, Charlotte/Vogler, John, *The European Union as a Global Actor*, London-New York: Routledge, 1999.

Brewer, Thomas L./Brenton, Paul A./Boyd, Gavin (eds.), *Globalizing Europe: Deepening Integration, Alliance Capitalism and Structural Statecraft*, Northampton: E. Elgar, 2002.

Bridges, Brian, *Europe and the Challenge of the Asia Pacific*, Cheltenham, 1999.

Brimmer, Esther (ed.), *The EU's Search for a Strategic Role: ESDP and Its Implications for Transatlantic Relations*, Washington: Center for Transatlantic Relations, 2002.

Brittan, Leon, *Globalisation vs. Sovereignty? The European Response*, Cambridge: Cambridge University Press, 1998.

Brittan, Leon, Relations between the European Union and Canada in a Transatlantic Context, in: *Canadian Foreign Policy* 3, 3 (1995), 113-118.

Brittan, Leon, *The Future of the European Economy*, London: CEPR, 1994.

Brittan, Leon (ed.), *The EC-US Economic Relations in a Changing World*, London: RIIA, 1993.

Brok, Elmar, Die globale sicherheitspolitische Verantwortung der EU, in: *Europäische Sicherheit* 2 (2006).

Bronstone, Adam, *European Security in the Twenty-First Century: Beyond Traditional Theories of International Relations,* Brookfield: Ashgate, 2000.

Bronstone, Adam, *European Union-United States Security Relations: Transnational Tensions and the Theory of International Relations*, New York: St. Martin's Press, 1997.

Brosig, Malte (ed.), *Human Rights in Europe. A Fragmented Regime?* Frankfurt/ Main: Pezter Lang 2006.

Brown, William, *The European Union and Africa. The Restructuring of North-South Relations,* New York: Palgrave, 2001.

Brumberg, Daniel, Dilemmas of Western Policies towards Iran, in: *The International Spectator* 37, 3 (2002), 69-81.

Brüne, Stefan, Die EU als Nord-Süd-Akteur. Abschied von Lomé? in: Schubert/ Müller-Brandeck-Bocquet 2000, 205-218.

Brüne, Stefan, Gibt es eine Zukunft für Lomé? Die EU-AKP-Beziehungen auf dem Prüfstand, in: *Internationale Politik* 53, 11 (1998), 37-40.

Brüne, Stefan, Europas Entwicklungspolitiken, in: *Aus Politik und Zeitgeschichte* B29 (1995), 30-39.

Brüne, Stefan/Betz, Joachim/Kühne, Winrich (eds.), *Africa and Europe: Relations of Two Continents in Transition,* Münster: Lit, 1994.

Brunelli, Michele, European Union and the Greater Middle East, in: Kernic/Hauser 2006, 285-301.

Bruter, Michael, *Citizens of Europe? The Emergence of a Mass European Identity,* Houndmills: Palgrave, 2005.

Bruter, Michael, Diplomacy without a State: The External Delegations of the European Commission, in: *Journal of European Public Policy* 6, 2 (1999), 183-205.

Brzezinski, Zbigniew K., Die einzige Weltmacht. Amerikas Strategie der Vorherrschaft, Berlin, 1997.

Brzezinski, Zbigniew K., Toward a Common European Home, in: *Problems of Communism* 38, 6 (1989), 1-10.

Buch, Heinrich, Europäischer Rat, Kommission und Parlament – Kompetenzaufteilung in Fragen der Sicherheitspolitik, in: Kernic/Hauser 2006, 141-154.

Buchan, David, *Europe: The Strange Superpower,* Aldershot: Dartmouth, 1993.

Buchan, David, *Western Security and Economic Strategy towards the East,* London: International Institute for Strategic Studies, 1984.

Buffotot, Patrice, *La défense en Europe: les adaptations de l'après-guerre froide,* Paris: La documentation française, 1997.

Buffotot, Patrice, *La défense en Europe, de la guerre du Golfe au conflit yougoslave,* Paris: La documentation française, 1995.

Bull, Hedley, Civilian Power Europe: A Contradiction in Terms? in: *Journal of Common Market Studies* 21, 2 (1982), 149-170.

Bulmer, Simon/Scott Andrew (eds.), *Economic and Political Integration in Europe: Internal Dynamics and Global Context,* Cambridge: Blackwell, 1994.

Bultschneider, Ralf, Die euro-arabischen Beziehungen: Gegenwart und Zukunft, in: *Orient* 3 (1997), 438-448.

Burwell, Frances/Daalder, Ivo (eds.), *The United States and Europe in the Global Arena*, New York: St. Martin's Press, 1999.

Busek, Erhard (ed.), *South Eastern Europe on the Road towards European Integration: Five years of the Stability Pact for South Eastern Europe*, Vienna: Molden, 2004.

Buzan, Barry et al., *The European Security Order Recast: Scenarios for the Post-cold War Era*, London: Pinter, 1990.

Buzan, Barry, *From International to World Society? English School Theory and the Social Structure of Globalisation*, Cambridge: Cambridge University Press, 2004.

Buzan, Barry/Wæver, Ole, de Wilde, Jaap, *Security: A New Framework for Analysis*, Boulder: Lynne Rienner, 1998.

Cafruny, Alan W./Ryner, Magnus (eds.), *A Ruined Fortress? Neoliberal Hegemony and Transformation in Europe*, Lanham: Rowman & Littlefield, 2003.

Cafruny, Alan/Peters, Patrick (eds.), *The Union and the World: The Political Economy of a Common European Foreign Policy*, Boston: Kluwer, 1998.

Cahan, Alfred, *The WEU and NATO: Strengthening the Second Pillar of the Alliance*, Washington DC: Atlantic Council, 1990.

Calingaert, Michael, *European Integration Revisited: Progress, Prospects and U.S. Interests*, Boulder: Westview Press, 1996.

Calleya, Stephen C., Is the Barcelona Process Working? EU Policy in the Mediterranean, in: *ZEI Discussion Papers* C 75, Bonn, 2000.

Calvert, Peter, *The International Politics of Latin America*, Manchester: Manchester University Press, 1994.

Cameron, Fraser (ed.), *The Future of the European Union: Integration and Enlargement*, New York: Routledge, 2004.

Cameron, Fraser, *The Foreign and Security policy of the European Union*, Sheffield: Sheffield University Press, 1999.

Cameron, Fraser, The European Union as a Global Actor: Far from Pushing its Political Weight Around, in: Rhodes 1998, 19-44.

Canfield, John V. (ed.), *The Middle East in Turmoil*, New York: Nova Science Publishers, 2001.

Caporaso, James A., The European Union and Forms of the State: Westphalian, Regulatory or Post-Modern? in: *Journal of Common Market Studies* 34, 1 (1996), 29-52.

Carkoglu, Ali/Rubin, Barry (eds.), *Turkey and the European Union: Domestic Politics, Economic Integration, and International Dynamics*, London: Frank Cass, 2003.

Carlsnaes, Walter/Sjursen, Helene/White, Brian (eds.), *Contemporary European Foreign Policy*, London: Sage, 2004.

Carlsnaes, Walter/Smith, Steve (eds.), *European Foreign Policy: The EC and Changing Perspectives on Europe*, London: Sage, 1994.

Carofano, John, Power, Institutions, and the ASEAN Regional Forum: A Security Community for Asia? in: *Asian Survey* 42, 3 (2002), 502-521.

Casier, Tom/Malfliet, Katlijn (eds.), *Is Russia a European Power? The Position of Russia in a New Europe*, Leuven: Leuven University Press, 1998.

Cassarino, Jean-Pierre, The EU-Tunisian Association Agreement and Tunesia's Structural Reform Program, in: *Middle East Journal* 1 (1999), 59-75.

Cavanna, Henry (ed.), *Governance, Globalization and the European Union. Which Europe for Tomorrow?* Dublin: Four Courts Press, 2002.

Cederman, Lars-Erik (ed.), *Constructing Europe's Identity: The External Dimension*, Boulder: Rienner, 2001.

Celac, Sergiu/Emerson, Michael/Tocci, Natalie, *A Stability Pact for the Caucasus*, Brussels: CEPS Working Documents 145, 2000.

Chabal, Patrick/Daloz, Jean-Pascal, *Africa Works: Disorder as a Political Instrument*, Oxford: James Curry, 1999.

Chaban, Natalia/Elgström, Ole/Holland, Martin, The European Union as Others See It, in: *European Foreign Affairs Review* 11, 2 (2006), 245-262.

Chaban, Natalia/Holland, Martin (eds.), *The EU Through the Eyes of the Asia-Pacific: Public Perceptions and Media Representation*, University of Canterbury (NZ): National Centre for Research on Europe, 2005.

Chia, Siow-Yue/Tan, Joseph L.H. (eds.), *ASEAN & EU: Forging New Linkages and Strategic Alliances*, Singapore, 1996.

Chourou, Bechir, The Free-Trade Agreement Between Tunisia and the European Union, in: *The Journal of North African Studies* 3, 1 (1998), 25-56.

Chow, Jonathan T., ASEAN Counterterrorism and Cooperation since 9/11, in: *Asian Survey* 45, 2 (2005), 302-321.

Christensen, Roy (ed.), *Canada and the European Union: A Relationship in Focus,* Ottawa: Delegation of the European Commission in Canada, 1995.

Christiansen, Thomas (ed.), *The Social Construction of Europe*, London, 2001.

Christiansen, Thomas, Reconstructing European Space: From Territorial Politics to Multilevel Governance, in: Jorgensen, K. (ed.), *Reflective Approaches to European Governance*, Basingstoke, 1997, 112-145.

Christiansen, Thomas/Tonra, Ben, *Rethinking EU Foreign Policy*, Manchester: Manchester University Press, 2004.

Christou, George, *The European Union and Enlargement: The Case of Cyprus*, New York: Palgrave, 2004.

Cienfuegos Mateo, Manuel, *La asociación estratégica entre la Unión Europea y el MERCOSUR en la encrucijada*, Barcelona: CIDOB, 2006.

Cini, Michelle, *The European Commission: Leadership, Organization, and Culture in the EU Administration*, New York, 1996.

Clapham, Andrew, *Human Rights and the European Community: A Critical Overview*, Baden-Baden, 1991.

Clarke, Michael/Serfaty, Simon (eds.), *New Thinking & Old Realities: America, Europe, and Russia*, Washington: Seven Locks Press, 1991.

Cleese, Armand/Vernon, Raymond (eds.), *The European Community after 1992: New Role in World Politics?* Baden-Baden, 1991.

Coffey, Peter (ed.), *Europe, Toward the Next Enlargement*, Boston: Kluwer, 2000.

Coffey, Peter, *The EC and the United States*, New York: St. Martin's Press, 1993.

Coffey, Peter, *The External Economic Relations of the EEC*, London: Macmillan, 1976.

Coffey, Peter/Wionczek, Miguel S. (eds.), *The European Economic Community and Mexico*, Boston: M. Nijhoff, 1987.

Cogan, Charles G., *The Third Option: The Emancipation of European Defense, 1989-2000*, Westport: Praeger, 2001.

Cohen-Tanugi, Laurent, *An Alliance at Risk. The United States and Europe since September 11*, Baltimore: The Johns Hopkins University Press, 2003.

Colas, Alejandro, The Limits of Mediterranean Partnership: Civil Society and the Barcelona Conference of 1995, in: *Mediterranean Quarterly* 4 (1997), 63-80.

Collins, Alan, *Security and Southeast Asia: Domestic, Regional, and Global Issues*, Boulder: Lynne Rienner, 2003.

Collins, Michael, *Western European Integration: Implications for U.S. Policy and Strategy*. New York: Praeger, 1992.

Collinson, Sarah, Issue-systems, Multi-level Games and the Analysis of the EU's External Commercial and Associated Policies: A Research Agenda, in: *Journal of European Public Policy* 6, 2 (1999), 206-224.

Collinson, Sarah, *Shore to Shore: The Politics of Euro-Maghreb Relations*, London, 1996.

Comelli, Michele, The Challenges of the European Neighbourhood Policy, in: *The International Spectator* 39, 3 (2004), 97-110.

Commission of the European Communities, *The Barcelona Process Five Years On 1995-2000*, Brussels 2000.

Compert, David C./Larrabee, F. Stephen (eds.), *America and Europe: A Partnership for a New Era*, Cambridge: Cambridge University Press, 1997.

Conte-Helm, Marie, *The Japanese and Europe. Economic and Cultural Encounters*, London: Athlone, 1996.

Coppieters, Bruno et al., *Europeanization and Conflict Resolution*, Ghent: Academia Press, 2004.

Cornell, Margaret (ed.), *Europe and Africa: Issues in Post-Colonial Relations*, London: Overseas Development Institute, 1980.

Cosgrove Twitchett, Carol, *A Framework for Development: The EEC and the ACP*, Boston: Allen & Unwin, 1981.

Cosgrove Twitchett, Carol, *Europe and Africa: From Association to Partnership*, Farnborough: Saxon House, 1978.

Cosgrove, Carol, Has the Lomé Convention Failed ACP Trade? in: *Journal of International Affairs* 48, 1 (1994), 223-249.

Cosgrove, Carol/Jamar, Joseph (ed.), *The European Community's Development Policy: The Strategies Ahead*, Bruges: De Tempel, 1986.

Cosgrove, Carol/Twitchett, Kenneth J. (eds.), *The New International Actors: The UN and the EEC*, London, 1970.

Cosgrove-Sacks, Carol, *Europe, Diplomacy and Development: New Issues in EU Relations with Developing Countries*, New York: Palgrave, 2001.

Cosgrove-Sacks, Carol (ed.), *The European Union and Developing Countries: The Challenges of Globalisation*, New York: St. Martin's Press, 1999.

Cottey, Andrew/Averre, Derek (eds.), *New Security Challenges in Postcommunist Europe: Securing Europe's East*, Manchester: Manchester University Press, 2002.

Cottey, Andrew/Forster, Anthony, *Reshaping Defence Diplomacy: New Roles for Military Cooperation and Assistance*, Oxford: Oxford University Press, 2004.

Cottier, Thomas/Liechti, Rachel, Die Beziehungen der Schweiz zur Europäischen Union: Eine kurze Geschichte differenzieller und schrittweiser Integration, in: *Basler Schriften zur europäischen Integration* 81, Basel: Europainstitut der Universität Basel, 2006.

Couloumbis, Theodoros/Veremis, Thanos, The Mediterranean Sea: Bridge or Barrier, in: Kostakos, Georgios (ed.), *Democratic Elections and the Mediterranean*, Athens, 1999, 11-26.

Cowles, Maria Green/Dinan, Desmond (eds.), *Developments of the European Union* 2nd ed., New York: Palgrave, 2004.

Cox, Aidan/Chapman, Jenny, *The European Community External Cooperation Programme: Policies, Management and Distribution*, London, 1999.

Cox, Aidan/Healey, John/Koning, Antonique (eds.), *How European Aid Works. A Comparison of Management Systems and Effectiveness*, London, 1997.

Crawford, Beverly/Schulze, Peter W. (eds.), *The New Europe Asserts Itself: A Changing Role in International Relations*, Berkeley: University of California Press, 1990.

Crawford, Gordon, Human Rights and Democracy in EU Development Cooperation: Towards Fair and Equal Treatment, in: Lister 1998, 131-179.

Cremona, Marise, The European Union as an International Actor. The Issues of Flexibility and Linkage, in: *European Foreign Affairs Review* 1 (1998), 67-94.

Cristini, Marcela, Mercosur-Europäische Union. Grundlagen und Perspektiven der Verhandlungen, in: *Europa – América Latina, Analysen und Berichte 12*, Brasilien, Juli 2003.

Croci, Osvaldo, A Closer Look at the Changing Transatlantic Relationship, in: *European Foreign Affairs Review* 8, 4 (Winter 2003), 469-491.

Croci, Osvaldo, European Security and Transatlantic Relations after Kosovo and September 11th, in: *McGill International Review* 3, 1 (2002), 23-29.

Croci, Osvaldo, Le Canada et l'Europe: de l'indifférence à la friction?, *L'Europe en formation* 298 (1995), 41-52.

Croci, Osvaldo/Verdun, Amy (eds.), *The Transatlantic Divide: Foreign and Security Policies in the Atlantic Alliance from Kosovo to Iraq*, Manchester: Manchester University Press, 2006.

Croft, Stuart et al., *The Enlargement of Europe,* Manchester: Manchester University Press, 1999.

Croft, Stuart/Terriff, Terry (eds.), *Critical Reflections on Security and Change*, Portland: F. Cass, 2000.

Croft, Stuart/Williams, Phil (eds.), *European Security without the Soviet Union*, London: F. Cass, 1992.

Cromwell, William C., *The United States and the European Pillar. The Strained Alliance*, New York: St. Martin´s Press, 1992.

Crouch, Colin/Marquand, David (eds.), *Towards Greater Europe? A Continent without an Iron Curtain*, Oxford: B. Blackwell, 1992.

Cruz Vilaca, José Luis da/Sobrino Heredia, José Manuel, The European Union and the Transformation of the Andean Pact into the Andean Community: From the Trujillo Protocol to the Sucre Act, in: *European Foreign Affairs Review* 3, 1 (1998), 13-52.

Curtis, Michael (ed), *Western European Government and Politics*, Longman, 1997.

Curzon-Price, Victoria/Landau, Alice/Whitman, Richard, *The Enlargement of the European Union: Isues and Srategies*, London: Routledge, 1999.

Cuthbertson, Ian (ed.), *Redefining the CSCE: Challenges and Opportunities in the New Europe*, Boulder: Westview Press, 1992.

Czempiel, Ernst-Otto, *Kluge Macht. Außenpolitik für das 21. Jahrhundert*, München: Beck, 1999.

Dahm, Bernhard/Harbrecht, Wolfgang (Hg.), *ASEAN und die Europäische Gemeinschaft. Partner, Probleme, Perspektive*, Hamburg, 1988.

Dahrendorf, Ralf/Sorensen, Theodore/Pierre, Andrew (eds.), *A Widening Atlantic? Domestic Change and Foreign Policy*, New York: Council on Foreign Relations, 1986.

Dallago, Bruno/Pegoretti, Giovanni (eds.), *Integration and Disintegration in European Economies*, Brookfield: Dartmouth, 1995.

Daniels, Gordon/Drifte, Reinhard (eds.), *Europe & Japan: Changing Relationships since 1945*, Woodchurch: Paul Norbury Publishers, 1986.

Danilov, Dmitriy/De Spiegeleire, Stephan, *From Decoupling to Recoupling: A New Security Relationship Between Russia and Western Europe?* Paris: Chaillot Paper 31, April 1998.

Dannreuther, Roland (ed.), *European Union Foreign and Security Policy: Towards a Neighbourhood Strategy*, London: Routledge, 2004.

Dassu, Marta/Missiroli, Antonio (ed.), *Emerging Dimensions of European Security Policy*, Boulder: Westview, 1991.

Dassu, Marta/Missiroli, Antonio, More Europe in Foreign and Security Policy: The Institutional Dimension of CFSP, in: *The International Spectator*, 37, 2 (2002).

Davidson, Ian, The Search for a New Order in Europe, in: *International Affairs* 66, 2 (1990), 275-284.

Davis, James W., Europäische Sicherheit und transatlantische Beziehungen, in: Kernic/Hauser 2006, 249-260.

De Clerq, W., The Future of Canadian-European Relations seen from a European Community Perspective, in: Remie, C.H.W./Lacroix, Jean-Michel (eds.), *Canada on the Threshold of the 21st Century: European Reflections upon the Future of Canada*, Amsterdam: John Benjamins, 1991.

De la Serre, F., La Communauté acteur international, *Pouvoirs* 69 (1994), 107-116.

De Porte, Anton, *Europe Between the Superpowers*, New Haven: Yale University Press, 1986.

De Ruyt, Jean, *European Political Cooperation: Toward a Unified European Foreign Policy*, Washington DC: Atlantic Council of the US, 1989.

De Schoutheete, Philippe, *La coopération politique européenne*, Brussels: Labour, 1980, 1986.

De Vree, J.K. et al. (eds.), *Towards a European Foreign Policy: Legal, Economic, and Political Dimensions*, Dordrecht: Martinus Nijhoff Publ., 1987.

De Wijk, Rob, The Efficacy of ESDP, in: Reiter, Erich (Hg.), *Jahrbuch für internationale Sicherheitpolitik 2004*, Berlin: Mittler, 2004, 329-348.

Debiel, Tobias/Fischer, Martina, Zivile Krisenprävention durch die EU. Zur Programmatik und Institutionalisierung eines Politikfeldes, in: Schoch, Bruno/Ratsch, Ulrich/Mutz, Reinhard (Hg.), *Friedensgutachten 2000*, Münster: LIT, 2000, 130-138.

Dehousse, Renaud (ed.). *An Ever Larger Union? The Eastern Enlargement in Perspective*, Baden-Baden: Nomos, 1998.

Deighton, Anne (ed.), *Western European Union 1954-1997: Defence, Security, Integration*, Reading: European Interdepence Research Unit, 1997.

Deighton, Anne, The European Security and Defence Policy, in: *Journal of Common Market Studies* 40, 4 (2002), 719-741.

Delcour, Laure, *La politique de l'Union européenne en Russie*, Paris, 2002.

Dembinski, Matthias, *Kein Abschied vom Leitbild 'Zivilmacht'. Die Europäische Sicherheits- und Verteidiugnspolitik und die Zukunft Europäischer Außenpolitik*, HSFK-Report 12, Frankfurt/Main, 2002.

Dembinski, Matthias, *Bedingt Handlungsfähig. Eine Studie zur Türkeipolitik der Europäischen Union*, HSFK-Report 5, Frankurt/Main, 2001.

Dembinski, Matthias/Gerke, Kinka (ed.), *Cooperation or Conflict? Transatlantic Relations in Transition*, Frankfurt/Main: Campus 1998.

Deng, Yong/Wang, Fei-Ling (eds.), *China Rising: Power and Motivation in Chinese Foreign Policy*, Lanham: Rowman & Littlefield, 2005.

Dent, Christopher M., The Asia-Europe Meeting and Inter-Regionalism, in: *Asian Survey* 44, 2 (2004), 213-232.

Dent, Christopher M., The EU-East Asia Economic Relationship: The Persisting Weak Triadic Link? in: *European Foreign Affairs Review* 4 (1999), 371-394.

Dent, Christopher M., *The European Union and East Asia: An Economic Relationship*, New York: Routledge, 1999.

Dent, Christopher M., *The European Economy: The Global Context*, New York: Routledge, 1997.

Denton, Geoffrey, *A New Transatlantic Partnership*, London: Federal Trust, 1999.

Devlin, Robert, *The Free Trade Area of the Americas and Mercosur-European Union Free Trade Process: Can They Learn Something from Each Other?* Buenos Aires: Occasional Paper 6, December 2000.

Devlin, Robert/French-Davis, R., Towards an Evaluation of Regional Integration in the 1990s, in: *The World Economy* 22, 2 (1999), 261-290.

Devuyst, Youri, *The European Union at the Crossroads. An Introduction to the EU's Institutional Evolution*, Frankfurt: Peter Lang 2002.

Dieckhoff, Alain, Europe and the Israeli-Palestinian Conflict, in: *Inroads* 16 (Winter-Spring 2005), 52-62.

Diedrichs, Udo/Klein, Gunilla/Herolf, Nadia, The European Union as an Actor in Crisis Management. Actions, Aspirations, Ambiguities, in: *CFSP Forum* 3, 4 (2005).

Dietrich, Sascha, *Europäische Sicherheits- und Verteidigungspolitik (ESVP). Die Entwicklung der rechtlichen und institutionellen Strukturen der sicherheits- und verteidigungspolitischen Zusammenarbeit im Europäischen Integrationsprozess von den Brüsseler Verträgen bis zum Vertrag über die Verfassung für Europa*, Baden-Baden: Nomos 2006.

Diéz Medrano, Juan, *Framing Europe: Attitudes to European Integration in Germany, Spain, and the United Kingdom*, Princeton: Princeton University Press, 2003.

Diez, Thomas, Constructing the Self and Changing Others: Reconsidering 'Normative Power Europe', in: *Millennium - Journal of International Studies*, 33, 3 (2005), 613-637.

Dijck, Pitou van/Faber, Gerit (eds.), *The External Economic Dimension of the European Union*, The Hague, 2000.

Dimitrova, Antoaneta L. (ed.), *Driven to Change: The European Union Enlargement Viewed from the East*. Manchester: Manchester University Press, 2004.

Dinan, Desmond, *Ever Closer Union? An Introduction to the European Community*, Boulder: Lynne Rienner, 1994.

Dodini, Michaela/Fantini, Marco, The EU Neighbourhood Policy: Implications for Economic Growth and Stability, in: *Journal of Common Market Studies* 44, 3 (2006), 507-532.

Doerr, Jeffrey, *The Arming of a European Superstate?* Burke: Chatelaine Press, 1997.

Doherty, Roisin, *Ireland, Neutrality, and European Security Integration*, Brookfield: Ashgate, 2000.

Dorman, Andrew/Treacher, Adrian, *European Security: An Introduction to Security Issues in Post-Cold War Europe*, Brookfield: Dartmouth, 1995.

Dosch, Jörn, ASEAN and the EU on the Eve of the Millenium – Introductory Remarks and Observations, in: *ASIEN* 72 (July 1999), 7-18.

Dosch, Jörn/Mols, Manfred (eds.), *International Relations in the Asia-Pacific. New Patterns of Power, Interest, and Cooperation*, Münster: Lit, 2000.

Dosenrode, Sören van/Stubkjaer, Anders, *The European Union and the Middle East*, Sheffield: Sheffield University Press, 2002.

Dreischer, Stephan, *Das Europäische Parlament und seine Funktionen*, Baden-Baden: Nomos 2006.

Dreis-Lampen, Barbara, ASEAN und die Europäische Union. Bestandsaufnahme und Neubewertung der interregionalen Beziehungen, in: *Mitteilungen des Instituts für Asienkunde* 287, Hamburg, 1998.

Drevet, Jean-François, *La Méditerranée, nouvelle frontière pour l'Europe des douze?* Paris: Karthala, 1986.

Driessen, Bart, Nouveaux débouchés dans le cadre de la politique communautaire en matière de marchés publics: l'accord UE-Mexique sur les marchés publics, *Revue du droit de l'Union européenne* 3 (2000), 571-600.

Duchêne, François, Quelle place pour l'Europe dans la politique mondiale? *Commentaire* 24, 95 (2001), 603-625.

Duchêne, François. *The European Community and the Mediterranean Basin*, Luxembourg: Office for Official Publications of the European Communities, 1985.

Duchêne, Francois, Die Rolle Europas im Weltsystem: Von der regionalen zur planetarischen Interdependenz, in: KohstammHager 1973 (1973a).

Duchêne, Francois, The European Community and the Uncertainties of Interdependence, in: Kohnstamm/Hager 1973, 127-142. (1973b)

Duchêne, Francois, Europe's Role in World Peace, in: Mayne, Richard (ed.), *Europe Tomorrow: Sixteen Europeans Look Ahead*, London: Fontana, 1972, 32-47.

Duignan, Peter/Gann, Lewis H., *An Ambivalent Heritage: Euro-American Relations*, Stanford: Hoover Institution Press, 1994.

Duignan, Peter/Gann, Lewis H., *The United States and the New Europe, 1985-1992*, Stanford: Hoover Institution Press 1992.

Duina, Francesco, Varieties of Regional Integration: The EU, NAFTA and Mercosur, in: *Journal of European Integration* 28, 3 (2006), 247-275.

Duina, Francesco, Regional Market Building as a Social Process: An Analysis of Cognitive Strategies in NAFTA, the European Union and Mercosur, in: *Economy and Society* 33, 3 (2004), 359-389.

Duke, Simon, The European Security Strategy in a Comparative Framework, in: *European Foreign Affairs Review*, 9, 4 (2004), 459-481.

Duke, Simon, *A Foreign Minister for the EU - But Where's the Ministry?* The Hague: Netherlands Institute of International relations Clingendael, Discussion Paper in Diplomacy No. 89, 2003. (2003a)

Duke, Simon, *The Convention, the Draft Constitution and External Relations: Effects and Implications for the EU and its International Role*, Maastricht: EIPA Working Paper 2003/W/2, 2003. (2003b)

Duke, Simon, *The Elusive Quest for European Security: From EDC to CFSP*, New York: Palgrave, 2000.

Dumoulin, André, L'identité européenne de sécurité et de défense, *Défense nationale* 56 (août-septembre 2000),20-37.

Dumoulin, André/Remacle, Eric, *L'Union de l'Europe occidentale: phénix de la défense européenne*, Bruxelles: Bruylant, 1998.

Dumoulin, Michel/Duchenne, Geneviève (eds.), *L'Union européenne et les Etas-Unis/The European Union and the United States.* Proceedings of the 8th Glaverbel Chair in European Studies 2002-2003, Bern: Peter Lang, 2003.

Dunkerley, David et al., *Changing Europe: Identities, Nations and Citizens*, London: Routledge, 2002.

Dupont, Cédric/Sciarini, Pascal/ Eggli, Caroline, Entre cohérence et efficacité: la Suisse dans les négociations bilatérales avec l'Union Européenne, in: *Swiss Political Science Review* 7, 4 (2001), 5-37.

Edis, Richard, Does the Barcelona Process Matter? in: *Mediterranean Politics* 3 (1998), 93-105.

Edmonds, Richard Louis (ed.), *China and Europe since 1978: A European Perspective*, Cambridge: Cambridge University Press, 2002.

Edwards, Geoffrey, The New Member States and the Making of EU Foreign Policy, in: *European Foreign Affairs Review* 11, 2 (Summer 2006), 143-162.

Edwards, Geoffrey, *Common Foreign and Security Policy*, London, 1994.

Edwards, Geoffrey, The European Community and Canada, in: *Behind the Headlines*, 1 (1993), 18-24.

Edwards, Geoffrey, Europe and the Falkland Islands Crisis 1982, in: *Journal of Common Market Studies* 22, 2 (1984), 295-313.

Edwards, Geoffrey/Philippart, Eric, The Euro-Mediterranean Partnership: Fragmentation and Reconstruction, in: *European Foreign Affairs Review* 2 (1997), 465-489.

Edwards, Geoffrey/Regelsberger, Elfriede (eds.), *Europe's Global Links: The European Community and Inter-Regional Cooperation*, New York: St. Martin's Press, 1990.

Eglin, Michael, China's Entry into the WTO with a little help from the EU, in: *International Affairs* 73, 3 (1997), 489-508.

Ehrhart, Hans-Georg, Abschied vom Leitbild „Zivilmacht"? Konzepte zur EU-Sicherheitspolitik nach dem Irak-Krieg, in: Varwick/Knelangen 2004, 149-163.

Ehrhart, Hans-Georg, *What Model for CFSP?* Paris: EU-ISS Chaillot Papers 55, 2002.

Ehrhart, Hans-Georg/Schmitt, Burkard (Hg.), *Die Sicherheitspolitik der EU im Werden. Bedrohungen, Aktivitäten, Fähigkeiten*, Baden-Baden: Nomos, 2004.

Eichengreen, Barry (ed.), *Transatlantic Economic Relations in the Post-Cold War Era*, New York: Council on Foreign Relations, 1998.

Elgstrom, Ole/Jonsson, Christer (eds.), *European Union Negotiations: Processes, Networks and Institutions*, London: Routledge, 2005.

Eliassen, Kjell (ed.), *Foreign and Security Policy in the European Union*, London: Sage, 1998.

Elman, Colin, Horses for Corses: Why not Neorealist Theories of Foreign Policy, in: *Security Studies* 6, 1 (1996), 7-53.

Elvert, Jurgen/Kaiser, Wolfram (eds.), *European Union Enlargement: A Comparative History*, Oxford: Routledge, 2004.

Emiliou, Nicholas/O'Keeffe, David (eds.), *The European Union and World Trade Law: After the GATT Uruguay Round*, New York: John Wiley, 1996.

Emmerson, Michael/Tocci, Nadine, Turkey as a Bridgehead and Spearhead. Integrating EU and Turkish Foreign Policy, in: *EU-Turkey Working Papers 1*, Centre for European Policy Studies, 2004.

Engel-Di Mauro, Salvatore (ed.), *The European's Burden. Global Imperialism in EU Expansion*, New York: Peter Lang 2006.

Eriksen, Erik and Weigård, Jarle, Conceptualizing Politics: Strategic or Communicative Rationality? in: *Scandinavian Political Studies*, 20, 3 (1997), 219 - 41.

Eriksen, Erik, The EU – A Cosmopolitan Polity? in: *Journal of European Public Policy* 13, 2 (2006), 252-269.

Euro-Mediterranean Human Rights Network, *Rule of Law, Democracy and the Euro-Mediterranean Partnership*, Report from the Human Rights Workshop at the Civil Forum, Marseilles, November 10-12, 2001.

Evans, Michael C., Europe's Strategic Role in the Caucasus and the Black Sea, in: *Strategic Review* 27, 2 (1999), 4-10.

Evers, Thomas, Supranationale Staatlichkeit am Beispiel der Europäischen Union. Civitas civitatum oder Monstrum? in: *Leviathan* 1 (1994), 115-132.

Everts, Stephen, Mission Impossible? Managing the Growing Divide between Europe and the US, in: *The International Spectator* 37, 3 (2002), 31-41.

Everts, Steven, An Asset but not a Model: Turkey, the EU and the Wider Middle East, in: Barysch/Everts/Grabbe 2005.

Falke, Andreas, The EU-US Conflict over Sanctions Policy: Confronting the Hegemon, in: *European Foreign Affairs Review* 5, 2 (2000), 139-164.

Farrell, Mary et al. (eds.), *European Integration in the 21st Century*, London: SAGE, 2002.

Featherstone, Kevin/Ginsberg, Roy, *The United States and the European Union in the 1990s: Partners in Transition*, New York: St. Martin's Press, 1996.

Feichtinger, Walter (Hg.), Afrika im Blickfeld: Kriege – Krisen – Perspektiven, Baden-Baden: Nomos, 2004.

Feichtinger, Walter/Hainzl, Gerhard (Hg.), *Krisenherd Nordostafrika. Internationale oder afrikanische Verantwortung?* Baden-Baden: Nomos, 2005.

Feld, Werner J., *The Future of European Security and Defense Policy*, Boulder: Lynne Rienner, 1993.

Feld, Werner J., *The European Community in World Affairs: Economic Power and Political Influence*, Port Washington: Alfred Pub. Co., 1976; Boulder: Westview Press, 1983.

Feld, Werner J., *Western Europe's Global Reach: Regional Cooperation and Worldwide Aspirations*. New York: Pergamon Press, 1980.

Feld, Werner J., The Association Agreements of the European Communities: A Comparative Analysis, in: *International Organization* 19, 2 (1965), 223-249.

Fenenko, Aleksei, Balkan Factor and European Security, in: *International Affairs* 48, 2 (2002), 19-33.

Ferdowsi, Mir A. (Hg.), Sicherheit und Frieden zu Beginn des 21. Jahrhunderts, München: Bayerische Landeszentrale für politische Bildungsarbeit, 3. Aufl., 2004. (frühere Auflage 2002).

Fernández Fernández, J. Javier/Gordon Vergara, Ana, Un nuevo marco para el refuerzo de las relaciones entre la Unión Europea y la Comunidad Andina, in: *Revista de derecho comunitario europeo* 17, 1 (2004), 7-46.

Fischer, Thomas, *The Europeanization of America: What Americans need to know about the European Union*, Durham: Carolina Academic Press, 1995.

Fischer, Thomas, *The United States, the European Union and the 'Globalization' of World Trade: Allies or Adversaries?* Westport: Quorum Books, 2000.

Fleming, Marie, *The European Community and Canada-EC relations*, Ottawa: European Politics Group, 1978.

Flockhart, Trine (ed.), *From Vision to Reality: Implementing Europe's New Security Order*, Boulder: Westview, 1998.

Fontagné, Lionel/Péridy, Nicolas, *The EU and the Maghreb*, Paris: OECD, 1997.

Fontaine, Pascal, *Europe in 12 Lessons*, Luxembourg: Office for Official Publications of the European Communities, 2004.

Forndran, Erhard, *Die Vereinigten Staaten von Amerika und Europa. Erfahrungen und Perspektiven transatlantischer Beziehungen seit dem Ersten Weltkrieg*, Baden-Baden: Nomos, 1991.

Freedman, Robert O. (ed.), *The Middle East Enters the Twenty-First Century*, Gainesville: University Press of Florida, 2002.

Freedman, Robert O. (ed.), *The Middle East and the Peace Process: The Impact of the Oslo Accords*, Gainesville: University Press of Florida, 1998.

Freiburghaus, Dieter, Die Special Relations zwischen der Schweiz und der Europäischen Union. in: *Working paper de l'IDHEAP* 3, 2003, Chavannes-près-Renens: IDHEAP, 2003.

Freitag-Wirminghaus, Rainer, Zentralasien und der Kaukasus nach dem 11. September. Geopolitische Interessen und der Kampf gegen den Terrorismus, in: *Aus Politik und Zeitgeschichte* B8 (2002), 3-13.

Freres, Christian, The European Union as a Global "Civilian Power": Development Cooperation in EU-Latin American Relations, in: *Journal of Interamerican Studies and World Affairs* 42, 2 (Special Issue: The European Union and Latin America: Changing Relations; Summer 2000), 63-85.

Freres, Christian/Sanahuja, José A. (comp.), *America Latina y la Unión Europea. Estrategias para una asociación necesaria*, Barcelona: Icaria Antrazyt, 2006

Frey-Wouters, Ellen, *The European Community and the Third World: The Lomé Convention and Its Impacts*, New York, 1980.

Friedrich, Stefan, *China und die Europäische Union. Europas Weltpolitische Rolle aus chinesischer Sicht*, Hamburg 2000.

Friedrich, Wolfgang-Uwe/Kleinfeld, Gerald R. (eds.), *New Atlanticism: Transatlantic Relations in Perspective*, New York: Berghahn, 2001.

Friis, Lykke/Murphy, Anna, The European Union and Central and Eastern Europe. Governance and Boundaries, in: *Journal of Common Market Studies* 37, 2 (1999), 211-232.

Frisch, Dieter, Jenseits von Lomé IV – Die Zukunft der EU-AKP Beziehungen nach dem Jahr 2000, in: *E+Z - Entwicklung und Zusammenarbeit* 39, 4 (1998), 96-97.

Frisch, Dieter, Zur Zukunft des Lomé-Abkommens. Erste Überlegungen zur europäischen Afrikapolitik nach dem Jahr 2000, in: *Afrika Spetrum* 31, 1 (1996), 57-72.

Frisch, Dieter, Lomé III – Das neue Abkommen zwischen der EG und den AKP-Staaten, in: *Europa-Archiv* 3 (1985), 57-68.

Frohmann, Alicia, Der biregionale Dialog zwischen dem Grupo de Rio und der Europäischen Union, in: *Lateinamerika. Analysen-Daten-Dokumentation* 13, 33 (1997), 51-63.

Frye, Alton/Weidenfeld, Werner (eds.), *Europe and America: Between Drift and New Order,* New York: Council on Foreign Relations, 1993.

Fukasaku, Kiichiro/Kimura, Fukunari/Urata, Shujiro (eds.), *Asia and Europe: Beyond Competing Regionalism*, Portland: Sussex Academic Press, 1998.

Fuller, Graham/Lesser, Ian, *A Sense of Siege: The Geopolitics of Islam and the West*, Boulder, 1995.

Fuller, Graham/Leveau, Rémy (Hg.), *Pflegebedürftige Nachbarschaft: Islam und westliche Politik*, Ebenhausen, 1997.

Fund, Sven, *Grammatik(en) der Macht. Die Mittelmeerpolitik der Europäischen Union und die Zentralamerika-Politik der USA*, Opladen: Leske+Budrich, 2001.

Gabriel, Jürg Martin, Switzerland and the European Union, in: *Beiträge* 33, Zürich: Forschungsstelle für Internationale Beziehungen der ETH Zürich, 2000.

Gaertner, Heinz et al. (eds.), *Europe's New Security Challenges*, Boulder: Lynne Rienner, 2001.

Gahler, Michael, Eine Strategie für Afrika, in: Stratenschulte 2006, 91-96.

Galal, Ahmed/Hoekman, Bernard (eds.), *Regional Partners in Global Markets: Limits and Possibilities of the Euro-Med Agreements*, London, 1997.

Gallagher, Tom, *The Balkans in the New Millennium: In the Shadow of War and Peace*, London: Routledge, 2005.

Galtung, Johan, *On the Way to Superpower Status: India and the EC compared*, Nedlands: Indian Ocean Centre for Peace Studies, University of Western Australia, 1991.

Galtung, Johan, *The Lomé Convention and Neo-Capitalism*, Oslo: University of Oslo, 1975.

Galtung, Johan, *The European Community: A Superpower in the Making*, Oslo: Universitetsforlaget, 1973.

Gana, Eduardo (comp.), *Las relaciones económicas entre América Latina y la Unión Europea*, Santiago de Chile: CEPAL, 1996.

Gardner, Anthony, *A New Era in US-EU relations? The Clinton Administration and the New Transatlantic Agenda*, Brookfield: Ashgate, 1997.

Garelli, François, *L'Europe et la Turquie. Hier et demain*, Paris: Droite, 2004.

Gasteyger, Curt, *An Ambiguous Power: The European Union in a Changing World. Strategies for Europe*, Gütersloh: Bertelsmann Foundation Publishers, 1996.

Gasteyger, Curt, *Europa zwischen Spaltung und Einigung, 1945-1993*, Bonn, 1994.

Gasteyger, Curt, *Europe and America at the Crossroads*, Paris: Atlantic Institute, 1972. (1972a)

Gasteyger, Curt et al., *Europe and the Maghreb*, Paris: Atlantic Institute, 1972. (1972b)

Gavin, Brigid, *The European Union and Globalisation: Towards Global Democratic Governance,* Northampton: E. Elgar, 2001.

Gaviria César, Oportunidades y desafíos en la relación Europa-Latinoamérica, en: *Discusos Claves*, Casa de América, 2001.

Gehler, Michael et al. *Towards a European Constitution. A Historical and Political Comparison with the United States*, Wien: Böhlau 2004.

Geoffrey, Edwards/Phillipart, Eric, The Euro-Mediterranean Partnership – Fragmentation and Reconstruction, in: *European Foreign Affairs* 2, 4 (1997), 465-489.

George, Stephen/Bache, Jan, *Politics in the European Union*, Oxford: Oxford University Press, 2001.

Gerhards, Jürgen, *Cultural Overstretch: The Enlargement of the European Union and the Cultural Differences between Old and New Member States and Turkey*, Milton Park: Routledge, 2007.

Gerner, Yvette, *Die Europäische Union und Russland. Unterstützung der EU für die Transformationsprozesse in Russland am Beispiel des technischen Hilfsprogramm Tacis*, Frankfurt/Main, 1998.

Geyer, Robert, European Integration, the Problem of Complexity and the Revision of Theory, in: *Journal of Common Market Studies* 41, 1 (2003), 15-35.

Ghebali, Victor-Yves, Toward a Mediterranean Helsinki-Type Process, in: *Mediterranean Quarterly* 4 (1993), 91-101.

Ghebali, Victor-Yves/Sauerwein, Brigitte, *European Security in the 1990s: Challenges and Perspectives*, New York: United Nations, 1995.

Ghesquiere, Henri, Impact of European Union's Association Agreements on Mediterranean Countries, IMF Working Paper, Washington, 1998.

Gianaris, Nicholas, *The European Community and the United States: Economic Relations*, New York: Praeger, 1991.

Gianaris, Nicholas, *The European Community, Eastern Europe and Russia: Economic and Political Changes*, Westport: Praeger, 1994.

Gianaris, Nicholas, *The North American Free Trade Agreement and the European Union*, Westport: Praeger, 1998

Giegerich, Bastian, Die ESVP und Auslandseinsätze europäischer Streitkräfte, in: Jägger/Höse/Oppermann(Hg.) 2005.

Gifford, Prosser/Louis, W. Roger (eds.), *Decolonization and African Independence: The Transfers of Power, 1960-1980*, New Haven: Yale University Press, 1988.

Gillespie, Richard, Reshaping the Agenda? The International Politics of the Barcelona Process in the Aftermath of September 11, in: Jünemann 2003.

Gillespie, Richard (ed.), *The Euro-Mediterranean Partnership. Political and Economic Perspectives*, London: Frank Cass, 1997. (1997a)

Gillespie, Richard, Spanish Protagonismo and the Euro-Med Partnership Initiative, in: *Mediterranean Politics* 2, 1 (1997), 33-48. (1997b)

Gillespie, Richard, The Valencia Conference: Reinvigorating the Barcelona Process, in: *Mediterranean Politics* 2 (2002), 105-114.

Gillespie, Richard/Youngs, Richard (eds.), *The EU and Democracy Promotion: The Case of North Africa*, London 2002.

Gillingham, John, *European Integration, 1950-2003: Superstate or New Market Economy?* Cambridge: Cambridge University Press, 2003.

Gilson, Julie, *Asia meets Europe: Inter-Regionalism and the Asia-Europe Meeting*, Cheltenham: Edward Elgar, 2002.

Gilson, Julie, Emerging from Washington's Shadow: Japan's New Relation with Europe, in: *European Review* 8, 4 (2000), 521-532. (2000a)

Gilson, Julie, *Japan and the European Union: A Partnership for the Twenty-First Century?* Houndsmill 2000. (2000b)

Ginsberg, Roy, European Security and Defence Policy: The State of Play, in: *EUSA Review*, 16, 1 (Winter 2003), 1-4.

Ginsberg, Roy, *The European Union in World Politics: Baptism by Fire*, Lanham: Rowman & Littlefield, 2001.

Ginsberg, Roy, Conceptualizing the European Union as an International Actor: Narrowing the Theoretical Capability-Expectations Gap, in: *Journal for Common Market Studies* 37, 3 (1999), 429-454.

Ginsberg, Roy, The New Transatlantic Agenda: Third Generation of US-EU Political Relations, in: *ECSA Review* 9, 2 (1996), 17-20.

Ginsberg, Roy, The European Union's Common Foreign and Security Policy: An Outsider's Retrospective on the First Year, in: *ECSA Review* 7, 3 (1994), 13-16.

Ginsberg, Roy, *Foreign Policy Actions of the EC: The Politics of Scale*, Boulder: Lynne Rienner, 1989.

Ginsberg, Roy/Frellesen, Thomas, *US-EU Foreign Policy Coordination in the 1990s: Elements of Partnership*, Brussels, Centre for European Policy Studies, 1994.

Girsch, Herbert (ed.), *The Economic Integration of Israel in the EEC*, Tübingen, 1980.

Glarbo, Kenneth, Reconstructiong a Common European Foreign Policy, in: Christiansen/Jørgensen/Wiener 2001.

Glarbo, Kenneth, Wide-awake Diplomacy: Reconstructiong the Common Foreign and Security Policy of the European Union, in: *Journal of European Public Policy* 6, 4 (1999), 634-651.

Gleason, Gregory, *The Central Asian States: Discovering Independence*, Boulder: Westview, 1997.

Glöckler-Fuchs, Juliane, *Institutionalisierung der europäischen Außenpolitik*, München: Odenbourg, 1997.

Gnesotto, Nicole, European Union after Minsk and Maastricht, in: *International Affairs* 68, 2 (1992), 223-232.

Gnesotto, Nicole, Reacting to America, in: *Survival* 44, 4 (2002-3), 99-106.

Goetschel, Laurent, *Small States and the Common Foreign and Security Policy (CFSP) of the EU: A Comparative Analysis* (Nationales Forschungsprogramm "Grundlagen und Möglichkeiten der schweizerischen Aussenpolitik"), in: NFP 42 Working Paper 14, Bern: Institut für Politikwissenschaft, 2000.

Goldenberg, Suzanne, *Pride of Small Nations: The Caucasus and Post-Soviet Disorder*, London, 1994.

Goldmann, Kjell, *Transforming the European Nation-State: Dynamics of Internationalization*, London: SAGE, 2001.

Gomez, Ricardo, *Negotiating the Euro-Mediterranean Partnership: Strategic Action in EU Foreign Policy?* Aldershot: Ashgate 2003.

Gomez, Ricardo/Peterson, John, The EU's Impossibly Busy Foreign Ministers: 'No One is in Control', in: *European Foreign Affairs Review* 6, 1 (2001), 53-74.

Gompert, David C./Larrabee, Stephen F. (eds.), *America and Europe. A Partnership For a New Era*, Cambridge: Cambridge University Press, 1997.

Goodwin, Geoffrey, The External Relations of the European Community – Shadow and Substance, in: *British Journal of International Studies* 3 (1977), 20-34.

Gorbatschow, Michail, *Perestroika. Die zweite russische Revolution. Eine neue Politik für Europa und die Welt*, München: Knaur, 1989.

Gordon Mace et al., *The Americas in Transition. The Contours of Regionalism*, Boulder: Lynne Rienner, 1999.

Gordon, Lincoln, NATO and European Integration, in: *World Politics* 10, 2 (1958), 219-231.

Gordon, Philip H. (ed.), *NATO's Transformation: The Changing Shape of the Atlantic Alliance*, Lanham, 1997.

Gordon, Philip H., Europe's Uncommon Foreign Policy, in: *International Security* 22, 3 (1997), 74-100.

Gordon, Philip H., *The Transatlantic Allies and the Changing Middle East*, Adelphi Paper 322, Oxford, 1998.

Görtemaker, Manfred, Partnerschaft mit Problemen oder Probleme mit der Partnerschaft? Veränderungen in den transatlantischen Beziehungen, in: Stratenschulte 2006, 19-30.

Gower, Jackie/Redmond, John (eds.), *Enlarging the European Union: The Way Forward*, Brookfield: Ashgate 2000.

Grabbe, Heather, *Profiting from EU Enlargement*, London: Centre for European Reform, 2001.

Grabbe, Heather/Hughes, Kirsty, *Enlarging the EU Eastwards*, London: RIIA, 1998.

Grabendorff, Wolf, Triangular Relations in a Unipolar World: North America, South America and the EU, in: Grabendorff/Seidelmann 2005.

Grabendorff, Wolf, Eine strategische Partnerschaft? Biregionalere Dialog zwischen EU und Lateinamerika, in: *Internationale Politik* 54, 5 (1999), 1-8.

Grabendorff, Wolf/Roett, Riordan (eds.), *Latin America, Western Europe, and the US: Revaluating the Atlantic Triangle*, New York: Praeger, 1985.

Grabendorff, Wolf/Roett, Riordan (eds.), *América Latina, Europa Occidental y Estados Unidos. Un Nuevo Atlántico?* Buenos Aires 1984.

Grabendorff, Wolf/Seidelmann, Reimund (eds.), *Relations between the European Union and Latin America*, SWP, Band 57, Berlin, 2005.

Gratius, Sussane, Europe und Lateinamerika: Zwischen Rückzug und Annäherung, in: *SWP-aktuell* 26, Berlin, 2004.

Greilsammer, Alain (ed.), *Europe and Israel: Troubled Neighbours*, Berlin: W. de Gruyter, 1988.

Greilsammer, Alain, *European Sanctions Revisited*, Jerusalem: Leonard Davis Institute, 1989.

Greilsammer, Alain/Weiler, Joseph, *Europe's Middle East Dilemma: The Quest for a Unified Stance*, Boulder: Westview, 1987.

Grevi, Giovanni/Manca, Daniela/Quille, Gerrad, The EU Foreign Minister: Beyond Double Hatting, in: *The International Spectator*, 40, 1 (2005), 59-75.

Griffiths, Richard T./Özdemir, Durmus (eds.), *Turkey and the EU Enlargement: Processes of Incorporation*, Istanbul: IIstanbul Bilgi University Press, 2004.

Griller, Stefan/Weidel, Birgit (eds.), *External Economic Relations*, Vienna: Springer 2002.

Grilli, Enzo, *The European Community and the Developing Countries*, Cambridge: Cambride University Press, 1992.

Grosser, Alfred. *The Western Alliance: European-American Relations since 1945*, New York: Vintage Books, 1982.

Groux, Jean/Manin, Philippe, *The European Communities in the International Order*, Brussels, 1985.

Grover, V.K., India - The Need for a Post Cold War Foreign Policy and the Importance of the European Union, in: *India Quarterly* 57, 1 (2001), 171-176.

Grudzinski, Przemyslaw/Ham, Peter van, *A Critical Approach to European Security. Identity and Institutions*, London: Pinter, 1999.

Grugel, Jean B., New Regionalism and Modes of Governance: Comparing US and EU Strategies in Latin America, in: *European Journal of International Relations* 10, 4 (2004), 603-626.

Gruhn, Isebill, The Lomé Convention: Inching Towards Interdependence, in: *International Organization* 30, 2 (1976), 241-262.

Guay, Terrence, *The United States and the European Union: The Political Economy of a Relationship*, Sheffield: Sheffield Academic Press, 1999.

Gueldry, Michel, *Les Etats Unis et l'Europe face à la guerre d'Irak*, Paris: L'Harmattan, 2005.

Guttenberg, Karl-Theodor, *Die Beziehungen zwischen der Türkei und der EU – eine 'Privilegisierte Partnerschaft'*, Aktuelle Analysen, Hans-Seidl-Stiftung, 2004.

Guttman, Robert J. (ed.), *Europe in the New Century. Visions of an Emerging Superpower*, Boulder: Lynne Rienner, 2001.

Guzzini, Stefano, Structural Power: The Limits of Neorealist Power Analysis, in: *International Organization* 47, 3 (1993), 443-478.

Haas, Ernst B., *Beyond the Nation State: Functionalism and International Integration*, Stanford, 1964.

Haas, Ernst B., Integration: The European and the Universal Process, in: *International Organization* 15, 3 (1961), 366-392.

Haas, Ernst B., *The Uniting of Europe: Political, Social, and Economic Forces 1950-1957*, Stanford, 1958.

Haass, Richard N. (ed.), *Transatlantic Tensions. The United States, Europe, and Problem Countries*, Washington: Brookings Institution Press, 1999.

Habermas, Jürgen, Toward a Cosmopolitan Europe, in: *Journal of Democracy* 14, 4 (2003), 86-100.

Hacke, Christian, Die Europäische Verfassung – Katalysator für mehr gemeinsame außen- und sicherheitspolitische Gemeinsamkeiten? in: *Politische Studien* 297 (September/Oktober 2004), 63-71.

Hadar, Leon T., Meddling in the Middle East? Europe Challenges US Hegemony in the Region, in: *Mediterranean Quarterly* 7, 4 (1996), 40-54.

Hafez, Kai (Hg.), *Der Islam und der Westen*, Frankfurt/Main 1997.

Haftendorn, Helga/Keohane, Robert O./Wallander, Celeste, *Imperfect Unions: Security Institutions over Time and Space*, New York: Clarendon Press, 1999.

Haftendorn, Helga/Tuschhoff, Christian (eds.), *America and Europe in an Era of Change*, Boulder: Westview, 1993.

Haine, Jean-Yves (ed.), *From Laeken to Copenhagen: European Defence. Core Documents III*, Paris: EU-ISS Chaillot Paper 57, 2003.

Haine, Jean-Yves, Back to Transatlantic Pragmatism, in: *The International Spectator*, 40, 2, (2005), 41-52.

Hajrullahu, Arben, *Langfristige Friedensetablierung am Westbalkan durch EU-Integration? Eine Analyse von Akteuren und Prozessen unter besonderer*

Berücksichtigung des serbisch-kosovarischen Konflikts, Dissertation an der Universität Wien, Wien, 2004.

Halbach, Axel, Kooperation im Nahen Osten: Eine Bilanz fünf Jahre nach dem Grundsatzabkommen von Oslo, in: Zippel 1999, 157-172.

Hallaba, Saadallah A.S., *Euro Arab Dialogue*, Brattleboro: Amana , 1984.

Ham, Peter van, *Europe's New Defense Ambitions: Implications for NATO, the EU, and Russia*, Garmisch-Partenkirchen: The George C. Marshall Center, 2001.

Ham, Peter van, *European Integration and the Postmodern Condition: Governance, Democracy, Identity,* New York: Routledge, 2001.

Ham, Peter van, *The EC, Eastern Europe and European Unity*, London, 1993.

Hanelt Christian-Peter (eds.), *Bound to Cooperate – Europe and the Middle East*, Gütersloh: Bertelsmann Foundation 2000.

Hanelt, Christian-Peter/Luciani, Giacomo/Neugart, Felix (Hrsg.), *Regime Change in Iraq: The Transatlantic and Regional Dimensions*, Bertelsmann Foundation, 2004.

Hanelt, Christian-Peter/Neugart, Felix, Die Europa-Mittelmeer-Partnerschaft. Stabilität und Prosperität im Mittelmeer-Raum, in: *Internationale Politik* 8 (2001), 53-58.

Hanisch, Rolf (Hg.), *Demokratieexport in die Länder des Südens?* Hamburg 1996.

Hanisch, Rolf, Internationale Demokratieförderung: Gründe, Motive, Instrumente, Möglichkeiten und Grenzen, in: Hanisch 1996, 3-19.

Hansen, Birthe (ed.), *European Security-2000*, Copenhagen: Copenhagen Political Studies Press, 1995

Hanson, Jim/Mc Nish, Susan (eds.), *Canada's Strategic Interests in the New Europe*, Toronto: The Canadian Institute of Strategic Studies, 1996.

Harle, Vilho/Iionen, Jyrki (eds.), *Gorbachev and Europe*, London: Pinter, 1990.

Harris, Scott A./Steinberg, James B., *European Defense and the Future of Transatlantic Cooperation*, Santa Monica: Rand, 1993.

Harris, Stuart/Bridges, Brian, *European Interests in ASEAN*, Boston: Routledge & Kegan Paul, 1983.

Harrison, Glennon (ed.), *Europe and the United States: Competition and Cooperation in the 1990s*, Armonk: M.E. Sharpe, 1994.

Hart, Jeffrey, Three Approaches to the Measurement of Power in International Relations, in: *International Organization* 30, 2 (1976), 289-308.

Haseler, Stephen, *Super-State: The New Europe and its Challenge to America*, New York: Palgrave, 2004.

Hasenclever, Andreas, Europa und der demokratische Frieden, in: *Tübinger Arbeitspapiere zur internationalen Politik und Friedensforschung* 38, Tübingen 2001.

Hassner, Pierre, Europe beyond Partition and Unity: Disintegration or Reconstitution? in: *International Affairs* 66, 3 (1990), 461-476.

Hauser, Gunther, *Das europäische Sicherheits- und Verteidigungssystem und seine Akteure*, Wien: Bundesministerium für Landesverteidigung, 2004.

Hauser, Gunther, Der EU-Verfassungsvertrag und die ESVP, in: Kernic/Hauser 2006, 99-114. (2006a)

Hauser, Gunther, Die Sicherheitsstrategie der Europäischen Union, in: Kernic/ Hauser 2006, 237-248. (2006b)

Hauser, Gunther, The ESDP: The European Security Pillar, in: Hauser/Kernic 2006, 39-62. (2006c)

Hauser, Gunther/Kernic, Franz (eds.), *European Security in Transition*, London: Ashgate, 2006.

Hausmann, Hartmut, Die Beziehungen der Europäischen Union zu Israel, in: *Aus Politik und Zeitgeschichte* B16 (1995), 31-38.

Hausmann, Marc Torsten, *Das Cotonou-Handelsregime und das Recht der WTO*, Frankfurt/Main: Peter Lang 2006.

Hayes, John P., *Making Trade Policy in the European Community*, New York: St. Martin's Press. 1993.

Hayoz, Nicolas/Jesien, Leszek/Van Meurs, Wim (eds.), *Enlarged EU - Enlarged Neighbourhood. Perspectives of the European Neighbourhood Policy*, Bern: Peter Lang, 2005.

Hayward, David, *International Trade and Regional Economies: The Impact of European Integration on the United States*, Boulder: Westview Press, 1995.

He, Kai, Does ASEAN Matter? International Relations Theories, Institutional Realism, and ASEAN, in: *Asian Security* 2, 3 (2006), 189-214.

Heidensohn, Klaus, *Europe and World Trade*, New York: Pinter, 1995.

Heisbourg, François, Europe's Strategic Ambitions: The Limits of Ambiguity, in: *Survival* 42, 2 (2000), 5-15.

Held, David/Koenig-Archibugi, Mathias (eds.), *Global Governance and Public Accountability*, Oxford : Blackwell, 2005.

Heller, Francis H./Gillingham, John R. (eds.), *The United States and the Integration of Europe: Legacies of the Post-War Era*, New York: St. Martin's Press, 1996.

Henig, Stanley, *External Relations of the European Community: Associations and Trade Agreements*, London: Chatham House, 1971.

Hensel, Howard M. (ed.), *The United States and Europe: Policy Imperatives in a Globalizing World*, Aldershot: Ashgate, 2002.

Henze, Paul B., *Russia and the Caucasus*, Santa Monica, CA: Rand, 1996.

Hephaistos, Panagiotes, *European Political Cooperation: Towards a Framework of Supranational Diplomacy?* Aldershot, 1987.

Heredia, Edmundo A., *Espacios Regionales y Etnicidad*, Córdoba (Argentina): Alción Editora, 1999.

Herrmann, Peter/Tausch, Arno (eds.), *Dar al Islam: the Mediterranean, the World System, and the 'Wider Europe'*, Hauppauge: Nova Science, 2003.

Herrmann, Peter/Tausch, Arno (eds.), *Towards a Wider Europe*, New York: Novinka, 2006.

Hettne, Björn/Inotal, András/Sunkel, Osvaldo (eds.), *The New Regionalism and the Future of Security and Development*, New York: St. Martin's Press, 2000.

Hettne, Björn/Söderbaum, Fredrik, Civilian Power or Soft Imperialism? The EU as a Global Actor and the Role of Interregionalism, in: *European Foreign Affairs Review* 10, 4 (2005), 535-552.

Hetzke, Ekkehard/Putthoff, Martin/Kössler, Armin (Hg.), *Die EU und der Friedensprozess im Nahen Osten – Sicherheitspolitische Chancen und Herausforderungen*, Hamburg, 1995.

Heuser, Beatrice, *Transatlantic Relations: Sharing Ideals and Costs*, London: Pinter, 1996.

Hill, Christopher (ed.), *The Actors of European Foreign Policy*, London: Routledge, 1996.

Hill, Christopher (ed.), *National Foreign Policies and European Political Co-operation*, London: George Allen & Unwin, 1983.

Hill, Christopher, Renationalizing or Regrouping? EU Foreign Policy since 11 September 2001, in: *Journal of Common Market Studies* 41, 3 (2004), 141-163.

Hill, Christopher, The EU's Capacity for Conflict Prevention, in: *European Foreign Affairs Review* 6, 3 (2001), 315-333.

Hill, Christopher, Closing the Capabilities-Expectations Gap? in: Peterson/Sjursen 1998, 18-38.

Hill, Christopher, The Capability-Expectations Gap or Conceptualising Europe's International Role, in: *Journal of Common Market Studies*, 31, 3 (1993), 305-327.

Hill, Christopher, European Foreign Policy: Power Bloc, Civilian Model – or Flop? in: Rummel, R. (ed.), *The Evolution of an International Actor: Western Europe's New Assertiveness*, Boulder, 1990, 31-55.

Hill, Christopher, A Theoretical Introduction, in: Wallace/Paterson 1978.

Hill, Christopher/Smith, Karen E. (eds.), *European Foreign Policy: Key Documents*, London: Routledge, 2000.

Hill, Christopher/Smith, Michael (eds.), *International Relations of the EU*, Oxford: Oxford University Press, 2005.

Hill, Christopher/Wallace, William, Diplomatic Trends in the European Community, in: *International Affairs* 55, 1 (1979), 47-66.

Hille, Jochen, *Das norwegische Referendum zum EU-Beitritt von 1994. Nationale Identität versus europäische Integration*, Berlin: Institut für Internationale Politik und Regionalstudien in Zusammenarbeit mit dem Otto-Suhr-Institut für Politikwissenschaft der Freien Universität Berlin, 2000.

Hillebrand, Ernst, Mikro-Außenpolitik: Über die Rückgewinnung außenpolitischer Wirkungsmacht im Zeitalter der Globalisierung, in: *Aus Politik und Zeitgeschichte* 23 (1999), 17-22.

Hirn, Wolfgang, *Angriff aus Asien. Wie uns die neuen Wirtschaftsmächte überholen*, Frankfurt/Main: Fischer, 2007.

Hix, Simon, *The Political System of the European Union*, New York: St. Martin's Press, 1999.

Hodge, Car-Cavanagh, Europe as a Great Power, in: *International Journal* 53, 3 (1998), 487-504.

Hoekman, Bernard, *The WTO, the EU and the Arab World: Trade Policy Priorities and Pitfalls*, CEPR Discussion Paper 1126, London, 1995.

Hoffmann, Karl-Dieter, Die EU und Lateinamerika: Chancen und Grenzen einer special relationship, in: Schubert/Müller-Brandeck-Bocquet 2000, 187-204.

Hoffmann, Karl-Dieter, Die EU und Lateinamerika. Drohender Terrainverlust auf einem ökonomisch interessanten Markt? in: *KAS-Auslandsinformationen* 15, 9 (1999), 48-64.

Hoffmann, Stanley, Towards a Common European Foreign and Security Policy? in: *Journal of Common Market Studies*, 38, 2 (2000), 189-198.

Hoffmann, Stanley, Europe's Identity Crisis Revisited, in: *Daedalus* 123, 2 (1994), 1-24.

Hoffmann, Stanley, Reflections on the Nation-State in Western Europe Today, in: *Journal for Common Market Studies* 21 (1982), 21-37.

Hoffmann, Stanley, Europe's Identity Crisis: Between the Past and America, in: *Daedalus* 93, 4 (1964), 1244-1297.

Hoffmeister, Frank, Die Menschenrechts- und Demokratieaußenpolitik der EU, in: *Europäische Menschenrechtsschutz* 1, 1 (2001), 87-95.

Hoffmeister, Frank, *Menschenrechts- und Demokratieklauseln in den vertraglichen Außenbeziehungen der Europäischen Gemeinschaft*, Berlin 1998.

Holland, Martin (ed.), *Common Foreign and Security Policy: The Record and Reforms*, London: Pinter, 1997.

Holland, Martin (ed.), *The Future of European Political Cooperation: Essays on Theory and Practice*, New York: St. Martin's, 1991.

Holland, Martin, *The European Union and the Third World*, Houndmills, England ; New York : Palgrave, 2002.

Holland, Martin, European Foreign Policy Transition in Theory and Practice, in: *International Relations* 3 (1996), 1-18.

Holland, Martin, Bridging the Capability-Expectations Gap: A Case Study of the CFSP Joint Action on South Africa, in: *Journal of Common Market Studies* 33, 4 (1995), 555-572. (1995a)

Holland, Martin, *European Union Common Foreign Policy: From EPC to CFSP Joint Action and South Africa*, New York: St. Martin's Press, 1995. (1995b)

Holland, Martin, *Plus ça change...? The European Union 'Joint Action' and South Africa*, Brussels: Centre for European Public Policy Studies, 1994.

Holland, Martin, *The European Community and South Africa*, Pinter Publishers, 1988. (1988a)

Holland, Martin, The European Community and South Africa: In Search of a Policy for the 1990s, in: *International Affairs* 64, 3 (1988), 415-430. (1988b)

Holland, Martin, The European Community and South Africa: Economic Reality or Political Rhetoric? in: *Political Studies* 33, 3 (September 1985), 399-417.

Holley, Gerhard, *Von Río nach Wien. Eine Bestandsaufnahme der interregionalen Beziehungen zwischen der EU und den Staaten Lateinamerikas und der Karibik vor dem Gipfel von Wien*, Münster: Lit 2006.

Hollis, Rosemary, The Politics of Israeli-European Economic Relations, in: *Israel Affairs* 1 (1994), 118-134.

Holmes, John W., *The United States and Europe after the Cold War. A New Alliance?* Columbia, South Carolina: University of South Carolina Press, 1997.

Houben, Guido/Pollan, Thomas (eds.), *European Interests: A 2020 Vision of the Union's Foreign and Security Policy*, Baden-Baden: Nomos, 2005.

Hough, Jerry F., *Russia and the West: Gorbachev and the Politics of Reform*, New York: Simon and Schuster, 1990.

Howorth, Jolyon, Britain, France and the European Defence Initiative, in: *Survival* 42, 2 (2000), 33-55.

Howorth, Jolyon, CESDP after 11 September: From Short-Term Confusion to Long-Term Cohesion? in: *EUSA Review* 15, 1 (2002), 1-4.

Howorth, Jolyon, European Defence and the Changing Politics of the European Union: Hanging Together or Hanging Separately? in: *Journal of Common Market Studies* 39, 4 (2001), 765-789.

Howorth, Jolyon, *European Integration and Defence: The Ultimate Challenge?* Paris: WEU Institute for Security Studies Chaillot Papers 43, 2000.

Howorth, Jolyon/Keeler, John T. S. (eds.), *Defending Europe: The EU, NATO and the Quest for European Autonomy*, New York: Palgrave, 2003.

Howorth, Jolyon/Menon, Anand (eds.), *The European Union and National Defence Policy*, London: Routledge, 1997.

Hoyer, Werner/Kaldrack, Gerd F. (Hg.), *Europäische Sicherheits- und Verteidigungspolitik (ESVP). Der Weg zu integrierten europäischen Streitkräften?* Baden-Baden: Nomos, 2002.

Hsiung, James C. (ed.), *Twenty-First Century World Order and the Asia Pacific: Value Change, Exigencies, and Power Realignment*, Houndmills: Palgrave, 2001.

Huber, Jürgen, *Eine Vision für ein dynamischers Europa*, Frankfurt/Main: Peter Lang, 2006.

Hudson, Geoge E., Russia's Search for Identity in the Post-Cold War World, in: *Mershon International Studies Review* 38 (1994), 235-240.

Hudson, Michael C. (ed.), *Middle East Dilemma: The Politics and Eonomics of Arab Integration*, New York: Columbia University Press, 1999.

Hülsse, Rainer, *Metaphern der EU-Erweiterung als Konstruktionen europäischer Identität*, Baden-Baden: Nomos 2003.

Hummer, Waldemar, Die Union und ihre Nachbarn – Nachbarschaftspolitik vor und nach dem Verfassungsvertrag, in: *Integration* 28, 3 (2005), 233-245.

Hunter, Robert E., *The European Security and Defense Policy: NATO's Companion or Competitor?* Santa Monica: Rand, 2002.

Huntington, Samuel P., Die einsame Supermacht, in: *Blätter für deutsche und internationale Politik* 44 (1999), 548-560.

Huntington, Samuel P., *The Clash of Civilizations and the Remaking of World Order*, New York, 1996.

Hurd, D., Developing the Common Foreign and Security Policy, in: *International Affairs* 70, 3 (1994), 421- 428.

Hürlimann, Jacques, Negative Auswirkungen des Neins zum EWR im weiteren Bereich der Sicherheitspolitik, in: *Bulletin 1993 zur schweizerischen Sicherheitspolitik*. Zürich: Forschungsstelle für Sicherheitspolitik der ETH Zürich, 1993, 18-73.

Hurwitz, Leon, *The European Community and the Management of International Cooperation*, New York: Greenwood Press, 1987.

Hüwelmeier, Hans-Joachim, *Die Gemeinsame Außen- und Siherheitspolitik zwischen Union, Gemeinschaft und Mitgliedstaaten*, Köln: Carl Heymanns, 2002.

Hwee, Yeo Lay, *Asia and Europe: The Development and Different Dimenisions of ASEM*, London: Routledge, 2003.

Hyde-Price, Adrian, "Normative" Power Europe: A Realist Critique, in: *Journal of European Public Policy* 13, 2 (2006), 217-234.

Ifestos, Panayiotis, *European Political Cooperation: Towards a Framework of Supranational Diplomacy?* Aldershot: Avebury, 1987.

Iivonen, Jyrki (ed.), *The Changing Soviet Union in the New Europe*, Aldershot: Edward Elgar, 1991.

Ikenberry, G. John/Mastanduno, Michael (eds.), *International Relations Theory and the Asia-Pacific*, New York: Columbia University Press, 2003.

International Energy Agency, *Middle East Oil and Gas*, Paris: OECD/IEA, 1995.

IRELA (Instituto de Relaciones Europeo-Latinoamericanas), *Las relaciones entre Europa y América Latina: hacia una agenda biregional para el siglo XXI*, Madrid 1999. (1999a)

IRELA, *La cumbre de Rio: hacia una ascociación estratégica?* Madrid, 1999. (1999b)

Jackson, Selina, The TABD: An Entrepreneurial Force behind the New Transatlantic Agenda, in: *ECSA Review* 9, 3 (1996), 21-23.

Jacobs, Andreas, Euro-Mediterranean Cooperation: Enlarging and Widening the Perspective, in: *ZEI Discussion Paper* C 131, Bonn, 2004.

Jacobs, Andreas, *Europa und der Arabische Raum*, Sankt Augustin: KAS, 1995.

Jacobs, Andreas/Masala, Carlo (Hg.), *Hannibal ante portas? Analysen zur Sicherheit an der Südflanke Europas*, Baden-Baden: Nomos, 2000.

Jagannathan, Shanti, *EC and India in the 1990s: Towards Corporate Strategy*, New Delhi 1993.

Janning, Josef, Europa – Von der 'Zivilmacht' zur militärischern Reaktionsfähigkeit, in: Ferdowski 2002.

Jannuzzi, Giovanni, A Foreign Policy for the European Community, in: Cleese/Vernon 1991, 130-133.

Jawad, Haifaa A., *Euro-Arab Relations: A Study of Collective Diplomacy*, Reading: Ithaca Press, 1992.

Joerißen, Britta/Stahl, Bernhard (Hg.), *Europäische Außenpolitik und nationale Identität*, Münster: Lit, 2003.

Joffé, George, Europe and North Africa, in: *Cambridge Review of International Affairs* 2 (1997), 84-103.

Joffé, George, Relations between the Middle East and the West, in: *Middle East Journal* 2 (1994), 250-267.

Joffé, George, The Euro-Mediterranean Partnership Initiative: Problems and Prospects, in: *The Journal of North African Studies* 2 (1988), 247-266.

Joffé, George/Vasconcelos, Alvaro (eds.), *The Barcelona Process: Building a Euro-Mediterranean Regional Community*, Portland: F. Cass, 2000.

Joffe, Josef, Mediation in the Middle East, in: *Washington Quarterly* 25, 4 (2002), 171-176.

Joffe, Josef, Internationalism, Withdrawal, and Europe's Role in World Affairs, in: *International Journal* 54, 1 (1999), 48-56.

Jopp, Mathias, Reformziel Stärkung der außen- und sicherheitspolitischen Handlungsfähigkeit der EU, in: Jopp, Mathias/Schmuck, Otto (Hg.), *Die Reform der Europäischen Union. Analysen – Positionen – Dokumente zur Regierungs-konferenz 1996/97*, Bonn: Bundeszentrale für politische Bildung, 1996.

Jopp, Mathias/Rummel, Reinhardt/Schmidt, Peter (eds.), *Integration and Security in Western Europe: Inside the European Pillar*, Boulder: Westview Press, 1991.

Jordan, Robert S. (ed.), *Europe and the Superpowers: Essays on European International Politics*, London: Pinter, 1991.

Jørgensen, Knud-Erik (ed.), *Reflective Approaches to European Governance*, Basingstoke, 1997. (1997a)

Jørgensen, Knud-Erik, *European Approaches to Crisis Management*, The Hague, 1997. (1997b)

Jørgensen, Knud-Erik, *The European Union's Performance in World Politics: How should we measure success?* EUI RSCAS Working Paper 69, Badia Fiesolana, 1997. n(1997c)

Jørgensen, Knud-Erik, EC External Relations as a Theoretical Challenge: Theories, Concepts and Trends, in: Pfetsch, Frank R. (ed.), *International Relations and Pan-Europe: Theoretical Approaches and Empirical Findings*, Hamburg, 1993, 211-234.

Jørgensen, Knut-Eric, European Foreign Policy: Conceptualising the Domain, in: Carlsnaes/Sjursen/White 2004, 32-56.

Journal of Arab Affairs, *The EEC and the Arab World*, Special Issue 12 (Spring 1993).

Jünemann, Annette (ed.), *Euro-Mediterranean Relations after September 11: International, Regional, and Domestic Dynamics*, London: Frank Cass, 2004.

Jünemann, Annette, Auswärtige Politikgestaltung im EU-Mehrebenensystem. Eine Analyse der strukturellen Probleme am Beispiel der Euro-Mediterranen Partnerschaft, in: Schubert/Müller-Brandeck-Bocquet 2000, 65-80.

Jünemann, Annette, Europas Mittelmeerpolitik im regionalen und globalen Wandel: Interessen und Zielkonflikte, in: Zippel 1999, 29-64.

Jünemann, Annette, Democratization – Reflections on the Political Dimension of the Euro-Mediterranean Partnership, in: Xuereb 1998, 89-118.

Jünemann, Annette, Die Euro-Mediterrane Partnerschaft vor der Zerreißprobe? Eine Bilanz der zweiten Mittelmeerkonferenz von Malta, in: *Orient* 38, 3 (1997), 465-475.

Jünemann, Annette/Schörnig, Niklas, *Die Sicherheits- und Verteidigungspolitik der 'Zivilmacht Europa'. Ein Widerspruch in sich?* Köln: HSFK-Report 13, 2002.

Jung, Dietrich (ed.), *The Middle East and Palestine: Global Politics and Regional Conflict*, New York: Palgrave, 2004.

Jupille, Joseph, The European Union and International Outcomes, in: *International Organization* 53, 2 (1999), 409-425.

Kahler, Miles, *Regional Futures and Transatlantic Economic Relations,* New York: Council on Foreign Relations Press, 1995

Kahler, Miles/Link, Werner, *Europe and America: A Return to History,* New York: Council of Foreign Relatiosn Press, 1996.

Kaiser, Karl, *Europe and the United States: The Future of the Relationship,* Washington: Columbia Books, 1973.

Kapitza, Peter (Hg.), *Japan in Europa*, München 1990.

Kappel, Robert, *Europäische Entwicklungspolitik im Wandel. Perspektiven der Kooperation zwischen der Europäischen Union und den AKP-Ländern,* INEF-Report 17, Duisburg, 1996.

Karagiannis, Nathalie, *Avoiding Responsibility. The Politics and Discourse of European Development Policy*, London: Pluto Press, 2004.

Karasac, Hasene, Actors of the New 'Great Game'. Caspian Oil Politics, in: *Journal of Southern Europe and the Balkans* 4, 1 (2002), 15-27.

Karlsson, Svante (ed.), *Europe and the World*, Göteborg: Padridgu Papers, 1988.

Katz, Mark, Primakov Redux? Putin's Persuit of 'Multipolarism' in Asia, in: *Demokratizatsiya: The Journal of Post-Soviet Democratization* 14, 1 (2006), 144-152.

Kaufman Purcell, Susan/Simon, Françoise (eds.), *Europe and Latin America in the World Economy*, Boulder: Lynne Rienner, 1995.

Kaufmann, Bruno/Kreis, Georg/Gross, Andreas, Direkte Demokratie und europäische Integration: Die Handlungsspielräume der Schweiz, in: *Basler Schriften zur europäischen Integration* 75, Basel: Europainstitut der Universität Basel, 2005.

Kavakas, Dimitrios, *Greece and Spain in European Foreign Policy*, Aldershot: Ashgate, 2001.

Kay, Sean, *Nato and the Future of European Security*, Lanham: Rowman and Littlefield, 1998.

Kaźmierkiewicz, Piotr (ed.), *EU Accesion Prospects for Turkey and Ukraine: Debates in New Member States*, Warsaw: Institute of Public Affairs, 2006.

Keens-Soper, Maurice, *Europe in the World: The Persistance of Power Politics*, London, 1999.

Keith, Ronald C., China as a Rising World Power and its Response to 'Globalization', in: *Review of International Affairs* 3, 4 (2004), 507-523.

Kelertas, Violeta (ed.), *Baltic Postcolonialism*, Amsterdam: Rodopi, 2006.

Kelley, Judith, New Wine in Old Wineskins: Promoting Political Reforms through the New European Neighbourhood Policy, in: *Journal of Common Market Studies* 44, 1 (2006), 29-55.

Kelstrup, Morten/Williams, Michael C. (eds.), *International Relations Theory and the Politics of European Integration: Power, Security, and Community*, London: Routledge, 2000.

Kemp, Geoffrey, Europe's Middle East Challenges, in: *Washington Quarterly* 27, 1 (2003-2004), 163-177.

Kempe, Iris, Eine neue Ostpolitik. Europas Antwort auf die osteuropäischen Regenbogenrevolutionen, in: *Osteuropa* 55, 9 (2005), 21-34.

Kempe, Iris, Die Europäische Union und die Ukraine, in: Weidenfeld, Werner (Hg.), *Europa-Handbuch*, Gütersloh 2002, 688-699.

Kempe, Iris, *Direkte Nachbarschaft. Die Beziehungen zwischen der erweiterten EU und der Russischen Föderation, Ukraine und Weißrussland und Moldova*, Gütersloh, 1998.

Kempe, Iris/Meurs, Wim van, *Prospects and Risks beyond EU-Enlargement. Eastern Europe – Challenges of a Pan-European Policy*, Leverkusen, 2003.

Kennan, George F., *Russia and the West under Lenin and Stalin*, New York: New American Library, 1960.

Keohane, Robert O., *International Institutions and State Power: Essays in International Relations Theory*, Boulder, 1989.

Keohane, Robert O., *Neorealism and its Critics*, New York, 1986.

Keohane, Robert O./Nye, Joseph S., *Power and Interdependence: World Politics in Transition*, Boston, 1977.

Keohane, Robert/Hoffmann, Stanley (eds.), *The New European Community: Decisionmaking and Institutional Change*, Boulder, 1991.

Kernic, Franz et al., *Public Opinion and European Security*, Frankfurt: Peter Lang, 2003.

Kernic, Franz/Callaghan, Jean, Die Beziehungen zwischen der EU und Latein-amerika: Transatlantische und globale Sicherheit im strategischen Dreieck von USA, EU und Lateinamerika, in: Kernic/Feichtinger 2006, 31-52.

Kernic, Franz/Feichtinger, Walter (Hg.), *Transatlantische Beziehungen im Wandel. Sicherheitspolitische Aspekte der Beziehungen zwischen der Europäischen Union und Lateinamerika*, Baden-Baden: Nomos, 2006.

Kernic, Franz/Haltiner, Karl/Klein, Paul (eds.), *The European Armed Forces in Transition: A Comparative Analysis*, Frankfurt: Peter Lang, 2005.

Kernic, Franz/Hauser, Gunther (Hg.), *Handbuch zur europäischen Sicherheit*, Frankfurt/Main: Peter Lang, 2. Aufl., 2006.

Kerr, David, The New Eurasianism: The Rise of Geopolitics in Russia's Foreign Policy, in: *Europe-Asia Studies*, 47, 6 (1995), 977-988.

Kesselman, Mark et al. (eds.), *European Politics in Transition*, 4th ed., Boston: Houghton Mifflin, 2002.

Kevenhörster, Paul, *Japan. Außenpolitik im Aufbruch*, Opladen 1993.

Khader, Bichara (dir.), *L'Europe et la Méditerranée: Géopolitique de la proximité*, Paris: L'Harmattan, 1994.

Khader, Bichara, *L'Europe et le monde arabe: cousins, voisins*, Louvain-la-Neuve: Quorum, 1992. (1992a)

Khader, Bichara, *Le grand Maghreb et l'Europe*. Louvain-la-Neuve: Quorum, 1992. (1992b)

Khader, Bichara, Europe and the Arab-Israeli Conflict: An Arab Perspective, in: Allen/Pijpers 1984, 155-179.

Khoo How San (ed.), *The Future of ARF*, Singapore: Institute for Defence and Strategic Studies, Nanyang Technological University, 1999.

Kienle, Eberhard, Destabilization through Partnership? Euro-Mediterranean Relations after the Barcelona Declaration, in: *Mediterranean Politics* 2 (1998), 1-20.

Kietz, Daniela/Maurer, Andreas/Völkel, Christian, Interinstitutional Agreements in the CFSP: Parliamentarization through the Back Door?, in: *European Foreign Affairs Review* 10, 2 (2005), 175-195.

Kim, Samuel S. (ed.), *The International Relations of Northeast-Asia*, Lanham: Rowman & Littlefield Publishers, 2004.

Kim, Samuel S. (ed.), *East Asia and Globalization*, Lanham: Rowman & Littlefield, 2000.

Kim, Samuel S., *China and the World: Chinese Foreign Policy Faces the New Millennium*, Boulder 1998.

Kim, Young C./Sigur, Gaston J. (eds.), *Asia and the Decline of Communism*, New Brunswick: Transaction Publishers, 1992.

Kirste, Knut/Maull, Hanns W., Zivilmacht und Rollentheorie, in: *Zeitschrift für Internationale Beziehzugen* 3, 2 (1996), 283-312.

Klausen, Jytte, and Louise A. Tilly, *European Integration in Social and Historical Perspective: 1850 to the Present*, Lanham: Rowman & Littlefield, 1997.

Kleine, Maxim, *Die militärische Komponente der Europäischen Sicherheits- und Verteidigungspolitik. Eine Untersuchung aus europarechtlicher und verfassungsrechtlicher Perspektive*, Baden-Baden: Nomos 2005.

Klinkenberg, Michael F., *Die Rolle der EU im Nahost-Friedensprozeß*, Münster: Lit, 2002.

Knodt, Michele/Princen, Sebastiaan, *Understanding the European Union's External Relations*, London: Routledge, 2003.

Kohnstamm, Max/Hager, Wolfgang (Hg.), *Zivilmacht Europa – Supermacht oder Partner?* Frankfurt/Main, 1973. (1973a)

Kohnstamm, Max/Hager, Wolfgang (eds.), *A Nation Writ Large? Foreign-Policy Problems before the European Community*, London, 1973. (1973b)

Kolbow, Walter/Quaden, Heinrich (Hg.), *Krieg und Frieden auf dem Balkan. Makedonien am Scheideweg? Chancen, Herausforderungen und Risiken des Aufbruchs nach Europa*, Baden-Baden: Nomos, 2001.

König, Helmut/Sicking, Manfred (Hg.), *Gehört die Türkei zu Europa? Wegweisungen für ein Europa am Scheideweg*, Bielefeld: transcript, 2005.

König, Thomas/Rieger, Elmar/ Schmitt, Hermann (Hg.), *Das Europäische Mehrebenensystem*, Frankfurt/Main: Campus, 1996.

Korte, Karl-Rudolf, Die Europäische Union und Japan, in: Weidenfeld, Werner (Hg.), *Europa-Handbuch*, Gütersloh 2000, 728-740.

Korte, Karl-Rudolf, Nippons neue Vasallen? Die Japanpolitik der Europäischen Gemeinschaft, Bonn 1984.

Koutrakos, Panos, *Trade, Foreign Policy and Defence in EU Constitutional Law*, Oxford: Hart, 2001.

Koutrakou, Vassiliki N. (ed.), *Contemporary Issues and Debates in EU Policy. The European Union and International Relations*, Manchester: Manchester University Press, 2004.

Kramer, Heinz, *A Changing Turkey. The Challenge to Europe and the United States*, Washington, D.C.: The Brookings Institution, 2000.

Kraus, Herbert, *Europa mit Russland vereint. Eine Vision für das 21. Jahrhundert*, Wien: Molden, 2003.

Kreft, Heinrich, Europa und Zentralamerika: 12 Jahre San-José-Dialog, in: *Aus Politik und Zeitgeschichte* B48-49 (1996), 3-11.

Krell, Gert, *Arrogance of Power – Arrogance of Impotence. The Iraq Conflict, US "Weltpolitik" and Transatlantic Relations*, PRIF Report no. 67, ed. Peace Research Institute Frankfurt, 2003.

Krenzler, Horst G./Kaiser, Wolfram, Die Transatlantische Erklärung: Neue Grundlage für das Verhältnis von EG und USA, in: *Aussenpolitik* 42, 4 (1991), 363-372.

Krenzler, Horst/Wiegand, Gunnar, EU-US Relations: More than Trade Disputes? in: *European Foreign Affairs Review* 4, 4 (1999), 153-180.

Krooth, Richard/Moallem, Minoo, *The Middle East: A Geopolitical Study of the Region in the New Global Era*, Jefferson: McFarland, 1995.

Krüger, Uwe, Der Poker um das Öl im Kaspischen Meer, in: *Internationale Politik und Gesellschaft* 4 (2003), 74-94, 21.

Kubicek, Paul, Turkish Accession to the European Union, Challenges and Opportunities, in: *World Affairs* 168, 2 (2005).

Kühn, Werner Miguel, *Die Andengemeinschaft. Juristische Aspekte der internationalen Beziehungen zwischen der Europäischen Union und lateinamerikanischen Integrationssystemen im Zeitalter des neuen Regionalismus*, Aachen: Shaker Verlag, 2003.

Kühnhardt, Ludger, European Union and the Greater Middle East, in: Kernic/Hauser 2006, 273-284.

Kuniholm, Bruce R., Turkey and the West, in: *Foreign Affairs* 70, 2 (1991).

Kupchan, Charles A., Vom Friedensstifter zum Partner. Amerika, Europa und die atlantische Sicherheit, in: *Internationale Politik* 53, 7 (1998), 21-26.

Kuus, Merje, European Integration in Identity Narratives in Estonia: A Quest for Security, in: *Journal of Peace Research* 39, 1 (2002), 91-108.

Kux, Stephan, Zwischen Isolation und autonomer Anpassung: Die Schweiz im integrationspolitischen Abseits? in: *ZEI - Discussion Paper* C 3, Bonn, 1998.

Lake, Michael (ed.), *The EU & Turkey: A Glittering Prize or a Millstone?* London: Federal Trust for Education and Research, 2005.

Landau, Alice, *La convention de Lomé: un défi à l'inégalité*, Lausanne: LEP, 1983.

Landau, Alice/Whitman, Richard (eds.), *Rethinking the EU: Institutions, Interests, Identities*, Basingston, 1997.

Lansford, Tom, *Evolution and Devolution: The Dynamics of Sovereignty and Security in Post-Cold War Europe*, Brookfield: Ashgate, 2000.

Lansford, Tom/Tashev, Blagovest (eds.), *Old Europe, New Europe and the US: Renegotiating Transatlantic Security in the Post-9/11 Era*, Burlington: Ashgate, 2005.

Laqueur, Walter, *Die letzten Tage von Europa. Ein Kontinent verändert sein Gesicht*, Berlin: Propyläen, 2006.

Larrabee, F. Stephen, US Middle East policy after 9/11: Implications for Transatlantic Relations, in: *The International Spectator* 37, 3 (2002), 43-56.

Larsen, Henrik The EU: A Global Military Actor? in: *Cooperation and Conflict* 37, 3 (2002), 283-302.

Latawski, Paul/Smith, Martin A., *The Kosovo Crisis and the Evolution of Post-Cold War European security*, Manchester: Manchester University Press, 2003.

Laufer, Leopold Yehuda, *The European Union and Israel: A Political and Institutional Appraisal*, Jerusalem, 1997.

Laurenti, Jeffrey, Iraqi Threats: What Common Cause Across the Atlantic? in: *The International Spectator* 37, 3 (2002), 57-67.

Laursen, Finn, The EC and its European Neighbours: Special Partnership of Widened Membership? in: *International Journal* 47, 1 (1992), 29-63.

Laursen, Finn, The EC in the World Context: Civilian Power or Superpower? in: *Futures* 23, 7, (September 1991), 747-759.

Laursen, Finn, *EFTA and the EC: Implications for 1992*, Maastricht: EIPA, 1990.

Lawson, Stephanie (ed.), *Europe and the Asia Pacific: Culture, Identity and Representations of Region*, London, Routledge, 2003.

Lemesle, Raymond-Marin, *La convention de Lomé: principaux objectifs et exemples d'actions 1975-1995*, Paris: La documentation française, 1996.

Leonard, Mark, *Why Europe Will Run the 21st Century*, New York: Public Affairs, 2005.

Leonard, Mark/Grant, Charles, *Georga and the EU: Can Europe's Neighbourhood Policy Deliver?* Centre for European Reform (CER) Policy Brief October 2005.

Leshoukov, I., Beyond Satisfaction: Russia's Perspectives on European Integration, in: *ZEI Discussionspapier* C26, Bonn, 2000.

Lesser, Ian O., *Mediterranean Security: New Perspectives and Implications for U.S. Policy*, Santa Monica: Rand, 1992.

Levine, Norman (ed.), *The US and the EU: Economic Relations in a World of Transition*, Lanham. MD: University Press of America, 1996.

Levy, Daniel/Pensky, Max/Torpey, John (eds.), *Old Europe, New Europe: Transatlantic Relations after the Iraq War*, London: Verso, 2005.

Lewis, Ann (ed.), *The EU & Ukraine: Neighbours, Friends, Partners?* London: The Federal Trust, 2002.

Lewis, Ann (ed.), *The EU and Belarus: Between Moscow and Brussels*, London: Federal Trust, 2002.

Lewis, Paul, Europe and Russia, in: Waites 1995, 73-118.

Lia, Brynjar, Security Challenges in Europe's Mediterranean Periphery – Perspectives and Policy Dilemmas, in: *European Security* 8, 4 (1999), 27-56.

Licari, Joseph, The Euro-Mediterranean Partnership: Economic and Financial Aspects, in: *Mediterranean Politics* 3 (1998), 1-20.

Lieber, Robert, No Transatlantic Divorce in the Offing, in: *Orbis* 44, 4 (2000), 571-584.

Liebscher, Klaus et al. (eds.), *European Economic Integration and South-East Europe. Challenges and Prospects*, Northampton: E. Elgar, 2006.

Lim, Paul, ASEAN's Role in the ASEAN Regional Forum: Will ASEAN Remain in the Driver's Seat? – A European Perspective, in: *Dialogue + Cooperation* 2 (2003), 5-11.

Lindstrom, Gustav, *The Headline Goal*, Paris: EU Institute for Security Studies, updated version January 2007.

Lippert, Barbara, Beefing up the ENP: Towards Modernisation and Stability Partnership, in: *The International Spectator* 4 (2006), 85-100.

Lippert, Barbara, Europäische Nachbarschaftspolitik, in: Weidenfeld/Wessels, *Europa von A – Z.*, 2005.

List, Dörthe, *Regionale Kooperation in Zentralasien. Hindernisse und Möglichkeiten*, Frankfurt/Main: Peter Lang, 2006.

Lister, Marjorie (ed.), *European Union Development Policy*, New York: St. Martin's Press, 1998.

Lister, Marjorie, *New Perspectives on European Union Development Cooperation*, Boulder: Westview Press, 1999.

Lister, Marjorie, *The European Community and the South: Relations with Developing Countries*, London: Routledge, 1997.

Lister, Marjorie, *The European Community and the Developing World: The Role of the Lomé Convention*, Brookfield: Avebury, 1988.

Lodge, Juliet, *The European Community and New Zealand*, London: Pinter, 1982.

Loewen, Howard, *Theorie und Empirie transregionaler Kooperation am Beispiel des Asia-Europe Meeting (ASEM)*, Hamburg: Schriften zur internationalen Politik, Bd. 6, 2003.

Lofthouse, Alexander/Long, David, The European Union and the Civilian Model of Foreign Policy, in: *Journal of European Integration* 19, 2-3 (1996), 181-196.

Loinger, Marion, Europäische Integration und die Idee der GASP und ESVP, in: Kernic/Hauser 2006, 71-86.

Long, David, Canada-EU relations in the 1990s, in: Hampson, Fen Osler/Appel Molot, Maureen (eds.), *Canada Among Nations 1998: Leadership and Dialogue*, Ottawa: Oxford University Press, 1998, 193-210.

Long, Frank (ed.), *The Political Economy of EC Relations with African, Caribbean and Pacific states*, New York: Pergamon Press, 1980.

Luard, Evan, A European Foreign Policy? in: *International Affairs* 62, 4 (1986), 573-582.

Ludlow, Peter (ed.), *Europe and the Mediterranean*, London: Brassey's, 1994.

Ludlow, Peter, *Beyond 1992: Europe and its World Partners*, Brussels: Centre for European Policy Studies, 1989.

Lukes, Steven, *Power. A Radical View*, London, 1974.

Lundestad, Geir, *Empire by Integration: The United States and European Integration, 1945-1997*, New York: Oxford University Press, 1998.

Lütticken, Florian, *Die europäische Außenhandelspolitik. Die Auswirkungen nationaler Außenpolitiken auf die Handelspolitik der EU am Beispiel der Verhandlungen zur Uruquay-Runde des GATT*, Baden-Baden: Nomos, 2006.

Lynch, Dov (ed.), *The South Caucasus: A Challenge for the EU*, Paris: EU Institute for Security Studies, 2003.

Lynch, Dov, The Security Dimension of the European Neighbourhood Policy, in: *The International Spectator*, 40, 1 (2005), 33-43.

Lynch, Dov, Russia's Strategic Partnership with Europe, in: *Washington Quarterly* 27, 2 (2004), 99-118.

MacFarlane, S. Neil, *Western Engagement in the Caucasus and Central Asia*, London, 1999.

MacLean, George (ed.), *Between Actor and Presence: The European Union and the Future for the Transatlantic Relationship*, Ottawa: University of Ottawa Press, 2001.

Macleod, Ian/Hendry, Ian/Hyett, Stephen, *The External Relations of the European Communities*, Oxford, 1996.

MacMillan, Gretchen (ed.), *The European Community, Canada and 1992*, Calgary: University of Calgary Press, 1994.

Magnarella, Paul J. (ed.), *Middle East and North Africa: Governance, Democratization, Human Rights*, Aldershot: Ashgate, 1999.

Magone, Jose M., *The New World Architecture: The Role of the European Union in the Making of Global Governance*, Piscataway NJ: Transactions Publishers, 2005.

Mahler, Vincent, The Lomé Convention: Assessing a North-South Institutional Relationship, in: *Review of International Political Economy* 1, 2 (1994), 233-256.

Mahncke, Dieter/Rees, Wyn G./Thompson, Wayne, *Redefining Transatlantic Security Relations: The Challenge of Change*, Manchester: Manchester University Press, 2004.

Maier, Felix, Managing Asymmetric Interdependencies within the Euro-Mediterranean Partnership, in: *ZEI Discussion Paper* C 101, Bonn, 2002.

Maihold, Günther, Die Beziehungen zwischen Europa und Lateinamerika in der „Erwartungsfalle": Konturen einer Reform, in: Stratenschulte 2006, 125-139. (2006a).

Maihold, Günther, *La cumbre de Viena entre América Latina y la UE: El éxito relative de un encuentro de bajas perspectives*, Madrid: Real Instituto Elcano ARI 60, 2006 (2006b).

Maihold, Günther, Die südamerikanische Staatengemeinschaft. Ein neuer Partner für die EU in Lateinamerika? in: *SWP-Aktuell* 60 (Dezember 2004).

Mailafia, Obed, *Europe and Economic Reform in Africa: Structural Adjustment and Economic Diplomacy*, New York: Routledge, 1997.

Mair, Peter/Zielonka, Jan (eds.), *The Enlarged European Union*, London: Frank Cass, 2002.

Malek, Martin, Sicherheitspolitische Fragen in den Beziehungen zwischen EU und Russland, in: Kernic/Hauser 2006, 261-272.

Mani, Salah A., *The Euro-Arab Dialogue. A Study in Associative Diplomacy*, London: Pinter, 1983.

Manners, Ian, Normative Power Europe Reconsidered: Beyond the Crossroads, in: *Journal of European Public Policy* 13, 2 (2006), 182-199.

Manners, Ian, Normative Power Europe: A Contradiction in Terms? in: *Journal of Common Market Studies*, 40, 2 (2002), 235-258.

Manners, Ian/Whitman, Richard (eds.), *The Foreign Policies of European Union Member States,* Manchester: Manchester University Press, 2001.

Manutscharjan, Aschot, EU-Mitgliedschaft der Türkei? Drohendes Aus für die gemeinsame Außen- und Sicherheitspolitik, in: *kontrovers* 430, Konrad-Adenauer-Stiftung, 2005.

Manutscharjan, Aschot, Sicherheitspolitik im Kaukasus. Perspektiven für das 21. Jahrhundert, in: *KAS-Auslandsinformationen* 3 (2002), 33-56.

Maresceau, Marc/Lannon, Edward (eds.), *The EU's Enlargment and Mediterranean Strategies: A Comparative Analysis*, New York: Palgrave, 2000.

Marks, Gary et. al. (eds.), *Governance in the European Union*, London: SAGE, 1996.

Marr, Phoebe, The United States, Europe, and the Middle East: An Uneasy Triangle, in: *Middle East Journal* 2 (1994), 211-225.

Marsh, Steve/Mackenstein, Hans, *The International Relations of the European Union*, Harlow: Pearson, 2005.

Marwood, Ronald, The European Community and the Third World: A Global or a Regional Development Policy? in: *Millennium: Journal of International Studies* 3, 3 (1974), 208-225.

Masala, Carlo, Die Euro-Mediterrane Partnerschaft: Geschichte-Struktur-Prozess, in: *ZEI Discussion Papers* C 68, Bonn, 2000.

Masala, Carlo, September 11 and the Future of the Euro-Mediterranean Cooperation, in: *ZEI Discussion Paper* C 120, Bonn, 2003.

Mason, T. David/Turay, Abdul M. (eds.), *Japan, NAFTA and Europe: Trilateral Cooperation or Confrontation?* New York: St. Martin's Press, 1994.

Matambalya, Francis A., *The Merits and Demerits of the EU Policies Towards Associated Developing Countries*, Frankfurt/Main, 1999.

Matambalya, Francis, *Future Perspectives of EU-ACP Relationship: The Case of the Southern African ACP-states*, Bonn: Friedrich-Ebert-Stiftung, 1998.

Matambalya, Francis, *The Merits and Demerits of the EU Policies towards Associated Developing Countries: An Empirical Analysis of EU-SADC Trade and Overall Economic Relations within the Framework of the Lomé Convention*, New York: Peter Lang, 1997.

Mathiopoulos, Margarita, Die USA und Europa als globale Akteure im 21. Jahrhundert, in: *Aussenpolitik* 49, 2 (1998), 38-54.

Maull, Hanns W. (Hg.), *Japan und Europa. Getrennte Welten?* Frankfurt/Main: Campus, 1993.

Maull, Hanns W. et al. (Hg.), *Europa und Asien-Pazifik*, München: Oldenbourg, 1999.

Maull, Hanns W., Europe and the New Balance of Global Order, in: *International Affairs* 4 (2005), 775-799.

Maull, Hanns, Europa und Ostasien: Eine neue Dimension des Inter-Regionalismus? in: Schubert/Müller-Brandeck-Bocquet 2000, 141-157.

Maull, Hanns/Segal, Gerald/Wanandi, Jusuf (eds.), *Europe and the Asia Pacific*, London: Routledge, 1998.

Maurer, Andreas/Reichel, Sarah, A Three-Phase Plan for European External Action Service, in: *The International Spectator*, 40, 1 (2005), 77-89.

Maury, Jean-Pierre (dir.), *La sécurité de l'Europe*, Perpignan: CEDRE, 1988.

Maury, Jean-Pierre, *La construction européenne, la sécurité et la défense*, Paris: PUF, 1996.

Mayer, Peter/Rittberger, Volker/Zelli, Fariborz, Risse im Westen? Betrachtungen zum transatlantischen Verhältnis heute, in: *Tübinger Arbeitspapiere zur internationalen Politik und Friedensforschung* 40, Tübingen, 2003.

Mayer, Sebastian, *Die Europäische Union im Südkaukasus. Interessen und Institutionen in der Auswärtigen Politikgestaltung*, Baden-Baden: Nomos, 2006.

Mayer, Sebastian, Die Beziehungen der Europäischen Union zum Südkaukasus: Von pragmatischer zu strategischer Politik? in: *Integration* 25, 2 (2002), 15-28.

Mayer, Tilman, Konfliktlinien in der Atlantischen Allianz, in: *Aus Politik und Zeitgeschichte* B29-30 (1999), 22-29.

Mazrui, Ali, African Attitudes towards the European Common Market, in: *International Affairs* 39, 1 (1963), 24-36.

McCormick, John, *Understanding the European Union. A Concise Introduction*, 2nd ed., Houndmills: Palgrave, 2002. (First edition 1999).

McFarlane, Neil S., The Regionalization of European Foreign and Security Policies, in: *International Journal* 54, 1 (1990), 28-47.

McKenzie, Mary M./Loedel, Peter H. (edsfd.), *The Promise and Reality of European Security Cooperation. States, Interests, and Institutions*, Westport: Praeger, 1998.

Mearsheimer, John, Back to the Future: Instability in Europe after the Cold War, in: *International Security* 15, 4 (1990), 5-56.

Medley, Richard, Europe's Next Big Idea: Strategy and Economics point to a European Military, in: *Foreign Affairs* (1999): 18-22.

Meier, Christian, Nach dem Gipfel von Den Haag. Russland und das neue Modell der Partnerschaft mit der EU, in: *SWP-aktuell* 58, Berlin, Dezember 2004.

Meier, Christian, EU-Russland: Von pragmatischer Zusammenarbeit zu strategischer Partnerschaft? in: Schubert/Müller-Brandeck-Bocquet 2000, 103-120.

Meier-Walser, Reinhard, Kooperative, kompetitive und konfliktive Elemente im Beziehungsgefüge EU-USA, in: Schubert/Müller-Brandeck-Bocquet 2000, 121-139.

Meier-Walser, Reinhard C. (Hg.), *Transatlantische Partnerschaft. Perspektiven der transatlantischen Beziehungen*, Landsberg am Lech: Olzog, 1997.

Meimeth, Michael (Hg.), *Die Europäische Union auf dem Weg zu einer Gemeinsamen Außen- und Sicherheitspolitik,* Berlin: Duncker & Humblot, 1997.

Melasuo, Tuomo (ed.), *Beyond Barcelona: Europe and the Middle East in the Mediterranean International Relations*, TAPRI Research Report 66, 1995.

Menon, Anand, European Security and Defense Cooperation: An Institutional Analysis, in: *ECSA Review* 13, 2 (2000), 9-11.

Menon, Anand, *France, NATO, and the Limits of Independence, 1981-97: The Politics of Ambivalence,* New York: St. Martin's Press, 1999.

Menon, Anand/Howard, Jolyon (eds.), *The European Union and National Defense Policy*, London: Routledge, 1997.

Menon, Rajan et al. (eds.), *Russia, the Caucasus and Central Asia: The 21st Century Security Environment*, Armonk: Sharpe, 1999.

Messervy-Whiting, Graham, The Growing EU-NATO Relationship: Beyond Berlin, in: *The International Spectator*, 40, 2 (2005), 63-73.

Meunier, Sophie, *Trading Voices: The European Union in International Commercial Negotiations*, Princeton: Princeton University Press, 2005.

Meunier, Sophie, What Single Voice? European Institutions and EU-US Trade Negotiations, in: *International Organization* 54, 1 (2000), 103-135.

Meyer, Christopher, Convergence towards a European Strategic Culture? A Constructivist Famework for Eplaining Changing Norms, in: *European Journal of International Relations*, 11, 4 (2005), 523-549.

Meyer, Thomas, *Die Identität Europas. Der EU eine Seele?* Frankfurt/Main: Suhrkamp, 2004.

Meyn, Mareike, *The Impact of EU Free Trade Agreements on Economic Development and Regional Integration in Southern Africa. The Example of EU-SACU Trade Relations*, Frankfurt/Main: Peter Lang 2006.

Miall, Hugh (ed.), *Redefining Europe: New Patterns of Conflict and Cooperation*, London: Pinter, 1994.

Michal-Misak, Silvia, Mediation in der internationalen Politik, in: Kernic/Feichtinger 2006, 111-128.

Mickel, Wolfgang W./Bergmann, Jan M. (Hg.), *Handlexikon der Europäischen Union.*,3. Aufl., Baden-Baden: Nomos 2005.

Mignolli, Alessandra, The EU's Powers of External Relations, in: *The International Spectator* 37, 3 (2002), 101-114.

Milward, Alan S., *The European Rescue of the Nation-State*, Berkeley: University of California Press, 1992.

Miniotaite, Grazina, Convergent Geography and Divergent Identities: A Decade of Transformation in the Baltic States, in: *Cambridge Review of International Affairs* 16, 2 (2003), 209-222.

Missiroli, Antonio (ed.), *Bigger EU, Wider CFSP, Stronger ESDP? The View from Central Europe*, Paris: EU Institute for Security Studies, 2002. (2002a)

Missiroli, Antonio, Europe's Security Policy Today, in: *Internationale Politik* (Transatlantic edition) 3, 4 (2002), 29-34. (2002b)

Missiroli, Antonio, European Security Policy: The Challenge of Coherence, in: *European Foreign Affairs Review* 6, 2 (2001), 177-196.

Missiroli, Antonio, From Copenhagen to Brussels - European Defence: Core Documents, Paris: ISS-EU, Chaillot Papers 67, December 2003. (2003a)

Missiroli, Antonio, The European Union: Just a Regional Peacekeeper? in: *European Foreign Affairs Review*, 8, 4 (2003), 493-503. (2003b)

Missiroli, Antonio/Quille, Gerrard, European Security in Flux, in: Cameron, Fraser (ed.), *The Future of Europe. Integration and Enlargement*, London: Routledge, 2004.

Möckli, Daniel, Schengen und Dublin: Die Bedeutung der europäischen Zusammenarbeit in den Bereichen Justiz und Inneres für die Schweiz, in: *Bulletin 2001 zur schweizerischen Sicherheitspolitik*, Zürich: Forschungsstelle für Sicherheitspolitik der ETH Zürich, 2001, 125-146.

Moens, Alexander/Anstis, Christopher (eds.), *Disconcerted Europe: The Search for a New Security Architecture*, Boulder: Westview, 1994.

Mols, Manfred, Die Europäische Union und Lateinamerika, in: Weidenfeld 2002, 660-670.

Mommsen, Margareta, Die Europäische Union und Russland, in: Weidenfeld 2004, 482-502.

Mommsen, Margareta, Die Europäische Union und Russland, in: Weidenfeld 2002, 671-687.

Monar, Joerg (ed.), *The New Transatlantic Agenda and the Future of EU-US Relations*, Boston: Kluwer, 1998. (1998a)

Monar, Joerg, Institutional Constraints of the European Union's Mediterranean Policy, in: *Mediterranean Politics* 2 (1998), 39-60. (1998b)

Monar, Joerg, The Euopean Union's Foreign Affairs System after the Treaty of Amsterdam: A Strengthened Capacity for External Action, in: *European Foreign Affairs Review* 2, 4 (1997), 413-436.

Moore, Patrick, Shifting Responsibility in the Balkans: The EU Takes the Lead, in: *The International Spectator* 37, 3 (2002), 83-90.

Mora, Frank O./Hey, Jeanne A.K. (eds.), Latin American and Caribbean Foreign Policy, Lanham: Rowman & Littlefield Publishers, 2003.

Morass, Michael, Mehrheitsdemokratie versus Föderalismus. Demokratie im Mehrebenensystem der Europäischen Union, in: Antalovsky/Melchior/Puntscher Riekmann 1997, 223-241.

Moratinos, Miguel Angel, El papel mediator de la UE en el conflicto de Oriente Próximo, in: *Anuario Internacional CIDOB* (2002), 153-166.

Moravcski, Andrew, Striking a New Transatlantic Bargain, in: *Foreign Affairs* 82, 4 (2003), 74-89.

Moravcsik, Andrew, The Quiet Superpower, in: *Newsweek International*, July 17, 2002.

Moravcsik, Andrew (ed.), *Centralization or Fragmentation? Europe Facing the Challenge of Deepening, Diversity, and Democracy*, New York: Council on Foreign Relations, 1998.

Moravcsik, Andrew, Preferences and Power in the European Community: A Liberal Intergovernmentalist Approach, in: *Journal of Common Market Studies* 31, 4 (1993), 473-524.

Moravcsik, Andrew/Nicolaidis, Kalypso, Explaining the Treaty of Amsterdam: Interests, Influences, Institutions, in: *Journal of Common Market Studies* 37, 1 (1999), 59-85.

Morgan, Patrick M., Multilateralism and Security: Prospects in Europe, in: Ruggie, John G. (ed.), *Multilateralism Matters: The Theory and Praxis of an Institutional Form*, New York, 1993.

Morgan, Roger, *High Politics, Low Politics: Toward a Foreign Policy for Western Europe*, Beverly Hills: Sage Publications, 1973.

Morgenthau, Hans Joachim, *Politics among Nations: The Struggle for Power and Peace*, New York, 1948.

Moshaver, Ziba, Revolution, Theocratic Leadership and Iran's Foreign Policy: Implications for Iran-EU Relations, in: *Review of International Affairs* 3, 2 (2003), 283-305.

Mouritzen, Hans/Wivel, Anders (eds.), *The Geopolitics of Euro-Atlantic Integration. Europe and the Nation State*, London: Routledge, 2005.

Mower, A. Glenn, *The European Community and Latin America: A Case Study in Global Role Expansion*, Westport, 1982.

Müller, Harald, *Nuclear Nonproliferation Policy as Part of the European Union's Common Foreign and Security Policy*, Brussels: Centre for European Policy Studies, 1994.

Müller-Brandeck-Bocquet, Gisela (Hg.), *Europäische Außenpolitik. GASP und ESVP-Konzeptionen ausgewählter EU-Mitgliedstaaten*, Baden-Baden: Nomos, 2002.

Müller-Brandeck-Bocquet, Gisela, Die Mehrdimensionalität der EU-Außenbeziehungen, in: Schubert/Müller-Brandeck-Bocquet 2000, 29-44.

Murray, Philomena et al., Common Ground, Worlds Apart: The Development of Australia's Relationship with the European Union, in: *Australian Journal of International Affairs*, 56, 3 (2002), 395-416.

Murray, Philomena, An Asia Pacific Response to the European Union: Australian Elite Perceptions, in: *Asia Europe Journal* 1, 1 (2003), 103-119.

Murray, Philomena, Australia and the European Union, in: Cotton, James/Ravenhill, John (eds.), *Seeking Asian Engagement: Australia in World Affairs, 1991-95*, Melbourne: Oxford Unievrsity Press, 1997.

Musu, Constanza, European Foreign Policy: A Collective Policy or a Policy of 'Converging Parallels'? in: *European Foreign Affairs Review* 8, 2 (2003), 15-49.

Naisbitt, John, *Megatrends Asia: The Eight Asian Megatrends that are Changing the World*, London: Nicholas Breadley, 1995.

NATO Defense College (ed.), *Co-operative Security Arrangements in Europe*, Peter Lang, 1997

Ndoung, Jean-Pierre, *L'évolution du fonds européen de développement prévu par les conventions de Yaoundé et de Lomé*, Bruxelles: E Bruylant, 1994.

Nelson, Brian/Roberts David/ Veit, Walter (eds), *The Idea of Europe: Problems of National and Transnational Identities*, Oxford: Berg, 1992.

Neugart Felix/Schumacher, Tobias, Thinking about the EU's Future Neighbourhood Policy in the Middle East: From the Barcelona Process to the Euro-Middle East Partnership, in: Hanelt/Luciani/Neugart 2004, 166-192.

Neuss, Beate, *Geburtshelfer Europas? Die Rolle der Vereinigten Staaten im europäischen Integrationsprozess 1945-1958*, Baden-Baden: Nomos, 2000.

Neuwahl, Nanette, Joint Participation in International Treaties and the Exercise of Power by the EEC and its Member States: Mixed Agreements, in: *CML Review* 3 (1991), 717-740.

Newman, Michael, *Democracy, Sovereignty and the European Union*, New York: St. Martin's Press, 1996.

Niblett, Robin/Wallace, William (eds.), *Rethinking European Order: West European Responses, 1989-97*, Houndsmills: Palgrave, 2001.

Nienhaus, Volker, Entwicklung und Entwicklungsprobleme in Ländern des südlichen Mittelmeerraumes, in: *Aus Politik und Zeitgeschichte* B17 (1999), 20-28. (1999a)

Nienhaus, Volker, Promoting Development and Stability through a Euro-Mediterranean Free Trade Zone? in: *European Foreign Affairs Review* 4 (1999), 519-536. (1999b)

Noin, Daniel/Woods, Robert (eds.), *The Changing Population of Europe*, Oxford: Blackwell, 1993.

Nonnemann, Gerd (ed.), *The Middle East and Europe: An Integrated Communities Approach*, London, 1992.

Nørgaard, Ole/Pedersen, Thomas/Petersen, Nikolaj (eds.), *The European Community in World Politics*, London: Pinter, 1993.

Nowak, Manfred, Human Rights 'Conditionality' in Relations to Entry to, and Full Participation in, the EU, in: Alston 1999, 685-698.

Noy, Amnon, Die Rolle Europas im nahöstlichen Friedensprozess, in: *Politische Studien* 356 (1997), 61-67.

Nufer, Christoph, Bilaterale Verhandlungen, wie weiter? Liberalisierung der Dienstleistungen zwischen der Schweiz und der EU: Gewinner und Verlierer aus Schweizer Sicht, in: *Basler Schriften zur europäischen Integration* 79, Basel: Europainstitut der Universität Basel, 2006.

Nugent, Neill (ed.), *European Union Enlargement*, New York: Palgrave, 2004.

Nugent, Neill, *The Government and Politics of the European Union*, 4th ed., Basingstoke: Macmillan, 1999.

Nuttall, Simon J., *European Foreign Policy*, Oxford: Oxford University Press, 2000.

Nuttall, Simon J., Japan and the European Union: Reluctant Partners, in: *Survival* 38, 2 (1996), 104-120.

Nuttall, Simon J., *European Political Cooperation*, New York: Oxford University Press, 1992.

Nye, Joseph S., Soft Power, in: *Foreign Policy* 80, (1990), 153-171.

Nye, Joseph S., *Soft Power: The Means to Success in World Politics and Understand International Conflict,* New York, 2004

O'Hagan, Jacinta, *Conceptualizing the West in International Relations. From Spengler to Said*, Houndmills: Palgrave, 2002.

O'Keefe, David, Community and Member State Competence in External Relations Agreements of the EU, in: *European Foreign Affairs Review* 4 (1999), 7-36.

O'Neill, Michael, *The Politics of European Integration. A Reader*, London: Routledge, 1996.

Oberer, Thomas, Die innenpolitische Genehmigung der bilateralen Verträge Schweiz-EU: Wende oder Ausnahme bei Aussenpolitischen Vorlagen? Analyse der Argumente und Strategien im Genehmigungsverfahren und in der Referendumskampagne, in: *Basler Schriften zur europäischen Integration* 52/53, Basel: Europainstitut der Universität Basel, 2001.

O'Donnell, Rory/Murphy, Anna, The Relevance of the European Union and European Integration to the World Trade Regime, in: *International Journal* 49, 3 (1994), 536-567.

Ohrgaard, Jacob, Less than Supranational, More than Intergovernmental: European Political Cooperation and the Dynamics of Intergovernmental Integration, in: *Journal of International Studies* 26, 1 (1997), 1-29.

Okogu, Bright E., *The Middle East and North Africa in a Changing Oil Market*, Washington, D.C.: International Monetary Fund, 2003.

Olsen, Rye Gorm, Promotion of Democracy as a Foreign Policy Instrument of 'Europe': Limits to International Idealism, in: *Democratization* 2 (2000), 142-167.

Orstein, Norman/Perlman, Mark (eds.), *Political Power and Social Change: The United States faces a United Europe*, Washington DC: AEI Press, 1991.

Ortega, Martin (ed.), *Global Views on the Europan Union*, Paris: EU Institute for Security Studies, Chaillot Paper 72, 2004.

Ortega, Martin (ed.), *The Future of the Euro-Mediterranean Security Dialogue*, Paris: WEU Institute for Security Studies - Occasional Paper, 2000. (2000a)

Ortega, Martin, Military Dialogue in the Euro-Mediterranean Charter: An Unjustified Absence, in: *The International Spectator* 1 (2000), 115-125. (2000b)

Osswald, Elfriede/Wessels, Wolfgang, European Concepts for the Mediterranean Region, in: *The International Spectator* 4 (1982), 283-306.

Paasivirta, Esa, EU Trading with Israel and Palestine: Parallel Legal Frameworks and Triangular Issues, in: *European Foreign Affairs Review* (1999), 305-326.

Padoa-Schioppa, Tommaso, *Europe, a Civil Power: Lessons from EU Experience*, London: The Federal Trust, 2004.

Paemen, Hugo/Bensch, Alexandra, *From the GATT to the WTO: The European Community in the Uruguay Round*, Leuven: Leuven University Press, 1995.

Pagden, Anthony (ed.), *The Idea of Europe: From Antiquity to the European Union*, Cambridge: Cambridge University Press, 2002.

Palmer, Norman D., *The New Regionalism in Asia and the Pacific*, Lexington, Mass.: Lexington Books, 1991.

Palmujoki, Eero, EU-ASEAN-Relations: Reconciling Two Differen Agendas, in: *Contemporary Southeast Asia* 19, 3 (1997), 269-285.

Palomares Lerma, Gustavo (ed.), *Política de seguridad de la Unión Europea: realidades y retos para el siglo XXI*, Valencia: tirant lo blanch, 2002.

Pappas, Spyros/Van Hoonacker, Sophie (eds.), *The European Union's Common Foreign and Security Policy: The Challenges of the Future*, Maastricht: EIPA, 1996.

Pavliuk, Oleksandr, *The European Union and Ukraine: The Need For a New Vision*, New York 1999.

Pedersen, Thomas, *European Union and the EFTA Countries: Enlargement and Integration*, London: Pinter, 1994.

Perdikis, Nicholas/Read, Robert (eds.), *The WTO and the Regulation of International Trade: Recent Trade Disputes between the European Union and the United States*, Northampton: E. Elgar, 2005.

Peters, Joel, The Arab-Israeli Multilateral Peace Talks and the Barcelona Process: Competition or Convergence? in: *The International Spectator* 4 (1998), 63-76.

Petersmann, Ernst-Ulrich, *International and European Trade and Environmental Law after the Uruguay Round*, Boston: Kluwer, 1995.

Peterson, John, *Europe and America: The Prospects for Partnership*, London: Routledge, 1996.

Peterson, John/Cowles, Maria Green, Clinton, Europe and Economic Diplomacy: What Makes the EU Different? in: *Governance* 11, 3 (1998), 251-271.

Peterson, John/Pollock, Mark A. (eds.), *Europe, America, Bush: Transatlantic Relations in the Twenty-First Century*, London: Routledge, 2003.

Peterson, John/Shackleton, Michael (eds.), *The Institutions of the European Union*, Oxford: Oxford University Press, 2002.

Peterson, John/Sjursen, Helen (eds.), *A Common Foreign Policy for Europe? Competing Visions of the CFSP*, London: Routledge, 1998.

Peterson, John/Smith, Michael E., The EU as a Global Actor, in: Bomberg/Stubb 2003.

Petiteville, Franck, 'Exporting Values'? EU External Cooperation as a 'Soft Diplomacy', in: Knodt/Princen 2003, 127-141.

Pettai, Vello/Zielonka, Jan (eds.), *The Road to the European Union: Estonia, Latvia and Lithuania*, Manchester: Manchester University Press, 2003.

Pflüger, *Friedbert, Europas globale Verantwortung – Die Selbstbehauptung der alten Welt*, in: *ZEI-Discussion Paper* C 36, Bonn, 1999.

Philippart, Eric /Winand, Pascaline (eds.), *Ever Closer Partnership: Policy-making in US-EU relations,* New York: Oxford University Press, 2001.

Phinnemore, David, Stabilization and Association Agreements: Europe Agreements for the Western Balkans, in: *European Foreign Affairs Review*, 8, 1 (2003), 77-103.

Phinnemore, David, *Association: Stepping Stone or Alternative to EU Membership?* Sheffield: Sheffield University Press, 1999.

Piazolo, Daniel, *The Integration Process between Eastern and Western Europe*, Springer, 2001.

Piening, *Christopher, Global Europe: The European Union in World Affairs*, Boulder: Lynne Rienner, 1997.

Pijpers, Alfred, European Political Cooperation and the Realist Paradigm, in: Holland 1991.

Pijpers, Alfred, *The Vicissitudes of European Political Cooperation: Towards a Realist Interpretation of the EC's Collective Diplomacy*, Leiden, 1990

Pijpers, Alfred/Regelsberger, Elfriede/Wessels, Wolfgang (eds.), *European Political Cooperation in the 1980s*, Dordrecht: Martinus Nijhoff, 1988.

Pilny, Karl H., *Das asiatische Jahrhundert. China und Japan auf dem Weg zur neuen Weltmacht*, Frankfurt/Main: Campus, 2005.

Pinder, John, *The European Community and Eastern Europe*, New York: Council on Foreign Relations Press, 1991.

Pinder, John/Shishkov, Yuri, *The EU and Russia. The Promise of Partnership*, London: The Federal Trust, 2002.

Pippan, Christian, The Rocky Road to Europe: The EU's Stablization Process for the Western Balkans and the Principle of Conditionality, in: *European Foreign Affairs Review*, 9, 2 (2004), 219-245.

Pippan, Christian, Die Europäische Union nach Amsterdam: Stärkung ihrer Identität auf internationaler Ebene? in: *Aus Politik und Zeitgeschichte* B47 (1997), 30-39.

Pligaard, Jess (ed.), *The Politics of European Security*, Copenhagen: Danish Institute for International Studies, 2004.

Pollack, Mark A., International Relations Theory and European Integraion, in: *Journal of Common Market Studies* 39, 2 (2001), 221-244.

Pollak, Johannes/Slominski, Peter, *Das politische System der EU*, Wien: WUV 2006.

Pomfret, Richard, *Mediterranean Policy of the European Community: A Study in Discrimination in Trade*, London: Macmillan, 1986.

Pomfret, Richard, The European Community's Relations with the Mediterranean Countries, in: Redmond 1992, 77-92.

Pomfret, Richard, *The Consequences of Free Trade in Manufactures between Israel and the EEC*, Kiel: Institut für Weltwirtschaft and der Universität Kiel, 1976.

Pomfret, Richard/Toren, Benjamin, *Israel and the European Common Market: An Appraisal of the 1975 Free Trade Agreement*, Tübingen: Mohr, 1980.

Pond, Elizabeth, *Friendly Fire: The Near-Death of the Transatlantic Alliance*, Pittsburgh and Washington DC: EUSA and Brookings Institution, 2003.

Pond, Elizabeth, *The Rebirth of Europe*, 2nd ed., Washington, DC: Brooklings Institution Press, 2002.

Poole, Peter, *Europe Unites: The EU's Eastern Enlargment*, Westport: Praeger, 2003.

Potter, Evan, *Trans-Atlantic Partner: Canadian Approaches to the European Union*, Montreal: McGill-Queen's University Press, 1999.

Preston, Christopher, *Enlargement and Integration in the European Union*, London: Routledge, 1997.

Preston, Peter W./Gilson, Julie (eds.), *The European Union and East Asia: Interregional Linkages in a Changing Global System*, Northampton: E. Elgar, 2002.

Pugh, Michael/Singh Sidhu, Waheguru Pal (eds.) ,*The United Nations and Regional Security: Europe and Beyond*, Boulder: Lynne Rienner, 2003.

Puhl, Detlef, *Zwischen Kooperation und Protektionismus. Perspektiven der Mittelmeerbeziehungen der EG-12*, Arbeitspapier der Stiftung Wissenschaft und Politik (SWP), Ebenhausen, 1986.

Puhl, Detlef, *Die Mittelmeerpolitik der EG. Strukturschwächen des EG-Systems bei der Verwirklichung des Globalkonzepts*, Kiehl 1983.

Quinlan, Michael, *European Defence Cooperation: Asset or Threat to NATO?* Washington DC: Woodrow Wilson Center Press, 2001.

Ravenhill, John, *Collective Clientelism: The Lomé Convention and North-South Relations*, New York: Columbia University Press, 1985.

Redmond, John (ed.), *The External Relations of the European Community: The International Response to 1992*, New York: St. Martin's Press, 1992.

Redmond, John, *The Next Mediterranean Enlargement of the European Community: Turkey, Cyprus, and Malta?* Brookfield: Dartmouth, 1993.

Redmond, John/Rosenthal, Glenda (eds.), *The Expanding European Union: Past, Present and Future*, Boulder: Lynne Rienner, 1998.

Redwood, John, *Stars and Strife: The Coming Conflict between the USA and the European Union*, New York: St. Martin's Press, 2001.

Rees, Wyn G., *The Western European Union at the Crossroads: Between Trans-Atlantic Solidarity and European Integration*, Boulder: Westview, 1998.

Regelsberger, Elfriede, *Die Gemeinsame Außen- und Sicherheitspolitik der EU (GASP)*, Baden-Baden: Nomos, 2004.

Regelsberger, Elfriede, EPC in the 1980s: Reaching Another Plateau? in: Pijpers/Regelsberger/Wessels 1988.

Regelsberger, Elfriede/Jopp, Mathias, Und sie bewegt sich doch! Die GASP nach den Bestimmungen des Amsterdamer Vertrages, in: *Integration* 4 (1997), 255-263.

Regelsberger, Elfriede/Schoutheete de Tervarent, Philippe de /Wessels, Wolfgang (eds.), *Foreign Policy of the European Union. From EPC to CFSP and Beyond*, Boulder: Lynne Rienner, 1997.

Regelsberger, Elfriede/Wessels, Wolfgang, The CFSP Institutions and Procedures: A Third Way for the Second Pillar, in: *European Foreign Affairs Review* 1 (1996), 29-54.

Regul, Rudolf (Hg.), *Die Europäischen Gemeinschaften und die Mittelmeerländer*, Baden-Baden, 1977.

Reichold, Hermann, Die Handlungsmöglichkeiten der EU im Rahmen des Welt-Handelsrechts, in: Schubert/Müller-Brandeck-Bocquet 2000, 235-244.

Reid, T. R., *The United States of Europe: The New Superpower and the End of American Supremacy*, London: Penguin, 2005.

Reinicke, Wolfgang, *Deepening the Atlantis: Toward a New Transatlantic Marketplace?* Gütersloh: Bertelsmann Foundation, 1996.

Reissner, Johannes, Europas 'kritischer Dialog' mit Iran, in: Schubert/Müller-Brandeck-Bocquet 2000, 173-186.

Reissner, Johannes, Europe, the United States, and the Persian Gulf, in: Blackwill/Stürmer 1997, 123-142.

Reiter, Erich, Die Situation der EU in ihrer geplanten strategischen Überdehnung. Sicherheitspolitische und strategische Aspekte eines Beitritts der Türkei, in: *Strategische Analysen*, Büro für Sicherheitspolitik, 2005.

Reiter, Erich, Die Sicherheitsstrategie der EU, in: *Aus Politik und Zeitgeschichte* B3-4 (2004).

Reithinger, Anton, Kohärenz in der europäischen Entwicklungspolitik, in: Meyns, Peter (Hg.), *Staat und Gesellschaft in Afrika. Erosions und Reformprozesse*, Hamburg: LIT, 1996, 376-373.

Reithinger, Anton, Probleme und Perspektiven Europäischer Entwicklungspolitik, in: *Nord-Süd aktuell* 9, 3 (1995), 387-394.

Remacle, Eric, *L'UEO européene ou atlantique?* Bruxelles: Institut européen de recherche et information sur la paix et la securité, 1993.

Remacle, Eric/Seidelmann, Reimund (eds.), *Pan-European Security Redefined*, Baden-Baden: Nomos, 1998.

Rhein, Eberhard. Die Europäische Union und der Mittelmeerraum, in: Weidenfeld 2004, S. 521-538.

Rhein, Eberhard, Die Europäische Union und der Mittelmeerraum, in: Weidenfeld 2002, 700-715.

Rhein, Eberhard, Die Europäische Union und der Mittelmeerraum, in: Weidenfeld 2000, 700-715.

Rhein, Eberhard, The European Union on its Way to Becoming a World Power, in: *European Foreign Affairs Review* 3, 3 (1998), 325-340.

Rhein, Eberhard, Europe and the Mediterranean: A Newly Emerging Geopolitical Area? in: *European Foreign Affairs Review* 1 (1997), 79-86. (1997a)

Rhein, Eberhard, Towards Euro-Mediterranean Partnership in Renewable Energy, in: *Mediterranean Politics* 3 (1997), 102-113. (1997b)

Rhein, Eberhard, Die Europäische Gemeinschaft und das Mittelmeer, in: *Europa-Archiv* 22 (1986), 641-648.

Rhodes, Carolyn (ed.), *The European Union in the World Community*, Boulder: Lynne Rienner, 1998.

Richardson, Jeremy J. (ed.), *European Union: Power and Policy Making*, London, 1999.

Rifkin Jeremy, *The European Dream. How Europe's Vision of The Future is Quietly Eclipsing the American Dream*, New York: Jeremy P. Tarcher/Penguin, 2004.

Rinke, Bernhard/Woyke, Wichard (Hg.), *Frieden und Sicherheit im 21. Jahrhundert. Eine Einführung*, Opladen: Leske+Budrich, 2004.

Risse-Kappen, Thomas, Exploring the Nature of the Beast: International Relations Theory and Comparative Policy Analysis Meet the European Union, in: *Journal of Common Market Studies* 1 (1996), 53-80.

Rittberger, Volker/Zelli, Fariborz, Europa in der Weltpolitik: Juniorpartner der USA oder antihegemoniale Alternative? in: *Tübinger Arbeitspapiere zur internationalen Politik und Friedensforschung* 41, Tübingen, 2003.

Roberson, B.A. (ed.), *The Middle East and Europe: The Power Deficit*, London: Routledge, 1998.

Rodriguez-Pose, Andres, *The European Union: Economy, Society, and Polity*, Oxford: Oxford University Press, 2002.

Roett, Riordan, The Trilateral Relations: Europe, Latin America and the United States, in: Kaufman Purcell/Simon 1995.

Roett, Riordan/Paz, Guadalupe (eds.), *Latin America in a Changing Global Environment*, Boulder: Lynne Rienner, 2003.

Rohwer, Jim, *Asia Rising*, New York: Simon & Schuster, 1995.

Rojas Aravena, Francisco (editor), *Las cumbers iberoamericanas. Una mirada global*, Caracas: Editorial Nueva Sociedad, 2000.

Romeo, Isabel, The European Union and North Africa: Keeping the Mediterranean 'Safe' for Europe, in: *Mediterranean Politics* 2 (1998), 21-38.

Rose, Richard, *What is Europe? A Dynamic Perspective*, New York: HarperCollins, 1996.

Rosencrance, Richard, The European Union: A New Type of International Actor, in: Zielonka 1998, 15-23.

Rosecrance, Richard, Paradoxes of European Foreign Policy: The European Union. A New Type of International Actor, in: *European University Institute Working Papers* 64, Florence, 1997

Rotacher, Albert, *Economic Diplomacy between the European Community and Japan 1959-81*, Aldershot: Gower, 1983.

Rothermund, Dietmar, Die Europäische Union und Indien, in: Weidenfeld, Werner (Hg.), *Europa-Handbuch*, Gütersloh 2000, 759-768.

Roy, Joacquín (ed.), *The Reconstruction of Central America: The Tole of the European Community*, Miami: Iberian Studies Institute, 1992.

Roy, Joaquín, The Helms-Burton Law: Development, Consequences and Legacy for Inter-American and European-US Relations, in: *Journal of Interamerican Studies and World Affairs* 39, 3 (1997), 77-107.

Ruggie, John Gerard, Territoriality and Beyond: Problematizing Modernity in International Relations, in: *International Organization* 47, 1 (1993), 139-174.

Rühl, Lothar, Sicherheitspartner Türkei – Geopolitik, Strategie und europäische Interessen, in: *Strategische Analysen*, Büro für Sicherheitspolitik, Wien 2004.

Rumford, Chris, *The European Union. A Political Sociology*, Malden: Blackwell, 2002.

Rummel, Reinhardt (ed.), *The Evolution of an International Actor: Western Europe's New Assertiveness*, Boulder: Westview Press, 1990.

Rummel, Reinhardt, *Krisenintervention der EU mit Polizeikräften*, Berlin: Studie der Stiftung Wissenschaft und Politik (SWP), 2005.

Rummel, Reinhardt, *Toward Political Union: Planning a Common Foreign and Security Policy in the European Community*, Boulder: Westview Press, 1992. (1992a)

Rummel, Reinhardt, Integration, Disintegration, and Security in Europe: Preparing the Community for Multi-Institutional Response, in: *International Journal* 47, 1 (1992), 64-92. (1992b)

Rummel, Reinhardt, *Zusammengesetzte Außenpolitik. Westeuropa als internationaler Akteur*, Kehl am Rhein, 1982.

Rummel, Reinhardt/Wessels, Wolfgang (Hg.), *Die Europäische Politische Zusammenarbeit. Leistungsvermögen und Struktur der EPZ*, Bonn, 1978

Rummel, Reinhardt/Zullo, Claude (eds.), *Rethinking European Union Relations with the Caucasus*, Baden-Baden: Nomos, 1999.

Rupp, Michael A., The Institutional Structure of the Common Foreign and Security Policy After Amsterdam, in: *Journal of International Relations and Development* 2, 1 (1999), 50-66.

Rutten, Maartje (ed.), *From Nice to Laeken: European Defence, Core Documents II*, Paris: EU-ISS Chaillot Papers 51, 2002.

Rutten, Maartje (ed.), *From St. Malo to Nice: European Defence, Core Documents I*, Paris: EU-ISS Chaillot Papers 47, 2001.

Rynning, Sten, *Coming of Age? The European Union's Security and Defence Policy*. Odense: CFES Working Paper No. 10, 2003.

Sá Pinto, Messias de/Guimaraes, Maria Helena, O Mercosul e a ALCA: os interesses conciliáveis da União Européia e dos EUA, in: *Revista brasileira de política internacional* 48, 1 (2005), 129-150.

Saadhoff, Christian, *GASP: Außenpolitik für ein geeintes Europa. Die zweite Säule der EU auf dem Prüfstand*, Norderstedt: Libri BoD, 2000.

Sadeh, Tal, The European Union and Israel: The Customs Union Alternative, in: *Israel Affairs* 5, 1 (1998), 87-108.

Sáenz, Mario (ed.), *Latin American Perspectives on Globalization: Ethics, Politics, and Alternative Visions*, Lanham: Rowman & Littlefield, 2002.

Salamé, Ghassan, Torn Between the Atlantic and the Mediterranean: Europe and the Middle East in the Post-Cold War Era, in: *Middle East Journal* 2 (1994), 226-249.

Salmon, Trevor C./Sheperd, Alistair J. K., *Toward a European Army: A Military Power in the Making?* Boulder: Lynne Rienner, 2003.

Salmon, Trevor, Testing Times for European Political Cooperation: The Gulf and Yugoslavia, 1990-1992, in: *International Affairs* 68, 2 (1992), 233-254.

Sanahuja, Jose Antonio, Trade, Politics, and Democratization: The 1997 Global Agreement between the European Union and Mexico, in: *Journal of Interamerican Studies and World Affairs* 42, 2, Special Issue: The European Union and Latin America: Changing Relations (Summer, 2000), 35-62.

Sandholtz, Wayne/Stone Sweet, Alec, *European Integration and Supranational Governance*, Oxford, 1998.

Sandschneider, Eberhard, Die Europäische Union und Südostasien, in: Weidenfeld 2004.

Sandschneider, Eberhard, Die Europäische Union und Südostasien, in: Weidenfeld 2000, 769-780.

Santander, Sebastian, The European Partnership with Mercosur: A Relationship based on Strategic and Neo–Liberal Principles, in: *Journal of European Integration* 27, 3 (2005), 285-306.

Saunders, Cheryl/Triggs, Gillian (eds.), *Trade and Cooperation with the European Union in the New Millennium*, The Hague, Kluwer, 2002.

Sbragia, Alberta, The European Community: A Balancing Act, in: *Publius* 3 (1993), 23-38.

Schäfer, Isabel, Die Europäische Union und der Nahostkonflikt, in: *Aus Politik und Zeitgeschichte* B20 (2004), 46-54.

Schäfer, Isabel, Euro-Mediterrane Partnerschaft und der Nahostkonflikt im Kontext jüngster internationaler Entwicklungen — zwischen Blockade und Vertrauensbildung, in: *Orient* 46, 3 (2005), 429-445.

Scharpf, Fritz, *Games Real Actors Play: Actor Centered Institutionalism in Policy Research*, Boulder, 1997.

Schauer, Hans, Europa und Amerika – Rivalen oder Partner? in: *Aus Politik und Zeitgeschichte* B29-30 (1999), 12-21.

Schiavone, Giuseppe (ed.), *Western Europe and South-East Asia: Cooperation or Competition?* Houndmills: Macmillan, 1989.

Schilcher Bernd, Die Notwendigkeit einer Grenze für die Zukunft Europas, in: *Politische Studien* 402 (Juli/August 2005), 59-70.

Schlotter, Peter, *Europa – Macht – Frieden? Zur Politik der „Zivilmacht Europa"*, Baden-Baden: Nomos 2003.

Schlotter, Peter, Der Maghreb und Europa: Perspektiven des ‚Barcelona Prozesses', in: *Aus Politik und Zeitgeschichte* B17 (1999), 3-10.

Schlotter, Peter, *Freihandel+Demokratisierung=Entwicklung? Zur Maghrebpolitik der Europäischen Union*, Frankfurt: HSFK-Report 8, 1998.

Schlumberger, Oliver, Arab Political Economy and the European Union's Mediterranean Policy: What Prospects for Development? in: *New Political Economy* 5, 2 (2000), 247-268.

Schmalz, Uwe, Aufbruch zu neuer Handlungsfähigkeit. Die Gemeinsame Außen-, Sicherheits- und Verteidigungspolitik unter deutscher Ratspräsidentschaft, in: *Integration* 3 (1999), 191-204.

Schmalz, Uwe, The Amsterdam Provisions on External Coherence: Bridging the Union's Foreign Policy Dualism? in: *European Foreign Affairs Review* 3 (1998), 421-442. (1998a)

Schmalz, Uwe, *Zwischen Anspruch und Wirklichkeit. Die Amsterdamer Vertragsbestimmungen zur Gemeinsamen Außen- und Sicherheitspolitik. Analyse, Bewertung und Perspektiven*, Sankt Augustin, 1998. (1998b)

Schmitt, Burkhard, European Capabilities – How Many Divisions? in: Gnesotto, Nicole (ed.), *EU Security and Defence Policy. The First Five Years (1999-2004)*, Paris: EU Institute for Security Studies, 2004.

Schmidt, Peter, Die Afrika-Strategie in ihrer Umsetzung, in: Stratenschulte 2006, 96-100.

Schmidt, Siegmar, Die Europäische Union und Afrika, in: Weidenfeld, Werner (Hg.), *Europa-Handbuch*, Gütersloh 2002, 716-727.

Schmidt, Siegmar, *Europäische Union. Eine Einführung*, Baden-Baden: Nomos 2005.

Schmitt, Burkhard, *European Capabilities Action Plan (ECAP)*, Paris: EU Institute for Security Studies, September 2005.

Schmidt, Christian, Friedensstifter zweiter Wahl? Die Rolle der Europäer im Nahen Osten, in: *Internationale Politik* 8 (2001), 47-52.

Schönbohm, Wulf, Is Europe ready for Turkey? in: *Internationale Politik* 1 (2001).

Schubert, Klaus, Auf dem Wege zu neuen Formen der Staatlichkeit und zu einer neuen Qualität von Außenpolitik? in: Schubert/Müller-Brandeck-Bocquet 2000, 9-27.

Schubert, Klaus/Müller-Brandeck-Bocquet, Gisela (Hg.), *Die Europäische Union als Akteur der Weltpolitik*, Opladen: Leske+Budrich, 2000.

Schumacher, Tobias, *Die Europäische Union als internationaler Akteur im südlichen Mittelmeerraum. ‚Actor Capability' und EU-Mittelmeerpolitik*, Baden-Baden: Nomos, 2005.

Schumacher, Tobias, Riding on the Winds of Change: The Future of the Euro-Mediterranean Partnership, in: *The International Spectator* 2 (2004), 89-102.

Schumacher, Tobias, *Die Maghreb-Politik der Europäischen Union. Gemeinschaftliche Assoziierungspraxis gegenüber Algerien, Marokko und Tunesien*, Wiesbaden, 1998.

Schwarze, Jürgen (ed.), *The External Relations of the European Community, in particular EC-US Relations*, Baden-Baden: Nomos, 1989.

Schwok, René, Les relations entre l'Union européenne et les Etats-Unis: analyse critique de l'approche dissociative, in: *Etudes internationales* 29, 1 (1998).

Schwok, René, *Switzerland and the European Common Market*, New York: Praeger, 1991. (1991a)

Schwok, René, *US-EC Relations in the Post-Cold War Era: Conflict or Partnership?* Boulder: Westview, 1991. (1991b)

Schwok, René/Levrat, Nicolas, Switzerland's Relations with the EU After the Adoption of the Seventh Bilateral Agreement, in: *European Foreign Affairs Review* 6, 3 (2001), 335-354.

Seixas Corrêa, Luiz Felipe de, Vor dem EU-Lateinamerika-Gipfel: Erwartungen an Europa, in: Stratenschulte 2006, 117-124.

Serfaty, Simon, *The Future of Transatlantic Defense*, Washington DC: CSIS, 2003.

Serfaty, Simon, *Stay the Course: European Unity and Atlantic Solidarity*, Westport: Praeger, 1997.

Serfaty, Simon, *The United States, Western Europe, and the Third World: Allies and Adversaries*, Washington DC: The Center for Strategic and International Studies, 1980.

Serradell, Victor P., The Asia-Europe Meeting (ASEM): A Historical Turning Point in Relations between the two Regions, in: *European Foreign Affairs Review* 1, 2 (1996), 185-210.

Shambaugh, David, China and Europe: The Emerging Axis, in: *Current History* 103, 674, (September 2004), 243-248.

Shearman, Peter/Sussex, Matthew (eds.), *European Security after 9/11*, Burlington: Ashgate, 2004.

Shlaim, Avi/Yannopoulos, George (eds.), *The EEC and Eastern Europe*, New York: Cambridge University Press, 1978

Shlaim, Avi/Yannopoulos, George (eds.), *The EEC and the Mediterranean Countries*, New York: Cambridge University Press, 1976.

Shlapentokh, Vladimir, Russia as a Newborn Superpower: Putin as the Lord of Oil and Gas, in: *Russia Profile*, February 10, 2006.

Simon, Gerhard (Hg.), *Rußland in Europa? Innere Entwicklungen und inter-* Simon, Gerhard, Allianz für die Freiheit oder Potemkinsche Dörfer. Russland und der Westen nach dem Ende des Kalten Krieges, in: *Europäische Rundschau* 4 (2002), 50-65.

nationale Beziehungen heute, hrsg. vom Bundesinstitut für Ostwissenschaftliche und Internationale Studien, Köln: Böhlau, 2000.

Simon, Gerhard, Russland und die Grenzen Europas, in: *Osteuropa* (1999), 1091-1107.

Simon, Sheldon W. (eds.), *The Many Faces of Asian Security*, Lanham: Rowman & Littlefield Publishers, 2001.

Sjöstedt, Gunnar, The *External Role of the European Community*, Westmead, 1977.

Sjöstedt, Gunnar, *Integration and Actor Capability*, Research Report UI-74-1, Stockholm, 1974.

Sjursen, Helen, The EU as a "Normative" Power: How Can This Be? in: *Journal of European Public Policy* 13, 2 (2006), 235-251. (2006a)

Sjursen, Helene (ed.), *Questioning EU Enlargement: Europe in Search of Identity*, Abingdon-New York: Routledge, 2006. (2006b)

Sjursen, Helene, Understanding the Common Foreign and Security Policy: Analytical Building Blocks, in: Knodt/Princen 2003, 35-53.

Sjursen, Helen, The Common Foreign and Security Policy: An Emerging New Voice in International Politcs? in: *ARENA Working Papers* 34 (1999).

Skultans, Vieda, Theorizing Latvian Lives: The Quest for Identity, in: *Journal of the Royal Anthropological Institute* 3, 4 (1997), 761-780.

Slater, Jim/Strange, Roger (eds.), *Business Relationships with East Asia: The European Experience*, New York: Routledge, 1997.

Sloan, Stanley R., *NATO, the European Union, and the Atlantic Community: The Transatlantic Bargain Reconsidered*, Lanham: Rowman and Littlefield, 2003.

Smith, Alan, *The Return of Europe: The Reintegration of Eastern Europe into the European Economy*, New York: Palgrave, 2000.

Smith, C./Lahteenmaki, K., Europeanization of the Mediterranean Region: The European Union's Relations with the Maghreb, in: Cafruny/Peters 1998.

Smith, Graham, The Masks of Proteus: Russia: Geopolitical Shift and the New Eurasianism, in: *Transactions of the Institute of British Geographers* 24, 4 (1999), 481-494.

Smith, Hazel, Giving Peace a Chance: What the EU can teach the U.S., in: *EUSA Review* 16, 1 (2003), 5-6.

Smith, Hazel, *European Union Foreign Policy. What it is and what it does*, London: Pluto Press, 2002.

Smith, Hazel, *European Union Foreign Policy and Central America*, Houndmills: Macmillan, 1995.

Smith, Karen E., The Outsiders: The European Neighbourhood Policy, in: *International Affairs* 81, 4 (2005), 757-753.

Smith, Karen E., *The Making of EU Foreign Policy*, Houndsmill 2004.

Smith, Karen E., *European Union Foreign Policy in a Changing World*, Cambridge: Polity Press, 2003. (2003a)

Smith, Karen E., The European Union. A Distinctive Actor in International Relations, in: *The Brown Journal of World Affairs* 9 (2003), 103-113. (2003b)

Smith, Karen E., The End of Civilian Power EU: A Welcome Demise or Cause for Concern? in: *The International Spectator* 35, 2 (2000), 11-28.

Smith, Karen E., *The Making of EU Foreign Policy. The Case of Eastern Europe*, Houndmills: MacMillan, 1999.

Smith, Karen E., The Instruments of European Union Foreign Policy, in: Zielonka 1998, 67-85. (1998a)

Smith, Karen E., The Use of Political Conditionality in the EU's Relations with Third Countries: How Effective? in: *European Foreign Affairs Review*, 3, 3 (1998), 253.274. (1998b)

Smith, Karen E., *Paradoxes of European Foreign Policy: The Instruments of European Union Foreign Policy*, Badia Fiesolana: EUI-RSCAS Working Paper 68, 1997.

Smith, Martin A., The European Union and the United States in a Superpower Context, in: *European Security* 7, 1 (1998), 55-73.

Smith, Martin A./Timmins, Graham (eds.), *Uncertain Europe: Building a New European Security Order?* New York: Routledge, 2001

Smith, Martin A./Timmins, Graham, *Building a Bigger Europe: EU and NATO Enlargement in Comparative Perspective*, Burlington: Ashgate, 2000.

Smith, Martin A./Timmins, Graham, The European Union and NATO Enlargement Debates in Comparative Perspective: A Case of Incremental Linkage? in: *West European Politics* 22, 3 (1999).

Smith, Michael (ed.), *The United States and the European Community: National Economic Strategies and International Coordination*, London: University Association for Contemporary European Studies, 1982.

Smith, Michael E., *Europe's Foreign and Security Policy: The Institutionalization of Cooperation*, Cambridge: Cambridge University Press, 2004. (2004a)

Smith, Michael E., Institutionalization, Policy Adaptation and European Foreign Policy Cooperation, in: *European Journal of International Relations* 10, 1 (2004), 95-136. (2004b)

Smith, Michael E., Institutional Moments, Policy Performance, and the Future of EU Security/Defense Policy, in: *EUSA Review* 16, 1 (2003), 4-5. (2003a)

Smith, Michael E., The Framing of European Foreign and Security Policy: Towards a Post-Modern Policy Framework, in: *Journal of European Public Policy* 10, 4 (2003), 556-575. (2003b)

Smith, Michael E., Diplomacy by Decree: The Legalization of EU foreign policy, in: *Journal of Common Market Studies* 39, 1 (2001), 79-104.

Smith, Michael E., Conforming to Europe: The Domestic Implact of EU Foreign Policy Cooperation, in: *Journal of European Public Policy* 7, 4 (2000), 613-631.

Smith, Michael, The Framing of European Foreign and Security Policy: Towards a Post-Modern Policy Framework? in: *Journal of European Public Policy* 10, 4 (2003), 556-575.

Smith, Michael, Does the Flag Follow Trade? 'Politicisation' and the Emergence of a European Foreign Policy, in: Peterson/Sjursen 1998, 77-94.

Smith, Michael, The EU as an International Actor, in: Richardson 1996, 247-262.

Smith, Michael, Beyond the Stable State? Foreign Policy Challenges and Opportunities in the New Europe, in: Carlsnaes/Smith 1994, 21-44. (1994a)

Smith, Michael, The European Union Foreign, Economic Policy and the Changing World Arena, in: *Journal of European Public Policy*, 1, 2 (1994). (1994b)

Smith, Michael, *Western Europe and the United States: The Uncertain Alliance*, Boston: Allen & Unwin, 1984.

Smith, Michael/Woolcock, Stephen, Learning to Cooperate: The Clinton Administration and the European Union, in: *International Affairs* 70, 3 (1994), 459-476.

Smith, Steve, Foreign Policy Theory and the New Europe, in: Carlsnaes/Smith 1994, 1-20.

Smith, Steven K./Wertman, Douglas, *US-West European Relations During the Reagan Years: The Perspectives of West European Publics*, New York: St. Martin's Press, 1992.

So, Alvin Y. (ed.), *China's Developmental Miracle: Origins, Transformations, and Challenges*, Armonk: Sharpe, 2003.

Soetendorp, Ben, *Foreign Policy in the European Union: Theory, History, and Practice*, London: Longman, 1999.

Soetendorp, Ben, The EU's Involvement in the Israeli-Palestinian Peace Process: The Building of a Visible International Identity, in: *European Foreign Affairs Review* 7, 3 (2002), 283-295.

Soetendorp, Ben, The Evolution of the EC/EU as a Single Foreign Policy Actor, in: Carlsnaes/Smith 1994, 103-119.

Soler i Lecha, Eduard, *El Mediterráneo tras la cumbre de Barcelona: la necesidad de una voluntad política ampliada*, Barcelona: CIDOB, 2006.

Soper, Tom, The EEC and Aid to Africa, in: *International Affairs* 41, 3 (1965), 463-477.

Spencer, Claire, The EU and Common Strategies: The Revealing Case of the Mediterranean, in: *European Foreign Affairs Review* 6 (2001), 31-51.

Spencer, Claire, Partnership-Building in the Mediterranean, in: *The International Spectator* 4 (1999), 59-74.

Spencer Claire, Rethinking or Reorienting Europe's Mediterranean Security Focus, in: Park, W./Rees, Wyn G. (eds.), *Rethinking Security in Post-Cold War Eruope*, London: Longman 1998, 135-154.

Spencer, Claire, Building Confidence in the Mediterranean, in: *Mediterranean Politics* 2 (1997), 23-48.

Sperling, James/Kay, Sean/Papacosma, Victor (eds.), *Limiting Institutions? The Challenge of Eurasian Security Governance*, Manchester: Manchester University Press, 2003.

Sperling, James/Kirchner, Emil, The Security Architecture and Institutional Futures of Post-1989 Europe, in: *Journal of European Public Policy* 4, 2 (1997), 155-170.

Spero, Joshua B., *Bridging the European Divide. Middle Power Politics and Regional Security Dilemmas*, Lanham: Rowman & Littlefield, 2004.

Spiezio, Kim Edward, *Beyond Containment: Reconstructing European Security*, Boulder: Lynne Rienner, 1995.

Staack, Michael/Voigt, Rüdiger (Hg.), *Europa nach dem Irak-Krieg. Ende der transatlantischen Epoche?* Baden-Baden: Nomos, 2004.

Stahl, Bernhard, Die Beziehungen der Europäischen Union zur ASEAN. Zwischen ökonomischen Interessen und schlechtem Gewissen, in: Schubert/Müller-Brandeck-Bocquet 2000, 157-172.

Stavridis, Stelios et al. (eds.), *The Foreign Policies of the European Union´s Mediterranean States and Applicants Countries in the 1990s*, Houndmills: Macmillan, 1999.

Stavridis, Stelios, The Parliamentary Forum of the Euro-Mediterranean Partnership: Problems and Prospects, in: *Mediterranean Politics* 2 (2002).

Stavridis, Stelios, Militarizing the EU. The Concept of Civilian Power Europe Revisited, in: *The International Spectator* 36, 4 (2001), 43-50.

Stavridis, Stelios/Couloumbis, Theodoris/Veremis, Thanos/Waites, Neville (eds.), *The Foreign Policies of the European Union's Mediterranean States and Applicant Countries in the 1990s*, New York, 1999.

Stavridis, Stelios/Hill, Christopher (eds.), *Domestic Sources of Foreign Policy: West European Reactions to the Falklands Conflict*. Oxford: Berg, 1996.

Stavridis, Stelios/Hutchence, Justin, Mediterranean Challenges to the EU's Foreign Policy, in: *European Foreign Affairs Review* 5 (2000), 35-62.

Steinbach, Udo, Außenpolitik am Wendepnnkt? Ankara sucht seinen Standort im internationalen System, in: *Aus Politik und Zeitgeschichte* B11-12 (1997).

Steinbach, Udo, Perspektiven für den mittleren Osten aus der Sicht der Türkei, Deutschlands und der EU, Politisch-strategische Lage im Mittleren Osten, Konrad-Adenauer-Stiftung, Ankara, 2004.

Steinbach, Udo, Die Türkei und die EU. Die Geschichte richtig lesen, in: *Aus Politik und Zeitgeschichte* B33-34, (2004a)

Stevens, Christopher (ed.), *The EEC and the Third World: A Survey*. London: Hodder & Stoughton, 1981.

Stevens, Matthew/McQueen, Christopher/Kennan, Jane, After Lomé IV: A Strategy for ACP-EU Relations in the 21st Century, London: Commonwealth Secretariat, 1999.

Stingelin, Peter, *The European Community and the Outsiders*, Toronto: Longman, 1973.

Stokke, Olav, *Aid and Political Conditionality*, London, 1995.

Stone Sweet, Alec/Sandholtz, Wayne/Fligstein, Neill, *The Institutionalization of Europe*, Oxford, 2001.

Story, Donald, The Framework Agreement for Commercial and Economic Co-operation: A Political Act, in: *Journal of European Integration* 4, 3 (1981), 281-297.

Story, Jonathan (ed.), *The New Europe: Politics, Government, and Economy Since 1945*, Oxford: Blackwell, 1993.

Strange, Roger/Slater, Jim/Molteni, Corrado (eds.), *The European Union and ASEAN: Trade and Investment Issues*, New York: St. Martin's Press, 2000.

Strange, Roger/Slater, Jim/Wang, Limin (eds.), *Trade and Investment in China: The European Experience*, New York: Routledge, 1998.

Stratenschulte, Eckart D. (Hg.), *Europas Außenpolitik. Die EU als globaler Akteur*, Frankfurt/Main: Peter Lang, 2006.

Strath, Bo (ed.), *Europe and the Other and Europe as the Other*, Bruxelles: Peter Lang, 2000.

Stubbs, Richard, ASEAN Plus Three: Emerging East Asian Regionalism, in: *Asian Survey* 42, 3 (2002), 440-455.

Sultana, Tasneem, EU's Policy towards the Middle East, in: *Journal of European Studies* 15, 1-2 (1999), 101-113.

Sundaram, G., *India and the European Union*, New Delhi 1997.

Sutton, Paul, *Europe and the Caribbean*, London: Macmillan, 1991.

Szymanski, Marcela/Smith, Michael E., Coherence and Conditionality in European Foreign Policy: Negotiating the EU–Mexico Global Agreement, in: *Journal of Common Market Studies* 43, 1 (2005), 171-192.

Taha, S. M., Strategic Challenges for the EU in Central Asia: Responses under the Paradigms of Normative Economics, Development and Democracy, in: *Journal of European Studies* 19/20, 2/3 (2003-2004), 100-114.

Tanner, Fred (ed.), *Arms Control, Confidence-Building and Security Cooperation in the Mediterranean, North Africa and the Middle East*, Malta, 1994.

Tanner, Fred, Joint Actions for Peace-Building in the Mediterranean, in: *The International Spectator* 4 (1999), 75-90.

Tanner, Fred, The Euro-Med Partnership: Prospects for Arms Limitations and Confidence Building after Malta, in: *The International Spectator* 2 (1997), 3-25.

Tanner, Fred, An Emerging Security Agenda for the Mediterranean, in: *Mediterranean Politics* 3 (1996), 279-294.

Tassinari, Fabrizio, A Riddle Inside an Enigma: Unwrapping the EU-Russia Strategic Partnership, in: *The International Spectator*, 40, 1 (2005), 45-57. (2005a)

Tassinari, Fabrizio, *Security and Integration in the EU Neighbourhood: The Case of Regionalism*, Brussels: Centre for European Policy Studies, Working Document 226, 2005. (2005b)

Taylor, Phillip, *When Europe Speaks With One Voice: The External Relations of the European Community*, Westport: Greenwood Press, 1979.

Taylor, Robert, *China, Japan and the European Community,* London: Athlone Press, 1990.

Taylor, Trevor, West European Security and Defense Cooperation: Maastricht and Beyond, in: *International Affairs* 70, 1 (1994), 1-16.

Teitelbaum, Michael S./Philip, Martin L., Is Turkey Ready for Europe? in: *Foreign Affairs* 82, 3 (2003).

Teló, Mario (ed.), *European Union and New Regionalism: Europe and Globalization in Comparative Perspective,* Burlington: Ashgate, 2001.

Terpan, Fabien, *La politique étrangère et de sécurité commune de l'Union européenne,* Bruxelles: Bruylant, 2003.

Teunissen, Paul J., Strengthening the Defence Dimension of the EU: An Evaluation of Concepts, Recent Initiatives and Developments, in: *European Foreign Affairs Review* 4, 3 (1999), 327-52.

Tewes, Henning, Das Zivilmachtkonzept in der Theorie der Internationalen Beziehungen, in: *Zeitschrift für Internationale Beziehungen* 4, 2 (1997), 347-359.

Thomas, Kenneth P., *Competing for Capital: Europe and North America in a Global Era,* Washington DC: Georgetown University Press, 2000.

Thomas/Höse, Alexander/Oppermann, Kai (Hg.), *Transatlantische Beziehungen. Sicherheit – Wirtschaft – Öffentlichkeit,* Wiesbaden: VS-Verlag, 2005.

Thurow, Lester, *Head to Head: The Coming Economic Battle among Japan, Europe and America,* New York: Morrow, 1992.

Tiersky, Ronald (ed.), *Europe Today. National Politics, European Integration, and European Security,* Lanham: Rowman & Littlefield, 1999.

Tietje, Christian, The Concept of Coherence in the Treaty on European Union and the Common Foreign Security Policy, in: *European Foreign Affairs Review* 2 (1997), 211-233.

Timmermann, *Russlands Außen- und Sicherheitspolitik,* Diskussionspapier der Forschungsgruppe Russland/GUS der Stiftung Wissenschaft und Politik, FG 5, 2003/01, Berlin, Januar 2003.

Timmermann, Heinz, Die russische Exklave Kaliningrad im Kontext regionaler Kooperation, in: *BIOst Bericht* 20/2000, 21. August 2000. (2000a)

Timmermann, Heinz, Russia's Strategy for the European Union, in: *BIOst Bericht* 5/2000, April 2000. (2000b)

Timmermann, Heinz, Russland und die internationalen europäischen Strukturen, in: *BIOst Bericht* 29, Bonn 1999.

Timmins, Graham/Smirh, Martin (eds.), *Uncertain Europe: Building a New European Security Order?* London: Routledge, 2001.

Tocci, Nathalie, Does the ENP Respond to the EU's Post-Enlargement Challenges? in: *The International Spectator*, 40, 1 (2005), 21-32.

Todorov, Tzvetan, *Die Eroberung Amerikas. Das Problem des Anderen*, Frankfurt/Main, 1985. (Original: *La conquête de l'Amerique. La question de l'autre*, Paris 1982)

Todorova, Maria, Wo liegt Europa? Von der Einteilung eines Kontinents und seinen historischen Regionen, in: *Europäische Rundschau* 3 (2005), 47-61

Toje, Asle, The 2003 European Union Security Strategy: A Critical Appraisal, in: *European Foreign Affairs Review* 10 (2005).

Ton, Sinh Thanh, *The Asia-Europe meeting, ASEAN and EU perspectives*, M.A. thesis, Ottawa: Carleton University, 1998.

Tonra, Ben, *The Europeanisation of National Foreign Policy. Dutch, Danish and Irish Foreign Policy in the European Union*, Aldershot: Ashgate, 2001.

Tonra, Ben/Christiansen, Thomas (eds.), *Rethinking European Foreign Policy*, Manchester: Manchester University Press, 2004.

Torbiorn, Kjell M., *Destination Europe. The Political and Economic Growth of a Continent*, Manchester: Manchester University Press, 2003.

Törö, Csaba, The Latest Example of Enhanced Cooperation in the Constitutional Treaty: The Benefits of Flexibility and Differentiation in European Security and Defence Policy Decisions and Their Implementation, in: *European Law Journal* 11, 5 (2005), 641-656.

Torreblanca, José I., *The Reuniting of Europe. Promises, Negotiations and Compromises*, Aldershot: Ashgate, 2001.

Tovias, Alfred, *Israel and the Barcelona Process*, EuroMeSCo Paper 3, 1998.

Tovias, Alfred, *Mapping Israel's Policy Options Regarding its Future Institutionalized Relations with the European Union*, CEPS Working Paper 3, 2003.

Tovias, Alfred, The EC's Contribution to Peace and Prosperity in the Mediterranean and the Middle East: Some Proposals, in: *Jerusalem Journal of International Relations*, 14, 2 (1992), 123-132.

Tovias, Alfred. *Foreign Economic Relations of the European Community: The Impact of Spain and Portugal*, Boulder: Lynne Rienner, 1990.

Tow, William T., *Asia-Pacific Strategic Relations: Seeking Convergent Security*, Cambridge, Cambridge: University Press, 2001.

Treacher, Adrian, From Civilian Power to Military Actor: The EU's Resistible Transformation, in: *European Foreign Affairs Review* 9, 1 (2004), 49-66.

Trybus, Martin, *European Union Law and Defence Integration*, Oxford: Hart, 2005.

Tsakaloyannis, Panos, *The European Union as a Security Community: Problems and Prospects*, Baden-Baden: Nomos, 1996.

Tsakaloyannis, Panos, The EC – From Civilian Power to Military Integration, in: Lodge, Juliet (ed.), *The European Community and the Challenge of the Future*, London, 1989, 241-155.

Tsoukalis, Loukas, The EEC and the Mediterranean: is 'Global Policy' a Misnomer? in: *International Affairs* 53, 3 (1977), 422-438.

Tsoukalis, Loukas/White, Maureen (eds.), *Japan and Western Europe: Conflict and Cooperation*, New York: St. Martin's Press, 1982.

Tulchin, Joseph S./Espach, Ralph H. (eds.), *Latin America in the New International System*, Boulder: Lynne Rienner, 2001.

Twitchett, Kenneth J. (ed.), *Europe and the World: The External Relations of the Common Market*. New York: St. Martin's Press, 1976.

Umbach, Frank, Sichere Energieversorgung auch in Zukunft. Die Notwendigkeit einer europäischen Strategie, in: *Internationale Politik* 8 (2004), 17-28.

Umbach, Frank, *Globale Energiesicherheit. Strategische Herausforderungen für die europäische und deutsche Außenpolitik*, München 2003

Valinakis, Yannis, *The Black Sea Region: Challenges and Opportunities for Europe*, Paris: Chaillot Papers 36, 1999.

Van Oudenaren, John, *Uniting Europe: European Integration and the Post-Cold War*, Lanham: Rowman and Littlefield, 2000.

Van Oudenaren, John, Die Neue Transatlantische Agenda, in: *Internationale Politik* 51, 5 (1996), 49-52.

Van Oudenaren, John, European Integration as seen from the U.S, in: *International Social Science Journal* (1992), 115-124.

Van Staden, Alfred, After Maastricht: Explaing the Movement towards a Common European Defence Policy, in: Carlsnaes/Smith 1994.

Van Tongeren, Paul/Van der Veen, Hans/Verhoeven, Juliette (eds.), *Searching for Peace in Europe and Eurasia: An Overview of Conflict Prevention and Peacebuilding Activities*, Boulder: Lynne Rienner, 2002.

Varwick, Johannes (Hg.), *Die Beziehungen zwischen NATO und EU. Partnerschaft, Konkurrenz, Rivalität?* Opladen: Budrich, 2005.

Varwick, Johannes/Knelangen, Wilhelm (Hg.), *Neues Europa – alte EU? Fragen an den europäischen Integrationsprozess*, Opladen: Leske+Budrich, 2004.

Vasconcelos, Alvaro de, *Launching the Euro-Mediterranean Security and Defence Dialogue*, EuroMeSCo Brief 7, 2004.

Vasconcelos, Alvaro de/Joffé, George (eds.), *The Barcelona Process: Building a Euro-Mediterranean Regional Community*, London, 2000.

Verdun, Amy/Croci, Osvaldo (eds.), *The European Union in the Wake of Eastern Enlargement. Institutional and Policy Making Challenges*, Manchester: Manchester University Press, 2005.

Viola, Donatella M., *European Foreign Policy and the European Parliament in the 1990s*, Aldershot: Ashgate, 2000.

Virkkunen, Joni, Post-Socialist Borderland: Promoting or Challenging the Enlarged European Union? in: *Geografiska Annaler: Series B, Human Geography* 83 (2001), 141-151.

Vogel, Heinrich, Russland als Partner der europäischen Politik, in: *BIOst Berichte* 8, Bonn 1996.

Vogel, Wolfgang, Die Abkommen der Wirtschaftsgemeinschaft mit den Maghreb- und Maschreckländern. Bilanz der globalen Mittelmeer-Politik der Gemeinschaft, in: *Europa-Archiv* 2 (1977), 53-61.

Vogt, Wolfgang (Hg.), *Frieden durch Zivilisierung? Probleme-Ansätze-Perspektiven*, Münster, 1996.

Voigt, Jürgen, Ende der Innenpolitik? Politik und Recht im Zeichen der Globalisierung, in: *Aus Politik und Zeitgeschichte* 29-30 (1998), 22-31.

Völker, Edmond (ed.), *Euro-Arab Cooperation*, Leyden: Sijthoff, 1976.

Von Hirschhausen, Christian, Litauen, Lettland und Estland auf dem Weg in die EU. Neuorientierung der Infrastruktur, in: *DIW* 23 (1998), 409-416.

Vries de, Gijs M., The European Community as a Global Actor, in: Cleese/Vernon 1991, 159-165.

Waever, Ole, The EU as a Security Actor: Reflections of a Pessimistic Constructivist on Post-Sovereign Security Orders, in: Kelstrup, Morten/Williams, Michael C. (eds.), *International Relations Theory and the Politics of European Integration. Power, Security and Community*, London, 2000.

Waever, Ole, Securitization and Desecuritization, in: Lipschutz, Ronnie D. (ed.), *On Security*, New York, 1995.

Wagner, Wolfgang, *Die Kostruktion einer europäischen Außenpolitik: deutsche, französische und britische Ansätze im Vergleich*, Frankfurt/Main, 2002.

Wagner, Wolfgang, Why the EU's Common Foreign and Security Policy Will Remain Intergovernmental. A Rationalist Institutional Choice Analysis of European Crisis Management Policy, in: *Journal of European Public Policy* 10, 4 (2003), 576-595.

Wagner, Wolfgang/Hellmann, Gunther, Zivile Weltmacht? Die Außen-, Sicherheits- und Verteidigungspolitik der Europäischen Union, in: Jachtenfuchs, Markus/Kohler-Koch, Beate (Hg.), *Europäische Integration*, 2. Aufl., Opladen: Leske+Budrich, 2003, 569-596.

Waites, Bernard (ed.), *Europe and the Wider World*, London: Routledge, 1993, rev. ed. 1995.

Waites, Bernard, Europe and the Third World, in: Waites 1995, 11-71.

Wallace, Helen (ed.), *The Wider Western Europe: Reshaping the EC/EFTA Relationship*. London: Pinter, 1991.

Wallace, Helen, *Widening and Deepening: The EC and the New European Agenda*, London: RIIA, 1989.

Wallace, Helen/Wessels, Wolfgang, *Towards a New Partnership: The EC and EFTA in the Wider Western Europe*, Geneva: EFTA Occasional Paper No. 28, 1989.

Wallace, William (ed.), *The Dynamics of European Integration*, London, 1990.

Wallace, William, *Looking after the Neighbourhood: Responsibilities for the EU-25*, Paris, Notre Europe Policy Papers, No. 4, July 2003

Wallace, William, Where Does Europe End? Dilemmas of Inclusion and Exclusion, in: Zielonka 2002.

Wallace, William/Wallace, Helen, *Policy-making in the European Union*, 4th ed., Oxford: Oxford University Press, 2000.

Wallich, Henry C., The United States and the European Economic Community: A Problem of Adjustment, in: *International Organization* 22, 4 (1968), 841-854.

Waltz, Kenneth N., *Theory of International Relations*, Reading, New York, 1979.

Warkotsch, Alexander, *Die Zentralasienpolitik der Europäischen Union. Interessen, Strukturen und Reformoptionen*, Frankfurt/Main: Peter Lang, 2006.

Warkotsch, Alexander, Ressourcenkonflikt im Kaukasus. Europa und das kaspische Öl, in: *Blätter für deutsche und internationale Politik* 49, 1 (2004), 69-75.

Warleigh, Alex (ed.), *Understanding European Union Institutions*, London: Routledge, 2002.

Webber, Douglas, Two Funderals and A Wedding: The Ups and Downs of Regionalism in East Asia and Asia-Pacific after the Asia Crisis, in: *The Pacific Review* 14, 3 (2001), 358.

Webber, Mark (ed.), *Russia and Europe: Conflict or Cooperation?* Houndmills 2000.

Wehler, Hans-Ulrich, Verblendetes Harakiri: Der Türkeibeitritt zerstört die EU, in: *Aus Politik und Zeitgeschichte* B33-34 (2004).

Weidenfeld Werner/Wessels, Wolfgang (Hg.), *Europa von A – Z. Taschenbuch der europäischen Integration*, 9. Aufl., Baden-Baden: Nomos, 2005

Weidenfeld, Werner (Hg.), *Europa-Handbuch*, Bd. I, 3. Aufl., Gütersloh: Bertelsmann 2004.

Weidenfeld, Werner (Hg.), *Herausforderung Terrorismus. Die Zukunft der Sicherheit*, Wiesbaden: VS-Verlag, 2004. (2004b)

Weidenfeld, Werner. Europa – aber wo liegt es? in: Weidenfeld 2004, 15-48.

Weidenfeld, Werner (Hg.), *Europa-Handbuch*, aktualisierte Neuausgabe, Gütersloh: Bertelsmann, 2002.

Weidenfeld, Werner (Hg.), *Europa-Handbuch*, Gütersloh: Bertelsmann: Bertelsmann, 2000.

Weidenfeld, Werner (Hg.), *Europa-Handbuch*, Bd. I, Gütersloh: Bertelsmann 1999.

Weidenfeld, Werner (Hg.), *Partnerschaft gestalten. Die Zukunft der transatlantischen Beziehungen*, Gütersloh: Bertelsmann-Stiftung, 1997.

Weidenfeld, Werner (Hg.), *Herausforderung Mittelmeer: Aufgaben, Ziele und Strategien europäischer Politik*, Gütersloh 1992.

Weidenfeld, Werner/Algieri, Franco, Europas neue Rolle in der Welt, in: Weidenfeld 1999, 884-897.

Welfens, Paul J.J., *Stabilizing and Integrating the Balkans: Economic Analysis of the Stability Pact, EU Reforms and International Organizations*, Berlin-New York: Springer, 2001.

Well, G. van der, Die Entwicklung einer gemeinsamen Nahost-Politik der Neun, in: *Europa-Archiv* 4 (1976), 119-128.

Wessel, Ramses, The International Legal Status of the European Union, in: *European Foreign Affairs Review* 2 (1997), 109-129.

Wessels, Wolfgang, EC-Europe: An Actor Sui Generis in the International System, in: Nelson/Roberts/Veit 1992, 161-173.

Westphal, Kirsten, *A Focus on EU-Russian Relations. Towards a Close Partnership on Defined Road Maps?* Frankfurt/Main: Peter Lang 2005.

Weyland, Petra, Mittelmeer – Mare Nostrum oder Festungsgraben zwischen Europa und dem Orient? in: Eberwein, W. (Hg.), *Europa im Umbruch: Chancen und Risiken der Friedensentwicklung nach dem Ende der Systemkonfrontation*, Münster, 1997, 227-238.

White, Brian, The European Challenge to Foreign Policy Analysis, in: *European Journal of International Relations* 5, 1 (1999), 37-66.

White, Brian, *Understanding European Foreign Policy*, Houndmills: Palgrave, 2001.

White, Brian. The European Challenge to Foreign Policy Analysis, in: *European Journal of International Relations* 5, 1 (1999), 37-66.

Whitman, Richard G., The Fall and Rise of Civilian Power Europe, in: *Technical Report NEC Paper* 16, 2002.

Whitman, Richard G., *From Civilian Power to Superpower? The International Identity of the European Union*, Basingstoke : Macmillan, 1998.

Whitman, Richard G., The International Identity of the EU: Instruments as Identity, in: Landau/Whitman 1997.

Wiener, Jarrod (ed.), *The Transatlantic Relationship*, New York: St. Martin's Press, 1996.

Wiessala, Georg, *The European Union and Asian Countries*, New York: Continuum, 2002.

Wiessala, Georg, An Emerging Relationship: The European Union's New Asia Strategy, in: *World Affairs* 1 (1999), 96-112.

Wilkinson, Endymion, *Japan Versus the West: Image and Reality*, London 1991.

Willaert, Philippe/Marqués-Ruiz, Carmen, Vers une politique étrangère et de sécurité commune: Etats des lieux, in: *Revue du marché unique européen* (1995), 35-95.

Winand, Pascaline, American Policy toward European Integration: Partnership Then and Now, in: *ECSA Review* 8, 1 (1995), 17-20.

Winn, Neil, The European Union's External Face: the Europeanisation of JHA and CFSP, in: *Perspectives on European Politics and Society* 4 (2003), 147-166.

Winn, Neil/Lord, Christopher (eds.), *EU Foreign Policy beyond the Nation-State: Joint Action and International Analysis of the Common Foreign and Security Policy*, Houndsmill: Palgrave, 2001.

Wintle, Michael (ed.), *Culture and Identity in Europe: Perceptions of Divergence and Unity in Past and Present*, Aldershot: Ashgate, 1996.

Wittram, Reinhard, *Russia and Europe*, New York: Harcourt 1973.

Wivel, Anders, The Security Challenge of Small EU Member States: Interests, Identity and the Development of the EU as a Security Actor, in: *Journal of Common Market Studies*, 43, 2 (2005), 393-412.

Wogau, Karl von, *Auf dem Weg zur Europäischen Verteidigung*, Freiburg: Herder, 2003.

Wolf, Reinhard, Weltmacht oder Ohnmacht? Bilanz und Perspektiven der EU-Sicherheitspolitik, in: Schubert/Müller-Brandeck-Bocquet 2000, 263-280.

Wolf, Susanna (ed.), *The Future of EU-ACP Relations*, Frankfurt/Main: Peter Lang, 1999.

Wolter, Detlev, Die Kaukasus-Politik der Europäischen Union, in: *Aus Politik und Zeitgeschichte* B46-47 (1999=, 32-39.

Wood, Steve/Qaisser, Wolfgang, Turkey's Road to the EU: Political Dynamics, Strategic Context and Implications for Europe, in: *European Foreign Affairs Review* 10 (2005).

Woolcock, Stephen, *Trading Partners or Trading Blows? Market Access Issues in US-EC Relations,* New York: Council on Foreign Relations Press, 1992.

World Bank, *The East Asian Miracle*, Oxford: Oxford University Press, 1993.

Woyke, Wichard, Neue europäische Sicherheitsstruktur, in: Woyke, Wichard (Hg.), *Handwörterbuch der Internationalen Politik*, Opladen: Leske+Budrich, 2000.

Xenakis, Dimitris K./Chryssochou, Dimitris, *The Emerging Euro-Mediterranean System,* Manchester: Manchester University Press, 2001.

Xiang, Lanxin, An EU Common Strategy for China? in: *The International Spectator* 36, 3 (2001), 89-99.

Xuereb, Peter (ed.), *Euro-Mediterranean Integration: The Mediterranean's European Challenge,* Malta: Malta European Documentation and Research Centre, 2002.

Xuereb, Peter (ed.), *The Value(s) of a Constitution for Europe,* Malta: European Documentation and Research Centre, University of Malta, 2004.

Xuereb, Peter/Pace, Roderick (eds.), *The European Union, the IGC and the Mediterranean,* University of Malta European Documentation and Research Centre, 1996.

Yahuda, Michael, *The International Politics of the Asia-Pacific,* 2nd. and rev. ed., London: Routledge, 2004.

Yeo Lay Hwee, The Role of ASEAN in EU-East Asian Relations, in: *Asien* 72 (July 1999), 19-28.

Yeung, May T./Perdikis, Nicholas/Kerr, William A., *Regional Trading Blocs in the Global Economy: The EU and ASEAN,* Northampton: E. Elgar, 1999.

Yildiz, Kerim, *The Kurds in Turkey: EU Accession and Human Rights,* London: Pluto Press in association with Kurdish Human Rights Project, 2005.

Yochelson, John (ed.), *The Future of the US-EU-Japan Triad: How Dominant? How Interdependent? How Divergent?* Washington DC: Center for Strategic and International Studies, 1995.

Yorke, Valerie/Turner, Louis, *European Interests and Gulf Oil,* Brookfield: Gower, 1986.

Yost, David S., Transatlantic Relations and Peace in Europe, in: *International Affairs,* 78, 2 (2002), 277-300.

Young, Alasdair R., *Extending European Cooperation: The European Union and the 'New' International Trade Agenda,* Manchester: Manchester University Press, 2002.

Youngs, Richard, European Approaches to Security in the Mediterranean, in: *The Middle East Journal* 57, 3 (Summer 2003), 414-431.

Youngs, Richard, European Union Democracy Promotion Policies: Ten Years On, in: *European Foreign Affairs Review* 6/3 (2001). (2001a)

Youngs, Richard, *The European Union and the Promotion of Democracy: Europe's Mediterranean and Asian Policies,* Oxford: Oxford University Press, 2001. (2001b)

Youngs, Richard, The Barcelona Process after the UK Presidency: The Need for Prioritization, in: *Mediterranean Politics* 1 (1999), 1-21.

Zartman, I. William (ed.), *Europe and Africa: The New Phase*, Boulder: Lynne Rienner, 1993.

Zellentin, Gerda, Europäische Union – Friedensmacht? in: Vogt 1996.

Zielonka, Jan (ed.), *Europe Unbound: Enlarging and Reshaping the Boundaries of the European Union*, New York: Routledge, 2002.

Zielonka, Jan, How New Enlarged Borders will Reshape the European Union, in: *Journal of Common Market Studies* 39, 3 (2001), 507-536.

Zielonka, Jan (ed.), *Paradoxes of European Foreign Policy*, The Hague: Kluwer, 1998.

Zielonka, Jan, *Explaining Euro-Paralysis. Why Europe is Unable to Act in International Politics*, Houndmills: Macmillan, 1998. (1998b)

Zielonka, Jan, Europe's Security: A Great Confusion, in: *International Affairs* 67, 1 (1991), 477-494.

Zippel, Wolfdiether (Hg.), *Die Mittelmeerpolitik der EU*, Baden-Baden: Nomos, 1999.

Zippel, Wulfdiether, *Spezifika einer Südost-Erweiterung der EU. Die Türkei und die EU-Türkei-Beziehungen*, Baden-Baden: Nomos 2003.

Peter Lang · Internationaler Verlag der Wissenschaften

Franz Kernic / Gunther Hauser (Hrsg.)

Handbuch zur europäischen Sicherheit

2., durchgesehene Auflage

Frankfurt am Main, Berlin, Bern, Bruxelles, New York, Oxford, Wien, 2006.
311 S., 2 Abb.
ISBN 978-3-631-55046-5 · br. € 45.–*

Dieses Handbuch bietet eine umfassende Darstellung des gegenwärtigen
Standes sowie der jüngeren Entwicklung der europäischen Sicherheits- und
Verteidigungsarchitektur. Berücksichtigung finden dabei völkerrechtliche,
politische, gesellschaftliche, wirtschaftliche, polizeiliche und militärische
Aspekte. Im Zentrum der Analyse stehen die radikalen Veränderungen in
der europäischen Sicherheit seit dem Ende des Kalten Krieges. Weitere
Schwerpunkte bilden u. a. die theoretischen Rahmenbedingungen der
europäischen Sicherheit, die Entwicklung und der Stand der Gemeinsamen
Außen- und Sicherheitspolitik und der Europäischen Sicherheits- und
Verteidigungspolitik der EU sowie Aspekte der Interaktion zwischen EU, UNO,
OSZE und NATO. Das Buch richtet sich als Überblickswerk an Vertreter aus
Wissenschaft, Staat, Diplomatie, Militär und Polizei. Da es einen umfassenden
Einblick in das Wesen und Wirken europäischer Sicherheitsakteure vermittelt,
kann dieses Handbuch ebenso als Lehrbuch für Studierende und Praktiker
verwendet werden.

Aus dem Inhalt: Europäische Sicherheitspolitik · Europäische Außenpolitik ·
NATO-Erweiterung · Europäisch-amerikanische Zusammenarbeit · Völkerrecht
und Militär · OSZE · Wirtschaft und Militär in Europa

Frankfurt am Main · Berlin · Bern · Bruxelles · New York · Oxford · Wien
Auslieferung: Verlag Peter Lang AG
Moosstr. 1, CH-2542 Pieterlen
Telefax 0041(0)32/3761727

*inklusive der in Deutschland gültigen Mehrwertsteuer
Preisänderungen vorbehalten
Homepage http://www.peterlang.de